高等学校交通运输与工程类专业规划教材
高等学校应用型本科规划教材

Gonglu Gongcheng Yusuan yu Gongchengliang Qingdan Jijia
公路工程预算与工程量清单计价
（第二版）

编著 雷书华 高 伟 马 涛

人民交通出版社
China Communications Press

内 容 提 要

本书以公路工程招(投)标阶段和施工阶段造价计价与控制为主线,介绍了公路工程招(投)标阶段和施工阶段工程造价计价与控制的基本原理、计价依据、计价模式和方法。本书以《公路工程基本建设项目概算预算编制办法》(JTG B06—2007)、《公路工程预算定额》(JTG/T B06-02—2007)和《公路工程标准施工招标文件》(2009年版)等有关内容为依据,体现了我国当前交通公路工程造价管理的基本要求。全书共分七章,内容包括:公路工程造价基础知识;公路工程计价依据;公路工程造价构成;公路工程工程量计算规则;公路工程施工图预算编制;公路工程投标报价;公路工程施工阶段计量与支付。本书注重公路工程造价管理的理论与实务,既具有一定的理论开拓性,又具有较强的可操作性。书中提供了反映公路工程招(投)标阶段和施工阶段造价计价与控制实际工作的大量案例和习题,便于读者学习、理解和掌握。

本书可作为普通高等学校工程管理、工程造价、土木工程及相关应用实践型专业的教材或教学参考书,也可作为从事公路工程建设的项目业主、施工和监理单位等工程造价管理从业人员的岗位培训教材和实际操作指南。

图书在版编目(CIP)数据

公路工程预算与工程量清单计价/雷书华,高伟,马涛编著.— 2版.— 北京:人民交通出版社,2013.8
 ISBN 978-7-114-10824-2

Ⅰ.①公… Ⅱ.①雷… ②高… ③马… Ⅲ.①道路工程–预算定额–高等学校–教材②道路工程–工程造价–高等学校–教材 Ⅳ.①U415.13

中国版本图书馆 CIP 数据核字(2013)第 177298 号

高等学校交通运输与工程类专业规划教材
高等学校应用型本科规划教材

书　　名:	公路工程预算与工程量清单计价(第二版)
著 作 者:	雷书华　高　伟　马　涛
责任编辑:	孙　玺　黎小东
出版发行:	人民交通出版社
地　　址:	(100011)北京市朝阳区安定门外外馆斜街 3 号
网　　址:	http://www.ccpress.com.cn
销售电话:	(010)59757973
总 经 销:	人民交通出版社发行部
经　　销:	各地新华书店
印　　刷:	北京虎彩文化传播有限公司
开　　本:	787×1092　1/16
印　　张:	21
字　　数:	525 千
版　　次:	2008 年 8 月　第 1 版 2013 年 8 月　第 2 版
印　　次:	2024 年 1 月　第 7 次印刷　总第 11 次印刷
书　　号:	ISBN 978-7-114-10824-2
定　　价:	40.00 元

(有印刷、装订质量问题的图书由本社负责调换)

21世纪交通版
高等学校应用型本科规划教材
编委会

主任委员：张起森

副主任委员：（按姓氏笔画序）

　　　　　　万德臣　马鹤龄　刘培文　伍必庆
　　　　　　汤跃群　张永清　吴宗元　武　鹤
　　　　　　杨少伟　杨渡军　赵永平　谈传生
　　　　　　倪宏革　章剑青

编写委员：（按姓氏笔画序）

　　　　　　于吉太　于少春　王丽荣　王保群
　　　　　　朱　霞　张鹏飞　陈道军　谷　趣
　　　　　　赵志蒙　查旭东　唐　军　曹晓岩
　　　　　　葛建民　韩雪峰　蔡　瑛

主要参编院校：长沙理工大学　　　　　长安大学
　　　　　　　　重庆交通大学　　　　　东南大学
　　　　　　　　华中科技大学　　　　　山东交通学院
　　　　　　　　黑龙江工程学院　　　　内蒙古大学
　　　　　　　　交通运输部管理干部学院　辽宁省交通高等专科学校
　　　　　　　　鲁东大学

秘书组：李　喆　黎小东（人民交通出版社）

第二版前言

《公路工程预算与工程量清单计价》第一版于 2008 年出版以来,作为普通高等院校工程管理、工程造价、土木工程及相关应用实践型的专业教材被多所高校采用,也被很多大型施工企业选为培训工程造价管理从业人员的岗位培训教材,广受读者欢迎。本书第二版在第一版的基础上做了进一步的充实和完善,并依据国家和交通运输部最新的政策法规、技术标准和规范的内容进行了修订,使本书的前瞻性、实践性和系统性更加突出。本书第二版主要的改进和新增内容如下:

1. 按照《建筑安装工程费用项目组成》(建标〔2013〕44 号)和《建设工程工程量清单计价规范》(GB 50500—2013)对工程造价的基本概念、费用构成和工程造价管理的基本方法进行修编和完善。

2. 根据《公路工程标准施工招标文件》(交公路发〔2009〕221 号)对工程量清单项目构成、工程量清单计量规则和国内公路工程施工阶段计量与支付相关内容进行调整和改进。

3. 结合编著者近年来在本领域的最新研究与实践成果,增加了公路工程定额消耗量确定方法、清单报价基础数据表编制的最新典型案例,对于公路桥梁工程量清单报价案例进行了全新、系统地修订。

本书第二版由雷书华策划统稿并执笔第一章、第二章(部分)、第三章和第五章的修改撰写,高伟执笔第二章(部分)、第四章、第六章(部分)的修改撰写并对全书内容进行了系统校对,马涛执笔第六章(部分)和第七章的修改撰写。

在本书第二版撰写过程中,得到了中铁十二局集团公司陈浩先生和杨海鸿先生的热情帮助,在出版过程中得到了人民交通出版社的支持,在此表示衷心的感谢!

由于编著者水平有限,缺点和错误在所难免,敬请读者批评指正。

编著者
2013 年 7 月

第一版前言

本教材以公路工程招（投）标阶段和施工阶段造价计价与控制为主要对象，结合公路工程建设施工的特点，研究在市场经济条件下，合理确定和控制公路工程项目实施阶段造价的方法，全面反映了近年来公路工程造价管理体制的新变化和招（投）标及施工阶段造价计价与控制实践的新发展。本教材主要有以下特点：

1. 在教材总体框架上，是按照基础知识、计价依据、造价构成、工程量计算规则、施工图预算、投标报价、施工阶段计量与支付等共七章内容的顺序组织编排的。

2. 在教材知识体系上，既兼顾目前仍沿用的定额计价原理，更注重国家最新实施的工程量清单计价法的应用和操作，体现了工程造价管理由"定额计价"向"清单计价"的过渡。在施工图预算编制时采用定额计价模式，在投标报价和施工阶段计量与支付时采用工程量清单计价模式。

3. 教材内容以最新颁布的《公路工程基本建设项目概算预算编制办法》（JTG B06—2007）、《公路工程预算定额》（JTG/T B06-02—2007）、《公路工程机械台班费用定额》（JTG/T B06-03—2007）等公路行业标准、规范为依据，体现了我国当前公路工程造价管理改革中的最新精神，紧跟当前工程生产实际，紧扣当前用人单位需求和学生就业市场。

4. 在教材内容设置上，参考国家相关注册工程师考试大纲的部分要求，便于实现本科人才培养与执业资格考试认证的有效对接。

5. 在实际应用上，本教材在编写过程中始终坚持"理论够用、重在技能"的应用型本科人才培养原则，附有大量典型使用的例题，特别是将大规模案例教学形式引入课堂教学，以工程实例进行模拟练习，有利于提高学生实践操作能力。

6. 在前言的背面附有本书学习指南，以便读者能较好掌握该课程的结构体系。

本书的编写人员都具有丰富的教学和实践工作经验，编写分工如下：雷书华（第二、六章）；陈志君（第三章）；李前进（第一章）；王岩、雷书华（第四章）；刘芳、雷书华（第五章）；马涛、吴有铭（第七章）。全书由雷书华负责统稿和审定。

在本书编写过程中，参阅和引用了不少专家、学者论著中的有关资料；在出版过程中，得到人民交通出版社的大力支持和帮助。在此一并表示衷心的感谢。

由于编者水平有限，书中难免存在纰漏和不妥之处，恳请广大读者批评指正，以便今后进一步修改完善。

编著者
2008 年 3 月

目 录

第一章 公路工程造价基础知识 ··· 1
  第一节 公路工程建设及项目组成 ··· 1
  第二节 公路工程造价计价相关概念 ······································· 10
  第三节 公路工程造价管理体制 ·· 17
  思考题 ··· 24

第二章 公路工程计价依据 ·· 26
  第一节 公路工程计价依据概述 ·· 26
  第二节 公路工程定额体系 ·· 30
  第三节 运用公路工程定额的基本方法 ····································· 37
  第四节 公路工程预算定额 ·· 43
  思考题 ··· 98

第三章 公路工程造价构成 ·· 100
  第一节 公路工程造价构成概述 ·· 100
  第二节 公路工程建筑安装工程费用构成 ··································· 102
  第三节 公路工程设备及工具、器具购置费用的构成 ·························· 119
  第四节 公路工程建设其他费用构成 ······································· 121
  第五节 预备费及回收金额 ·· 127
  第六节 公路工程造价项目及文件组成 ····································· 128
  思考题 ··· 132

第四章 公路工程工程量计算规则 ··· 134
  第一节 公路工程造价中工程量计算的基本方法 ······························ 134
  第二节 公路工程工程量清单计量规则 ····································· 136
  思考题 ··· 142

第五章 公路工程施工图预算编制 ··· 143
  第一节 公路工程施工图预算概述 ·· 143
  第二节 公路工程施工图预算编制方法 ····································· 155
  第三节 施工图预算编制案例 ·· 165
  思考题 ··· 187

第六章 公路工程投标报价 ·· 189
  第一节 公路工程工程量清单计价原理 ····································· 189
  第二节 公路工程投标报价预算编制 ······································· 201
  第三节 某公路桥梁工程量清单报价案例 ··································· 209
  思考题 ··· 274

第七章　公路工程施工阶段计量与支付 …… 277
第一节　公路工程计量与支付概述 …… 277
第二节　公路工程计量 …… 279
第三节　工程费用支付 …… 287
第四节　合同支付与合同支付管理 …… 301
第五节　计量与支付表格 …… 315
思考题 …… 319

附录 …… 320
附录1　全国冬季施工气温区分表 …… 320
附录2　全国雨季施工雨量区及雨季区的划分表 …… 324

参考文献 …… 328

第一章 公路工程造价基础知识

第一节 公路工程建设及项目组成

一、公路工程建设

现代交通运输业是由铁路、公路、水路、航空以及管道运输等组成。它们是使用各种工具设备,通过各种方式,使货物或旅客在区域之间实现位置移动的特殊的物质生产部门。交通运输对发展国民经济、加强国防和改善人民物质文化生活具有重要意义。

公路运输在整个交通运输业中占有较大比重,它具有机动、灵活、直达、迅速、适应性强、服务面广的特点,在社会主义现代化建设中发挥着巨大的作用,并且具有良好的发展前景。

公路运输业是一个特殊的物质生产部门。在公路运输生产中必须有公路工程构造物作为劳动资料,而路线、桥涵、隧道等构造物就是固定资产,公路建设就是为公路运输业提供或更新诸如路线、桥涵、隧道等固定资产的。发展公路运输业,首先必须进行公路工程建设。

(一)公路工程建设的内容

公路建设的内容,按其任务与分工不同可以分为以下三个方面。

1. 公路工程的小修、保养

公路工程构造物在长期使用过程中,受到行车和自然因素的作用而不断损坏,只有通过定期和不定期的维修保养,才能保证固定资产的正常使用,保持运输生产不间断地进行,使原有生产能力得到维持。所以,公路工程的小修、保养是实现固定资产简单再生产的重要手段之一。

2. 公路工程大、中修与技术改造

由于受到材料、结构、设备等功能方面的制约,公路各组成部分必然具有不同的寿命。因此,固定资产尽管经过维修,也不可能无限期地使用下去,到一定年限某些组成部分就会丧失原有的功能,这时就需要进行固定资产的更新工作。公路工程大、中修这种固定资产的更新,一般是与公路的技术改造相结合进行的(如局部改线、改造不合标准路段、提高路面等级等),通过这种更新与技术改造可提高公路的通行能力,实现固定资产简单再生产和部分扩大再生产。

3. 公路工程基本建设

基本建设,是指固定资产的建筑、添置和安装,是国民经济各部门为了扩大再生产而进行的增加固定资产的建设工作。具体来讲,就是把一定的建筑材料、设备等,通过购置、建造和安装等活动,转化为固定资产的过程,诸如工厂、矿山、公路、铁路等工程的建设,以及机具、车辆、各种设备等的添置和安装。公路工程基本建设是通过勘察、设计和施工,以及有关的经济活动来实现的。按项目性质可分为新建、改建、扩建和重建,其中新建和改建是最主要的形式;按经济内容可分为生产性建设和非生产性建设;按项目规模可分为大型、中型和小型项目。大、中、小型项目是按项目建设总规模和总投资确定的,国家对建设项目的大、中、小型划分标准有明文规定。为了适应生产和流通发展的需要,必须通过新建、扩建和重建公路等三种基本建设形式来实现固定资产扩大再生产,达到不断扩大公路运输能力的目的。

公路建设通过固定资产维修、固定资产更新和技术改造、基本建设三条途径来实现固定资产的简单再生产和扩大再生产。它们之间既有相同之点,又有区别之处。所谓相同之点是:首先,它们都是我国固定资产再生产不可缺少的组成部分,都是社会主义现代化建设事业的重要手段;其次,都需要消耗一定数量的人力、财力和物力。所谓区别之处主要表现在:第一,资金来源不同;第二,管理方式方法不同;第三,任务与分工不同。

目前,公路建设的固定资产再生产的资金来源是:凡属固定资产的维修、固定资产的更新和技术改造资金,由交通经费即养路费开支;而扩大再生产中的新建公路和新建独立大桥等则由基本建设投资开支。基本建设资金主要有国家预算拨款、银行贷款、经国家批准的自筹资金以及国外贷款等。

公路建设固定资产再生产的管理方式是:公路小修保养由养护部门自行安排和管理;公路大、中修工程由养护部门提出计划报上级主管部门批准后,自行管理和安排;对于新建、改建、扩建、重建的公路工程一般由地方(省、市)政府主管部门下达任务,对其中列入基本建设投资的必须纳入全国统一的基本建设计划,一切基本建设活动必须按照国家规定和要求进行管理。

(二) 公路工程建设的特点

公路工程施工的特点是由公路建筑产品的特点决定的。公路工程是呈线性分布的一种人工构筑物;它是通过勘察设计和施工,消耗大量资源(人力、物力、财力)而完成的公路建筑产品。和工业生产相比较,公路建设同样是一系列资源投入产出的过程,其施工生产的阶段性和连续性,组织上的专门化和协作化是一致的。但公路建筑产品具有许多不同点,主要是产品的形体庞大、复杂多样、整体难分、不能移动,由此而引出公路施工的流动性、单体性、生产周期长、易受气候影响和外界干扰等特点。这些特点,对公路施工组织与管理影响很大。

1. 公路建筑产品的特点

(1) 产品固定。公路工程的构造物固定于一定的地点不能移动,只能在建造的地方供长期使用。

(2) 产品多样。由于公路的具体使用目的、技术等级、技术标准、自然条件以及功能不同,而使公路的组成、结构千差万别,复杂多样。

(3) 产品形体庞大。公路工程是线性构造物,其组成部分的形体庞大,占用土地及空间多。

(4) 产品部分结构易损。公路工程构造物受行车作用及自然因素影响,其暴露于大自然的部分以及直接受行车作用的部分,极易损坏。

2. 公路施工的技术经济特点

由于公路建筑产品具有上述特点,因此在其产品(工程)的施工过程中,带来如下的技术经济特点:

(1) 施工流动性大。公路建设线长点多,工程数量分布不均匀,其构造物在建造过程中和建成后都无法移动。由于其产品的固定性和严格的施工顺序,因而要组织各类工作人员和各种机械围绕这一固定产品,在同一工作面不同时间或同一时间不同工作面上进行施工活动,这就需要科学地解决这种空间布置上和时间安排上两者之间的矛盾。此外,当某一公路工程竣工后,还要解决施工队伍向新的施工现场转移的问题。

公路施工的流动性,给施工企业的生产管理和生活安排带来很大影响,例如施工基地的建立、施工组织形式、施工运输的经济合理等问题。

(2)施工协作性高。公路工程类型多、施工环节多、工序复杂,每项工程又具有不同的功能、不同的施工条件,不仅要进行个别设计,而且要个别组织施工。每项工程都涉及到建设、设计、施工等单位的密切配合,需要材料、动力、运输等各个部门的通力协作。因此,施工过程中的综合平衡和调度、严密的计划和科学管理就显得特别重要。

(3)施工周期长。公路工程包括:路基、路面、桥梁、涵洞、隧道、交通工程设施等工程,产品形体特别庞大,产品固定而又具有不可分割性,使施工周期长,在较长时间内大量占用和耗费人力、物力和财力,直到整个施工周期完结,才能出产品。

在施工过程中,各阶段、各环节必须有条不紊地组织起来,在时间上不间断、空间上不脱节。如果施工的连续性受到破坏或中断,必然会拖延工期,大量占用资金,造成人力、物力、财力的浪费。所以,要求我们统筹安排,遵守施工程序,合理地、科学地组织施工。

(4)受外界干扰及自然因素影响大。公路工程施工大部分是露天作业,因此,受自然条件如气候冷暖、地势高低、洪水、雨雪等的影响很大;另外,设计变更、地质情况、物资供应条件、环境因素等对工程进度、工程质量、成本等都有很大影响;而且,由于公路部分结构的易损性,需不断进行维修养护,才能维持正常的使用性能。

公路建设的这些特点,决定了公路施工活动的特有规律,研究和遵循这些规律,对科学地组织与管理公路工程施工,提高公路建设的经济效益具有重要意义。

(三)公路基本建设及其内容构成

公路基本建设活动的内容构成主要有以下三个部分。

1. 建筑安装工程

(1)建筑工程,包括临时工程、路基、路面、桥梁涵洞、交叉工程、隧道、公路设施及预埋管线、绿化及环境保护、管理、养护及服务房屋。

(2)设备安装工程,如渡口、隧道、高等级公路所需各种机械、设备、仪器的安装、测试等。

2. 设备、工(器)具及生产家具的购置

为满足公路的营运、管理及养护所必须购置的设备、工(器)具和办公、生活家具。其中公路设备包括渡口设备,隧道照明、消防、通风的动力设备,高等级公路的收费、监控、通信、供电设备,养护用的机械设备和工具、器具等的购置费。

3. 其他基本建设工作

其他基本建设工作,如勘测与设计工作,征用土地,青苗补偿和安置补助工作,建设单位管理等。

二、公路建设项目的划分

建设项目是由许多部分组成的,依次可以划分为:建设项目、单项工程、单位工程、分部工程和分项工程。

(一) 建设项目

建设项目又称基本建设项目,一般指符合国家总体建设规划,能独立发挥生产功能或满足生活需要,其项目建议书经批准立项和可行性研究报告经批准的建设任务。如工业建设中一个工厂,一座矿山;民用建设中的一个居民区,一幢住宅,一所学校;交通基础设施中的一条公路,一座独立大、中型桥梁或一座隧道等均为一个建设项目。

(二) 单项工程

单项工程又称为工程项目,它是建设项目的组成部分,是具有独立的设计文件,在竣工后能独立发挥设计规定的生产能力或效益的工程。如在工业建设工程中企业的各生产车间、办公楼、食堂、住宅等;如某学校的一座新建教学楼;如某公路工程中独立合同段的路线、大桥、隧道等。工程项目划分的标准,由于工程专业性质的不同而不完全一样。

公路建设的单项工程一般指独立的桥梁工程、隧道工程,这些工程一般包括与已有公路的接线,建成后可以独立发挥交通功能。但一条路线中的桥梁或隧道,在整个路线未修通前,并不能发挥交通功能,也就不能作为一个单项工程。

(三) 单位工程

单位工程是单项工程的组成部分,它是指单项工程中可单独进行设计,可以独立组织施工,并可单独作为成本计算对象的部分。如单项工程中的生产车间的厂房土建工程、机械设备安装工程等都是单位工程。

公路建设项目中,常把一条公路中一段路线作为一个单项工程,其中各个路段或同一合同段内的路基、路面、桥梁、隧道都可作为单位工程。

(四) 分部工程

分部工程是单位工程的组成部分,一般是按单位工程中的主要结构、主要部位来划分的。如工业与民用建筑中将土建工程作为单位工程,而土石方工程、打桩工程、砌筑工程等,则为分部工程。

在公路建设工程中,分部工程的确定是在工程项目界定的范围内,以工程部位、工程结构和施工工艺为依据,并考虑在工程建设实施过程中便于进行工程结算和经济核算。如按工程部位划分为桥梁基础工程、桥梁上(下)部工程、路基工程、路面工程等,按工程结构和施工工艺划分为土石方工程、混凝土工程、砌筑工程等。

(五) 分项工程

分项工程是分部工程的组成部分,是根据分部工程划分的原则,再进一步将分部工程分成若干个分项工程。各种分项工程,每一单位消耗的活劳动和物化劳动都是不等的,因为分项工程是按照不同的施工方法、不同的工程部位、不同的材料、不同的质量要求和工作难易程度来划分的,它是概、预算定额的基本计量单位,故也称为工程定额子目或称工程细目。如:路基土石方分为松土、软石等各类土石成分,基础砌石分为片石、块石等;基础工程可划分为围堰、挖基、基础砌筑、回填等分项工程。有了表示活劳动和物化劳动的工程定额子目标准,就能根据设计资料确定建设工程造价的直接费和需要的人工、材料等数量。它也同分部工程一样,是以 $1000m^3$ 天然实体或 $10m^3$ 砌体等定额单位来表示的。

在实际工作中,有了这种分部、分项工程的划分标准,无论是进行定额资料的测定,制定概、预算定额中的人工、材料、机械使用台班等消耗标准,还是编制建筑安装工程造价等,就有了一个统一的尺度。这样就可实现建设工程造价管理工作的科学化和标准化,起到规范人们从事建设工程造价管理的行为,从而取得较好的经济效益和社会效益。

三、公路工程基本建设程序

(一)基本建设程序的概念

基本建设程序是指国家按照项目建设的客观规律制定的,从项目立项、决策、设计、工程实施、竣工验收并交付使用整个建设过程中,各项工作必须遵循的先后工作次序。这个程序是由基本建设进程的客观规律决定的,是建设项目科学决策和顺利实施的重要保证。按照建设项目发展的内在联系和发展过程,建设程序分成若干个阶段,这些发展阶段有严格的先后顺序,可以交叉,但不能任意颠倒。基本建设程序反映了建设活动的客观规律性,由国家有关主管部门制定和颁布。严格遵循和坚持按建设程序办事是提高基本建设经济效果的必要保证。

在我国,按现行的规定,一般大、中型和限额以上的建设项目从建设前期工作到建设、投入使用要经历以下几个阶段,如图1-1所示。

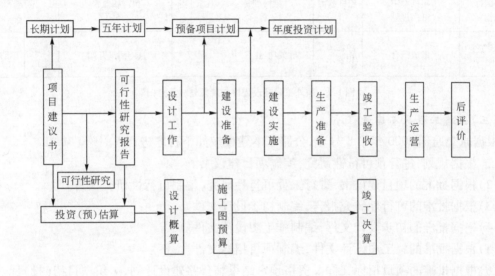

图1-1 大、中型和限额以上项目建设程序示意图

(二)国外建设程序

国外工程的建设程序基本与我国相似,大致可以划分为三个阶段,即项目计划阶段、执行阶段、生产阶段,如图1-2所示。

各阶段基本内容如下:

(1)项目决策阶段。此阶段的主要工作是进行投资机会研究、初步可行性研究和详细可行性研究,然后报请主管部门审批。

(2)项目组织、计划和设计阶段。此阶段的主要工作是进行项目初步设计和施工图设计,项目招标及承包人的选定,签订承包合同,制订项目实施总体计划,项目征地及建设条件准备等。

(3)项目实施阶段。通过施工,在规定的工期、质量、造价范围内,按设计要求实现项目目标。

(4)项目试生产、竣工验收阶段。此阶段应完成项目的竣工验收、联动试车、试生产。项目试生产正常并经业主认可后,项目即告结束。

阶段	计划阶段				执行阶段		生产阶段	
步骤	预选	选定	准备	批准	动员	实施	经营	总结评价
工作和活动决策	从别的项目形成设想 计划—国家的 —部门的筛选 —地区的	初步可行性研究	可行性研究	初步设计 技术设计	审查	详细设计 进一步准备 计划 组织 预算 人事	建造 制造 安装 调试 试生产	进行中的生产	衡量结果产生新项目的设想
	△ 为初步可行性研究批准费用	△ 为可行性研究批准费用	△ 提交项目建议报告	△ 批准项目	招标 △ 签约	△ 移交 全面投产		
世界银行用语	巩固产生部门规划	项目选定 1	项目准备 2	评估3 谈判4	执行和监督 5		总结评价 6	
联合国工业组织用语	形成概念	确定定义和要求	形成项目	授权	具体活动开始		责任终止	总结评价

图 1-2　国外工程建设程序与阶段划分示意图

(三)公路工程基本建设程序

根据原交通部 2000 年第 8 号令,公路基本建设按如下程序进行:

(1)根据规划,进行预可行性研究,编制项目建议书。

(2)根据批准的项目建议书,进行工程可行性研究,编制可行性研究报告。

(3)根据批准的可行性研究报告,编制初步设计文件。

(4)根据批准的初步设计文件,编制施工图设计文件。

(5)根据批准的施工图设计文件,编制项目招标文件。

(6)根据批准的项目招标文件及资格预审结果和公路建设计划,组织项目招(投)标。

(7)根据国家有关规定,进行征地拆迁等施工前准备工作,编制项目开工报告。

(8)根据批准的项目开工报告,组织项目实施。

(9)项目完工后,编制施工图表和工程决算,办理项目验收。

(10)竣工验收合格后,组织项目后评价。

所有新建及改建的大、中型项目都必须严格按照上述程序进行。对于小型项目,可根据具体情况适当合并或删去某些程序。

根据国务院投资体制改革要求,项目建设要区分政府投资项目和企业投资项目。政府投资项目,要报政府主管部门审批;企业投资项目,只要土地预审、环境影响评价等符合法律法规要求,项目具体建设组织由项目法人自主进行,向政府主管部门进行项目的备案或核准即可。《公路建设监督管理办法》(原交通部 2006 年第 6 号令)对政府投资的公路建设程序和企业投资的公路建设程序作了明确规定。

1.我国政府投资的公路建设程序

(1)根据规划,编制项目建议书;

(2)根据批准的项目建议书,进行工程可行性研究,编制可行性研究报告;

(3)根据批准的可行性研究报告,编制初步设计文件;

（4）根据批准的初步设计文件，编制施工图设计文件；

（5）根据批准的施工图设计文件，组织项目招标；

（6）根据国家有关规定，进行征地拆迁等施工前准备工作，并向交通主管部门申报施工许可；

（7）根据批准的项目施工许可，组织项目实施；

（8）项目完工后，编制竣工图表、工程决算和竣工财务决算，办理项目交、竣工验收和财产移交手续；

（9）竣工验收合格后，组织项目后评价。

2. 我国企业投资的公路建设程序

（1）根据规划，编制工程可行性研究报告；

（2）组织投资人招标工作，依法确定投资人；

（3）投资人编制项目申请报告，按规定报项目审批部门核准；

（4）根据核准的项目申请报告，编制初步设计文件，其中涉及公共利益、公众安全、工程建设强制标准内容，应当按项目隶属关系报交通主管部门审查；

（5）根据初步设计文件编制施工图设计文件；

（6）根据批准的施工图设计文件组织项目招标；

（7）根据国家有关规定，进行征地拆迁等施工前准备工作，并向交通主管部门申报施工许可；

（8）根据批准的项目施工许可，组织项目实施；

（9）项目完工后，编制竣工图表、工程决算和竣工财务决算，办理项目交、竣工验收；

（10）竣工验收合格后，组织项目后评价。

（四）公路建设程序中的主要工作环节

公路建设程序中的主要工作环节如下。

1. 项目建议书阶段

项目建议书是要求建设某一具体建设项目的建议文件，是基本建设程序中的第一个阶段，是投资决策前对拟建设项目的轮廓设想。项目建议书的主要作用是为推荐一个拟进行建设的项目的初步说明，论述拟建项目建设的必要性、条件的可行性和获利的可能性，供有关部门选择并确定是否进行下一步的工作。项目建议书批准后，进入可行性研究报告阶段的工作。项目建议书的批准并不表明项目非上不可，项目建议书不是项目的最终决策。

项目建议书的内容，一般应包括：项目建设的必要性和依据；拟建设规模、建设地点和建设方案的初步设想；资源情况、建设条件和协作关系等的初步分析；投资估算和资金筹措的设想；建设进度设想；经济效果和社会效益的初步估计。

2. 可行性研究报告阶段

项目建议书批准后，即可着手进行可行性研究，对项目在技术上是否可行和经济上是否合理进行科学的分析和论证，以减少建设项目决策的盲目性。国务院〔1981〕3号文《关于加强基本建设设计规划管理、控制基本建设规模的若干规定》中明确指出："所有新建、扩建的大、中型项目都必须有可行性研究报告"。原交通部颁布的《公路工程基本建设管理办法》中也明确规定，可行性研究应作为公路工程基建程序的首要环节，并于1982年11月制定了《公路工程可行性研究试行办法（草案）》，于1988年6月重新制定了《公路可行性研究报告编制办法》。其中规定：大、中型，高等级公路及重点工程建设项目（含国防、边防公路）均应进行可行性研究,小型项目可适当简化。

公路建设项目可行性研究报告的主要内容如下:
(1)建设项目依据、历史背景。
(2)建设地区综合运输现状和建设项目在交通运输网中的地位和作用;原有公路的技术状况及适应程度。
(3)论述建设项目所在地区的经济特征;研究建设项目与经济发展的内在联系;预测交通量、运输量的发展水平。
(4)建设项目的地理位置、地形、地质、地震、气候、水文等自然特征。
(5)筑路材料来源及运输条件。
(6)论证不同建设方案的路线起讫点和主要控制点、建设规模、标准,提出推荐性意见。
(7)评价建设项目对环境的影响。
(8)测算主要工程数量、征地拆迁数量,估算投资;提出资金筹措方案;提出勘察、设计、施工计划安排。
(9)确定运输成本及相关经济参数,进行国民经济评价、敏感性分析和财务分析。
(10)提出存在的问题及建议。

可行性研究报告是确定建设项目、编制设计文件的重要依据,要求其必须有相当的深度和准确性。可行性研究报告批准后,一般不得随意修改和变更。

3. 设计工作阶段

设计是对拟建工程的实施在技术上和经济上所进行的全面而详尽的安排,是基本建设计划的具体化,是组织施工的依据。可行性研究报告经批准的建设项目应通过招、投标择优选择设计单位。

设计工作必须由具有相应资质等级的勘察设计单位来完成;设计文件的要求必须符合现行《公路工程基本建设项目设计文件编制办法》的规定。

按照我国现行规定,公路基本建设项目一般进行两阶段设计,即初步设计和施工图设计;对于技术上复杂而又缺乏设计经验的项目或建设项目中的个别路段、特殊大桥、互通式立体交叉、隧道等,必要时可进行三阶段设计,即初步设计、技术设计和施工图设计。

(1)初步设计。初步设计应根据批准的可行性研究报告的要求和初测资料,拟订修建原则,制订设计方案,计算主要工程数量,提出施工方案的意见,编制设计概算,提供文字说明及图表资料。初步设计是设计工作的第一阶段,如果初步设计提出的总概算超过可行性研究报告确定的总投资估算10%以上或其他主要指标需要变更时,要重新报批可行性研究报告。

(2)技术设计。技术设计应根据批准的初步设计和补充初测(或定测)资料,对重大、复杂的技术问题通过科学试验、专题研究,加深勘探调查及分析比较,解决初步设计中遗留的问题,落实技术方案,计算工程数量,提出修正的施工方案,编制修正概算。

(3)施工图设计。施工图设计应根据批准的初步设计(或技术设计)和定测资料,进一步对审定的修建原则、设计方案、技术措施加以具体和深化,最终确定工程数量,提出文字说明和适应施工需要的图表资料及施工组织计划,编制施工图预算。

4. 建设前准备工作阶段

为了保证施工顺利进行,项目在开工之前应切实做好各项建设准备工作,并取得建设项目施工许可。其主要内容包括以下几个方面:

(1)项目已列入公路建设年度计划;
(2)施工图设计文件已经完成并经审批同意;
(3)建设资金已经落实,并经交通主管部门审计;
(4)征地手续已办理,拆迁基本完成;
(5)施工、监理单位已依法确定;
(6)已办理质量监督手续,已落实保证质量和安全的措施;
(7)报批开工报告。

5. 编制年度基本建设投资计划阶段

建设项目要根据批准的总概算和工期,合理地安排分配年度投资。年度计划投资的安排,要与长远规划的要求相适应,保证按期建成。年度计划安排的建设内容,要和当年分配的投资、材料、设备相适应。配套项目同时安排,相互衔接。

年度基本建设投资是建设项目当年实际完成的工作量的投资额。它包括用当年资金完成的工作量和动用库存的材料、设备等内部资源完成的工作量;而财务拨款是当年基本建设项目实际货币支出。投资额和财务拨款的计算标准不同:投资额是以构成工程实体为准;财务拨款是以资金拨付为准。在正常情况下,投资额与财务支出之间保持一定的比例关系,如果财务支出过大而投资额较小,说明建设单位可能尚未用到工程上的材料、设备积压过多或浪费严重。

6. 建设实施阶段

在具备开工条件并经主管部门批准后,方可开工建设,组织实施。项目开工时间是指建设项目设计文件中规定的任何一项永久性工程(无论生产性或非生产性)第一次正式破土开槽开始实施的日期;不需要开槽的工程,以建筑物组成的正式打桩作为正式开工;需要进行大量土、石方工程的,以开始进行土、石方工程作为正式开工。工程地质勘察、平整土地、旧有建筑物的拆除、临时建筑、施工用临时道路和水、电等施工不算正式开工。

施工是实现建设蓝图的物质生产活动和决定性环节,需要在较长的时间内耗费大量的资源,却不产生直接的投资效益。因此,管理的重点是工程进度、工程质量和工程成本。

7. 竣工验收阶段

竣工验收是工程建设过程的最后一环,是全面考核基本建设成果、检验设计和工程质量的重要步骤,是基本建设转入生产或使用的标志,也是保证竣工工程顺利投入生产或交付使用的一个法定手续。竣工验收对促进建设项目及时投产、发挥投资效益及总结建设经验具有重要作用。

工程竣工验收是一项十分细致而又严肃的工作,必须从党和人民的利益出发,按照国家有关标准、规范、规程的要求,认真负责地对全部基本建设项目进行验收。

8. 后评价阶段

建设项目后评价是工程项目竣工投产、生产运营一段时间后(一般为2年),再对项目的立项决策、设计施工、竣工投产、生产运营等全过程进行系统评价的一种技术经济活动,是固定资产投资管理的一项重要内容,也是固定资产投资管理的最后一个环节。通过建设项目后评价,以达到肯定成绩、总结经验、研究问题、吸取教训、提出建议、改进工作、不断提高项目决策水平和投资效果的目的。

第二节　公路工程造价计价相关概念

一、工程造价的两种含义

在与市场经济适应的建设项目管理体制下,建设工程造价针对建设市场的需求主体和供给主体应有两种含义。

1. 含义一:从投资者(业主)角度分析,工程造价是建设一项工程预期开支或实际开支的全部固定资产投资费用(Construction Project Cost)

建设工程造价,一般是指建设项目或单项工程造价,即该建设项目有计划地进行固定资产投资的一次性费用总和;是指从项目业主角度,为获得一项具有生产能力的固定资产所需的全部建设成本。根据我国现行的制度规定,包括建筑工程、安装工程、设备工(器)具购置、其他费用、预留费用,与建设项目总概算范围大体一致。从业主角度,投资一个项目,目的是获取未来收益,未来收益扣减初始固定资产投资、流动资产投资、项目运营期的经营成本和上缴各项税费,如果有盈余,才值得投资,项目才能说从经济上是可行的。因此,投资高低成为影响项目未来经济效益的决定性因素,因此,作为业主,追求工程造价的降低成为其"天生的本能"。

公路工程造价是指公路工程交通基建、养护项目从筹备到竣工验收交付使用所需的全部费用,即建筑安装工程费用、设备及工具(器具)购置费、工程建设其他费用和预留费用的总和。对于公路基本建设工程,还应包括固定资产投资方向调节税和建设期贷款利息等。

在后面章节中如无特殊说明,工程造价是指第一种含义的造价。

2. 含义二:从市场交易的角度分析,工程造价是为建成一项工程,预计或实际在工程发承包交易活动中所形成的工程价格(Project Price)

工程造价是指为建成一项工程,预计或实际在土地市场、设备市场、技术劳务市场,以及承包市场等交易活动中所形成的建筑安装工程的价格和建设工程总价格。强调的是在工程的建造过程中而形成的价格,与招(投)标阶段的标底、报价、合同价、结算价口径大体一致。

从建设工程市场交易的角度,反映不同层次的工程、设备或其他标的物的交易价格。最为典型的是公路的土建工程。工程交易价格包括的费用主要是工程施工成本、利润、税金等费用,与公路概、预算中的建筑安装工程费用相当。

既然是"价格",按照传统的经济理论,商品价格应围绕价值波动,而价值是由社会平均必要劳动量所决定。因此,反映行业或社会平均水平的施工图预算在过去很长的时期成为发包方和承包方之间进行价款结算的依据。但价值取决于社会平均水平要有一个前提,就是买方与卖方的力量基本均衡。

在市场经济条件下,随着建设工程招标投标制的推行,改变了这种计价模式。由于建设市场是严重供过于求的买方市场,业主追求的是通过招标选择能保证工期和质量、报价最低或比较低的承包商,因而工程交易价格主要取决于竞争和供求关系的影响。所以,今后确定报价的思路不要过多依赖"标底",主要应取决于本企业的技术和管理水平。你要想中标,一是报价要较低,这样才有竞争力;二是报价要合理,主要应依据反映个别成本水平的企业定额和企业内部测算的综合取费的费率。

二、工程造价两种含义之间的关系

工程造价的两种含义是从不同角度把握同一事物的本质。工程造价的两种含义是对客观存在的概括。两者共生于一个统一体，又相互区别。

（一）相互联系

工程造价的两种含义是从不同角度把握同一事物的本质。从建设工程的投资者来说，工程造价就是项目投资，是"购买"项目要付出的价格，同时也是投资者在市场"出售"项目时定价的基础；对于承包商来说，工程造价是他们建筑安装工程产品和劳务的价格总和，或是指特指范围的工程造价，如建筑安装工程造价。另外，项目投资和在市场中形成的工程交易价格有时有数量上的相互关联，见公式（1-1）：

$$投资建设成本 = \sum 工程或设备交易价格 + 降造费 + 其他花费（筹资费用、咨询费用、业主管理费、征地拆迁及补偿费等） + 项目备用金 \quad (1-1)$$

（二）主要区别

工程造价的两种含义主要区别在于需求主体和供给主体在市场追求的经济利益不同。因而理论基础、管理的性质和目标不同。

1. 理论基础不同

第一种含义的工程造价，以投入产出、投资经济学为基础，讲究"多快好省"；第二种含义的工程造价，以价格学为基础，讲究交易活动的公平公正，通过市场有序竞争形成合理价格。

2. 管理性质不同

建设项目投资是一种经济行为（投资管理），具有明确的主体性和目标性，其主体是建设项目的业主，其目标性是对投资形成的资产的保值增值。建设项目工程造价则只是表示建设项目或工程所消耗资金的数量标准（价格管理），当建设项目固定资产投资表示为资金的消耗数量标准时，工程造价的第一种含义（工程投资费用）与其同量；但是工程造价无论是哪一种含义，都不与建设项目投资同义，因为工程造价并不具备明确的主体性，它只表示建设项目所消耗资金的数量标准。

3. 管理目标不同

第一种含义的工程造价，业主追求的是降低工程造价；第二种含义的工程造价，承包商希望的是提高工程造价，但也希望自身施工成本的降低，如表1-1所示。

工程造价含义区别　　　　　表1-1

类型	第一种含义	第二种含义
理论基础	以投入产出、投资经济学为基础，讲究"多快好省"	以价格学为基础，讲究交易活动的公平公正，通过市场有序竞争形成合理价格
管理性质	投资管理	价格管理
管理目标	业主追求降低造价	承包商希望提高造价，但希望自身施工成本降低

三、工程造价计价概念及工程分解与组合基本原理

（一）工程造价计价的概念

工程造价计价就是计算和确定建设工程项目的工程造价，简称工程计价，也称工程估价。

其具体是指工程造价人员在项目实施的各个阶段,根据各个阶段的不同要求,遵循计价原则和程序,采用科学的计价方法,对投资项目最可能实现的合理价格做出科学的计算,从而确定投资项目的工程造价,编制工程造价的经济文件。

由于工程造价具有大额性、个别性、差异性、动态性、层次性及兼容性等特点,所以工程计价的内容、方法及表现形式也就各不相同。业主或其委托的咨询单位编制的工程项目投资估算、设计概算,咨询单位编制的标底,承包商及分包商提出的报价,都是工程计价的不同表现形式。

(二) 工程造价计价的基本原理

工程计价的基本原理,就在于工程项目的分解与组合。

工程项目是单件性与多样性组成的集合体。每一个工程项目的建设都需要按业主的特定需要进行单独设计、单独施工,不能批量生产和按整个工程项目确定价格,只能采用特殊的计价程序和计价方法,即将整个项目进行分解,划分为可以按有关技术经济参数测算价格的基本单元子项或称分部、分项工程。这是既能够用较为简单的施工过程生产出来,又可以用适当的计量单位计算并便于测定或计算的工程的基本构造要素。工程造价计价的主要特点就是按工程分解结构进行分解,将该工程分解至基本子项即基本构造要素,就很容易地计算出基本子项的费用。一般来说,分解结构层次越多,基本子项也越细,计算也更精确。

任何一个建设工程项目都可以分解为一个或几个单项工程;任何一个单项工程都是由一个或几个单位工程所组成,作为单位工程的各类建筑工程和安装工程仍然是一个比较复杂的综合实体,还需要进一步分解。就建筑工程来说,又可以按照施工顺序细分为土石方工程、砖石砌筑工程、混凝土及钢筋混凝土工程、木结构工程、楼地面工程等分部工程;分解成分部工程后,虽然每一部分都包括不同的结构和装修内容,但是从工程估价的角度来看,还需要把分部工程按照不同的施工方法、不同的构造及不同的规格,加以更为细致的分解,划分为更为简单细小的部分。经过这样逐步分解到分项工程后,就可以得到基本构造要素了。找到了适当的计量单位及当时当地的单价,就可以采取一定的计价方法,进行分项分部组合汇总,计算出某工程的工程总造价。

工程计价分解与组合的基本原理,如图1-3所示。

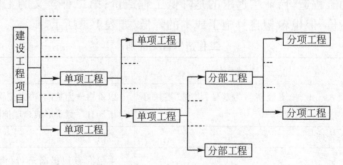

图1-3 工程计价分解与组合的基本原理

四、公路工程计价的基本方法与模式

(一) 工程计价的基本方法

工程计价的形式和方法有多种,各不相同,但工程计价的基本过程和原理是相同的。工程

计价的基本方法是成本加利润,但对于不同的计价主体,成本和利润的内涵是不同的。对于政府而言,成本反映的是社会平均水平,利润水平也是社会平均利润水平。对于业主而言,成本和利润则是考虑了建设工程的特点、建筑市场的竞争状况以及物价水平等因素确定的。业主的计价既反映了其投资期望,也反映了其在拟建项目上的质量目标和工期目标。对于承包商而言,成本则是其技术水平和管理水平的综合体现,承包商的成本属于个别成本,具有社会平均先进水平。

（二）工程计价的模式

影响工程造价的主要因素有两个,即基本构造要素的单位价格和基本构造要素的实物工程数量。在进行工程计价时,基本子项的工程实物量可以通过工程量计算规则和设计图纸计算得到,它可以直接反映工程项目的规模和内容;基本子项的单位价格则有两种形式:直接工程费单价及综合单价。

直接工程费单价是指分部分项工程单位价格,它是一种仅仅考虑了人工、材料、机械资源要素的价格形式;综合单价是指分部分项工程的单价既包括直接费、间接费、利润和税金,也包括合同约定的所有工料价格变化等一切风险费用,它是一种完全价格形式。与这两种单价形式相对应的有两种计价模式,即定额计价模式和工程量清单计价模式。

1. 定额计价模式

建设工程定额计价是我国长期以来在工程价格形成中采用的计价模式,又称工料单价法计价,是国家通过颁布统一的估价指标、概算定额、预算定额和相应的费用定额,对建筑产品价格有计划管理的一种方式。它又分为定额单价法和实物量法两种。定额单价法是指在计价中以定额为依据,按定额规定的分部分项子目,逐项计算工程量,套用定额单价(或单位估价表)确定直接工程费;然后按规定取费标准确定构成工程价格的其他费用和利税,获得建筑安装工程造价。实物量法指按统一的(预算)工程量计算规则和预算定额确定分部分项工程的人工、材料、机械台班消耗量后,按照资源的市场价格计算出各分部分项工程的工料单价,以工料单价乘以工程量汇总得到直接工程费;再按照市场行情计算措施费、间接费、利润和税金等综合取费,汇总得到单位工程费用。公路工程概算、预算的编制采用的是定额计价模式中的实物量法编制方法。公路工程实物量法编制预算的基本流程,见式(1-2)~式(1-4):

$$某分项工程直接工程费 = \sum_{i=1}^{M}\left[分项工程量_i \times \sum_{j=1}^{N}(完成单位分项工程工料机数量_{ij} \times 工料机单价_{ij})\right] \quad (1-2)$$

$$其他工程费 = \sum_{i}^{N}(某分项工程直接工程费_i \times 综合费率_i) \quad (1-3)$$

$$某分项工程建安费 = 直接费 + 其他工程费和间接费 + 计划利润 + 税金 \quad (1-4)$$

长期以来,我国发(承)包计价以工程概、预算定额为主要依据。因为工程概、预算定额是我国几十年计价实践的总结,具有一定的科学性和实践性,所以用这种方法计算和确定工程造价过程简单、快速、准确,也有利于工程造价管理部门的管理。但预算定额是按照计划经济的要求制定、发布、贯彻执行的,定额中工、料、机的消耗量是根据"社会平均水平"综合测定的,费用标准是根据不同地区平均测算的,因此企业采用这种模式报价时就会表现为平均主义,企业不能结合项目具体情况、自身技术优势、管理水平和材料采购渠道价格进行自主报价,不能充分调动企业加强管理的积极性,也不能充分体现市场公平竞争的基本原则。

2. 工程量清单计价模式

工程量清单计价模式，又称综合单价法。它是建设工程招（投）标中，按照国家统一的工程量清单计价规范，招标人或其委托的有资质的咨询机构编制反映工程实体消耗和措施消耗的工程量清单，并作为招标文件的一部分提供给投标人；由投标人依据工程量清单，根据各种渠道所获得的工程造价信息和经验数据，结合企业定额自主报价的计价方式。

对应于公路工程投标报价，投标人根据业主提供的有工程数量的工程量清单填报综合单价和合价。在我国的一般建设工程的工程量清单计价模式中，分部分项工程量清单计价表中的综合单价中仅包含人工费、材料费、机械费、管理费、利润和一般风险费，不含措施费、规费和税金，后三种费用另行计列。而公路工程量清单中工程细目表中的综合单价是全费用单价或完全价格，是指完成本计价工程细目所需的全部工程内容和费用内容的费用，包括完成该细目下所有工程内容所需的成本、利润、税金和一般风险费。以清单中所给的工程量与该综合单价相乘，得到"合价"，见公式（1-5）：

$$投标价 = \sum_{i=1}^{N}(清单中某计价工程细目_i \times 某计价工程细目综合单价_i) +$$
$$单项包干项目总额价 + 计日工 + （不可预见费的）暂定金额 \quad (1-5)$$

结算时以"实际发生的经监理工程师签认的工程数量，与承包商所填报的综合单价进行计量与支付"。这些，体现了"单价合同"的特点。

因而，投标时工程量清单中的工程量作为暂定的估算数量，仅用于投标、评标的共同计算基础，不用于计量与支付；报价计算的核心工作是以清单中的计价工程细目为编制单元，借助公路概、预算的基本表格，主要是 08 表和 03 表，完成综合单价分析。

与定额计价模式相比，采用工程量清单计价，能够反映出承建企业的工程个别成本，有利于企业自主报价和公平竞争；同时，实行工程量清单计价，工程量清单作为招标文件和合同文件的重要组成部分，对于规范招标人计价行为，在技术上避免招标中弄虚作假和暗箱操作及保证工程款的支付结算都会起到重要作用。

由于工程量清单计价模式需要比较完善的企业定额体系以及较高的市场化环境，短期内难以全面铺开。因此，目前我国建设工程造价实行"双轨制"计价管理办法，即定额计价法和工程量清单计价法同时实行。工程量清单计价作为一种市场价格的形成机制，主要在工程招（投）标和结算阶段使用。

五、工程造价计价特点

建设工程的生产周期长、规模大、造价高，可变因素多，因此工程造价具有以下特点：

（一）单件计价

建设工程是按照特定使用者的专门用途，在指定地点逐个建造的。每项建筑工程为适应不同使用要求，其面积和体积、造型和结构、装修与设备的标准及数量都会有所不同，而且特定地点的气候、地质、水文、地形等自然条件及当地政治、经济、风俗习惯等因素，必然使建筑产品实物形态千差万别。再加上不同地区构成投资费用的各种价格要素（如人工、材料）的差异，最终导致建设工程造价的千差万别。所以建设工程和建筑产品不可能像工业产品那样统一地成批定价，而只能根据它们各自所需的物化劳动和活劳动消耗量，按国家统一规定的一整套特殊程序来逐项计价，即单件计价。

(二)多次计价与动态计价

1. 多次计价

建设工程周期长,按建设程序要分阶段进行,相应地也要在不同阶段多次计价,以保证工程造价确定与控制的科学性。多次计价是一个逐步深化、逐步细化和逐步接近实际造价的过程。其过程如图1-4所示。

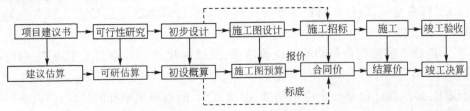

图1-4 建设程序与造价计价环节

(1)投资估算。投资估算是指在项目建议书和可行性研究阶段对拟建项目所需投资,通过编制估算文件预先测算和确定的过程。项目建议书阶段编制的初步投资估算或投资预估算,经有关部门批准后,即作为拟建项目进行投资计划和前期造价控制的工作依据。国家或交通运输部批复的可行性研究报告是建设项目规模和投资控制的依据,批准的投资估算是建设项目造价控制的法定限额。

(2)概算造价。概算造价包括初步设计概算和技术设计修正概算。初步设计概算是指在初步设计阶段,根据设计意图,通过编制工程概算文件预先测算和确定的工程造价。修正概算是指在采用三阶段设计的技术设计阶段,根据技术设计的要求,通过编制修正概算文件,预先测算和确定的工程造价。它对初步设计概算进行修正调整,比概算造价准确,但受概算造价控制。

概算或修正概算是初步设计文件或技术设计文件的重要组成部分。概算应控制在批准的建设项目可行性研究报告投资估算允许浮动幅度范围内。概算经批准后是基本建设项目投资最高限额,是编制建设项目计划、确定和控制建设项目投资的依据,是控制施工图设计和施工图预算的依据,是衡量设计方案经济合理性和选择最佳设计方案的依据,是考核建设项目投资效果的依据。以批准的初步设计进行施工招标的工程,其标底或造价控制值应在批准的总概算范围内。

(3)预算造价。预算是施工图设计文件的重要组成部分,是设计阶段控制工程造价的主要指标。预算经审定后,是确定工程造价、编制或调整固定资产投资计划和考核工程成本的依据。预算应根据施工图设计的工程量和施工方法,按照规定的定额、取费标准、工资单价、材料设备预算价格依据现行《公路工程基本建设项目概算预算编制办法》(JTG B06—2007)在开工前编制并报请审批。

以施工图设计进行施工招标的工程,经审定后的施工图预算,是编制标段清单预算、工程标底或造价控制值的依据,也是分析、考核施工企业投标报价合理性的参考。对不宜实行招标而采用施工图预算加调整价结算的工程,经审定后的施工图预算,可作为确定合同价款的基础或作为审查施工企业提出的施工预算的依据。

施工图预算是考核施工图设计经济合理性的依据。施工图设计应控制在批准的初步设计及其概算范围之内。如单位工程预算突破相应概算时,应分析原因,对施工图设计中不合理部分进行修改,对其合理部分应在总概算投资范围内调整解决。

(4)合同价。合同价是指在工程招(投)标阶段通过签订总承包合同、建筑安装工程承包合同、设备材料采购合同,以及技术和咨询服务合同确定的价格。合同价属于市场价格的性质,它是由承(发)包双方根据市场行情共同议定和认可的成交价格,但它并不等同于实际工程造价。现行有关规定的三种合同价形式是:固定合同价、可调合同价和工程成本加酬金合同价。

(5)结算价。结算价是指在合同实施阶段,在工程结算时按合同调价范围和调价方法,对实际发生的工程量增减、设备和材料价差等进行调整后计算和确定的价格。结算价是该结算工程的实际价格。

(6)实际造价。实际造价是指竣工决算阶段,通过为建设项目编制竣工决算,最终确定的实际工程造价。

以上说明,多次性计价是一个由粗到细、由浅入深、由概略到精确的计价过程,是一个复杂而重要的管理系统。

2.动态计价

一项工程从决策到竣工交付使用,有一个较长的建设周期,由于不可控因素的影响,在预计工期内,许多影响工程造价的动态因素,如工程变更、设备材料价格、工资标准以及费率、利率、汇率的变化必然会影响到造价的变动。此外,计算工程造价还应考虑资金的时间价值。所以,工程造价在整个建设期中处于不确定状态,直至竣工决算后才能最终确定工程的实际造价。

静态投资是以某一基准年、月的建设要素的价格为依据所计算出的建设项目投资的瞬时值。但它会因工程量误差而引起工程造价的增减。静态投资包括:建筑安装工程费,设备和工、器具购置费,工程建设其他费用,基本预备费。

动态投资是指为完成一个工程项目的建设,预计投资需要量的总和。它除了包括静态投资所含内容之外,还包括建设期贷款利息、投资方向调节税、涨价预备金、新开征税费,以及汇率变动引起的造价调整。

静态投资和动态投资虽然内容有所区别,但二者有密切联系。动态投资包含静态投资,静态投资是动态投资最主要的组成部分,也是动态投资的计算基础。

(三)组合计价

一个建设项目可以分解为许多有内在联系的独立和不能独立的工程。从计价和工程管理的角度,分部分项工程还可以分解。建设项目的这种组合性决定了计价的过程是一个逐步组合的过程。这一特征在计算概算造价和预算造价时尤为明显,所以也反映到合同价和结算价。其计算过程和计算顺序是:分部分项工程单价→单位工程造价→单项工程造价→建设项目总造价。

(四)市场定价

工程建设产品作为交易对象,通过招(投)标、承(发)包或其他交易方式,在进行多次预估的基础上,最终由市场形成价格。交易对象可以是一个建设项目,可以是一个单项工程,也可以是整个建设工程的某个阶段或某个组成部分。常将这种市场交易中形成的价格称为工程承(发)包价格,承(发)包价格或合同价是工程造价的一种重要形式,是业主与承包商共同认可的价格。

六、公路工程造价计价的基本要素

(一)建筑安装费计算一般表达式

根据现行公路工程造价计价与控制的基本流程,公路建安工程费计算见公式(1-6):

$$建安费 = \sum_{i=1}^{M}[分项工程量_i \times \sum_{j=1}^{N}(完成单位分项工程工料机数量_{ij} \times$$
$$工料机单价_{ij}) \times (1+综合费率_i)] \tag{1-6}$$

(二)公路工程造价计价五要素

1. 预算工程量

预算工程量包括以下两部分：

(1)工程实体数量(应确定施工方法)；

(2)施工措施工程量，包括因某施工方案导致的辅助工程量(在设计图纸中不出现,取决于施工组织设计)和大临工程或现场平面布置导致的临时工程量。

2. 完成单位数量的分项工程消耗的工料机数量标准(定额水平)

在正常条件下完成合格的单位数量分项工程消耗的工料机数量标准,决定了消耗的资源实物量,是确定工程成本的重要因素。作为承包商投标估价用的定额必须以反映其个别成本的企业定额为基础,适当参考行业统一定额。作为业主编制标底,因为不是业主亲自施工,无法确定未来施工承包商的个别成本,只能以反映行业平均水平的部颁预算定额为基础,大致估测所需工料机资源数量。这正是"买的不如卖的精"。

3. 工料机的预算价格

作为预算价格,是用于计算工程的直接费,应具备以下两个条件：

(1)尽可能反映工料机的实际市场供应价,要求做好充分的工料机市场价格调查；

(2)预算价格中必须包括分摊至该工料机要素中的全部成本或费用,如材料预算价格必须包括出厂价、自供应地到工地的运杂费、场外运输损耗费及材料仓储保管费用。但在工料机预算价格中不应包含需单列的综合取费和利润因素。

4. 综合费率

承包商在确定工程成本或标价时,对于除了直接工程费之外的其他工程费、间接费、利润以本单位的费用定额为依据,确定竞争性的各项费率,对于税金的计算则必须执行国家税法。业主确定标底时,对于综合取费一般执行地方上的《公路工程概预算编制补充办法》中规定的费率标准或略有降低。

5. 计价规则或计价程序

一般按照原交通部颁布的《公路工程基本建设项目概算预算编制办法》(JTG B06—2007)中规定的计价规则或计价程序计算建安工程造价,反映的是以上四种要素的整合方式。

第三节 公路工程造价管理体制

一、工程造价管理含义

(一)工程造价管理的两种含义

所谓工程造价管理,一是指建设工程投资费用管理；二是指建设工程价格管理。建设工程投资费用管理和建设工程价格管理既有联系又有区别。在建设工程投资费用管理中,投资者进行项目决策和项目实施时,完善项目功能,提高工程质量,降低投资费,按期或提前交付使用,是投资者始终关注的问题,降低工程造价是投资者始终如一的追求。建设工程价格管理是投资者或业主与承包商双方共同关注的问题,投资者希望质量好、成本低、工期短,承包商追求的是尽可能高的利润。

1. 建设工程投资费用管理

建设工程投资费用管理是指为了实现投资的预期目标,在拟订的规划、设计方案的条件下,预测、确定和监控工程造价及其变动的系统活动。建设工程投资费用管理属于投资管理范畴,它既涵盖了微观层次的项目投资费用管理,又涵盖了宏观层次的投资费用管理。

2. 建设工程价格管理

建设工程价格管理属于价格管理范畴。在社会主义市场经济条件下,价格管理分为微观和宏观两个层次。在微观层次上,是指生产企业在掌握市场价格信息的基础上,为实现管理目标而进行的成本控制、计价、定价和竞价的系统活动。在宏观层次上,是指政府根据社会经济发展的要求,利用法律、经济和行政的手段对价格进行管理和调控,以及通过市场管理规范市场主体价格行为的系统活动。

工程建设关系国计民生,同时,政府投资公共、公益性项目在今后仍然会有相当份额。因此,国家对工程造价的管理,不仅承担一般商品价格的调控职能,而且在政府投资项目上也承担着微观主体的管理职能。这种双重角色的双重管理职能,是工程造价管理的一大特色。区分不同的管理职能,进而制定不同的管理目标,采用不同的管理方法是一种必然趋势。

(二)全面造价管理

按照国际全面造价管理促进会给出的定义,全面造价管理就是有效地使用专业知识和专门技术去计划和控制资源、造价、盈利和风险。建设工程全面造价管理,包括全寿命期造价管理、全过程造价管理、全要素造价管理和全方位造价管理。

1. 全寿命期造价管理

建设工程全寿命期造价是指建设工程初始建造成本和建成后的日常使用成本之和,它包括建设前期、建设期、使用期及拆除期各个阶段的成本。由于在工程建设及使用的不同阶段,工程造价存在诸多不确定性,使得工程造价管理者管理建设工程全寿命期造价比较困难,因此,全寿命期造价管理至今只能作为一种实现建设工程全寿命期造价最小化的指导思想,指导建设工程的投资决策及设计方案的选择。

2. 全过程造价管理

建设工程全过程是指建设工程前期决策、设计、招(投)标、施工、竣工验收等各个阶段。建设工程造价管理覆盖建设工程前期决策及实施的各个阶段,包括前期决策阶段的项目策划、投资估算、项目经济评价、项目融资方案分析;设计阶段的限额设计、方案比选、概(预)算编制;招(投)标阶段的标段划分、承(发)包模式及合同形式的选择、标底编制;施工阶段的工程计量与结算、工程变更控制、索赔管理;竣工验收阶段的竣工结算与决算等。

3. 全要素造价管理

建设工程造价管理不能单就工程造价本身谈造价管理,因为除工程本身造价之外,工期、质量、安全及环境等因素均会对工程造价产生影响。为此,控制建设工程造价不仅仅是控制建设工程本身的成本,还应同时考虑工期成本、质量成本、安全与环境成本的控制,从而实现工程造价、工期、质量、安全、环境的集成管理。

4. 全方位造价管理

建设工程造价管理不仅仅是业主或承包单位的任务,而应该是政府建设行政主管部门、行业协会、业主方、设计方、承包方以及有关咨询机构的共同任务。尽管各方的地位、利益、角度等有所不同,但必须建立完善的协同工作机制,才能实现建设工程造价的有效控制。

二、我国的工程造价管理体制

(一)工程造价管理体制的建立

我国的工程造价管理体制随着新中国的成立而建立。在20世纪50年代,我国引进了前苏联的概预算定额管理制度,设立了概预算管理部门,并通过颁布一系列文件,建立了概预算工作制度,同时对概预算的编制原则、内容、方法和审批、修正办法、程序等作出了明确规定。

从20世纪50年代后期开始直至十年动乱期间,概预算定额管理工作遭到严重破坏。概预算和定额管理机构被撤销,大量基础资料被销毁。

从1977年起,国家恢复建设工程造价管理机构。经过20多年的不断深化改革,国务院建设行政主管部门及其他各有关部门、各地区对建立健全建设工程造价管理制度,改进建设工程造价计价依据做了大量工作。

(二)工程造价管理体制的改革

随着社会主义市场经济体制的逐步确立,我国工程建设中传统的概预算定额管理模式已无法适应优化资源配置的需求,将传统的概预算定额管理模式转变为工程造价管理模式已成为必然趋势。这种改革主要表现在以下几个方面:

(1)重视和加强项目决策阶段的投资估算工作,努力提高可行性研究报告中投资估算的准确度,切实发挥其控制建设项目总造价的作用。

(2)进一步明确概预算工作的重要作用。概预算不仅要计算工程造价,更要能动地影响设计、优化设计,从而发挥控制工程造价、促进建设资金合理使用的作用。工程设计人员要进行多方案的技术经济比较,通过优化设计来保证设计的技术经济合理性。

(3)推行工程量清单计价模式,以适应我国建筑市场发展的要求和国际市场竞争的需要,逐步与国际惯例接轨。

(4)引入竞争机制,通过招标方式择优选择工程承包公司和设备材料供应单位,以促使这些单位改善经营管理,提高应变能力和竞争能力,降低工程造价。

(5)提出用"动态"方法研究和管理工程造价。研究如何体现项目投资额的时间价值,要求各地区、各部门工程造价管理机构定期公布各种设备、材料、工资、机械台班的价格指数以及各类工程造价指数,要求尽快建立地区、部门乃至全国的工程造价管理信息系统。

(6)提出对工程造价的估算、概算、预算、承包合同价、结算价、竣工决算实行"一体化"管理,并研究如何建立一体化的管理制度,改变过去分段管理的状况。

(7)发展壮大工程造价咨询机构,建立健全造价工程师执业资格制度。

(三)我国建设工程造价管理改革进程及最终目标

我国建设工程造价管理改革的进程是:量价合一→量价分离,即"控制量、市场价(指导价)、竞争费"→工程实体性消耗和施工措施性消耗相分离→企业在统一项目划分、工程量计算规则和基础定额基础上,编制企业(投标)定额,按个别成本报价,和国际惯例完全接轨。

我国建设工程造价管理改革的最终目标是:建立市场形成价格的机制,实现工程造价管理市场化,形成社会化的工程造价咨询服务业,与国际惯例接轨。

三、我国工程造价管理的基本内容

（一）工程造价管理的目标和任务

1. 工程造价管理的目标

工程造价管理的目标是按照经济规律的要求，根据社会主义市场经济的发展形势，利用科学管理方法和先进管理手段，合理地确定造价和有效地控制造价，以提高投资效益和建筑安装企业经营效果。

2. 工程造价管理的任务

工程造价管理的任务是：加强工程造价的全过程动态管理，强化工程造价的约束机制，维护有关各方的经济利益，规范价格行为，促进微观效益和宏观效益的统一。

（二）工程造价管理的基本内容

工程造价管理的基本内容，就是合理地确定和有效地控制工程造价。

1. 工程造价的合理确定

所谓工程造价的合理确定，就是在建设程序的各个阶段，合理地确定投资估算、概算造价、预算造价、承包合同价、结算价、竣工决算价。

（1）在项目建议书阶段，按照有关规定编制的初步投资估算，经有关部门批准，作为拟建项目列入国家中长期计划和开展前期工作的控制造价。

（2）在项目可行性研究阶段，按照有关规定编制的投资估算，经有关部门批准，作为该项目的控制造价。

（3）在初步设计阶段，按照有关规定编制的初步设计总概算，经有关部门批准，即作为拟建项目工程造价的最高限额。

（4）在施工图设计阶段，按规定编制施工图预算，用以核实施工图阶段预算造价是否超过批准的初步设计概算。

（5）对以施工图预算为基础实施招标的工程，承包合同价也是以经济合同形式确定的建筑安装工程造价。

（6）在工程实施阶段要按照承包方实际完成的工程量，以合同价为基础，同时考虑因物价变动所引起的造价变更，以及设计中难以预计的而在实施阶段实际发生的工程和费用，合理确定结算价。

（7）在竣工验收阶段，全面汇集在工程建设过程中实际花费的全部费用，编制竣工决算，如实体现建设工程的实际造价。

2. 工程造价的有效控制

所谓工程造价的有效控制，就是在优化建设方案、设计方案的基础上，在建设程序的各个阶段，采用一定的方法和措施将工程造价的发生控制在合理的范围和核定的造价限额以内。具体来说，就是要用投资估算价控制设计方案的选择和初步设计概算造价；用概算造价控制技术设计和修正概算造价；用概算造价或修正概算造价控制施工图设计和预算造价。以求合理地使用人力、物力和财力，取得较好的投资效益。

有效地控制工程造价应体现以下三项原则：

（1）以设计阶段为重点的建设全过程造价控制。工程造价控制贯穿于项目建设全过程的同时，应注重工程设计阶段的造价控制。工程造价控制的关键在于前期决策和设计阶段，而在项目投资决策完成后，控制工程造价的关键就在于设计。建设工程全寿命期费用包括工程造价和工程交付使用后的经常开支费用(含经营费用、日常维护修理费用、使用期内大修理和局部更新费用),以及该项目使用期满后的报废拆除费用等。据西方一些国家分析,设计费一般不足建设工程全寿命期费用的1%,但正是这少于1%的费用对工程造价的影响度占到75%以上。由此可见,设计质量对整个工程建设的效益是至关重要的。

长期以来,我国普遍忽视工程建设项目前期工作阶段的造价控制,而往往把控制工程造价的主要精力放在施工阶段——审核施工图预算、结算建安工程价款。这样做虽然有一定效果,但毕竟是"亡羊补牢",事倍功半。要有效地控制建设工程造价,就应将控制重点转到建设前期阶段。

(2)实施主动控制,以取得令人满意的结果。传统的决策理论将人看作具有绝对理性的"经济人",认为人在决策时会本能地遵循最优化原则(即取影响目标的各种因素的最有利的值)来选择实施方案。而美国经济学家西蒙认为,由于人的头脑能够思考和解答问题的容量同问题本身规模相比是渺小的,因此在现实世界里,要采取客观合理的举动是非常困难的。因此,对决策人来说,最优化决策几乎是不可能的。西蒙提出用"令人满意"来代替"最优化",他认为决策人在决策时,可先对各种客观因素、执行人据以采取的可能行动以及这些行动的可能后果加以综合研究,并确定一套切合实际的衡量准则。如某一可行方案符合这种衡量准则,并能达到预期的目标,则这一方案便是满意的方案,可以采纳;否则应对原衡量准则作适当的修改,继续挑选。

造价工程师的基本任务是合理确定并采取有效措施控制建设工程造价。为此,应根据委托方的要求及工程建设的客观条件进行综合研究,实事求是地确定一套切合实际的衡量准则。只要造价控制的方案符合这套衡量准则,取得令人满意的结果,就应该说造价控制达到了预期的目标。

长期以来,人们一直把控制理解为目标值与实际值的比较,以及当实际值偏离目标值时,分析其产生偏差的原因,并确定下一步的对策。在工程建设全过程进行这样的工程造价控制当然是有意义的。但问题在于,这种立足于调查—分析—决策基础之上的偏离—纠偏—再偏离—再纠偏的控制是一种被动控制,因为这样做只能发现偏离,不能预防可能发生的偏离。为尽可能地减少以至避免目标值与实际值的偏离,还必须立足于事先主动地采取控制措施,即实施主动控制。也就是说,工程造价控制不仅要反映投资决策,反映设计、发包和施工,被动地控制工程造价;更要能动地影响投资决策,影响设计、发包和施工,主动地控制工程造价。

(3)技术与经济相结合是控制工程造价最有效的手段。要有效地控制工程造价,应从组织、技术、经济等多方面采取措施。从组织上采取的措施,包括明确项目组织结构,明确造价控制者及其任务,明确管理职能分工;从技术上采取措施,包括重视设计多方案选择,严格审查监督初步设计、技术设计、施工图设计、施工组织设计,深入技术领域研究节约投资的可能性;从经济上采取措施,包括动态地比较造价的计划值和实际值,严格审核各项费用支出,采取对节约投资的有力奖励措施等。

应该看到,技术与经济相结合是控制工程造价最有效的手段。长期以来,我国工程建设领域中的技术与经济是相分离的。许多国外专家指出,中国工程技术人员的技术水平、工作能力、知识面,跟外国同行相比几乎不分上下,但他们缺乏经济观念,设计思想保守,设计规范、施工规范落后。国外的工程技术人员时刻考虑如何降低工程造价,而中国工程技术人员则把它看成是与己无关的财会人员的职责。而财会、概预算人员的主要责任是根据财务制度办事,他们往往不熟悉工程技术知识,也较少了解工程进展中的各种关系和问题,往往单纯地从财务角度审核费用开支,难以有效地控制工程造价。为此,今后的努力方向是以提高工程造价效益为目的,在工程建设过程中把技术与经济有机结合,通过技术比较、经济分析和效果评价,正确处理技术先进与经济合理两者之间的对立统一关系,力求在技术先进条件下的经济合理、在经济合理基础上的技术先进,把控制工程造价观念渗透到各项设计和施工技术措施之中。

3. 工程造价管理的工作要点

工程造价管理围绕合理确定工程造价和有效控制工程造价两个方面,采取全过程、全方位管理。其具体工作要点可归纳为以下几点:

(1)可行性研究阶段对建设方案认真优选,做好投资估算,考虑风险。
(2)择优选定工程承建单位、咨询(监理)单位、设计单位,做好相应的招标工作。
(3)合理选定工程的建设标准、设计标准,贯彻国家的建设方针。
(4)积极、合理地采用新技术、新工艺、新材料,优化设计方案,编制好概算。
(5)择优采购设备、建筑材料,做好相应的招标工作。
(6)择优选定建筑安装施工单位、调试单位,做好相应的招标工作。
(7)认真控制施工图设计,推行"限额设计"。
(8)协调好与各有关方面的关系,合理处理配套工作(包括征地、拆迁等)中的经济关系。
(9)严格按概算对造价实行控制。
(10)管理好建设资金,保证资金合理、有效地使用,减少资金利息支出和损失。
(11)严格合同管理,做好工程索赔价款结算工作。
(12)强化项目法人责任制,落实项目法人对工程造价管理的主体地位,在项目法人组织内建立与造价紧密结合的经济责任制。
(13)专业化、社会化咨询(监理)机构要为项目法人积极开展工程造价管理工作提供全过程、全方位的咨询服务,遵守职业道德,确保服务质量。
(14)造价管理部门要强化服务意识,强化基础工作(定额、指标、价格、工程量、造价等信息资料)的建设,为建设工程造价的合理确定提供动态的可靠依据。
(15)完善造价工程师执业资格考试、注册及继续教育制度,促进工程造价管理人员素质和工作水平的提高。

四、公路造价工程师执业资格制度简介

为加强公路建设市场管理,规范公路工程计价行为,提高公路工程造价人员的素质,保证公路工程造价工作质量,合理确定和有效控制工程造价,就必须进行公路工程造价人员的资质认证。凡从事公路工程造价计价(包括估算、概算、预算的编审),经济评价,编制招标标底、投标报价,造价监理,招标代理,办理工程结算、决算,承担工程造价咨询和调解工程造价纠纷等工程造价业务的专业人员,必须经过交通运输部统一的资格考试合格,通过资格认证,取得资格证书,持证上岗。否则,不得独立承担公路工程造价业务。

公路工程造价资格证书分甲、乙两个资格等级。持有甲级资格证书的公路工程造价人员,可以在全国范围内从事高速公路以及以下各等级公路和独立特大桥梁、长大隧道建设项目的工程造价业务。持有乙级资格证书的公路工程造价人员,可以在本省、自治区、直辖市范围内从事一般二级公路及以下各等级公路和独立大桥建设项目的工程造价业务。公路工程造价文件须有持证人员的签名,并注明资格证书编号才能生效。否则,审核部门不予受理。

(一)公路工程造价人员的权利与义务

取得资格证书的公路工程造价人员享有以下权利:

(1)有独立开展工程造价业务并参与工程项目技术经济管理的权利;

(2)有在所经办的工程造价和经过分析的成果文件上签字的权利,凡经公路工程造价人员签字的文件未经其同意任何人不得修改;

(3)有对来自委托方违反法律法规的意见和决定提出劝告、拒绝执行,并向上级或有关部门报告的权利。

取得资格证书的公路工程造价人员应履行以下义务:

(1)熟悉并严格执行国家有关工程造价的技术经济政策、法律法规和规定;

(2)做好工程造价资料的积累工作,注意国内外新技术、新材料、新设备、新工艺的发展应用趋势,收集整理其技术经济资料,反馈工程造价管理部门,为制定、修订工程造价计价依据提供基础资料;

(3)定期参加知识更新、职业再教育的培训,不断提高业务技术水平;

(4)一个公路工程造价人员只能在一个单位正式执业,并对其分工负责;

(5)对委托方的技术和经济秘密,予以保密。

(二)公路工程造价人员资质认证管理机构

为贯彻国家加强职业资格评价和技能鉴定工作的有关要求,完善交通行业关键岗位专业人员资格评价和技能鉴定体系,建设一支高素质的交通专业人才队伍,适应交通行业全面协调可持续发展,原交通部设立了交通专业人员资格评价中心统一领导全国交通行业职业资格制度的建设、管理工作,研究决定有关重大问题。公路工程造价工程师的资格认定工作,也是由该资格评价中心进行管理。交通专业人员资格评价中心根据国家对职业资格工作的分工和原交通部的职责,从有利于交通行业管理的实际出发,重点理清原交通部与建设部在造价工程师职业资格制度建设和注册管理方面的关系,加强与建设部在造价工程师方面的沟通。

交通专业人员资格评价中心的主要职责如下:

(1)负责拟定交通部职业资格和职业技能鉴定规划、规章制度和实施办法等;

(2)组织实施交通行业职业资格的考核认定和特有工种职业技能鉴定,指导职业资格制度建设及职业技能鉴定工作;

(3)负责职业资格的注册管理、考试大纲和教材编写、考试命题和试题库建设管理、考试培训机构资格审核认定、教育评估,继续教育标准拟定等;

(4)负责开展与国(境)外有关职业资格的互认;

(5)承担交通行业各专业技术岗位职业资格制度管理委员会办公室和交通行业职业技能鉴定专家委员会办公室的日常工作;

(6)受部委托制定交通行业特有工种职业技能标准和鉴定规范,负责组织编写培训大纲和教材以及试题库建设管理工作;

(7)负责制定交通行业特有工种职业技能鉴定站建站条件、资格审查及职业技能鉴定考评员的资格要求,组织资格培训和考核;

(8)负责建立交通行业技能人才库,组织实施和管理技师、高级技师资格考评工作,组织交通行业职业技能竞赛活动;

(9)开展交通行业职业资格及有关问题的研究与咨询服务;

(10)承办上级主管部门交办的其他工作。

(三)公路工程造价资格考试及申请条件

凡申请资格证书的公路工程造价人员,均应参照资格考试。凡参加公路工程造价人员资格考试者,由所在单位向本省、自治区、直辖市公路(交通)工程定额站提出书面申请报告,经审查合格后,方可参加考试。凡参加公路工程造价人员资格考试者,应经过交通运输部组织的公路工程造价人员统一培训或交通运输部认可的公路工程造价人员培训,考试合格并取得结业证书。

公路工程造价人员资格考试实行考试与考前培训分离的办法,在资格认证领导小组的统一组织指导下进行。资格考试采取全国统一考试大纲,统一命题,统一组织考试的形式进行。公路工程造价人员资格考试每年举行一次。资格考试分甲、乙两类试题,申报甲级资格的考甲类试题,申报乙级资格的考乙类试题。凡具有助理工程师(助理经济师)及以上职称、从事公路工程造价工作连续3年以上的现职在岗人员,均可申请参加乙级资格证书的资格考试。凡具有工程师(经济师)及以上职称、从事公路工程造价工作连续5年以上的现职在岗人员,均可申请参加甲级资格证书的资格考试。公路工程造价人员资格考试合格者,经资格认证管理部门评审通过,核发资格证书。

(四)公路工程造价人员资质认证管理

资格认证管理部门将根据全国公路工程造价人员资格认证领导小组批准的认证计划,择优核发《公路工程造价资格证书》。资格证书每两年复查检验一次,有效期届满前三个月内持证者应按规定到资格认证管理部门办理复查检验手续,未经复查检验的资格证书为无效证书。复查检验时应提交以下资料:

(1)《公路工程造价资格证书》;
(2)有效期内从事公路工程造价工作的主要业绩;
(3)有效期内参加知识更新、职业再教育培训的内容及证明资料;
(4)有效期内向工程管理部门反馈国内外新技术、新材料、新设备、新工艺的技术经济资料,为制定修订工程造价计价依据(定额、指标等)提供基础资料的情况;
(5)本省、自治区、直辖市公路(交通)工程定额(造价管理)站出具的复查检验初审意见。

凡持有乙级资格证书的公路工程造价人员申请晋升甲级资格证书的,一律须申请参加甲级资格证书的资格考试,考试合格者经资格认证管理部门评审通过,换发甲级资格证书。

公路工程造价人员调离原申报单位,应由其聘用或任职的单位向资格认证管理部门办理证书变更手续。公路工程造价人员遇有下列情况之一的,应由所在单位向资格认证管理部门办理注销手续。

(1)凡脱离公路工程造价岗位连续两年以上(含两年)的;
(2)属于赴境外定居、服刑或死亡等情况的;
(3)因健康原因不能坚持公路工程造价岗位业务工作的;
(4)因其他原因不宜再从事公路工程造价岗位业务工作的。

公路工程造价人员应遵纪守法,恪守职业道德和行为规范,秉公办事。必须在规定的范围内从事工程造价业务活动,并在有关造价文件或涉及造价的文件上签名,加盖本人的资格印章,并对各项造价文件的质量负责。否则,有关造价文件一律无效,业务交往对方或主管部门将不予受理。

思考题

1. 我国政府投资公路建设的程序是怎样的?
2. 公路工程建设项目是如何进行项目划分的?为什么说分项工程是预算定额的基本计量

单位?

3.简述工程造价的双重涵义;结合公路工程基本建设的内容,从业主方角度分析公路工程造价的主要费用构成和在市场交易阶段公路建筑安装工程价格应包含哪些费用?

4.公路工程造价计价模式有哪几种情况?各适用于什么情况?

5.举例说明公路工程造价的计价特点是什么?

6.以某公路工程为例,分析影响公路工程造价计价的基本要素有哪些?

7.结合公路工程建设程序,分析在公路建设前期和建设阶段主要的造价计价环节有哪些?

8.在公路建设全过程中,怎样合理确定和控制公路工程造价?

第二章　公路工程计价依据

第一节　公路工程计价依据概述

一、工程造价计价依据的概念及其主要作用

(一) 工程造价计价依据的概念

工程造价计价依据的含义有广义与狭义之分。广义上是指从事建设工程造价管理所需各类基础资料的总称；狭义上是指用于计算和确定工程造价的各类基础资料的总称，除包括定额、指标、费率、基础单价外，还包括工程量数量及政府主管部门颁发的各种经济政策、计价办法等。由于影响工程造价的因素很多，每一项工程的造价都要根据工程的用途、类别、规模尺寸、结构特征、建设标准、所在地区、建设地点、市场造价信息以及政府的有关政策进行具体计算。因此，需要确定与上述各项因素有关的各种量化的基本资料，作为计算和确定工程造价的计价基础。

计价依据反映的是一定时期的社会生产水平，它是建设管理科学化的产物，也是进行工程造价科学管理的基础。计价依据主要包括建设工程定额、工程造价指数和工程造价资料等内容，其中建设工程定额是工程计价的核心依据。

(二) 工程造价计价依据的主要作用

计价依据是确定和控制工程造价的基础资料，它依照不同的建设管理主体，在不同的工程建设阶段，针对不同的管理对象具有不同的作用。

1. 编制计划的基本依据

无论是国家建设计划、业主投资计划、资金使用计划，还是施工企业的施工进度计划、年度计划、月旬作业计划以及下达生产任务单等，都是以计价依据来计算人工、材料、机械、资金等需要的数量，合理地平衡和调配人力、物力、财力等各项资源，以保证提高投资与企业经济效益，落实各种建设计划。

2. 计算和确定工程造价的依据

工程造价的计算和确定，必须依赖定额等计价依据。如估算指标用来计算和确定投资估算，概算定额用于计算和确定设计概算，预算定额用于计算和确定施工图预算，施工定额用于计算确定施工项目成本。

3. 企业实行经济核算的依据

经济核算制是企业管理的重要经济制度，它可以促使企业以尽可能少的资源消耗，取得最大的经济效益，定额等计价依据是考核资源消耗的主要标准。如对资源消耗和生产成果进行计算、对比和分析，就可以发现改进的途径，采取措施加以改进。

4. 有利于建筑市场的良好发育

计价依据既是投资决策的依据，又是价格决策的依据。对于投资者来说，可以利用定额等

计价依据有效地提高其项目决策的科学性,优化其投资行为;对于施工企业来说,定额等计价依据是施工企业适应市场投标竞争和企业进行科学管理的重要工具。

计价依据的公开、公平和合理,有助于各类建筑市场主体之间展开公平竞争,使建筑市场资源得到充分有效的利用。同时,各类计价依据是对大量市场信息的加工、传递和反馈等一系列工作的总和。因此,计价依据的可靠性、完善性与灵敏性是市场成熟和市场效率的重要标志,加强各类计价依据的管理有利于完善建筑市场管理信息系统和提高我国工程造价管理的水平。

二、工程造价计价依据的种类和基本内容

(一)工程造价计价依据的种类

工程造价计价依据有很多,概括起来有以下几大类。

1. 计算工程量的依据
(1)建设工程项目可行性研究资料。
(2)初步设计、扩大初步设计、施工图设计等设计图纸和资料。
(3)工程量计算规则。

2. 计算分部分项工程人工、材料、机械台班消耗量及费用的依据
(1)企业定额、预算定额、概算定额、概算指标和估算指标等各种定额指标。
(2)人工、材料、机械台班等资源要素价格。

3. 计算建筑安装工程费用的依据
(1)措施费费率。
(2)间接费费率。
(3)利润率。
(4)税率。
(5)工程造价指数。
(6)计价程序。

4. 计算设备费的依据
设备价格和运杂费率等。

5. 计算工程建设其他费用的依据
(1)建设工程项目用地指标。
(2)各项工程建设其他费用定额。

6. 与计算造价相关的法规和政策依据
(1)包含在工程造价内的税费等相关税率。
(2)与产业政策、能源政策、环境政策、技术政策和土地等资源利用政策有关的取费标准。
(3)利率和汇率。

7. 其他计价依据

(二)工程造价计价依据的基本内容

1. 工程定额
工程定额包括施工定额、预算定额、概算定额、概算指标与投资估算指标及费用定额。

2. 工程造价指数

3. 工程造价资料

工程造价资料内容很多,在这里主要指各类价格资料,如施工资源(人工、材料、机械台班)单价、工程单价(工料单价、综合单价)等。

三、公路工程造价计价依据

(一)公路工程造价计价依据的广义内容

1. 公路工程施工图预算的广义计价依据

公路工程造价计价依据的广义内容,包括公路工程造价文件的编制依据。根据现行公路概预算编制办法,从施工图预算的角度,可包括以下内容:

(1)国家发布的有关法律、法规、规章、规程等。

(2)现行《公路工程预算定额》(JTG/T B06-02—2007)、《公路工程机械台班费用定额》(JTG/T B06-03—2007)及《公路工程基本建设项目概算预算编制办法》(JTG B06—2007)。

(3)工程所在地省级交通主管部门发布的补充计价依据。

(4)批准的初步设计文件(或技术设计文件,若有)等有关资料。

(5)施工图纸等设计文件。

(6)工程所在地的人工、材料、设备预算价格等。

(7)工程所在地的自然、技术、经济条件等资料。

(8)工程施工组织设计或施工方案。

(9)有关合同、协议等。

(10)其他有关资料。

2. 公路工程量清单计价依据

从编制公路工程量清单的角度,可包括以下内容:

(1)《公路工程标准施工招标文件》(2009年版)或《公路工程国际招标文件范本》中的工程量清单、计量支付规则、设计图纸等。

(2)现行的《公路工程预算定额》(JTG/T B06-02—2007)、《公路工程机械台班费用定额》(JTG/T B06-03—2007)及《公路工程基本建设项目概算预算编制办法》(JTG B06—2007)。

(3)工程所在地省(直辖市、自治区)级交通运输主管部门发布的补充计价依据。

(4)施工图纸等设计文件。

(5)工程所在地的人工、材料、设备预算价格等。

(6)工程所在地的自然、技术、经济条件等资料。

(7)工程施工组织设计或施工方案。

(8)有关合同、协议等。

(9)其他有关资料。

(二)公路工程造价计价依据的狭义内容

根据近年业界编制公路工程造价的工作实践,公路工程造价计价依据的狭义内容主要包括:计价规则、定额库(包括部颁预算定额、各地方补充定额、企业预算定额、施工机械台班费用定额等)、项目模板、报表模板四个部分。比如:同望WECOST公路工程造价管理系统工具软件,包括计价依据管理系统和造价文件编审系统两个子系统,为客户定义不同专业、不同造价编制阶段或不同成果要求、不同地方和企业的计价依据包(图2-1)。针对不同造价编制阶段或不同成果要求的计价依据,如表2-1所列。其中,核心计价依据仍然是工程定额。因此,本章后面主要讲解工程定额的使用方法。

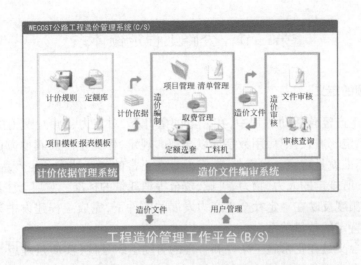

图 2-1 同望 WECOST 工具软件中的计价依据包

公路工程造价计价依据一览表　　　　表 2-1

序号	造价类型	所属计价依据	主定额	计价规则	项目模板	报表模板
1	建议估算	建议估算计价依据	部颁综合指标	建议估算编制办法	建议估算项目划分表	建议估算报表
2	可研估算	可研估算计价依据	部颁分项指标	可研估算编制办法	可研估算项目划分表	可研估算报表
3	设计概算	2008 年部颁概算计价依据	公路工程 2008 年概算定额	公路工程 2008 年概预算编制办法	公路工程 2008 年概预算项目表	公路工程 2008 年概预算报表
4	修正概算	2008 年部颁概算计价依据	公路工程 2008 年概算定额	公路工程 2008 年概预算编制办法	公路工程 2008 年概预算项目表	公路工程 2008 年概预算报表
5	施工图预算	2008 年部颁预算计价依据	公路工程 2008 年预算定额	公路工程 2008 年概预算编制办法	公路工程 2008 年概预算项目表	公路工程 2008 年概预算报表
6	标底/报价	2009 年公路工程清单计价依据	公路工程 2008 年预算定额	交公路发〔2009〕221 号招标文件计价规则	交公路发〔2009〕221 号招标文件项目模板	交公路发〔2009〕221 号招标文件报表模板
7	结算价	工程结算计价依据	—	交公路发〔2009〕221 号招标文件计价规则	标价的项目工程量清单	项目计量支付报表模板
8	竣工决算	竣工决算计价依据	—	交通部项目竣工决算办法	交通部项目竣工决算项目模板	交通部项目竣工决算报表模板

第二节　公路工程定额体系

一、工程定额的定义

工业企业在生产经营活动过程中,在一定的条件下,对人力、物力、财力的利用和消耗方面,经过科学地测定、分析、计算,用数字加以合理的规定,作为生产及其他方面所应遵守或达到的标准,这个标准就是定额。也就是说,定额是在正常的生产技术和生产组织条件下,为完成单位合格产品,所规定的人力、物力、机械、资金等消耗量的标准。它属于生产消费定额的性质。这种规定的额度反映在一定社会生产力发展的条件下,完成工程建设中某项产品与各种生产消费之间的特定的数量关系。

工程定额的含义是在正常施工条件和合理的劳动组织条件(实质是理想与平均状态)下,完成单位数量的合格产品所消耗的人工、材料和机械台班数量及费用标准。

定额制度来源于20世纪初美国的泰罗制(企业定额的雏形),我国的统一定额与概预算制度来源于前苏联,与计划经济体制相适应。

公路工程定额属于工程定额的一类,是公路工程概算定额、预算定额、施工定额等的总称。设计概算及施工图预算、施工预算、竣工决算都是按照公路工程定额进行编制的。在设计、计划、施工、劳动工资、财务等各项工作中,都必须以定额为工作尺度。认真贯彻和执行定额,才能有周密的计划和合理的施工,才能有真正的经济核算,所以定额是现代科学管理的基础和重要内容。

二、公路工程定额的特点

我国公路工程定额具有科学性、系统性和统一性、权威性和强制性、稳定性和时效性等特点。

1.定额的科学性

公路工程定额的科学性包括两方面的含义:一是指公路工程建设定额必须和生产力发展水平相适应,反映出公路建设中生产消费的客观规律;二是指公路工程建设定额的确定和管理在理论、方法和手段上必须科学化,以适应现代科学技术和信息社会发展的需要。

我国社会主义条件下工程建设定额的科学性,使企业不合理地赚取最大利润受到束缚;并使其能受到宏观和微观的双重调控,以适应社会主义市场运行机制的需要。

2.定额的系统性和统一性

工程建设是一个庞大的系统,工程建设定额是为这个系统服务的,这就决定了定额的多种类、多层次的系统性特点。进行固定资产生产和再生产的工程建设,其中包括农林、水利、煤炭、机械、电力、石油、化工等种类,公路工程是其中的一类。各类工程都严格地按项目划分,在计划和实施过程中又分为若干阶段,前者如划分为建设项目、单项工程、单位工程、分部分项工程;后者如规划、可行性研究、设计、施工、竣工交付使用,以及投入使用后的维修。与此相适应就形成了工程建设定额的多种类、多层次的系统性的特点。

为了使国民经济按既定的目标发展,需要借助于某些标准、定额、参数等,对工程建设进行规划、组织、调节、控制。而这些标准、定额、参数必须在一定范围内有一定尺度,才能实现上述职能,才能利用它对项目的决策、设计方案、投标报价、成本控制进行比选和评价。全国统一定额、地区统一定额和行业统一定额,层次清楚,分工明确。定额在一定范围内的一定尺度即定额的统一性特点。

3. 定额的权威性和强制性

主管部门通过一定程序审批颁发工程建设定额,审核批准以定额为主要依据而确定的各阶段的工程造价,这就决定了定额的权威性的特点。这种权威性在一些情况下具有经济法规性质和执行的强制性。

应该提出的是,对定额的权威性和强制性不应绝对化。在社会主义市场经济条件下,随着投资体制的改革和投资主体多元化格局的形成,随着企业经营机制的转换,投资者或经营者都可以根据市场的变化和自身的条件,自主地调整自己的决策行为。那么,在过去称为定额的法令性特点自然就会弱化。

4. 定额的稳定性和时效性

工程建设定额任何一种都是一定时期技术发展与管理的反映,因而在一段时期内都表现出稳定的状态。根据情况不同,稳定的时间有长短,一般在 5~10 年之间。定额的稳定性是维护定额的权威性所必需的,更是有效地贯彻定额所必需的。另一方面,定额的稳定性是相对的,当生产力发展到一定程度,定额就会与已经发展的生产力不相适应,甚至不再能起到促进生产力发展的作用时,工程建设定额就需要重新编制或修订了。这就是定额的时效性特点。

三、公路工程定额的作用

在公路建设中,工程定额有如下几方面的作用:

(1)它是编制概算、预算和决算的依据;是编制施工组织文件的依据;是编制各种施工计划的依据;是施工过程中签发任务单、领料单等施工文件的依据。

(2)它是公路施工企业进行经济核算、考核工程成本的依据。

(3)它是进行工资核算、实行经济承包责任制的依据。

(4)它是开展施工项目管理和企业管理的基本条件。

(5)正确贯彻执行定额、及时修订和补充定额是提高劳动生产率的重要手段。

四、我国公路工程定额的发展概况

新中国成立以来,随着大规模的社会主义经济建设的进行,各建设部门也进行了定额的制定与管理工作。

1958 年原交通部公路总局在对定额实行测定的基础上,制定了全国统一的《公路工程预算定额》。各省(市、自治区)也相继制定了地方性的预算定额和施工定额,这样就基本上适应了当时公路建设的需要。

1971 年原交通部根据我国公路工程技术标准、技术规范以及设计和施工图纸的变化,特别是考虑当时公路建设采用专业队伍与民工相结合的施工方式所具备的定额水平,对 1958 年以来的定额进行综合调整,于 1973 年重新颁发了《公路工程概算定额》、《公路工程预算定额》和《公路工程施工计划劳材手册》。

1983 年原交通部经国家建委批准,颁发了《公路工程概算定额》和《公路工程预算定额》,1986 年原交通部发布试行我国第一本《公路工程估算指标》。

1992 年原交通部根据新形势下公路工程的技术特点,用交工发〔1992〕65 号通知公布的《公路工程预算定额》、《公路工程概算定额》,自 1992 年 5 月起施行。这就是我国现行公路工程定额,这两本定额系专业统一概、预算定额,适用于交通和厂矿公路新建、扩建、改建工程。

这两本定额与1996年公布的《公路工程基本建设工程概算预算编制办法》附录十一的《基价表》一起配套使用。

1996年原交通部颁发的《公路工程估算指标》适用于编制公路基本建设项目建议书和可行性研究报告投资估算使用。与上述定额配套使用的还有原交通部交公路发〔1996〕610号发布的《公路工程机械台班费用定额》、原交通部公施字〔1997〕134号发布的《公路工程施工定额》，各省（市、自治区）一般也都对施工定额的有关问题作了指导性的规定。

2007年原交通部公布《公路工程基本建设项目概算预算编制办法》（JTG B06—2007）及《公路工程概算定额》（JTG/T B06-01—2007）、《公路工程预算定额》（JTG/T B06-02—2007）、《公路工程机械台班费用定额》（JTG/T B06-03—2007），自2008年1月1日起施行。根据国家有关技术标准的规定，首次明确将《公路工程基本建设项目概算预算编制办法》作为行业标准执行，而公路概、预算定额和施工机械台班费用定额作为行业推荐性标准执行。

2009年交通公路定额站编写出版《公路工程施工定额》，是对原交通部公施字〔1997〕134号发布的《公路工程施工定额》的修订，是《公路工程预算定额》（JTG/T B06-02—2007）劳动、机械定额水平确定的依据。

五、公路工程定额分类

工程定额从不同角度来说，有多种分类方式，比如可按生产要素分类、按使用要求分类、按编制单位和执行范围不同分类、按不同专业分类，等等。对于公路工程定额分类，本书从生产要素和不同使用要求两种情况加以说明。

（一）按生产因素分类的公路工程定额

按生产因素可将定额分为劳动定额、材料定额和机械定额三种。公路工程定额按生产因素和定额用途分类，如图2-2所示。

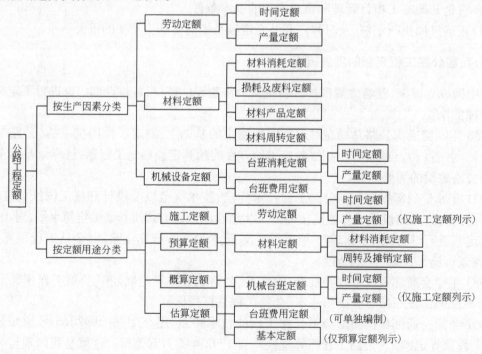

图2-2 公路工程定额分类

1. 劳动消耗定额(简称劳动定额)

劳动消耗定额是在正常的生产技术和生产组织条件下,为完成单位合格产品所规定的劳动消耗量标准。它有两种表现形式:时间定额和产量定额。

(1)时间定额

时间定额是指在技术条件正常、生产工具使用合理和劳动组织正确的条件下,工人为生产单位合格产品所消耗的劳动时间。其计量单位为:工时单位/产品单位,如:工日/m^3、工日/km、工日/座等。每一工日除潜水工作按6h、隧道工作按7h外,其余均按8h计算。时间定额的计算方法如下:

$$时间定额 = 1 \div 每单位工时完成的产量 = 1 \div 产量定额 \qquad (2-1)$$

或

$$时间定额 = 耗用工时数量 \div 完成单位合格产品数量 \qquad (2-2)$$

例如:《公路工程预算定额》第一章第一节第9表(即"1-1-9"表)中规定,1.0m^3 内单斗挖掘机开挖硬土,完成1000m^3 天然密实土开挖,普通工定额工日为5.0工日。它的工作内容包括:安设挖掘机;开辟工作面;挖土;装车;移位;清理工作面。

(2)产量定额

产量定额是指在技术条件正常、生产工具使用合理和劳动组织正确的条件下,工人在单位时间内完成合格产品的数量。其计量单位为:产品单位/工时单位,如 m^3/工日、km^2/工日、座/工日等。

$$产量定额 = 1 \div 完成单位产品所消耗的时间 = 1 \div 时间定额 \qquad (2-3)$$

或

$$产量定额 = 完成合格产品数量 \div 耗用时间数量 \qquad (2-4)$$

如上例完成每1000m^3 天然密实方硬土的工日产量为:1000m^3/5.0工日=200m^3/工日。

2. 材料消耗定额(简称材料定额)

(1)概念

材料消耗定额是指在节约和合理使用材料的条件下,生产单位合格产品所必须消耗的一定品种规格的材料、半制成品、配件和水、电、燃料等的数量标准。其计算单位是以材料的实物计量单位表示,如 m、m^3、kg、t 等。材料消耗定额按材料消耗的特征分为基本材料消耗定额和辅助材料消耗定额。

(2)材料消耗的划分

材料消耗包括直接用于产品本身(构成工程实体的一部分)的基本材料和辅助性材料。基本材料是构成工程结构本身所用的各种材料,例如钢筋混凝土工程中的水泥、砂、碎石、钢筋等。辅助性材料是工程所必需但不是构成工程实体本身的材料,例如开挖石方所用的雷管、炸药、导火索等材料。在辅助材料中,有些材料可以多次周转使用的叫周转性材料,如模板、脚手架、金属结构构件等。材料消耗的划分,如图2-3所示。

(3)材料消耗定额的表现形式

①材料消耗总定额。它由净定额和损耗定额组成。材料消耗总定额即二者之和。

净定额是指生产某产品或完成某一施工过程所需材料的有效消耗量,如浇筑混凝土消耗的水泥净定额,即按试验室配合比计算的某强度等级1m^3 混凝土中水泥纯消耗数量。

损耗定额是指生产某产品或完成某一施工过程,在最低施工损耗的情况下,所用材料的所有非有效消耗量之和。损耗定额包括运输损耗、保管损耗和操作损耗。前两种损耗一般计入材料预算价格,后一种消耗一般计入材料消耗定额。

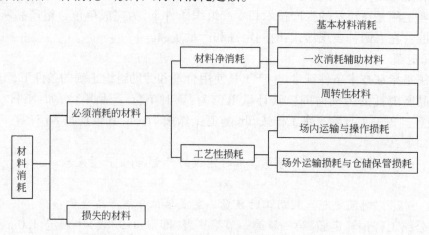

图 2-3 材料消耗的划分

②损耗率。施工损耗率即施工损耗量与材料总消耗量之比。

因为在浇制混凝土构件或砌体浆砌时,所需混凝土混合料或砂浆混合料在搅拌运输过程中不可避免的损耗,以及振捣后体积变得密实,则每 $1m^3$ 实体的混凝土产品就需要耗用 $1.01~1.02m^3$ 的混凝土混合材料。工艺性材料损耗量以百分率表示,即损耗率。它等于材料净用量与材料损耗之比。一般材料消耗定额的基本计算公式为:

$$材料消耗定额 = (1 + 材料损耗率) \times 完成单位产品的材料净用量 \quad (2-5)$$

例如:《公路工程施工定额》附录二中规定,浆砌 $1m^3$ 片石砌体的石料及砂浆消耗定额为:片石 $1.15m^3$;砂浆 $0.35m^3$。

又如:《公路工程预算定额》第四章"4-6-3"表中规定:现浇 C30 非泵送混凝土墩、台帽(钢模),每完成 $10m^3$ 实体需要消耗 $10.2m^3$ 的 C30 混凝土混合料,其中多出的 $0.2m^3$ 为施工中不可避免的损耗,通常每 $1m^3$ 实体的混凝土产品需要耗用 $1.01~1.02m^3$ 的混凝土混合料。工艺性损耗以百分率表示,即场内运输及操作损耗率。

根据预算定额"附录二"中混凝土配合比表(材料组合:普 C30-32.5-4),按上式计算如下:

$$32.5 级水泥 = (1 + 2\%) \times 377 kg/m^3 \times 10m^3 = 3.845t$$

$$中(粗)砂 = (1 + 2\%) \times 0.46m^3/m^3 \times 10m^3 = 4.69m^3$$

$$4cm 碎石 = (1 + 2\%) \times 0.83m^3/m^3 \times 10m^3 = 8.47m^3$$

完成 $10m^3$ 实体合格产品的其他材料消耗定额还有:原木 $0.029m^3$、锯材 $0.052m^3$、型钢 $0.019t$、组合钢模板 $0.028t$、铁件 $44.8kg$、其他材料费 59.2 元等。

③材料产品定额。材料产品定额是指用一定规格的原料,在合理的操作条件下获得的标准产品的数量。

④材料周转定额。材料周转定额是产品所消耗的材料中包括工程本身使用的材料和为工程服务的辅助材料(如模板、支撑等所需的木材等)。辅助材料应按规定进行周转使用,这种周转性材料在施工中合理周转使用的次数和用量称为材料周转定额(见预算定额附录三)。现行预算定额中,周转性材料,均按正常周转次数摊入定额之中,具体规定详见《公路工程预

算定额》总说明及附录三。周转性材料的定额用量计算公式：

$$定额用量 = \frac{图纸一次使用量 \times (1 + 场内运输及操作损耗率)}{周转次数(或摊销次数)} \tag{2-6}$$

3. 机械台班消耗定额（简称机械定额）

机械定额是指某种机械在合理的劳动组织与合理使用材料的条件下，完成单位合格产品所必须消耗的工作时间（必要的机械台班数量），或在一定的作业时间内所生产的合格产品的数量的标准。前者称为施工机械的时间定额，后者称为施工机械的产量定额（又称机械生产率）。机械定额的组成及含义、表现形式以及时间定额与产量定额的关系均与劳动定额相似。所不同的是机械定额的时间定额单位是"台班"。

《公路工程预算定额》第一章第一节第9表（即"1-1-9"表）中规定：$1.0m^3$内单斗挖掘机开挖普通土，完成$1000m^3$天然密实土开挖，$1m^3$内单斗挖掘机需2.15台班，75kW内履带式推土机需0.46台班。

4. 机械台班费用定额

原交通部2007年颁布的《公路工程机械台班费用定额》（JTG/T B06-03—2007），是《公路工程概算定额》（JTG/T B06-01—2007）、《公路工程预算定额》（JTG/T B06-02—2007）的配套定额，在编制公路基本建设工程概、预算，确定机械台班预算价格和公路养护大、中修工程时，可供参考使用。

机械台班费用定额，是以机械的一个台班为单位，规定其所消耗的不变费用标准、机上操作人员工时、燃料及费用等数量标准及费用标准的定额。机械台班费用包括：折旧费、大修理费、经常修理费、安装拆卸及辅助设施费、驾驶员人工费、动力燃料费、车船使用税7种费用。工程预算中所需反映的施工机械使用费、机上驾驶人员数、燃料数量等，均可按照机械台班费用定额并根据工程数量计算。

（二）按使用要求分类的公路工程定额

1. 施工定额

施工定额是规定建筑安装工人或小组在正常施工条件下，完成单位合格产品的劳动力、材料和机械消耗的数量标准。它不仅是组织生产、编制施工阶段施工组织设计和施工作业计划、签发工程任务单和限额领料单、考核工效、评奖、计算劳动报酬，加强企业成本管理和经济核算、编制施工预算的依据，而且是编制预算定额和补充定额的基础。它包括时间定额和产量定额，定额水平是平均先进的。采用的产品单位一般比较精细，其中时间以工时计，产品以最小单位（如$m、m^2、m^3$等）计。

交通公路工程定额站于2009年制定的《公路工程施工定额》，由人民交通出版社出版发行，可供使用。因施工定额属于企业定额的性质，所以企业应该能够根据本企业的具体条件和可能挖掘的潜力，根据市场的需求和竞争环境，根据国家有关政策、法律和规范、制度，自己编制定额。一定时期还可提供作为编制预算定额的基础资料。

从理论上来说，施工定额分为行业施工定额与企业施工定额两种，它们的特征如下：

（1）行业施工定额。其中的生产性定额，适用于行业内所有企业；平均先进水平；产品单位细、定额子目多；是施工企业编制企业施工定额的样板和指导，是编制行业统一预算定额的基础。

（2）企业施工定额。其中的生产性定额，使用于某施工企业内部；在行业内应立足于先进水平；产品单位细、定额子目多；是施工企业组织施工生产、考核工效、加强施工成本管理和编制施工预算或分割中标合同预算的依据,也是编制企业预算定额的基础。

2. 预算定额

所谓预算定额,是指在正常施工条件和合理劳动组织下,完成单位数量的合格产品(分部分项工程或结构构件)所需消耗的人工、材料、施工机械台班的数量标准和费用标准。预算定额反映了行业平均水平,但其所处环境状态又是风和日丽、交通便捷、组织合理的理想状态,与实际施工状态并不等同,因而,具有"平均条件"和"理想状态"的特点。

公路工程预算定额作为造价计价依据的重要内容,与当前技术标准、施工工艺等有密切关系。其内在关系是"技术标准→设计标准→施工质量验收标准→施工工艺标准(或施工技术规范)→工料机消耗标准"。

公路行业统一预算定额,它的特点表现在:①计价定额;②具有广泛的社会性,反映社会平均水平;③产品单位比施工定额的大,适用于业主、承包人之间;④行业预算定额是行业施工定额的综合与扩大;⑤它是编制施工图预算或业主标底的依据,也是编制投标报价的参考和编制概算定额的基础。

【例2-1】 桥梁墩台混凝土分项工程劳动定额如下:

(1) $1m^3$ 混凝土运输20m,浇筑、养生需1.50工日;

(2) 模板安拆 $1m^2$,需人工0.5工日;

(3) 运输 $1m^3$ 混凝土10m,需人工0.1工日;

(4) 预算定额中每 $10m^3$(施工范围平均50m),需模板 $4m^2$,施工定额与预算定额"两定"幅度差4%;

(5) 非泵送混凝土场内运输及操作损耗率2.0%。

求桥梁墩台混凝土预算定额中的定额人工消耗量。

解 $[1.5 \times 10 \times 1.02 + 0.1 \times 10 \times 1.02 \times (50 - 20) \div 10 + 0.5 \times 4] \times (1 + 4\%) = 21.2$(工日)

3. 概算定额

概算定额是在预算定额的基础上,加以综合而成。因而产品常使用更大的单位来表示,如:小桥涵以座(道)、桥梁上部构造以10m标准跨径、$1000m^2$ 黑色碎石路面、公路公里等。定额水平比预算定额低,它不仅是编制设计概算、修正概算的主要依据,是进行设计方案和施工方案的经济比较和选择的必要依据,是主要材料申请计划的计算基础,而且也是编制估算指标的基础。

原交通部2007年颁布的《公路工程预算定额》和《公路工程概算定额》是由部组织编制、审批并颁发执行的全国性专业统一定额,是具有权威性的一种指标。这两个定额的主要区别是在编制深度上与在设计阶段深度相适应,概算定额用于公路工程基本建设的初步设计阶段,预算定额则用于施工图设计阶段。但是,它们在编制原则、定额内容、表现形式和使用方法上都有若干相似之处。

4. 公路工程估算指标

《公路工程估算指标》(JTG/T M21—2011)是由中交公路规划设计院主编,交通运输部于2011年发布的行业推荐性标准,适用于公路基本建设新建、改建工程,是编制项目建议书和可行性研究报告投资估算的依据,也可作为技术方案经济比选的参考。本指标由路基工程、路面工程、隧道工程、涵洞工程、桥梁工程、交叉工程、交通工程及沿线设施、临时工程共8章及附录组成。

公路工程估算指标的作用主要是:为做好公路基本建设项目可行性研究中的投资估算工

作,为经济效益评价,提供建设项目造价成本的计算依据。它包括综合指标和分项指标两部分。

以上是现行全国性的公路专业通用定额,各省、市、自治区交通厅(局)在近几年还编制了一些地区性补充定额。如天津、武汉等市城建局编制的《市政工程预算定额》则为地区性定额。一般来说,部颁定额能满足使用要求,个别工程项目有在概、预算定额中未包括的项目时,才可用地区补充定额或相关专业的补充定额。地区补充定额应呈报交通运输部备案。

第三节　运用公路工程定额的基本方法

在公路建设生产活动中,正确地使用定额是非常重要的。为了正确使用定额,必须全面了解定额,深刻理解定额,熟练掌握定额。最好通过编制概、预算等的实践,来熟练地运用定额,也可以通过做练习的方法来掌握定额。因定额种类繁多,在这一节里,将介绍定额运用方面的基本知识和方法。

一、运用概预算定额的步骤

所谓运用定额,就是平时所说的"查定额",是根据编制概、预算的具体条件和目的,查得需要的、正确的定额的过程。为了正确地运用定额,首先,必须反复学习定额、熟练地掌握定额;其次,必须收集并熟悉中央及地方交通主管部门有关定额运用方面的文件和规定。在此前提下,运用定额的基本步骤如下:

1. 确定定额的种类

根据运用定额的目的,确定所用定额的种类(是概算定额、预算定额还是估算指标)。

2. 查找所需定额表

根据概、预算项目表,依次按目、节确定欲查定额的项目名称,再据以在定额目录中找到其所在页次,并找到所需定额表。但要注意核查定额的工作内容、作业方式是否与施工组织设计相符。如人工开挖土这项作业,在《公路工程预算定额》的路基工程中有"1-1-3"表,桥梁工程中有"4-1-1"表,等等。

3. 查到定额表后的工作

(1)看看表上"工程内容"与设计要求、施工组织要求有没有出入;若无出入,则可在表中找到相应的细目,并进一步确定子目(栏号)。

(2)检查定额表的计量单位与工程项目取定的计量单位是否一致,是否符合规定的工程量计算规则。

(3)看定额的总说明、章说明、节说明以及表下注是否与所查子目的定额有关,若有关,则采取相应措施。

(4)根据设计图纸和施工组织设计检查一下,子目中有无需要抽换的定额?是否允许抽换?若应抽换,则进行具体抽换计算。

(5)依子目各序号确定各项定额值,可直接引用的就直接抄录,需计算的则在计算后抄录。

4. 重新按上述步骤复核

5. 逐项查定其他项目的定额

该项目的该细目定额查完后,再查定该项目的另外细目的定额;依次完成后,再查另一项目的定额。

当熟练之后,上列步骤,不必依次进行。

二、概预算定额运用的基本知识

(一)关于引用定额的编号

在编制估、概、预算时,在计算表格中均要列出所引用的定额表号。一般采用[页-表-栏]的编号方法。

【例 2-2】 预算定额中的[12-(1-1-9)-5],系指引用第 12 页表 1-1-9 中的第 5 栏,即"斗容量 1.0m³ 以内挖掘机挖装普通土"预算定额。

对于初学使用定额者来说,这种编号方法容易查找,检查方便,不易出错。但书写字码较多,在概、预算表格中占格较宽。

另一种编号方法是省去页号,按(章-表-栏)三符号法。例如预算定额中,"斗容量 1.0m³ 以内挖掘机挖装普通土"的定额号为(1-1-9-5)这种编号方法,在概预算表格中占格较少,用计算机编制时,采用这种编号方法简单、明了。

(二)定额的直接套用

如果设计的要求、工作内容及确定的工程项目,完全与相应定额的工程项目符合,则可直接套用定额。但要特别注意各定额的总说明,章、节说明及定额表中小注的要求,注意阅读,以免发生错误。

【例 2-3】 试确定"斗容量 1.0m³ 以内挖掘机挖普通土(自挖自卸)"的预算定额。

解 (1)由预算定额目录可知该定额在 12 页,定额项目表编号(1-1-9),看该表的附注。

(2)确定定额号为(1-1-9-5)及表注"土方不需装车时,应乘以 0.87 的系数"。

(3)计算(每 1000m³ 天然密实方)。

人工:$4.5 \times 0.87 = 3.92$ 工日。

75kW 内履带式推土机:$0.46 \times 0.87 = 0.40$ 台班。

1.0m³ 以内履带式单斗挖掘机:$2.15 \times 0.87 = 1.87$ 台班。

基价:$2279 \times 0.87 = 1983$ 元。

(三)定额的抽换

由于定额是按一般正常合理的施工组织和正常的施工条件编制的,定额中所采用的施工方法和工程质量标准,主要是根据国家现行公路工程施工技术及验收规范、质量评定标准及安全操作规程取定的,因此,使用时不得因具体工程的施工组织、操作方法和材料消耗与定额的规定不同而变更定额。只有在以下几种情况时,允许对定额中某些项目进行抽换,使定额的使用更符合实际情况。

(1)就地浇筑钢筋混凝土梁用的支梁及拱圈用的拱盔、支架,如确因施工安排达不到规定的周转次数时,可根据具体情况进行换算并按规定计算回收。

(2)在使用预算定额时,混凝土、砂浆配合比表的水泥用量,如因设计采用的混凝土强度等级、砂浆标号或水泥等级与定额中的水泥等级不同时,水泥用量可按预算定额附录二基本定额中的混凝土、砂浆配合比表进行换算。

(3)如施工中必须使用特殊机械时,可按具体情况进行换算。

【例 2-4】 试确定某桥梁工程的预制钢筋混凝土 T 形梁的预算定额。已知 T 形梁混凝土设计强度等级为 C40,采用蒸汽养生施工。

解 对于本例这类工程,确定其定额的方式应采取分别按工程细目来分别确定定额的方法,本例将混凝土、钢筋、蒸汽养生三种作业分别列为三个细目去分别确定定额。这种方式符合编制概、预算格式要求、比较直观、计算量小、易复核。下面就按分别列细目的方式来确定本例的定额值。

1. 预制 T 形桥梁混凝土工作

(1) 预算定额桥涵工程章说明的"一、3"规定,"如采用蒸汽养生时,应从各有关定额中减去人工 1.5 工日及其他材料费 4 元,并按蒸汽养生有关定额计算"。

(2) 根据预算定额总说明"九"的规定,当设计混凝土强度等级与定额表所列强度等级不同时,可按配合比表换算。

(3) 由目录查得预制 T 形梁的定额表在 533 页。

(4) 预制 T 形梁混凝土工作的定额编号为[533-(4-7-12)-1]。

(5) T 形梁混凝土定额(每 $10m^3$ 实体)。

人工:31.0 − 1.5 = 29.5 工日

材料:

① 直接查定额得到的:原木 $0.026m^3$、锯材 $0.035m^3$、光圆钢筋 0.002t、钢板 0.029t、电焊条 4.3kg、钢模板 0.100t、铁件 13.2kg、水 $16m^3$、其他材料费(20.3 − 4.0) = 16.3 元。

② 换算确定的:

a. 每 $10m^3$ 实体需 C40 混凝土 $10.10m^3$;

b. 由基本定额查得 C40 混凝土(材料组合:普 40-42.5-2)每 m^3 混凝土的配合比,算得:42.5 级水泥:0.443 × 10.10 = 4.474t;中砂:0.45 × 10.10 = $4.54m^3$;碎石:0.79 × 10.10 = $7.98m^3$。

机械:30kN 以内单筒慢速卷扬机 1.38 台班、50kN 以内单筒慢速卷扬机 4.14 台班、32kV·A 以内交流电焊机 1.04 台班、小型机具使用费 38.7 元。

2. 预制 T 形梁钢筋工作

(1) 钢筋定额编号为[533-(4-7-12)-2]。

(2) 钢筋工作定额(每 1t 钢筋)。

人工:9.8 工日。

材料:光圆钢筋 0.246t、带肋钢筋 0.779t、电焊条 7.4kg、20~22 号铁丝 2.6kg。

机械:30kN 以内单筒慢速卷扬机 0.13 台班、32kV·A 以内交流电焊机 1.38 台班、150kV·A 以内交流对焊机 0.11 台班、小型机具使用费 27.7 元。

3. 蒸汽养生

(1) 由预算定额目录查得蒸汽养生定额在 693 页,并确定其定额编号为[693-(4-11-8)-2]。

(2) 蒸汽养生定额($10m^3$ 构件)。

人工:8.1 工日。

材料:其他材料费 18.8 元。

机械:30kN 以内单筒慢速卷扬机 0.71 台班、1t/h 以内工业锅炉 1.70 台班。

(3) 蒸汽养生室建筑未列,应根据施工组织设计所需座数确定。

(四)定额的补充

随着科学技术的发展,新结构、新工艺、新材料、新设备在公路工程上广泛使用。但是,定额的制定必须有一定的周期,在新定额未颁布以前,为了合理、正确地反映工程造价和经济效益,在现行使用的概、预算定额基础上,又编制有部颁补充定额、地区补充定额和个别工程项目的一次性补充定额等。所以在查用现行定额时应注意该定额表左上方"工程内容"所包含的项目与实际工程项目是否完全一致,结构形式、施工工艺是否相同。要正确选用补充定额,做到不重不漏。

三、施工定额的运用示例

施工定额的运用,应该考虑以下三种情况:

(1)工人与工人合理组织——人力施工的工序之间工人操作的配合,以重点工序为主,按比例配置其他工序。

(2)工人与机械的合理组织——以机械为主,人-机配合施工,以机械完成的产量为主配备工人,以充分发挥机械效率。

(3)机械与机械配合——首先要分清主要机械和附属机械,以主要机械完成的产量为主,配合其他附属机械台数。

(一)工人与机械组织

【例 2-5】 已知:要完成某基础混凝土的灌注任务,由某工班负责,一台混凝土搅拌机:$0.25 m^3/盘$,每盘拌和时间 0.033 台时,$K_B = 85\%$。

循环机械的产量定额 = 净工作 1 小时的产量 × 工作班时间 × 时间利用系数

循环机械的时间利用系数 = (有效工作时间 + 循环的不可避免无负荷时间 + 循环的不可避免中断时间)/工作班时间

$1 m^3$ 混凝土配合比:砂 $0.5 m^3$,碎石 $0.9 m^3$,水泥 $0.23 t$。运输:砂石用架子车推运,砂子运距 40m,碎石运距 30m,水泥由驾驶员负责。

由《企业劳动定额》查得:人力架子车装卸砂 0.084 工日/m^3,运 20m 需 0.012 工日/m^3;人力架子车装卸碎石 0.146 工日/m^3,运 20m 需 0.014 工日/m^3。

求工班总人数及分工情况。其思路如下:

(1)混凝土搅拌以搅拌机工作为主要工序,砂石运输的工人配合搅拌机工作,要以保证搅拌机每台班完成的产量为主,配备砂石运输的人数;

(2)根据题目背景提供的搅拌机有关技术参数可求出搅拌机的台班产量定额,即每台班搅拌混凝土数量;根据搅拌机台班产量定额和混凝土配合比可求出每个工作班(天)内需要运砂、碎石的数量;根据需要运砂、碎石的数量和运砂、碎石的劳动时间定额,可求出每工作班中运砂、碎石的工天数,即可得出该工班需配备工人人数及分工。

解 (1)计算混凝土搅拌机台班产量

$N_D = (0.25/0.033) \times 8 \times 0.85 = 51.5 m^3/台班$

(2)计算运砂、碎石的数量

保证搅拌机每台班完成 $51.5 m^3$ 混凝土搅拌任务量。

$51.5 m^3$ 混凝土需砂(由配合比) = $51.5 \times 0.5 = 26 m^3$

$51.5 m^3$ 混凝土需碎石 = $51.5 \times 0.9 = 46.4 m^3$

(3)装卸运砂子和碎石时间定额

架子车装卸运 40m 砂子时间定额 = 0.084 + 0.012 × 2 = 0.108 工日/m³
架子车装卸运 30m 碎石时间定额 = 0.146 + 0.014 × 30/20 = 0.167 工日/m³
由上面,需运砂 26m³,运碎石 46.4m³,则
每班运砂工日数 = 26m³ × 0.108 工日/m³ = 2.808 工日
每班运碎石工日数 = 工程量 × 时间定额 = 46.4m³ × 0.167 工日/m³ = 7.75 工日
水泥由驾驶员负责。工作需 1 天完成。

所以配合搅拌机工人数 $\frac{2.808\ 工日}{1\ 日} + \frac{7.75\ 工日}{1\ 日} + 1 \approx 12$ 人

(二)施工机械调配示例

【例 2-6】 某机械化施工公司承包了某工程的土方施工任务,坑深为 -4.0m,土方工程量为 9800m³,平均运距距离为 8km,合同工期为 10 天。该公司现有 WY50、WY75、WY100 液压挖掘机各 4 台、2 台、1 台及 5t、8t、15t 自卸汽车各 10 台、20 台、10 台,其主要参数见表 2-2 和表 2-3。

液压挖掘机主要参数　　　　　　　　　　　　　表 2-2

型　号	WY50	WY75	WY100
斗容量(m³)	0.50	0.75	1.00
台班产量(m³/台班)	401	549	692
台班单价(元/台班)	880	1060	1420

自卸汽车主要参数　　　　　　　　　　　　　表 2-3

载重能力	5t	8t	15t
运距 8km 时台班产量	28	45	68
台班单价(元/台班)	318	458	726

问题:

(1)若挖掘机和自卸汽车按表中型号只能各取一种,且数量没有限制,如何组合最经济?相应的每立方米土方的挖运直接费为多少?

(2)若该工程只允许白天一班施工,且每天安排的挖掘机和自卸汽车的型号、数量不变,需安排几台何种型号的挖掘机和几台何种型号的自卸汽车?

(3)按上述安排的挖掘机和自卸汽车的型号和数量,几天可完成该土方的施工任务?每立方米土方的挖运直接费是多少?

分析要点: 本例题考核施工机械的经济组合。通常每种型号的施工机械都有其适用的范围,需要根据工程的具体情况通过技术经济比较来选择。另外,企业的机械设备数量总是有限的,因而理论计算的最经济组合不一定能实现,只能在现有资源条件下选择相对最经济的组合。

本例题中挖掘机的选择比较简单,只有一种可能性,而由于企业资源条件的限制,自卸汽车的选择较为复杂,在充分利用最经济的 8t 自卸汽车之后,还需要选择次经济的 15t 自卸汽车(必要时,还可能选择最不经济的 5t 自卸汽车)。

在解题过程中需注意以下几点:

(1)挖掘机与自卸汽车的配比若有小数,不能取整,应按实际计算的数值继续进行其他相

关计算。

(2) 计算出的机械台数若有小数,不能采用四舍五入的方式取整,而应取其整数部分的数值加1。

(3) 不能按总的土方工程量分别独立地计算挖掘机与自卸汽车的需要量。例如,仅就运土而言,每天安排20台8t自卸汽车和3台5t自卸汽车也可满足背景资料所给定的条件,且按有关参数计算比本案例的答案稍经济。但是,这样安排机械组合使得挖掘机的挖土能力与自卸汽车的运土能力不匹配,由此可能产生以下两种情况:一是挖掘机充分发挥其挖土能力,9天完成后退场。由于自卸汽车需10天才能运完所有土方,这意味着每天现场都有多余土方不能运出,从而将影响运土效率,导致10天不能运完所有土方。二是挖掘机按运土进度适当放慢挖掘进度,10天挖完所有土方,则2台WY75挖掘机均要增加一个台班,挖土费增加,也不经济。如果考虑到提前1天挖完土方可能带来的收益,显然10天挖完土方更不经济。

问题(1)~(3)的解答如下。

问题(1):

解 三种型号挖掘机每立方米土方的挖土直接费分别是:

$880/401 = 2.19$ 元/m^3

$1060/549 = 1.93$ 元/m^3

$1420/692 = 2.05$ 元/m^3

取单价为 1.93 元/m^3 的 WY75 挖掘机。

三种型号自卸汽车每立方米土方的运土直接费分别为:

$318/28 = 11.36$ 元/m^3

$458/45 = 10.18$ 元/m^3

$726/68 = 10.68$ 元/m^3

取单价为 10.18 元/m^3 的 8t 自卸汽车。

相应的每立方米土方的挖运直接费为:$1.93 + 10.18 = 12.11$ 元/m^3

每天需要挖掘机和自卸汽车的台数比例为:$549/45 = 12.2$

问题(2):

解 合同工期为 10 天,每天需 WY75 挖掘机的数量为 $9800/(549 \times 10) = 1.79$ 台。取每天安排 WY75 挖掘机 2 台。

按问题 1 的组合,每天需要挖掘机与自卸汽车的台数比例 1:12.2,则每天应安排 8t 自卸汽车 $2 \times 12.2 = 24.4$ 台。取每天安排 8t 自卸汽车 25 辆(其中各 12 辆分别与其中一台挖掘机组合,1 辆自卸汽车机动配合)。

由于该公司目前仅有 20 辆 8t 自卸汽车,故超出 (24.4 - 20) 台只能另选其他型号的自卸汽车。根据问题 1 的计算结果,15t 自卸汽车比 5t 自卸汽车经济,应优先考虑。

需 15t 自卸汽车数量为:

$4.4 \times 45/68 = 2.91$ 台/天或 $(549 \times 2 - 45 \times 20)/68 = 2.91$ 台/天。取每天另外安排 15t 自卸汽车 3 台。

综上所述,每天需要安排 WY75 挖掘机 2 台,8t 自卸汽车 20 台,15t 自卸汽车 3 台。

问题(3):

解 按上述安排的挖掘机和自卸汽车的数量,完成该土方施工任务的天数为:

9800/(549×2) = 8.93 ≈ 9 天

或 9800/(45×20 + 68×3) = 8.88 ≈ 9 天

每立方米土方相应的挖运直接费为：

(1060×2 + 458×20 + 726×3)×9/9800 = 12.36 元/m³

第四节　公路工程预算定额

一、公路预算定额概述

（一）现行版本

（1）原交通部公告〔2007〕33号文颁布的《公路工程预算定额》(JTG/T B06-02—2007)；

（2）原交通部公告〔2007〕33号文颁布的《公路工程机械台班费用定额》(JTG/T B06-03—2007)；

（3）各省、自治区和直辖市以部公告（2007年第33号）发布的《公路工程概算定额》、《公路工程预算定额》和《公路工程机械台班费用定额》为基础发布的"公路工程补充预算定额"及相关规定。

（二）内容组成

现行公路工程预算定额手册包括路基工程、路面工程、隧道工程、桥涵工程、防护工程、交通工程及沿线设施、临时工程、材料采集及加工、材料运输共九章及附录。其中涉及公路永久工程（或正式工程）的是第一至六章；第七章是"临时工程"，是对公路工程施工中可能发生的大型临时设施，需要通过施工设计或施工组织设计明确工程数量的汽车便道、临时便桥、临时码头、轨道铺设、架设输电和电信线路等工程，属于施工措施项目；第八、九章属于公路工程施工所需的地方筑路材料的辅助生产定额；附录包括"路面材料计算基础数据"、"基本定额"、"材料的周转及摊销"、"定额基价人工、材料单位质量、单价表"四部分内容。公路工程预算定额内容的组成如图2-4所示。

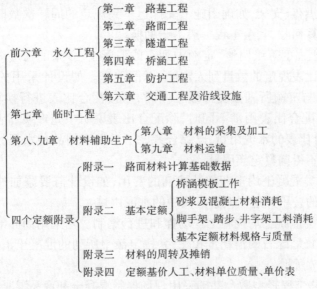

图2-4　公路工程预算定额内容的组成

(三)定额总说明

(1)(使用范围、属性)《公路工程预算定额》(以下简称本定额)是全国公路专业定额。它是编制施工图预算的依据,也是编制工程概算定额(指标)的基础。它适用于公路基本建设新建、改建工程,不适用于独立核算执行产品出厂价格的构件厂生产的构(配)件,对于公路养护的大、中修工程,可参考使用。本定额是编制施工图预算和业主标底的依据、投标报价的参考和编制概算定额的基础。

(2)本定额是以人工、材料、机械台班消耗量表现的工程预算定额。编制预算时,其人工费、材料费、机械使用费应按《公路工程基本建设项目概算预算编制办法》的规定计算。

(3)本定额包括路基工程、路面工程、隧道工程、桥涵工程、防护工程、交通工程及沿线设施、临时工程、材料采集及加工、材料运输共九章及附录。

(4)(定额调整)本定额是按照合理的施工组织和一般正常的施工条件编制的。定额中所采用的施工方法和工程质量标准,是根据国家现行的公路工程施工技术及验收规范、质量评定标准及安全操作规程取定的,除定额中规定允许换算者外,均不得因具体工程的施工组织、操作方法和材料消耗与定额的规定不同而变更定额。

(5)(不同工种每工日的时间性规定)本定额除潜水工作每工日6小时,隧道工作每工日7小时外,其余均按每工日8小时计算。

(6)(不重不漏)定额中的工程内容,均包括定额项目的全部施工过程。定额内除扼要说明施工的主要操作工序外,均包括准备与结束、场内操作范围内的水平与垂直运输、材料工地小搬运、辅助和零星用工、工具及机械小修、场地清理等工程内容。

(7)(材料消耗定额已含场内运输及操作损耗)本定额中的材料消耗系按现行材料标准的合格料和标准规格料计算的。定额内材料、成品、半成品均已包括场内运输量及操作损耗,编制预算时,不得另行增加。其场外运输损耗、仓库保管损耗,应在材料预算价格内考虑。

(8)(周转性材料定额摊销量调整)本定额中周转性的材料、模板、支撑、脚手杆、脚手板和挡土板等的数量,已考虑了材料的正常周转次数并计入定额内。其中就地浇筑钢筋混凝土梁用的支架及拱圈用的拱盔、支架,如确因施工安排达不到规定的周转次数时,可根据具体情况进行换算并按规定计算回收,其余工程一般不予抽换。

(9)(砂浆、混凝土强度等级调整)定额中列有的混凝土、砂浆的强度等级和用量,其材料用量已按附录中配合比表规定的数量列入定额,不得重算。如设计采用的混凝土、砂浆强度等级或水泥强度等级与定额所列强度等级不同时,可按配合比表进行换算。但实际施工配合比材料用量与定额配合比表用量不同时,除配合比表说明中允许换算者外,均不得调整。

混凝土、砂浆配合比表的水泥用量,已综合考虑了采用不同品种水泥的因素,实际施工中不论采用何种水泥均不得调整定额用量。

(10)本定额中各类混凝土均未考虑外掺剂的费用,如设计需要添加外掺剂时,可按设计要求另行计算外掺剂的费用并适当调整定额中的水泥用量。

(11)本定额中各类混凝土均按施工现场拌和进行编制。当采用商品混凝土时,可将相关定额中的水泥、中(粗)砂、碎石的消耗量扣除,并按定额中所列的混凝土消耗量增加商品混凝土的消耗。如例题2-7所示。

【例2-7】 某公路工程轻型墩台基础采用现场拌制混凝土和商品混凝土的定额消耗量及费用计算,如表2-4所示(每$10m^3$实体)。

分析：①"轻型墩台基础"定额子目定额号为"4-6-1-1",定额工作内容中包含模板安拆、(操作范围内的)混凝土运输、浇筑、捣固及养生,未包含现场拌制混凝土工作,需要与定额"4-11-11"有关定额配套使用,本例选取混凝土搅拌机为250L内混凝土搅拌机拌和,定额号为"4-11-11-1"。②由于混凝土拌和定额单位是 $10m^3$ 混凝土半成品,要对该定额消耗量乘1.02 调整系数才能和"4-6-1-1"定额子目配合使用。③如采用商品混凝土,则应以商品混凝土 $10.20m^3$ 计入到定额消耗中,并把"4-6-1-1"中所包含的水泥、中(粗)砂、碎石和搅拌用水(根据配合比设计中水灰比要求,一般 $10m^3$ 混凝土搅拌用水为 $2m^3$)扣除。

轻型墩台基础采用现场拌制混凝土和商品混凝土费用计算表　　　　表2-4

序号	项目	单位	代号	现场拌制混凝土					商品混凝土		
				拌和	浇筑	消耗合计	单价(元)	费用(元)	浇筑	单价(元)	费用(元)
1	人工	工日	1	2.754	8.5	11.254	45.00	506.43	8.5	45.00	382.50
2	C15 水泥混凝土	m³	17				260.00		10.20	260.00	2652.00
3	锯材	m³	102		0.003	0.003	1350.00	4.05	0.003	1350.00	4.05
4	型钢	t	182		0.011	0.011	3700.00	40.70	0.011	3700.00	40.70
5	组合钢模板	t	272		0.024	0.024	5710.00	137.04	0.024	5710.00	137.04
6	铁件	kg	651		9.4	9.4	4.40	41.36	9.4	4.40	41.36
7	32.5 级水泥	t	832	2.581		2.581	320.00	825.92		320.00	
8	水	m³	866	12		12	0.50	6.00	10	0.50	5.00
9	中(粗)砂	m³	899	5.61		5.61	60.00	336.60		60.00	
10	碎石(8cm)	m³	954	8.47		8.47	49.00	415.03		49.00	
11	其他材料费	元	996		25.6	25.6	1.00	25.60	25.6	1.00	25.60
12	250L 内混凝土搅拌机	台班	1272	0.459		0.459	94.72	43.48		94.72	
13	12t 内汽车式起重机	台班	1451		0.17	0.17	705.77	119.98	0.17	705.77	119.98
14	小型机具使用费	元	1998		7.6	7.6	1.00	7.60	7.6	1.00	7.60
15	工、料、机费用	元						2509.79			3415.83

(12)水泥混凝土、钢筋、模板工程的一般规定列在第四章说明中,该规定同样适用于其他各章。

(13)本定额中各项目的施工机械种类、规格是按一般合理的施工组织确定的。如施工中实际采用机械的种类、规格与定额规定的不同时,一律不得换算。

(14)(机械台班单价分析依据)本定额中的施工机械的台班消耗,已考虑了工地合理的停置、空转和必要的备用量等因素。编制预算的台班单价,应按《公路工程机械台班费用定额》(JTG/T B06-03—2007)分析计算。

(15)(次要零星材料和小型机具)本定额中只列工程所需的主要材料用量和主要机械台班数量。对于次要、零星材料和小型施工机具均未一一列出,分别列入"其他材料费"及"小型机具使用费"内,以元计,编制预算即按此计算。

(16)本定额未包括公路养护管理房屋,如养路道班房、桥头看守房、收费站房等工程,这类工程应执行本地区的建筑安装工程预算定额。

(17)其他未包括的项目,各省、自治区、直辖市交通厅(局)可编制补充定额在本地区执行,并报交通运输部备案;还缺少的项目,各设计单位可编制补充定额,随同预算文件一并送审,并将编制依据送各省、自治区、直辖市公路(交通)工程定额站备查。所有补充定额均应按照本定额的编制原则、方法进行编制。

(18)本定额遇有下列情况,可按《公路工程基本建设项目概算预算编制办法》(JTG B06—2007)中的有关规定办理:

①冬雨季施工的工程;②夜间施工的工程;③高原地区施工的工程;④边施工边维持通车的工程。

(19)(通用计算规则)定额表中注明"××以下"者,均包括"××"本身;而注明"××以外"或"××以上"者,则不包括"××"本身。定额内数量带"( )"者,则表示基价中未包括其价值。

注:①如定额 P12 挖掘机型号;P276 基坑开挖"3m 内、6m 内";P359 回旋钻机"钻孔桩径100cm 内、孔深 30m 内",等等;

②如定额 P40、P41"机械碾压路基"定额表中"75kW 以内推土机消耗量(1.70)"。

(20)凡定额名称中带有"※"号者,均为参考定额,使用定额时,可根据情况进行调整。

(21)本定额的基价是人工费、材料费、机械使用费的合计价值。基价中的人工费、材料费基本上是按北京市 2007 年的人工、材料预算价格计算的;机械使用费是按 2007 年原交通部公布的《公路工程机械台班费用定额》(JTG/T B06-03—2007)(包括车船使用税)计算的。

(22)定额中的"工料机代号"系编制概、预算采用电子计算机计算时作为对人工、材料、机械名称识别的符号,不应随意变动。编制补充定额时,遇有新增材料或机械名称,可取相近品种材料或机械代号间的空号。

(四)定额项目表

(1)定额项目表名称:如"1-1-9 挖掘机挖装土、石方,1-1-11 自卸汽车运土、石方,1-1-18 机械碾压路基",如表 2-5、表 2-6 和表 2-7 所示。

(2)工程内容:如"1-1-9 挖掘机挖装土、石方"的工程内容包括:①安设挖掘机;②开辟工作面;③挖土或爆破后石方;④装车;⑤移位;⑥清理工作面。

(3)计量单位:完成一定计量单位的合格产品,如 1000m³ 天然密实方、1000m³ 路基实体。

(4)项目:本定额表的工程所需工料机和费用的名称及规格。

(5)代号:工料机电算代号。

(6)定额子目名称:如"斗容量 1.0m³ 以内挖掘机挖普通土",要明确工作项目的土石类别、施工方法和机械规格、型号,基本上要达到分项工程的口径,即按照不同的施工方法、不同的工程部位、不同的材料、不同的质量要求和工作难易程度来划分的工作项目单元,是预算定额的基本计量单位。

(7)定额值:工料机及基价消耗量数值。

(8)基价:定额基价 = $\sum$(工料机消耗量×工料机基期价格);

例如:(1-1-9-5)定额基价:$4.5 \times 49.20 + 0.46 \times 612.89 + 2.15 \times 825.79 = 2279$ 元

1-1-9 挖掘机挖装土、石方

表 2-5

工程内容:①安设挖掘机;②开辟工作面;③挖土或爆破后石方;④装车;⑤移位;⑥清理工作面。

单位:1000m³ 天然密实方

序号	项目	单位	代号	挖掘机斗容量(m³)					
				0.6 以内			1.0 以内		
				松土	普通土	硬土	松土	普通土	硬土
				1	2	3	4	5	6
1	人工	工日	1	4.0	4.5	5.0	4.0	4.5	5.0
2	75kW 以内履带式推土机	台班	1003	0.62	0.72	0.83	0.40	0.46	0.53
3	0.6m³ 以内履带式单斗挖掘机	台班	1027	2.88	3.37	3.88	—	—	—
4	1m³ 以内履带式单斗挖掘机	台班	1035	—	—	—	1.85	2.15	2.46
5	2.0m³ 以内履带式单斗挖掘机	台班	1037						
6	基价	元	1999	2017	2348	2695	1970	2279	2602

注:土方不需装车时,应乘以 0.87 系数。

1-1-11 自卸汽车运土、石方

表 2-6

工程内容:①等待装、运、卸;②空回。

单位:1000m³ 天然密实方

项目	单位	代号	土方								
			自卸汽车装载质量(t)								
			3 以内				6 以内				8 以内		
			第一个 1km	每增运 0.5km			第一个 1km	每增运 0.5km			第一个 1km	每增运 0.5km		
				平均运距(km)				平均运距(km)				平均运距(km)		
				5 以内	10 以内	15 以内		5 以内	10 以内	15 以内		5 以内	10 以内	15 以内
			1	2	3	4	5	6	7	8	9	10	11	12
3t 以内自卸汽车	台班	1382	19.47	2.93	2.66	2.54	—							
6t 以内自卸汽车	台班	1384	—				13.65	2.02	1.83	1.75				
8t 以内自卸汽车	台班	1385									10.18	1.41	1.28	1.22
基价	元	1999	5745	865	785	750	5504	815	738	706	4952	686	623	593

(五)预算定额子目套用

首先,要弄清每个工程是由哪些项目组成的。要注意预算工程量不仅包括设计的永久工程量(工程构造),还包括因施工工艺不同、自然因素影响等原因导致的辅助工程量和临时工程量。

(1)根据要求拆分计算"预算工程量"。

(2)根据拆分的分项工程量,查找定额手册目录,首先找到该工程量所在"定额项目表"的页码。

(3)根据分项工程量中施工对象(如土质类型)或施工手段(如机械型号)"对号入座",找到对应的定额子目。

1-1-18 机械碾压路基

表 2-7

工程内容:填方路基:①机械整平土方,人工击碎土方并摊平石方;②拖式羊足碾回转碾压;③压路机前进、后退、往复碾压。

零填及挖方路基:①机械推松、整平土方;②压路机前进、后退、往复碾压。

Ⅰ. 填方路基   单位:1000m³ 压实方

顺序号	项目	单位	代号	碾压土方				
				高速公路、一级公路				
				光轮压路机		振动压路机		
				机械自重(t)				
				12~15	18~21	10以内	15以内	20以内
				1	2	3	4	5
1	人工	工日	1	3.0	3.0	3.0	3.0	3.0
2	75kW以内履带式推土机	台班	1003	(1.70)	(1.70)	(1.70)	(1.70)	(1.70)
3	120kW以内自行式平地机	台班	1057	1.63	1.63	1.63	1.63	1.63
4	6t以内拖式羊足碾(含拖头)	台班	1073	—	—	—	—	—
5	6~8t光轮压路机	台班	1075	1.55	1.55	1.55	1.55	1.55
6	10~12t光轮压路机	台班	1077	—	—	—	—	—
7	12~15t光轮压路机	台班	1078	5.69	—	—	—	—
8	18~21t光轮压路机	台班	1080	—	4.29	—	—	—
9	10t以内振动压路机	台班	1087	—	—	3.23	—	—
10	15t以内振动压路机	台班	1088	—	—	—	2.41	—
11	20t以内振动压路机	台班	1089	—	—	—	—	1.76
12	基价	元	1999	4362	4299	4039	3884	3786

注:①定额按自行式平地机整平土方编列,如采用推土机整平土方时,可采用括号内数字并扣除定额中平地机的全部台班数量;

②对铺设沥青混凝土或水泥混凝土路面的三级公路,零填及挖土地段的基底压实应采用二级公路定额;

③如需洒水,洒水费用另计(套定额"1-1-22 洒水汽车洒水"有关定额子目)。

(4)对照该分项工程量实际工程内容(如土方运距、混凝土强度等级等)与定额工作内容,判断:直接套用单个定额,或组合定额,或抽换定额,或补充定额,以确定该分项工程的预算定额工料机消耗量。

二、路基工程预算定额

(一)路基工程预算定额说明

路基工程预算定额,包括路基土、石方,排水和软基处理工程等项目。

1. 土壤岩石类别划分

定额按开挖的难易程度将土壤、岩石分为六类。

土壤分为三类:松土、普通土、硬土。

岩石分为三类:软石、次坚石、坚石。

本定额土、石分类与六级土、石分类和十六级土、石分类对照表,如表 2-8 所示。

土、石分类对照表   表 2-8

本定额分类	松土	普通土	硬土	软石	次坚石	坚石
六级分类	Ⅰ	Ⅱ	Ⅲ	Ⅳ	Ⅴ	Ⅵ
十六级分类	Ⅰ~Ⅱ	Ⅲ	Ⅳ	Ⅴ~Ⅵ	Ⅶ~Ⅸ	Ⅹ~ⅩⅥ

2.定额工程的内容

定额工程内容除注明者外,均包括以下内容:

(1)各种机械 1km 内由停车场至工作地点的往返空驶;

(2)工具小修;

(3)钢钎淬火。

(二)土石方调配原理

1.相关概念

(1)断面方——即根据线路标志桩的路基填挖横断面积及其相应间的距离,所分别计算出来的土石方数量,称为断面方数量。也是设计图上给出的"土石方数量表"中的数量。

(2)利用方——利用路堑挖方填入路堤的方量(编制预算时,对利用方只计填方,不计挖方,但应考虑夯实增加的工料机消耗)。

(3)施工方(公路工程中习惯称"计价方")——路堑挖方和借土挖方之和。

土、石方调配示意图,如图 2-5 所示。

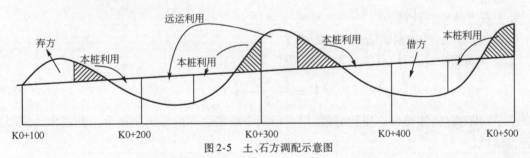

图 2-5　土、石方调配示意图

因为路基土石方工程具有填挖相同的特性,应考虑在经济合理的运距条件下尽可能移挖作填,以达到用最少的施工方数量达到路基工程快速施工和节约的目的。所谓土石方调配,就是要确定路堑挖方用多少数量移挖作填,有多少数量运往弃土堆,还需要多少从路堤两侧取土坑或其他取土场挖运用作路堤填土的施工组织设计方法。

2.土石方调配原则

土石方的调配原则,包括如下几个方面:

(1)加大利用方,减少施工方;

(2)首先横向平衡,再考虑纵向平衡,然后考虑借方(或弃方);

(3)考虑土质及土方最大经济运距。

土、石方调配的关系式:

$$\begin{aligned}断面方 &= 挖方 + 填方 \\ &= (挖方 + 借方) + (填方 - 借方) \\ &= 施工方 + 利用方\end{aligned}$$

$$挖方 + 借方 = 填方 + 弃方$$

挖方→利用方+弃方

填方←利用方+借方

以挖作填的数量,可以按路堑挖方计算,但夯实的工日数应按断面方计算。

(三)使用路基土石方定额时应注意的问题

1. 开挖边沟的土、石方数量的计算

"人工挖运土方"、"人工开炸石方"、"机械打眼开炸石方"、"抛坍爆破石方"等定额中,已包括开挖边沟消耗的工、料和机械台班数量,因此,开挖边沟的数量应合并在路基土、石方数量内计算。各种开炸石方定额中,均已包括清理边坡工作。

2. 人工完成的土、石方数量的计算

机械施工土、石方,挖方部分机械达不到需由人工完成的工程量由施工组织设计确定。其中,人工操作部分,按相应定额乘以 1.15 的系数。

3. 车辆运输土、石方的平均运距超过规定时的计算

自卸汽车运输路基土、石方定额项目和洒水汽车洒水定额项目,仅适用于平均运距在 15km 以内的土、石方或水的运输。当平均运距超过 15km 时,应按社会运输的有关规定计算其运输费用;当运距超过第一个定额运距单位时,其运距尾数不足一个增运定额单位的半数时不计,超过半数时按一个增运定额运距单位计算。

4. 路基加宽填筑时需清除土方的计算

路基加宽填筑部分如需清除时,按刷坡定额中普通土子目计算;清除的土方如需远运,按土方运输定额计算。

5. 土石方体积的计算。

(1)计算方法:平均断面法或平均距离法。

①平均断面法:按照线路测量里程,分段计算。

$$V = \frac{F_1 + F_2}{2} \times L \tag{2-7}$$

②平均距离法:按照线路里程分段,用前后两个断面之间的平均距离乘以断面积为该段之土石方体积。

$$V = \frac{L_1}{2} \times F_1 + \frac{L_1 + L_2}{2} \times F_2 + \frac{L_2}{2} \times F_3 \tag{2-8}$$

现行《公路工程标准施工招标文件》(2009 年版)中规定:"土方体积可采用平均断面法计算,但与似棱体公式(Prismoidal Formula)计算结果比较,如误差超过 ±5%,监理人可指示采用似棱体公式。"

(2)压实方与天然密实方的换算系数。

路基工程设计图纸给出的土石方数量,是按工程的几何尺寸计算出来的断面方数量,而实际工程中开挖的天然土体都是天然密实方,填方路基工程设计计算出的土石方数量,是按设计压实度的压实方数量。由于天然土、石的种类、存在形式、天然密度各不相同,同时设计要求的天然密实度也不相同,所以,天然密实方与压实方之间必然存在一定的差异,并且相互间的换算系数也不是定值。它直接影响到土石方的数量计算、调配及土石方工程定额的确定。下面通过例题 2-8 说明土方换算系数的含义。

【例 2-8】 某公路沿线代表性土为粉质中液限黏土,压实度重型标准击实平均要求为 93.5%;取天然土测得其天然密实度为 1.95g/cm³,含水率为 22.5%,按重型击实试验得到最

大干密度为 1.86g/cm^3。试求压实方与天然方之间的换算系数;如果要求填筑 1000m^3 路基实体,需要多少方天然土?

解 天然土的干密度 $\rho = 1.95 \div (1 + 22.5\%) = 1.59\text{g/cm}^3$

天然土的压实度 = 天然土的干密度 ÷ 实验室干密度 = $1.59 \div 1.86 = 0.855$

压实方与天然方之间的换算系数 = 填方设计压实度 ÷ 天然土的压实度

$$= 0.935 \div 0.855 = 1.094$$

如要填筑 1000m^3 路基实体,需要的天然密实土为 1094m^3。

由此可见,<u>换算系数的含义是指多少单位天然密实方相当于 1 个单位的压实方</u>。

为取得换算的一致性,第一章第一节说明第 8 条规定:除定额中另有说明者外,土方挖方按天然密实体积计算,填方按压实后的体积计算;石方爆破按天然密实体积计算。当以填方压实体积为工程量,采用以天然密实方为计算单位的定额时,所采用的定额应乘以下列系数,如表 2-9 所示。

土石方天然密实方和压实方换算系数 表 2-9

公路等级	土 方			石 方
	松土	普通土	硬土	
二级及以上等级公路	1.23	1.16	1.09	0.92
三、四级公路	1.11	1.05	1.00	0.84

其中:推土机、铲运机施工土方的增运定额按普通土栏目的系数计算;人工挖运土方的增运定额和机械翻斗车、手扶拖拉机运输土方、自卸汽车运输土方的运输定额在上表系数的基础上增加 0.03 的土方运输损耗,但弃方运输不应计算运输损耗。

在定额中挖方与土方运输均是按天然密实方考虑,而填方则按压实方考虑。在纵向调配和横向利用时,一定要考虑系数换算。在土方运输中,仍要考虑运输损失方系数,该系数能否正确运用将极大地影响工程造价。

本定额中土、石方工程项目定额水平均是在路基断面处施工的情况下编制的,其工效水平较取土场集中取土为低。对于借方而言,采用定额中的项目计算其挖装费用时,其人工、机械消耗完全可以把包括损耗部分在内的土、石方数量完成;但对于运输来说,借方运输与利用方运输没有太大的差别,应考虑途中损耗的因素,增加其人工、机械台班的数量,以保证把实际需要的土、石方运至规定的地点。因此,运输损耗系数仅用于运输定额,挖装定额不考虑运输损耗系数。

【例 2-9】 ××高速公路进行路基土、石方调配,利用方采用挖掘机自卸汽车远运调配,平均运距 3km,工程数量如表 2-10 所示(表中挖方和利用方均为天然密实方,填方为压实方)。

某高速公路路基土、石方工程数量 表 2-10

项目	挖 方(m^3)					利 用 方(m^3)					填方(m^3)
	松土	普通土	硬土	石方	合计	松土	普通土	硬土	石方	合计	
工程量	500000	1500000	1000000	1000000	4000000	300000	1000000	500000	300000	2100000	4000000

试计算利用方压实数量、借方数量。

解 ①将利用方的天然密实方数量,换算为压实方数量(注意土方运输损耗系数)。

松土:$300000 \div (1.23 + 0.03) = 238095\text{m}^3$

普通土:$1000000 \div (1.16 + 0.03) = 840336 \text{m}^3$

硬土:$500000 \div (1.09 + 0.03) = 446429 \text{m}^3$

石方:$300000 \div 0.92 = 326087 \text{m}^3$

利用方数量(压实方)合计:$238095 + 840336 + 446429 + 326087 = 1850947 \text{m}^3$

②计算借方数量:$4000000 - 1850947 = 2149053 \text{m}^3$

③当计算借方的开挖费用时,其工程数量应为:

假定为普通土:$2149053 \times 1.16 = 2492901 \text{m}^3$,或其开挖定额应乘1.16的系数。

④当计算借方的运输费用时,其工程数量应为:

假定为普通土:$2149053 \times (1.16 + 0.03) = 2557373 \text{m}^3$,或其运输定额应乘1.19的系数。

【例2-10】 某一路段本桩挖方1000m^3(其中松土200m^3、普通土600m^3、硬土200m^3),其他区段挖方200m^3(普通土200m^3 天然方),填方数量1200m^3。本断面挖方可利用方量为900m^3(其中松土100m^3、普通土600m^3、硬土200m^3),远运利用方量普通土200m^3 天然方,采用拖式铲运机开挖和运输,平均运距300m。试求借方和弃方的数量是多少?

解 本桩利用900m^3,换算为压实方的数量为:

$$100 \div 1.23 + 600 \div 1.16 + 200 \div 1.09 = 782 \text{m}^3$$

远运利用方200m^3 换算为压实方的数量为:

$$200 \div 1.16 = 172 \text{m}^3$$

故需借方(压实方)为:

$$1200 - 782 - 172 = 246 \text{m}^3$$

弃方(天然方)数量为:

$$1000 + 200 - (900 + 200) = 100 \text{m}^3$$

(3)概、预算中各种土石方套用定额、定额单位及计价内容。

①挖方:按土质分别套用相应的定额,单位为天然密实方。

②填方:根据公路等级分类,选择路基碾压机械型号,套用相应的压实定额,定额单位为压实方。

③本桩利用土石方:这一数量不参与费用计算。其开挖已在"挖方"中计算,其回填已在"填方"内计算。

④远运利用:只计算调配运输的费用,其开挖已在"挖方"内计算,其回填已在"填方"内计算。

⑤借土场借方:计算其"挖、装、运"的费用,其回填已在"填方"内计算,其中材料费不应作为计算各项费用的基数,应按当地主管部门规定的价格或调查价格,乘以其相应的计算方数。

⑥弃方:只计算运输费用,其开挖已在"挖方"内计算,若弃土场需要整修场地、修筑防护设施、弃土方压实和征地堆土等,应另套用相应的定额。

与投标报价中B.Q.单中"计价工程细目"中的挖方、填方含义不同,其计价内容由招标文件之"技术规范"中的"计量与支付"细则定义。

6.由施工组织设计提出,并入路基填方数量内的计算

下列数量应由施工组织设计提出,并入路基填方数量内计算:

(1)清除表土或零填方地段的基底压实、耕地填前夯(压)实后,回填至原地面积高所需的土、石方数量。

清除表土是指为保证路堤在日后不形成滑动面或产生较大沉陷,当施工地段地表有树根、草皮、腐殖土或地表土壤不符合路基填料要求时,在施工之前必须将其清除。对于不同的现场情况,是否清除表土以及表土清除的厚度是不同的,在设计时应根据不同情况提出数量,这部分数量应计入计价方数量内。

对零填及耕地填前压实地段,地面碾压后会产生下沉,其回填至原地面高程的数量亦应由设计人员提出。可根据实践经验或经验公式确定其下沉量,再乘以碾压面积即为增加的数量,这部分数量应计入计价方数量内。

(2)因路基沉陷需增加填筑的土、石方数量。

路基沉陷是指路基表面在垂直方向产生的不均匀变形。路基沉陷可分为两种情况:一是路基本身的压缩沉降;二是地基承载能力不足,在路基自重的作用下引起沉陷或向两侧挤出。因此,要求填土必须有一定的沉降量,这部分数量亦应由设计根据具体情况提出,并计入计价方数量内。

(3)为保证路基边缘的压实度须加宽填筑时,所需的土、石方数量。

为保证路基边缘的压实度,施工时一般采取加宽填筑的方式。采用机械碾压时,其每边加宽的宽度通常在 20~50cm 之间,需由设计根据具体情况确定加宽宽度,计算加宽填筑数量。这部分数量不应计入计价方数量内,但其费用应摊入计价方的单价内。

(四)综合例题

【例2-11】 河北省某平原微丘区高速公路,其中一段的路基工程全部采用借土填方,填方量计 35000m^3,借方平均运距为 3km,在施工中拟采用:①1m^3 履带式挖掘机挖装普通土;②8t 自卸汽车配合挖掘机运输土方 3km;③15t 振动压路机碾压路基填方路基(推土机整平土方)。试确定工料机消耗量指标及定额基价。

解 (1)借土方按普通土考虑,同时,在计算时还应该考虑压实方与天然密实方的换算系数以及超运距的费用。

(2)预算定额第一章路基工程的说明规定:除定额中另有说明者外,土方挖方按天然密实体积计算,填方按压(夯)实后的体积计算。当以填方压实体积为工程量,采用以天然密实方为计量单位的定额时,所采用的定额应乘以压实方与天然密实方的换算系数。查表得普通土压实方与天然方的挖土换算系数为 1.16,运土换算系数为 1.19。

(3)定额的套用及定额指标的计算:

①1m^3 履带式挖掘机挖装普通土。

查定额(1-1-9-5),1m^3 内履带式挖掘机挖装普通土,定额单位 1000m^3 天然密实土,则工程量为 35000/1000 = 35(1000m^3)

| 1 | 人工:35 × 4.5 × 1.16 = 35 × 5.22 = 182.7 工日

| 1003 | 75kW 以内履带式推土机:35 × 0.46 × 1.16 = 35 × 0.5336 = 18.676 台班

| 1035 | 1m^3 以内单斗挖掘机:35 × 2.15 × 1.16 = 35 × 2.494 = 87.29 台班

| 1999 | 定额基价 = 35 × 2279 × 1.16 = 35 × 2644 = 95927 元

②8t 以内自卸汽车运输土方 3km。

查定额(1-1-11-9),8t 以内自卸汽车运输土方第一个 1km;(1-1-11-10),8t 以内自卸汽车平均运距 5km 内每增运 0.5km。此时的增运距为 2km,则增运 4 个定额单位;同时还应考虑土方运输时的换算系数 1.19。

|1385| 8t 以内自卸汽车:$35 \times (10.18 + 1.41 \times 4) \times 1.19 = 35 \times 18.826 = 658.903$ 台班

|1999| 定额基价 $= 35 \times (4952 + 686 \times 4) \times 1.19 = 35 \times 9158 = 320530$ 元

注:定额中的5km以内、10km以内、15km以内每增运0.5km,均指从运输起点到终点在第一个1km的基础上每增加0.5km。以8t以内自卸汽车运土方为例,假设平均运距分别为4km、9km、13km,则每运输1000m³土方的自卸汽车台班消耗为:

平均运距为4km时:$10.18 + 1.41 \times (4-1) \div 0.5 = 18.64$ 台班

平均运距为9km时:$10.18 + 1.28 \times (9-1) \div 0.5 = 30.66$ 台班

平均运距为13km时:$10.18 + 1.22 \times (13-1) \div 0.5 = 39.46$ 台班

在路面基层稳定土混合料运输、路面沥青混合料运输等定额中均有类似规定。

③15t振动压路机碾压路基填方。

查定额(1-1-18-4),15t内振动压路机碾压高速公路填方路基及表注(1),拟采用推土机推平土方:

|1| 人工:$35 \times 3.0 = 105$ 工日

|1003| 75kW以内履带式推土机:$35 \times 1.70 = 59.50$ 台班

|1075| 6~8t光轮压路机:$35 \times 1.55 = 54.25$ 台班

|1088| 15t内振动压路机:$35 \times 2.41 = 84.35$ 台班

|1999| 定额基价 $= 35 \times (3884 + 1.70 \times 612.89 - 1.63 \times 908.89) = 35 \times 3444 = 120540$ 元

注意:调后定额基价 = 原基价 + ∑(工料机调后消耗量 - 工料机原定额消耗量) ×
工料机基期预算价格

【例2-12】 某高速公路标段路基土方工程有借土填方 35000m³ 实体(含填前压实、两侧宽填等增加土方量)。根据该招标文件计量与支付细则规定:"借土填方,按压实的体积,以立方米计量。计价中包括借土场(取土坑)中非适用材料的挖除、弃运及借土场的资源使用费,场地清理、施工便道、便桥的修建与养护、临时排水与防护等和填方材料的开挖、运输、挖台阶、摊平、压实、整形等一切与此有关作业的费用。"拟采取的施工组织措施:采用 1.0m³ 内挖掘机挖装借土场普通土,8t自卸汽车配合挖掘机运输土方3km,15t内振动压路机碾压路基(推土机整平土方)。试按招标文件要求根据工程量清单工程细目列算工程量和定额子目并初编08表。

解 (1)列算工程量和定额子目于报价原始数据表(表2-11)。

报价原始数据表　　　　　　表2-11

编号	清单项目或定额子目名称	单位	数量	取费	备注
204-1-e	借土填方	m³	35000.0		
(1-1-9-5)	1.0m³以内挖掘机挖装普通土	1000m³	35.000	机械土方	定额×1.16
(1-1-11-9)	8t以内自卸汽车运输3km	1000m³	35.000	汽车运输	[(1-1-11-9)+(1-1-11-10)×4];定额×1.19
(1-1-18-4)	高速、一级路15t振动压路机碾压	1000m³	35.000	机械土方	推土机整平土方
	借土场取土必要的准备工作(略)				

(2)初编"单价分析表(08-2表)"(表2-12)。

初编"单价分析表(08-2表)"具体编制步骤及应注意事项,请看第六章第二节中"初编

08-2表"的相关说明。

单价分析表(08-2表格式) 表2-12

项目编号:204-1-e
项目名称:借土填方 单位:m³ 数量:35000.000 单价: 摊销费:0元

代号	工料机名称	单位	单价	工程项目								合计	
				挖掘机挖装土、石方			自卸汽车运土、石方			机械碾压路基			
	工程细目			1.0m³ 以内挖掘机挖装普通土			8t 以内自卸汽车运输3km			高速公路、一级公路15t振动压路机碾压			
	定额单位			1000m³ 天然密实土			1000m³ 天然密实土			1000m³ 实体		合计	
	工程数量			35.000			35.000			35.000			
	定额表号			(1-1-9-5)×1.16			[(1-1-11-9)+(1-1-11-10)×4]×1.19			(1-1-18-4)改			
		单位	单价	定额	数量	金额(元)	定额	数量	金额(元)	定额	数量	金额(元)	数量	金额(元)
1	人工	工日		5.220	182.700					3.000	105.000		287.700	
1003	75kW以内履带式推土机	台班		0.534	18.676					1.700	59.500		78.176	
1035	1m³以内单斗挖掘机	台班		2.494	87.290								99.876	
1075	6~8t光轮压路机	台班								1.550	54.520		54.520	
1088	15t以内振动压路机	台班								2.410	84.350		84.350	
1385	8t以内自卸汽车	台班					18.826	658.903					658.903	
1999	定额基价	元												
	其他材料费	元												
	其他机械使用费	元												
	其他工程费	元												
间接费	规费	元												
	企业管理费	元												
	利润	元												
	税金	元												
	合计	元												
	单位单价	元												
	每立方米单价	元												

【例2-13】 某高速公路路基总长度10km,路基设计宽度26m,其中挖方路基4km,填方路基6km,路基土、石方工程设计资料如表2-13所示。

××公路路基土石方设计数量表 表2-13

序号	项目名称	单位	数量	备注
1	挖土方	m³	150000	硬土,弃方平均6km
2	挖石方	m³	50000	软石,弃方平均6km

续上表

序号	项目名称	单位	数量	备注
3	本桩利用土方	m³	30000	天然密实方
4	本桩利用石方	m³	5000	天然密实方
5	远运利用土方	m³	110000	远运利用300m5万m³,2.5km6万m³,天然密实方
6	远运利用石方	m³	40000	远运利用3km,天然密实方
7	填方	m³	330000	借土平均运距5km,借土场土质为普通土

问题:(1)从招标人角度计算挖土方、挖石方、利用土石混填和借土填方4个清单子目的清单工程量并填写到工程量清单中。

(2)编制标底或投标报价原始数据表。

解 (1)根据路基工程工程量清单计量规则,分析确定挖土方、挖石方,利用土石混填和借土填方4个清单子目的项目特征和计价工程内容,,见表2-14。

路基工程工程量计量规则(节选)　　　　表2-14

项目	节	细目	项目名称	项目特征	计量单位	工程量计算规则	工程内容
二			路基				
	3		挖方				
		1	路基挖方				
		a	挖土方	1. 土壤类别; 2. 运距	m³	按路线中线长度乘以核定的断面面积(扣除10~30cm厚清表土及路面厚度),以开挖天然密实体积计算	1.施工防排水; 2.开挖、装卸; 3.可利用土方的运输、堆放; 4.弃方和剩余材料的运输和处理(包括弃土堆的堆置、整理); 5.路基顶面松压实; 6.整修路基
		b	挖石方	1. 岩石类别; 2. 爆破要求; 3. 运距	m³	按路线中线长度乘以核定的断面面积(扣除10~30cm厚清表土及路面厚度),以开挖天然密实体积计算	1.施工防排水; 2.石方爆破、开挖、装卸、运输; 3.岩石开凿、清理坡面危石; 4.弃方和剩余材料的处理(包括弃土堆的堆置、整理); 5.路基顶面凿平或填平压实; 6.整修路基
		c	挖除非适用材料(包括淤泥)	1. 土壤类别; 2. 运距	m³	按设计图所示,以体积计算(不包括清理原地面线以下30cm以内的表土)只有当要求承包人在路基挖至完工断面后,或在填方区清除表土后仍留有非适用材料,按监理工程师要求的宽度和深度继续挖除时,该路基范围内的材料才为非适用材料	1.围堰排水; 2.挖装; 3.运弃(包括弃土堆的堆置、整理)

续上表

项目	节	细目	项目名称	项目特征	计量单位	工程量计算规则	工程内容
4			填方				
	1		路基填筑				
		a	换填土	1.运距；2.土壤类别；3.压实度	m³	按设计图或监理工程师指示，以压实体积计算（只计填筑，好土的挖运在借土挖方或路基挖方中计量）	回填好土的摊平、压实
		b	利用土方	1.土壤类别；2.运距；3.碾压要求	m³	按设计图或监理工程师指示，以压实体积计算	1.施工防、排水；2.填前压实、挖台阶；3.摊平、洒水或晾晒、压实；4.整修路基或边坡（开挖作业在第203节路基挖方中计量）
		c	利用石方		m³	按设计图或监理工程师指示，以压实体积计算	1.施工防、排水；2.填前压实、挖台阶；3.人工码砌或嵌锁、改渣；4.整修路基和边坡
		d	利用土石混填		m³	按设计图或监理工程师指示，以压实体积计算	1.施工防、排水；2.填前压实、挖台阶；3.摊平、洒水或晾晒、压实；4.整修路基或边坡（开挖作业在第203节路基挖方中计量）
		e	借土填方	1.土壤类别；2.运距（图纸规定）；3.碾压要求	m³	按设计图或监理工程师指示，以压实体积计算（不包含借土场表土及不适宜材料）	1.借土场（取土坑）中非适用材料的挖除、弃运、场地清理、施工便道、便桥的修建与养护、临时排水与防护；2.借土场的资源使用费；3.填方材料的开挖、装卸、堆放；4.填前压实、挖台阶；5.摊平、洒水或晾晒、压实、整型（整修路基和边坡）等

（2）计算有关工程量。

挖土方：150000m³（天然密实方）

挖石方：50000m³（天然密实方）

利用土方（30000＋50000）÷1.09＋60000÷（1.09＋0.03）＝126966（m³）（压实方）

注：远运利用土方可适当考虑土方运输损耗系数。

利用石方:$(5000+40000)\div 0.92=48913(m^3)$(压实方)

利用土石混填:$126966+48913=175879(m^3)$(压实方)

借土填方:$330000-175879=154121(m^3)$(压实方)

弃土方:$150000-30000-110000=10000(m^3)$(天然密实方)

弃石方:$50000-5000-40000=5000(m^3)$(天然密实方)

零填及挖方路基:$26\times 4000=104000(m^2)$

整修路堑段路拱:$26\times 4000=104000(m^2)$

整修路堑段边坡:4km

路堤段填前压实:$26\times 6000=156000(m^2)$

整修路堤段路拱:$26\times 6000=156000(m^2)$

整修路堤段边坡:6km

(3)从招标人的角度列出清单子目工程量清单,见表2-15。

清单子目工程量清单　　　　　表2-15

项目编号	项目名称	单位	数量	单价	合价
203-1	路基挖方				
-a	挖土方	m^3	150000		
-b	挖石方	m^3	40000		
204-1	路基填筑(包括填前压实)				
-d	利用土石混填	m^3	175879		
-e	借土填方	m^3	154121		

(4)以各清单子目为编制单元,根据各清单子目项目特征及计价工程内容、设计工程量和施工企业拟采用的施工方案(如路基土石方工程的施工方法、施工机械的合理经济运距和企业可获取的较经济的施工机械类型)确定每个清单子目应包含的定额子目及计价工程数量,编制报价原始数据表,见表2-16。

该路基工程报价原始数据表　　　　　表2-16

项目编号	项目名称	单位	数量	费率类别	备注
203-1	路基挖方				
-a	挖土方	m^3	150000		
(1-1-12-15)	135kW内推土机推运硬土(第一个20m)	$1000m^3$	30.0	机械土方	本桩利用
[(1-1-13-7)+(1-1-13-8)×4]	$10m^3$内铲运机铲运硬土300m	$1000m^3$	50.0	机械土方	远运利用
(1-1-9-6)	$1.0m^3$内挖掘机挖装硬土	$1000m^3$	60.0	机械土方	远运利用
(1-1-11-13)+(1-1-11-14)×3	10t内自卸汽车运土2.5km	$1000m^3$	60.0	汽车运输	远运利用
(1-1-9-6)	$1.0m^3$内挖掘机挖装硬土	$1000m^3$	10.0	机械土方	弃方
(1-1-11-13)+(1-1-11-15)×10	10t内自卸汽车运土6km	$1000m^3$	10.0	汽车运输	弃方
(1-1-18-26)	高速公路挖方路基,15t内振动压路机碾压	$1000m^2$	78.0	机械土方	分摊计算

续上表

项目编号	项目名称	单位	数量	费率类别	备注
(1-1-20-1)	机械整修路拱	1000m²	78.0	机械土方	分摊计算
(1-1-20-3)	人工整修二级及以上等级公路边坡	1km	3.0	人工土方	分摊计算
-b	挖石方	m³	50000		
(1-1-15-24)	135kW推土机推运（第一个20m开炸运软石）	1000m³	50	机械土方	本桩利用+远运利用+弃方
(1-1-10-6)	3m³内装载机装软石	1000m³	45	机械土方	远运利用+弃方
(1-1-11-41)+(1-1-11-42)×4	10t内自卸汽车运石3km	1000m³	40	汽车运输	远运利用
(1-1-11-41)+(1-1-11-43)×10	10t内自卸汽车运石6km	1000m³	5	汽车运输	弃方
(1-1-18-26)	高速公路挖方路基，15t内振动压路机碾压	1000m²	26.0	机械土方	
(1-1-20-1)	机械整修路拱	1000m²	26.0	机械土方	分摊计算
(1-1-20-3)	人工整修二级及以上等级公路边坡	1km	1.0	人工土方	分摊计算
204-1	路基填筑（包括填前压实）				
-d	利用土石混填	m³	175879		
(1-1-5-4)	路堤填前压实（12~15t内光轮压路机）	1000m²	83.143	机械土方	分摊计算
(1-1-18-4)	15t内振动压路机碾压高速公路填方路基土方	1000m³	126.966	机械土方	
(1-1-18-17)	15t内振动压路机碾压高速公路填方路基石方	1000m³	48.913	机械土方	
(1-1-20-1)	机械整修路拱	1000m²	83.143	机械土方	分摊计算
(1-1-20-3)	人工整修边坡	1km	3.198	人工土方	分摊计算
-e	借土填方	m³	154121		
(1-1-5-4)	路堤填前压实	1000m²	72.867	机械土方	分摊计算
(1-1-9-5)×1.16	1.0m³内挖掘机挖装普通土	1000m³	154.121	机械土方	
[(1-1-11-13)+(1-1-11-14)×8]×1.19	1.0m³内自卸汽车运土5km	1000m³	154.121	汽车运输	
(1-1-18-4)	15t内振动压路机碾压高速公路填方路基土方	1000m³	154.121	机械土方	
(1-1-20-1)	机械整修路拱	1000m²	72.857	机械土方	分摊计算
(1-1-20-3)	人工整修边坡	1km	2.802	人工土方	分摊计算

三、路面工程预算定额

(一)路面工程构造与施工方法

1. 路面工程主要构造

路面工程构造,主要包括垫层、底基层、基层、面层、路肩、路缘石、分隔带等。路面工程预算定额,包括路面基层及垫层、路面面层、路面附属工程三节。

2. 施工方法

路面工程根据不同构造内容,其主要施工方法如图2-6所示。

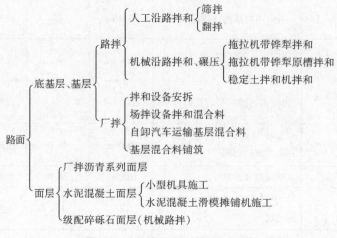

图2-6 公路路面工程主要施工方法

路拌法是指采用人工或利用拖拉机(带铧犁)或稳定土拌和机在路上(路槽中)或沿线就地拌和混合料的施工方法。路拌法施工仅适用于二级及二级以下公路,其中二级公路应采用稳定土拌和机制备混合料。

对于高速公路和一级公路,直接铺筑在土基上的底基层下层可以用稳定土拌和机进行路拌法施工,当土基上层已用石灰或固化剂处理时,其底基层的下层也宜用集中拌和法拌制混合料。其上的各个稳定土层都应用集中厂拌法拌制混合料,并用摊铺机摊铺混合料。

路拌法施工水泥稳定土基层的工艺流程,如图2-7所示。

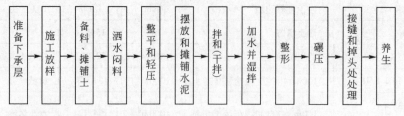

图2-7 路拌法施工水泥稳定土基层的工艺流程

(二)章节说明及示例

1. 关于计量单位、厚度

(1)本章定额包括各种类型路面以及路槽、路肩、垫层、基层等,除沥青混合料路面、厂拌基层稳定土混合料运输以1000m^3路面实体为计算单位外,其余均以1000m^2为计算单位。

(2)路面项目中的厚度均为压实厚度,培路肩厚度为净培路肩的夯实厚度。

2. 定额子目(内涵)调整的说明

(1)路面底基层、基层稳定土混合料分层碾压

各类稳定土基、级配碎石、级配砾石路面的压实厚度在15cm以内,填隙碎石一层的压实厚度在12cm以内;垫层、其他种类的基层和底基层压实厚度在20cm以内;拖拉机、平地机和压路机台班按定额数量计算。如超过上述压实厚度进行分层拌和、碾压时,拖拉机、平地机和压路机台班消耗按定额数量加倍计算,每1000m² 增加3个工日。

含义:压实厚度超过规定尺寸以后,定额允许某些施工机械如拖拉机、平地机和压路机台班可按定额数量加倍,且每1000m² 增加3个工日。

允许加倍的路面结构与压实厚度规定如下:

①各类稳定土基层,压实厚度在15cm以内。

②级配碎石、级配砾石路面,压实厚度在15cm以内。

③填隙碎石基层,压实厚度在12cm以内。

④垫层,压实厚度在20cm以内。

⑤其他种类的基层、面层,压实厚度在15~20cm以内。

【例2-14】 石灰粉煤灰稳定碎石基层,定额标明的配合比为:石灰:粉煤灰:碎石=5:15:80,基本压实厚度为15cm;设计配合比为:石灰:粉煤灰:碎石=4:11:85,设计压实厚度为16cm。各种材料调整后的数量为:

生石灰:$[15.829 + 1.055 \times (16 - 15)] \times (4/5) = 13.507$t

粉煤灰:$[63.31 + 4.22 \times (16 - 15)] \times (11/15) = 49.52$m³

碎石:$[164.89 + 10.99 \times (16 - 15)] \times (85/80) = 186.87$m³

【例2-15】 某路面基层用稳定土拌和机拌和20cm厚水泥稳定石屑基层(水泥剂量5%),试确定人工、材料、机械台班定额消耗。

解 定额号:[(2-1-2-25) + (2-1-2-26) × 5]改

人工:$13.0 + 0.5 \times 5 + 3.0 = 18.5$ 工日

32.5级水泥:$15.591 + 1.039 \times 5 = 20.786$t

石屑:$203.81 + 13.59 \times 5 = 271.76$m³

120kW以内自行式平地机:$0.37 \times 2 = 0.74$ 台班

6~8t光轮压路机:$0.27 \times 2 = 0.54$ 台班

12~15t光轮压路机:$1.27 \times 2 = 2.54$ 台班

230kW以内稳定土拌和机:$0.29 + 0.02 \times 5 = 0.39$ 台班

6000L以内洒水汽车:$0.88 + 0.04 \times 5 = 1.08$ 台班

注:①拌和时应按实际厚度计算工料机数量;

②摊铺碾压时,应考虑是否需要分层,如分层,则每1000m² 基层或底基层所需平地机、拖拉机、压路机台班数量加倍,人工增加3.0工日。

在路拌法水泥稳定土基层定额中,水泥用量按式(2-9)计算:

$$\text{水泥用量} = \text{混合料体积} \times \text{混合料压实干密度} \times \frac{\text{水泥剂量}}{1 + \text{水泥剂量}} \qquad (2-9)$$

集料用量按式(2-10)计算:

$$\text{集料数量} = \frac{(\text{混合料体积} \times \text{混合料压实干密度} - \text{水泥用量}) \times \text{所占配合比}}{\text{材料松方干密度} \times \text{集料配合之和}} \quad (2\text{-}10)$$

注:根据规范规定,水泥剂量按水泥质量占全部粗细土颗粒的干质量的百分率表示,即:水泥剂量 = 水泥质量/干土质量。水泥稳定土中粒土和粗粒土用作基层时,水泥剂量不宜超过 6%。工地实际采用的水泥剂量应比室内试验确定的剂量多 1.0%。水泥稳定细粒土的水泥最小剂量为 5%,水泥稳定中粒土和粗粒土的水泥最小剂量为 4%。而在本节例 2-15、例 2-16 和例 2-17 中,水泥含量均是按水泥质量占水泥与全部粗细土颗粒干质量之和的百分比计算出来的。

(2)基层混合料配合比的调整

路面工程预算定额中的材料配合比为质量配合比。

① 当 C_d、B_d 能够确定时,即材料组合已知,因而能够确定"定额规定的基本压实厚度或厚度每增减 1cm 所需的某种材料在定额配合比下的消耗数量",可用式(2-11)计算:

$$C_i = [C_d + B_d \times (H - H_0)] \times L_i / L_d \quad (2\text{-}11)$$

式中:C_i——按设计配合比换算后的材料数量;

C_d——定额中基本压实厚度的材料数量;

B_d——定额中压实厚度每增减 1cm 的材料数量;

H_0——定额的基本压实厚度;

H——设计的压实厚度;

L_d——定额标明的材料百分率;

L_i——设计配合比的材料百分率。

【例 2-16】 某路面基层用稳定土拌和机,拌和 20cm 厚水泥稳定石屑基层(水泥剂量 6%)。试确定人工、材料、机械台班定额消耗。

解 定额号[(2-1-2-25) + (2-1-2-26) × 5]改

人工:人工消耗量 = 13.0 + 0.5 × 5 + 3.0 = 18.5 工日

材料:定额配合比,水泥:石屑 = 5:100

设计配合比,水泥:石屑 = 6:100

由公式:

$$C_i = [C_d + B_d(H_1 - H_0)] \frac{L_i}{L_d} \quad (2\text{-}12)$$

$$C_{\text{水泥}} = [15.591 + 1.039 \times (20 - 15)] \times \frac{\frac{6\%}{1+6\%}}{\frac{5\%}{1+5\%}} = 24.708 \text{t}$$

$$C_{\text{水泥}} = [203.81 + 13.59 \times (20 - 15)] \times \frac{\frac{1}{1+6\%}}{\frac{1}{1+5\%}} = 269.20 \text{t}$$

机械台班:

| 1057 | 120kW 以内自行式平地机:0.37 × 2 = 0.74 台班

| 1075 | 6~8t 光轮压路机:0.27 × 2 = 0.54 台班

| 1078 | 12~15t 光轮压路机:1.27 × 2 = 2.54 台班

|1155| 230kW 以内稳定土拌和机:0.29 + 0.02 × 5 = 0.39 台班

|1405| 6000L 以内洒水汽车:0.88 + 0.04 × 5 = 1.08 台班

②路面基层、面层混合料各材料消耗定额测算通用公式(无需知道 C_d、B_d)。

$$C_d = \frac{FH_0\gamma_{混} L_i}{\sum_{i=1}^{n} L_i \gamma_{松}} \times (1 + i) \tag{2-13}$$

式中:C_d——定额中基本压实厚度的材料数量;

F——定额计量单位($1000m^2$);

H_0——定额的基本压实厚度(cm);

$\gamma_{混}$——路面压实混合料干密度(t/m^3),由预算定额手册附录一"路面材料计算基础数据表"查得;

L_i——设计配合比材料百分率;

$\sum_{i=1}^{n} L_i$——即100,各种设计材料百分率之和;

$\gamma_{松}$——路面材料松方干密度(t/m^3),由"路面材料计算基础数据表"查得;

i——材料场地运输及操作损耗(%),由预算定额手册附录四查得。

该公式的特点是可以直接求得各种路面材料的定额消耗量,而前面提到的公式 $C_i = [C_d + B_d \cdot (H_1 - H_0)] \frac{L_i}{L_d}$ 则必须知道定额中的基本压实度的材料数量 C_d 和 B_d 才能算得实需定额值。

在路拌法水泥稳定土基层定额中,如已知水泥剂量,水泥用量可按如下公式计算:

$$水泥用量 = 混合料体积 \times 混合料压实干密度 \times \frac{水泥剂量}{1 + 水泥剂量} \times$$
$$(1 + 场内运输及操作损耗率) \tag{2-14}$$

集料用量按如下公式计算:

集料数量 =

$$\frac{[混合料体积 \times 混合料压实干密度(1 + 场内运输及操作损耗率) - 水泥用量] \times 所占配合比}{材料松方干密度 \times 集料配合比之和}$$

$$\tag{2-15}$$

【例2-17】 已知某路面基层采用5%水泥石屑基层,拟采用稳定土拌和机施工,路面基层设计厚度15cm,定额计量单位$1000m^2$。求水泥、石屑的定额材料消耗量。

解 确定干密度:$\gamma_{混} = 2.140t/m^3$,$\gamma_{石屑松} = 1.504t/m^3$。

确定材料场内运输及操作损耗率:由定额手册附录四查得,水泥和石屑的场内运输及操作损耗率均为2%。

计算材料定额消耗量。

水泥:$1000 \times 0.15 \times 2.140 \times \frac{5\%}{1 + 5\%} \times (1 + 2\%) = 15.591t$

石屑:$\frac{1000 \times 0.15 \times 2.140 \times (1 + 2\%) - 15.591}{1.530} = 203.81m^3$

将计算结果与定额(2-1-2-25)对照。

(3)厂拌基层混合料定额中厂拌设备的抽换

定额中各种稳定土混合料拌和均按 300t/h 的稳定土厂拌设备进行编制,当采用不同生产能力的拌和设备时,可根据定额附注给定的人工、机械消耗量进行调整。如水泥稳定石屑,当采用 400t/h 的稳定土厂拌设备拌和时,其调整情况如表 2-17 所示。

厂拌基层混合料定额中厂拌设备抽换(示例)　　　　表 2-17

计量单位:1000m³

序号	项目	单位	代号	调整前		调整后	
				水泥剂量5%			
				压实厚度15cm	每增减1cm	压实厚度15cm	每增减1cm
1	人工	工日	1	2.6	0.2	2.2	0.1
2	稳定土混合料	m³	—	(151.50)	(10.10)	(151.50)	(10.10)
3	32.5级水泥	t	832	15.747	1.050	15.747	1.050
4	水	m³	866	26	2	26	2
5	石屑	m³	961	205.85	13.72	205.85	13.72
6	3m³内轮胎式装载机	台班	1051	0.45	0.03	0.33	0.02
7	300t/h内稳定土厂拌设备	台班	1160	0.23	0.02	—	—
8	400t/h内稳定土厂拌设备	台班	1161	—	—	0.17	0.01
9	基价	元	1999	19185	1285	19026	1263

厂拌基层稳定土混合料定额已按混合料 1% 的损耗率进行编制,使用定额时工程量应按设计数量计算,不应再计损耗量。

(4)沥青路面油石比调整

新定额沥青路面系按一定油石比编制的,当设计采用的油石比与定额油石比(详见预算定额第 128、994 页)不同时,可按设计油石比调整定额中的沥青用量。

(三)定额工作内容的综合(定额外延调整)

详见第一节说明 3、第二节说明的 2、3、4;此外,使用定额时要注意:

(1)另计基层混合料、路面混合料厂拌设备和水泥混凝土路面拌和站安拆;

(2)拌和场、搅拌站的场地平整、垫层处理。

(四)路面预算定额其他注意事项

(1)自卸汽车运输稳定土混合料、沥青混合料和水泥混凝土定额项目,仅适用于平均运距在 15km 以内的混合料运输。当平均运距超过 15km 时,应按社会运输的有关规定计算其运输费用;当运距超过第一个定额运距单位时,其运距尾数不足一个增运定额单位的半数时不计,超过半数时按一个增运定额运距单位计算。

(2)人工沿路翻拌和筛拌稳定土混合料定额中均已包括土的过筛工消耗,因此,土的预算价格中不应再计算过筛费用。本节定额中土的预算价格,按材料采集及加工和材料运输定额中的有关项目计算。

(3)各类稳定土基层定额中的碎石土、砂砾土系指天然碎石土和天然砂砾土,而不是可为级配的材料。

(4)各类稳定土底基层采用稳定土基层定额时,每 1000m² 路面减少 12～15t 光轮压路机 0.18 台班。

(5)本章定额中的水泥混凝土均已包括其拌和的费用,使用定额时不得再另行增加。

(6)水泥混凝土路面集中拌和施工定额,适用于二级及二级以上级别公路的水泥混凝土路面工程;分散拌和、手推车运输混凝土定额仅适用于一般数量不大的水泥混凝土路面,使用时应适当掌握。还有挖除旧路面、硬路肩和挖路槽,稳定土厂拌设备和沥青表处路面等项目的注意内容,请参见各工程项目定额的附注说明。

(五)综合例题

1. 水泥混凝土路面混凝土强度等级的调整

【例2-18】 某一级新建公路工程的水泥混凝土路面工程,采用滑模式摊铺机施工,路面厚度28cm,设计强度等级为C40,定额强度等级为C30。

已知:定额计量单位:1000m² 路面混凝土实体;路面厚度20cm 的定额材料用量:C30 水泥混凝土204.00m³,32.5 级水泥76.908t,中(粗)砂93.84m³,碎石(4cm)169.32m³,定额基价为52519元/1000m²;路面厚度每增减1cm 的定额材料用量:C30 水泥混凝土10.20m³,32.5 级水泥3.845t,中(粗)砂4.69m³,碎石(4cm)8.47m³,定额基价为2403元/1000m²。混凝土配合比表数据如表2-18 所示。

计算抽换定额后1000m² 路面混凝土实体的水泥、中(粗)砂、碎石定额用量和换算基价。

混凝土配合比表 表2-18

单位:1m³ 混凝土

项目	单位	材料基期价格	混凝土强度等级	
			C30	C40
32.5级水泥	kg	0.32	377	461
中(粗)砂	m³	60.00	0.46	0.43
碎石(4cm)	m³	55.00	0.83	0.81

解 每1000m²(28cm 厚)路面混凝土实体体积为:$204.00 + 10.20 \times 8 = 285.6 m^3$

可列表计算如下(见表2-19):

路面混凝土定额调整计算表 表2-19

计量单位:1000m²(28cm 厚)

材料名称	单位	定额C30材料用量	设计C40混凝土材料用量	材料增减量	材料基期价格	金额增减
(1)	(2)	(3)	(4)	(5)	(6)	(7)=(5)×(6)
32.5级水泥	t	285.6×0.377=107.67	285.6×0.461=131.66	+23.99	320	+7677
中(粗)砂	m³	285.6×0.46=131.38	285.6×0.43=122.81	-8.57	60	-514
碎石(4cm)	m³	285.6×0.83=237.05	285.6×0.81=231.34	-5.71	55	-314

由上表计算得:每1000m²(28cm 厚)C40 路面混凝土需要32.5 级水泥131.66t;中(粗)砂122.81m³;碎石(4cm)231.34m³。

定额换算后基价 = $(52519 + 2403 \times 8) + 7677 - 514 - 314 = 78592$ 元

2. 路面工程 B.Q. 单中工程量列算与定额确定

【例2-19】 已知某高速公路某标段路面20cm 厚水泥稳定石屑基层(水泥剂量6%),采用厂拌施工,8t 自卸汽车运输基层混合料3km,120kW 平地机铺筑。试按现行《公路工程标准施工招标文件》(2009 年版)要求,根据工程量清单工程细目列算工程量和定额子目。

解 根据该高速公路工程招标文件"技术规范"第304节"水泥稳定土底基层、基层",计价内容包括:

(1)承包人提供工程所需的材料、机具、设备和劳力等;

(2)原材料的检验、混合料设计与试验,以及经监理人批准的按照规范所要求的试验路段的全部作业;

(3)铺筑前对下承层的检查和清扫、混合料的拌和、运输、摊铺、压实、整形、养护等;

(4)质量检验所要求的检测、取样和试验等工作。

根据拟定的施工方案列算工程量和定额子目,如表2-20所示。

列算工程量和定额子目 表2-20

编 号	清单项目或定额子目名称	单位	数量	取费	备 注
(304-1-a)	6%水泥稳定石屑基层(厚20cm)	m²	30000		
(2-1-7-7)	稳定土厂拌设备拌和基层混合料20cm	1000m²	30.000	其他路面	[(2-1-7-7)+(2-1-7-8)×5];配合比调整
(2-1-8-9)	8t自卸汽车运输基层混合料3km	1000m³	6.000	汽车运输	[(2-1-8-9)+(2-1-8-10)×4];定额×1.01
(2-1-9-3)	基层混合料铺筑(120kW 平地机)	1000m²	30.000	其他路面	拌和、铺筑分层
(2-1-1-4)	厂拌设备安拆	1座	1	构造物Ⅰ	

四、隧道工程章节说明

随着公路建设的迅速发展,公路隧道工程建设逐年增多,特别是长大隧道及特长隧道的相继出现,对公路隧道的设计和施工提出了更高的要求。以前公路隧道工程一般是小型的山区隧道,数量少且规模小,定额是按"矿山法"的施工来编制的。根据推广新技术、实行新工艺的指导方针,国家要求推广"新奥法"。故此新隧道定额是在新的隧道设计规范基础上,采用了"新奥法"的施工方法编制的。

(一)新奥法的基本内容和施工工艺

所谓"新奥法"即是在充分考虑围岩自身承载能力的基础上,对开挖隧道采用的支护工作,"新奥法"的"三大支柱"是锚杆支护、喷射混凝土支护和现场量测。新奥法不是一种纯粹的理论,也不是一种施工方法,而是一种设计和施工融为一体的技术方法。

下面以复合式衬砌隧道为例对新奥法隧道的主要工序进行分析:

①开挖;

②初期支护(喷射混凝土或锚杆喷射混凝土或挂钢筋网锚喷射);

③进行监控量测,选定围岩和支护基本稳定的最佳时设置二次衬砌;

④二次衬砌:采用现浇混凝土衬砌。

具体工程情况,应具体设计分析。

(二)隧道工程预算定额使用的注意事项

(1)本章定额包括开挖、支护、防(排)水、衬砌、装饰、照明、通风及消防设施、洞门及辅助坑道等项目,分为洞身工程、洞门工程、辅助坑道、通风及消防设施安装四节。本定额是按照一般凿岩机钻爆法施工的开挖方法进行编制的,适用于新建隧道工程,改(扩)建及公路大中修工程也可参照使用。

(2)本章定额按现行隧道设计、施工技术规范,将围岩分为六级,即Ⅰ级~Ⅵ级。

(3)本章定额中混凝土工程均未考虑拌和的费用,应按桥涵工程相关定额另行计算。

(4)本章开挖定额中已综合考虑超挖及预留变形因素。

(5)洞内出渣运输定额已综合洞门外500m运距,当洞门外运距超过此运距时,可按照路基工程自卸汽车运输土(石)方的增运定额加计增运部分的费用。

(6)本定额中均未包括混凝土及预制块的运输,需要时应按有关定额另行计算。

(7)本定额未考虑地震、坍塌、溶洞及大量地下水处理,以及其他特殊情况所需的费用,需要时可根据设计另行计算。

(8)本定额未考虑施工时所需进行的监控量测以及超前地质预报的费用,监控量测的费用已在《公路工程基本建设项目概算预算编制办法》的施工辅助费中综合考虑,使用定额时不得另行计算,超前地质预报的费用可根据需要另行计算。

(9)隧道工程项目采用其他章节定额的规定:

①洞门挖基、仰坡及天沟开挖、明洞明挖土石方等,应使用其他章节有关定额计算。

②洞内工程项目如需采用其他章节的有关项目时,所采用定额的人工工日、机械台班数量及小型机具使用费应乘1.26的系数。

(10)洞口工程项目有关定额说明。

①本定额人工开挖、机械开挖轻轨斗车运输项目系按上导洞、扩大、马口开挖编制的,也综合了下导洞扇形扩大开挖方法,并综合了木支撑和出渣、通风及临时管线的工料机消耗;正洞机械开挖自卸汽车运输定额系按开挖、出渣运输分别编制,不分工程部位(即拱部、边墙、仰拱、底板、沟槽、洞室)均使用本定额,其施工通风及高压风水管和照明电线路单独编制定额项目。

②洞口工程项目的调整系数说明。本定额中凡是按不同隧道长度编制的项目,均只编制到隧道长度在4000m以内。当隧道长度超过4000m时,应按以下规定计算:

a.洞身开挖:以隧道长度4000m以内定额为基础,与隧道长度4000m以上每增加1000m定额叠加使用。

b.正洞出渣运输:通过隧道进(出)口开挖正洞,以换算隧道长度套用相应的出渣定额计算。换算隧道长度计算公式为:

$$换算隧道长度 = 全隧长度 - 通过辅助坑道开挖正洞的长度$$

当换算隧道长度超过4000m时,以隧道长度4000m以内定额为基础,如隧道长度在4000m以上则每增加1000m定额叠加使用。

通过斜井开挖正洞,出渣运输按正洞和斜井两段分别计算,二者叠加使用。

③洞身开挖、出渣工程量按设计断面数量(成洞断面加衬砌断面)计算,包含洞身及所有附属洞室的数量,定额中已考虑超挖因素,不得将超挖数量计入工程量;现浇混凝土衬砌中浇筑、运输的工程数量均设计断面衬砌数量计算,包含洞身及所有附属洞室的衬砌数量。定额中已综合因超挖及预留变形需回填的混凝土数量,不得将上述因素的工程量计入计价工程量中。

(11)隧道工程其他的定额章节说明不再一一列出,请详细参照预算定额手册,结合定额项目表和章节说明及表后附注进行理解和掌握。

五、桥涵工程章说明

(一)概述

桥涵是指桥梁和涵洞的总称。桥梁是线路(公路、铁路、水渠或管线等)遇到障碍(如河流、道路、铁路或山谷等)中断时为使线路通畅而修筑的人工跨越构造物;涵洞是为横穿路基的小型过水构造物。

桥梁按其用途的不同,可划分为公路桥、铁路桥、公路铁路两用桥、城市桥、人行桥、农用桥、军用桥、渡槽、栈桥及专用桥等;按其使用年限的不同,可划分为临时桥和永久桥;按其主要承重结构所用材料的不同,可划分为木桥、钢桥、圬工桥(砖、石和混凝土)、钢筋混凝土桥、预应力混凝土桥、复合材料桥等;按其结构体系的不同,可划分为梁式桥、拱式桥、刚架桥、悬索桥和组合体系桥等;按其桥面与上部结构的相对位置的不同,可划分为上承式桥、下承式桥和中承式桥;按其施工方式的不同,可划分为整体式桥和节段式桥(节段拼装或节段浇筑)。

桥涵主要由上部结构、下部结构、基础和调治构造物等四大部分组成,如图2-8所示。

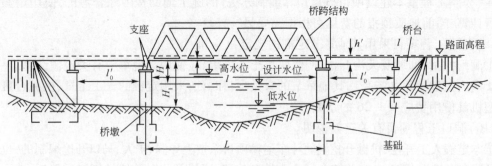

图2-8 桥涵工程构造示意图

上部结构是指线路遇到障碍(如河流、山谷或其他线路)而中断时,跨越这类障碍的结构,又称桥跨结构、桥孔结构。

下部结构是指支承桥跨结构,并将其荷载传递到地基的建筑物,包括桥墩、桥台等。桥台设在两端,桥墩在两桥台之间。桥台除支承桥跨结构外,还要与路堤衔接,承受台后土压力,防止路堤滑塌。

基础是将桥梁墩、台所承受的各种荷载传递到地基上的结构物,是确保桥梁安全使用的关键部位。有扩大基础(明挖浅基础)、桩基础和沉井基础等不同的结构形式。随着桥梁技术的不断发展,一些新的基础形式(如地下连续墙基础、组合式基础等)也逐渐在桥梁工程中得到应用。

调治构造物是指为引导和改变水流方向,使水流平顺通过桥孔并减缓水流对桥位附近河床、河岸的冲刷而修建的水工构造物。如桥台的锥形护坡、台前护坡、导流堤、护岸墙、丁坝、顺坝等,对保证河道流水顺畅和防止破坏生态环境有着极其重要的作用。

(二)桥涵工程预算定额章说明

1.桥涵工程预算定额所含内容

桥涵工程预算定额包括开挖基坑,围堰,筑岛及沉井,打桩,灌注桩,砌筑,现浇混凝土及钢筋混凝土,预制、安装混凝土及钢筋混凝土构件,构件运输,拱盔,支架,钢结构,杂项工程等11节。

2.混凝土工程

(1)定额中混凝土强度等级均按一般图纸选用,其施工方法除小型构件采用人拌人捣外,其他均按机拌机捣计算。

混凝土强度等级是按混凝土立方体抗压标准强度(MPa)来确定的,划分为C7.5、C10、

C15、C20、C25、C30、C35、C40、C45、C50、C55、C60 等 12 个等级。混凝土强度等级与原混凝土标号的对应关系,如表 2-21 所示。

混凝土强度等级与原混凝土标号的对应关系　　　　　　　表 2-21

混凝土标号	100	150	200	250	300	400	500	600
混凝土强度等级	C8	C13	C18	C23	C28	C38	C48	C58

(2)定额中混凝土工程除小型构件、大型预制构件底座、混凝土搅拌站安拆和钢桁架桥式码头项目中已考虑混凝土的拌和费用外,其他混凝土项目中均未考虑混凝土的拌和费用,应按有关定额另行计算。其包括三项工作内容:①混凝土拌和站安装拆卸;②拌和站集中拌和混凝土;③混凝土运输。

(3)定额中混凝土均按露天养生考虑,如采用蒸汽养生时,应从各有关定额中扣减人工 1.5 个日及其他材料费 4 元,并按蒸汽养生有关定额计算。见定额 P693"4-11-8"及 P679 节说明。

(4)定额中混凝土工程均已包括操作范围内的混凝土运输。现浇混凝土工程平均运距超过 50m 时,可根据施工组织设计的混凝土平均运距,按第 11 节杂项工程中混凝土运输定额增列混凝土运输。含义:混凝土基本运距 50m(非泵送混凝土),超过基本运距,按"4-11-11"计列混凝土运输。

(5)定额中采用泵送混凝土的项目,均已包括水平和向上垂直泵送所消耗的人工、机械。当水平泵送距离超过定额综合范围时,可按表 2-22 增列人工及机械消耗量。向上垂直泵送不得调整。

人工及机械消耗量　　　　　　　表 2-22

项　　目		定额综合的水平泵送距离(m)	每 100m³ 混凝土每增加水平距离 50m 增列数量	
			人工(工日)	混凝土输送泵(台班)
基础	灌注桩	100	1.55	0.27
	其他	100	1.27	0.18
上、下部构造		50	2.82	0.36
桥面铺装		250	2.82	0.36

如某灌注桩工程,施工组织设计的混凝土水平泵送距离为 200m,则套用灌注桩混凝土定额时,以桩径 250cm 的回旋钻成孔为例,其人工和混凝土输送泵的消耗量应调整为:

人工:$1.8 + 1.55 \div 10 \times 1.197 \times (200 - 100) \div 50 = 2.17$ 工日/10m³

混凝土输送泵:$0.09 + 0.27 \div 10 \times 1.197 \times (200 - 100) \div 50 = 0.155$ 台班/10m³

(6)凡预埋在混凝土中的钢板、型钢、钢管等预埋件,均作为附属材料列入混凝土定额内。至于连接用的钢板、型钢等则包括在安装定额内。

含义:预埋钢材已综合到混凝土预制或安装定额中。例如:预应力 T 梁预制、安装(4-7-14),见定额 P539。

(7)大体积混凝土项目必须采用埋设冷却管来降低混凝土水化热时,可根据实际需要另行计算。

(8)除另有说明外,混凝土定额中均已综合脚手架、上下架、爬梯及安全围护等搭拆及摊销费用,使用定额时不得另行计算。

3. 钢筋工程

(1)定额中凡钢筋直径在 10mm 以上的接头,除注明为钢套筒连接外,均采用电弧搭接或电阻对接焊。

钢筋接头一般采用焊接接头和钢筋机械连接接头(套筒挤压接头、镦粗直螺纹接头),当施工或构造条件有困难时,也可采用绑扎接头。钢筋机械连接接头适用于 HRB335 和 HRB400 带肋钢筋的连接。绑扎接头的钢筋直径不宜大于 28mm,但轴心受压和偏心受压构件中受压钢筋,可不大于 32mm。轴心受拉和小偏心受拉构件一般不应采用绑扎接头。

钢筋焊接接头一般采用闪光接触对焊;当闪光接触对焊条件不具备时,也可采用电弧焊(帮条焊或搭接焊)、电渣压力焊和气压焊。电弧焊应采用双面焊缝,不得已时方可采用单面焊缝。电弧焊接头的焊缝长度,双面焊缝不应小于钢筋直径的 5 倍,单面焊缝不应小于钢筋直径的 10 倍。钢筋机械连接接头适用于直径为 16～40mm 的 HRB335 和 HRB400 牌号钢筋的连接。

(2)定额中的钢筋按选用图纸分为光圆钢筋、带肋钢筋,如设计图纸的钢筋比例与定额有出入时,可调整钢筋品种的比例关系。

本定额中的钢筋是指钢筋混凝土构件中的钢筋和预应力混凝土构件中的非预应力钢筋,即普通钢筋。光圆钢筋指国家标准《钢筋混凝土用钢 第 1 部分:热轧光圆钢筋》(GB 1499.1—2008)中的Ⅰ级钢筋(即 R235 钢筋),横截面为圆形,且表面为光滑的钢筋混凝土配筋用钢材;带肋钢筋指国家标准《钢筋混凝土用钢 第 2 部分:热轧带肋钢筋》(GB 1499.2—2007)、相当于原国家标准《钢筋混凝土用余热处理钢筋》(GB 13014—91)中的Ⅱ级钢筋、Ⅲ级钢筋(即 HRB335、HRB400 钢筋),有月牙肋和等高肋两种。

(3)定额中的钢筋是按一般定尺长度计算的,如设计提供的钢筋连接用钢套筒数量与定额有出入时,可按设计数量调整定额中的钢套筒消耗,其他消耗不调整。

钢筋定尺长度是指钢筋出厂时的长度,一般为 6～12m。本定额编制时,已按不同的定尺长度综合考虑了钢筋的接头数量。对于焊接接头,使用定额时不再进行调整;对于机械连接接头,可根据设计提供的接头钢套筒数量,抽换定额中的钢套筒消耗量,但定额中的其他消耗量不应调整。

(4)工程量计算规则:钢筋工程量为钢筋的设计质量,定额中已计入施工操作损耗,一般钢筋因接长所需增加的钢筋质量已包括在定额中,不得将这部分质量计入钢筋质量内。但对于某些特殊的工程,必须在施工现场分段施工采用搭接接长时,其搭接长度的钢筋质量未包括在定额中,应在钢筋的设计质量内计算。

定额中已将各种规格的钢筋按出厂定尺长度的每根钢筋均按一个接头计算,主筋按闪光对焊,其他钢筋按搭接计算,其对焊损耗、搭接长度的钢筋质量及其他操作损耗,按钢筋设计质量的 2.5% 的损耗量计入定额中,因此一般钢筋因接长所需增加的钢筋质量已包括在定额中,钢筋设计质量中不应再包括这部分搭接钢筋的质量。

但对于某些特殊工程(如高桥墩、索塔等)其主筋不可能按钢筋出厂定尺长度全部采用闪光对焊接长到结构需要的长度(高度),必须在施工过程中根据施工分段逐段采用搭接接长时,其搭接长度的钢筋质量未包括在定额中,应计入钢筋设计质量内。这是由于这部分钢筋受设计要求、工程部位、施工条件的影响较大,在定额中难以用占钢筋设计质量的百分比或其他方法予以定量,因此应根据设计要求、工程部位和施工条件将设计图纸中那些不可能采用对焊接长而必须在施工过程中采用搭接接长的那部分钢筋的质量,逐项统计出来计入钢筋设计质量中,而不应笼统地按钢筋质量的百分比来加大钢筋设计质量。

【例 2-20】 一般的工程量清单中都根据国际惯例,将钢筋分为光圆钢筋和带肋钢筋,而定额中是合在一起的,并没有按光圆、带肋钢筋分开,在套用这样的定额时就要做一些技术处理。下面举例说明具体的技术处理方法,以"现浇 T 形梁上部构造(4-6-9-5)"钢筋(表 2-23)为例,确定光圆、带肋钢筋的定额消耗。

现浇 T 形梁上部构造钢筋定额调整表 表 2-23

单位:1t 钢筋

序号	项目	单位	代号	原钢筋定额消耗	光圆钢筋调整后定额消耗	带肋钢筋调整后定额消耗
6	光圆钢筋	t	111	0.225	1.025	0.00
7	带肋钢筋	t	112	0.800	0.00	1.025
9	电焊条	kg	231	1.3	0.00	1.3÷0.800×1.025=1.666
14	20~22 号铁丝	kg	656	3.5	3.5	3.5
23	32kV·A 以内交流电焊机	台班	1726	0.35	0.00	0.35÷0.800×1.025=0.448
24	150kV·A 以内交流电焊机	台班	1747	0.12	0.00	0.12÷0.800×1.025=0.154
25	小型机具使用费	元	1998	25.2	25.2	25.2
26	基价	元	1999	3988		

注:无论是计算光圆钢筋还是计算带肋钢筋,其单位定额消耗量都应该是 1.025t。在定额 4-6-9-5 中,我们根据专业知识可以判断:电焊条消耗量和电焊机、对焊机的台班消耗量均是针对带肋钢筋发生的,光圆钢筋是不用电焊或对焊的。因此,我们在计算光圆钢筋时就要将其消耗去掉,而在计算带肋钢筋时则要加上。

4. 模板

(1)模板不单列项目。混凝土工程中所需的模板包括钢模板、组合钢模板、木模板,均按其周转摊销量计入混凝土定额中。定额中所列的钢模板材料指工厂加工的适用于某种构件的定型钢模板,其质量包括立模所需的钢支撑及有关配件;组合钢模板材料指市场供应的各种型号的组合钢模板,其质量仅为组合钢模板的质量,不包括立模所需的支撑、拉杆等配件,定额中已计入所需配件材料的摊销量;木模板按工地制作编制,定额中将制作所需人工、材料、机械台班消耗按周转摊销量计算。定额中均已包括各种模板的维修、保养所需的人工、材料及费用。

(2)定额中的模板均为常规模板,当设计或施工对混凝土结构的外观有特殊要求需要对模板进行特殊处理时,可根据定额中所列的混凝土模板接触面积增列相应的特殊模板材料的费用。

例如:某桥梁墩身外表面积为 600m²,混凝土数量为 285m³,根据要求施工时需在常规模板的基础上内衬一种特殊材料,据调查该材料的价格为 80 元/m²,可使用 5 次,故在本定额的基础上需增加模板费用为:600×80÷5÷285×10=336.84 元/10m³。

5. 设备摊销费

定额中设备摊销费的设备指属于固定资产的金属设备,包括用万能杆件、装配式钢桥桁架及有关配件拼装的金属架桥设备。设备摊销费按设备质量每吨每月 90 元计算(除设备本身折旧费用,还包括设备的维修、保养等费用)。各项目中凡注明允许调整的,可按计划使用时间调整。

例如:①桥梁钢拱架:(4-9-2-8),定额 P631~P632;

②金属结构吊装设备,定额 P599~P603。

【例 2-21】 某标段分离立交工程架设 25m T 形主梁采用双导梁,施工期 8 个月。试计算一套双导梁设备基期总设备摊销费。如果该设备租赁单价为 150 元/吨·月,则该设备实际设备摊销费是多少?

解 (1)根据《公路工程预算定额》(JTG/T B06-02—2007)603 页注 1"导梁全套设备质量表"可查出标准跨径 25m 时双导梁设备重 115.7t。

(2)根据预算定额 604 页注 2,"本定额的设备摊销费按每吨每月 90 元,并按 4 个月编制,如施工期不同时,可予调整"。一套双导梁设备基期总设备摊销费为:

$$(115.7/10) \times 3600 \times (8/4) = 83304 \text{ 元}$$

实际的设备摊销费为:$(115.7/10) \times (150 \times 8 \times 10) = 11.57 \times 12000 = 138840$ 元

6. 综合例题

【例 2-22】 某标段桥梁工程下部结构 C30 混凝土共 489.40m³,编标人员对工程量清单中计价清单子目"410-2-b C30 混凝土系梁、盖梁、墩柱等"进行工程量拆分和编制该清单子目的报价原始数据。该清单子目所包含的工程实体内容由两部分组成:一是双柱式桥墩,高 10m,原定额混凝土强度等级为 C25,采用泵送施工方法;二是盖梁,原定额中混凝土强度等级为 C30,见表 2-24。现应根据原定额子目及混凝土配合比表进行混凝土强度等级的抽换。根据施工组织安排,采用 40m³/h 以内混凝土搅拌站拌和混凝土,6m³ 搅拌运输车运混凝土 3km 供应混凝土,采用泵送、钢模施工,拌和站固定费用分摊比例 24%。

问题:

(1)如何对原定额中混凝土相关原材料的定额消耗量和定额基价进行抽换?

(2)根据报价原始数据表,在对"410-2-b C30 混凝土系梁、盖梁、墩柱等"进行综合单价分析过程中,如何初步确定相关的定额子目工程量及工料机消耗量(即初编 08-2 表)?

报价原始数据表　　　　表 2-24

编 号	名 称	单 位	工程量	费率类别	备 注
410-2	混凝土下部结构		0.00		
410-2-b	C30 混凝土系梁、盖梁、墩柱等	m³	489.4		
(4-6-2-11)	圆柱式墩身混凝土泵送高 10m 以内	10m³	23.64	构造物Ⅰ	泵 C25-32.5-4,-10.4,泵 C30-32.5-4
(4-6-4-4)	盖梁混凝土钢模,泵送	10m³	25.30	构造物Ⅰ	
(4-11-11-7)	混凝土搅拌站安拆(40m³/h 以内)	1 座	0.24	构造物Ⅰ	
(4-11-11-11)	混凝土搅拌站拌和(40m³/h 以内)	100m³	4.894	构造物Ⅰ	定额×1.04
(4-11-11-20)	6m³ 搅拌运输车运混凝土 3km	100m³	4.894	汽车运输	定额×1.04
	盖梁施工所需满堂支架及相关工程(略)				

解 (1)墩身混凝土对应的定额项目表号为"4-6-2";盖梁混凝土对应的定额表号为"4-6-4"。分别见表 2-25 和表 2-26。

由表 2-25 可确定原定额中墩身混凝土材料组合为"普 C25-32.5-4",即混凝土强度等级 C25,采用 32.5 级水泥,4cm 内碎石。与设计要求不符,应将混凝土强度等级调整到 C30;而由表 2-26 可确定原定额中盖梁混凝土材料组合为"普 C30-32.5-4",因此,不用抽换该定额。

抽换混凝土相关材料消耗量可以《公路工程预算定额》(JTG/T B06-02—2007)附录二"砂浆和混凝土消耗表"为依据,如表 2-27 所示。

4-6-2 墩、台身　　　　　　　　　　　　　　　　　　　　　　　表 2-25

工程内容：①搭、拆脚手架及轻型上下架；②组合钢模板拼拆及安装、拆除、修理、涂脱模剂、堆放；③定型钢模板安装、拆除、修理、涂脱模剂、堆放；④提升钢模组拼拆及安装、提升拆除、修理、涂脱模剂、堆放；⑤钢筋除锈、制作、电焊、绑扎及骨架吊装入模；⑥混凝土配运输、浇筑、捣固及养生。

Ⅱ．柱 式 墩 台

顺序号	项目	单位	代号	混凝土 圆柱式墩台 泵送 高度(m) 10以内	混凝土 圆柱式墩台 泵送 高度(m) 20以内	钢筋 主筋连接方式 焊接连接 高度(m) 10以内	钢筋 主筋连接方式 焊接连接 高度(m) 20以内
				10m³			
				11	12	19	20
1	人工	工日	1	13.1	14.4	8.0	8.7
2	C25 水泥混凝土	m³	19	—	—	—	—
3	C30 水泥混凝土	m³	20	—	—	—	—
4	C25 泵送混凝土	m³	47	(10.40)	(10.40)	—	—
5	C30 泵送混凝土	m³	48	—	—	—	—
6	原木	m³	101	—	—	—	—
7	锯材	m³	102	0.02	0.018	—	—
8	光圆钢筋	t	111	0.001	0.001	0.145	0.043
9	带肋钢筋	t	112	—	—	0.880	0.982
10	型钢	t	182	0.08	0.071	—	—
11	钢板	t	183	0.001	—	—	—
12	钢管	t	191	0.003	0.002	—	—
13	钢丝绳	t	221	0.002	0.002	—	—
14	电焊条	kg	231	—	—	4.0	4.0
15	钢筋连接套筒	个	232	—	—	—	—
16	钢模板	t	271	0.031	0.028	—	—
17	组合钢模板	t	272	—	—	—	—
18	门式钢支架	t	273	0.007	0.005	—	—
19	铁件	kg	651	25.0	20.8	—	—
20	20~22号铁丝	kg	656	—	—	2.9	2.8
21	32.5级水泥	t	832	3.869	3.869	—	—
22	水	m³	866	18	18	—	—
23	中(粗)砂	m³	899	6.03	6.03	—	—
24	碎石(4cm)	m³	952	7.59	7.59	—	—
25	其他材料费	元	996	15.3	13.9	—	—
26	60m³/h 以内混凝土输送泵	台班	1316	0.09	0.10	—	—
27	12t 以内汽车式起重机	台班	1451	0.43	—	—	—
28	20t 以内汽车式起重机	台班	1453	—	0.46	—	—
29	50kN 以内单筒慢速卷扬机	台班	709	—	—	0.34	0.35
30	32kV·A 以内交流电焊机	台班	866	—	—	0.69	0.69
31	小型机具使用费	元	998	5.4	5.4	20.1	21.9
32	基价	元	999	3783	3942	4028	4075

4-6-4 盖梁、系梁、耳背墙及墩顶固结

表 2-26

工程内容:①木模制作、安装、拆除、修理、涂脱模剂、堆放;②组合钢模板拼拆及安装、拆除、修理、涂脱模剂、堆放;③钢筋除锈、制作、电焊、绑扎及骨架吊装入模;④钢板手工氧气切割;⑤混凝土运输、浇筑、捣固及养生。

Ⅰ. 混 凝 土

顺序号	项目	单位	代号	盖梁 非泵送 木模	盖梁 非泵送 钢模	盖梁 泵送 木模	盖梁 泵送 钢模
				1	2	3	4
1	人工	工日	1	31.0	22.6	23.5	15.1
2	C25 水泥混凝土	m³	19	—	—	—	—
3	C30 水泥混凝土	m³	20	(10.20)	(10.20)	—	—
4	C30 泵送混凝土	m³	48	—	—	(10.40)	(10.40)
5	原木	m³	101	0.451	0.042	0.451	0.042
6	锯材	m³	102	0.769	0.515	0.769	0.515
7	型钢	t	182	—	0.044	—	0.044
8	组合钢模板	t	272	—	0.026	—	0.026
9	铁件	kg	651	10.9	26.4	10.9	26.4
10	铁钉	kg	653	2.9	0.3	2.9	0.3
11	8~12 号铁丝	kg	655	5.1	—	5.1	—
12	铁皮	m²	666	4.8	—	4.8	—
13	32.5 级水泥	t	832	3.854	3.854	4.368	4.368
14	水	m³	866	12	12	18	18
15	中(粗)砂	m³	899	4.69	4.69	5.82	5.82
16	碎石(4cm)	m³	952	8.47	8.47	7.59	7.59
17	其他材料费	元	996	8.5	75.4	8.5	75.4
18	60m³/h 以内混凝土输送泵	台班	1316	—	—	0.11	0.11
19	12t 以内汽车式起重机	台班	1451	—	—	—	—
20	20t 以内汽车式起重机	台班	1453	0.37	0.92	—	0.54
21	小型机具使用费	元	1998	13.5	8.6	12.0	7.1
22	基价	元	1999	5682	5313	5236	4856

混凝土配合比表

表 2-27

序号	项目	单位	泵送混凝土 碎(砾)石最大粒径(mm) 40 混凝土强度等级 C20 水泥强度等级 32.5 51	泵送混凝土 碎(砾)石最大粒径(mm) 40 混凝土强度等级 C25 水泥强度等级 32.5 52	泵送混凝土 碎(砾)石最大粒径(mm) 40 混凝土强度等级 C30 水泥强度等级 32.5 53
1	水泥	kg	325	372	420
2	中(粗)砂	m³	0.59	0.58	0.56
3	碎(砾)石	m³	0.75	0.73	0.73

注:材料消耗数量已包括场内运输及操作损耗在内。

墩身混凝土配合比调整,可通过列表计算,如表2-28所示。

墩身混凝土配合比的调整　　　　　　　　表2-28

材料名称	单位	原定额材料或费用数量标准	调后定额材料或费用数量标准	材料增减量	材料基期价格	金额增减
(1)	(2)	(3)	(4)	(5)=(4)-(3)	(6)	(7)=(5)×(6)
32.5级水泥	t	3.869	0.420×10.40=4.368	+0.499	320	159.7
中(粗)砂	m^3	6.03	0.56×10.40=5.82	-0.21	60	-13.0
碎石(4cm)	m^3	7.59	0.73×10.4=7.59	0	55	0
定额基价	元	3783	3783+147=3930			147

由上表计算得:每 $10m^3$ 墩身混凝土需要 32.5 级水泥 4.368t;中(粗)砂 $5.82m^3$;碎石(4cm) $7.59m^3$;调后定额基价为 3930 元/ $10m^3$。

思考:①也可参照盖梁定额直接确定水泥和砂石料数量,想想为什么?

②在施工配合比设计中,采用不同强度的水泥均可配制出符合设计要求强度等级的混凝土。采用低强度水泥用量多,但单价一般便宜;采用高强度水泥用量少,但单价一般较高。因此,需要以"保质保量、节约适用"为原则,运用线性规划知识进行优选。

(2)初编该清单子目的"分项工程预算表",即 08-2 表,如表 2-29 所示。

具体编制如下:

①根据"报价原始数据表",将每个需进行单价分析的清单子目作为 08-2 表的编制单元。填写该编制单元的清单子目细目编号,即"410-2-b","工程名称"中,可填写清单子目名称,即"C30 混凝土系梁、盖梁、墩柱等"。

②根据报价原始数据表填写"工程项目"名称(即该编制单元所包含定额子目所在"定额项目表"名称)、"工程细目"(即预算定额子目名称)、定额单位、工程数量、定额表号。

③填写每定额子目的定额子目"工、料、机名称"、"单位"、"定额消耗量"及"基价"等内容,由于需要对定额"4-6-2-9"中水泥、中(粗)砂、4cm 内碎石三种材料按 C30 混凝土配合比进行抽换,应以抽换后的材料定额消耗量填入,并对定额基价进行同步调整。当然,根据新的公路工程造价计价办法,"定额基价"不作为其他工程费或间接费的取费基数,也可在 08-2 表中不显示"定额基价"的信息。其他编制要求,请参照本书第六章第二节相关内容。

六、桥涵工程节说明

(一)基坑开挖

本节定额将一些零星的工序(如基坑回填、基底夯实、检平基底等)综合到挖基项目中,同时对土、石的类别也作了综合,定额只分土、石两类。

(1)干处挖基指开挖无地面及地下水位以上部分的土壤,湿处挖基指开挖在施工水位以下部分的土壤。挖基坑石方、淤泥、流沙不分干处、湿处均采用同一定额。

(2)开挖基坑土、石方运输按弃土于坑外 10m 范围内考虑,如坑上水平运距超过 10m 时,另按路基土、石方增运定额计算。

(3)基坑深度为坑的顶面中心高程至底面的数值。在同一基坑内,不论开挖哪一深度均执行该基坑的全深度定额。这与沉井下沉定额的规定是不同的。比如开挖一个深度为 5m 的

表 2-29

分 项 工 程 预 算 表

项目编号:410-2-b
工程名称:C30 混凝土系梁、盖梁、墩柱

08-2 表

编号	工、料、机 名称	单位	单价 (元)	工程项目	墩、台身		盖梁、系梁、耳背墙 及墩顶固结		混凝土拌和及运输		混凝土拌和及运输		混凝土拌和及运输		合计
				工程细目	高度10m以内圆柱 式墩台混凝土泵送		盖梁泵送混凝土钢模		40m³/h混凝土 搅拌站安拆		40m³/h混凝土 搅拌站拌和		6m³以内混凝土搅拌 运输车运输		
				定额单位	10m³		10m³		座		100m³		100m³		
				工程数量	23.640		25.300		0.240		4.894		4.894		
				定额表号	4-6-2-11 换		4-6-4-4		4-11-11-7		(4-11-11)×1.04		(4-11-11-20)×1.04		金额 (元)
					定额	数量	定额	数量	定额	数量	定额	数量	定额	数量	
1	人工	工日	13.100		309.68		15.100	382.03	1039.100	249.384					941.098
101	原木	m³				0.47		1.06	0.050	0.012					1.075
102	锯材	m³			0.020	0.02	0.042	13.03	0.022	0.005					13.508
111	光圆钢筋	t			0.001	1.89	0.515		0.089	0.021					0.045
182	型钢	t			0.080	0.02	0.044	1.11	0.086	0.021					3.025
183	钢板	t			0.001	0.07									0.024
191	钢管	t			0.003	0.05									0.071
221	钢丝绳	t			0.002	0.73	0.026	0.66	0.186	0.045					0.047
271	钢模板	t			0.031										0.733
272	组合钢模板	t			0.007	0.17									0.702
273	门式钢支架	t			25.000	591.00	26.400	667.92	71.300	17.112					0.165
651	铁件	kg					0.300	7.59							1276.032
653	铁钉	kg													7.590
655	8~12号 铁丝	kg					0.400			0.096					0.096

续上表

工程项目	墩、台身	盖梁、系梁、耳背墙及墩顶固结	混凝土拌和及运输	混凝土拌和及运输	混凝土拌和及运输	合计	
工程细目	高度10m以内圆柱式墩台混凝土泵送	盖梁泵送混凝土钢模	40m³/h混凝土搅拌站安拆	40m³/h混凝土搅拌站拌和	6m³以内混凝土搅拌及混凝土搅拌车运输		
定额单位	10m³	10m³	座	100m³	100m³		
工程数量	23.640	25.300	0.240	4.894	4.894		
定额表号	4-6-2-11换	4-6-4-4	4-11-11-7	(4-11-11) ×1.04	(4-11-11-20) ×1.04		

编号	工、料、机名称	单位	单价（元）	定额	数量	金额（元）	定额	数量	金额（元）	定额	数量	金额（元）	定额	数量	金额（元）	定额	数量	金额（元）	数量	金额（元）
832	32.5级水泥	t		4.368	103.26		4.368	110.51		25.327	6.078								219.848	
866	水	m³		18.000	425.52		18.000	455.40		229.000	54.960								935.880	
877	青（红）砖	千块								66.260	15.902								15.902	
899	中（粗）砂	m³		5.824	137.68		5.820	147.25		57.950	13.908								298.833	
902	砂（砾）	m³								73.660	17.678								17.678	
952	碎石（4cm）	m³		7.592	179.47		7.590	192.03		43.710	10.490								381.992	
996	其他材料	元		15.300	361.69		75.400	1907.62		213.300	51.192								2320.504	
1003	75kW以内履带式推土机	台班											0.437	2.138					2.138	
1048	1.0m³以内轮胎式装载机	台班											0.437	2.138					2.138	
1076	8～10t光轮压路机	台班											3.140	0.754					0.754	
1272	250L以内混凝土搅拌机	台班								1.920	0.461								0.461	
1307	6m³以内混凝土搅拌运输车	台班														1.394	6.82		6.820	

续上表

工程项目	墩、台身			盖梁、系梁、耳背墙及墩顶固结			混凝土拌和及运输			混凝土拌和及运输			混凝土拌和及运输			合计	
工程细目	高度10m以内圆柱式墩台混凝土泵送			盖梁泵送混凝土钢模			40m³/h混凝土搅拌站安拆			40m³/h混凝土搅拌站拌和			6m³以内混凝土搅拌运输车运输				
定额单位	10m³			10m³			座			100m³			100m³				
工程数量	23.640			25.300			0.240			4.894			4.894				
定额表号	4-6-2-11换			4-6-4-4			4-11-11-7			(4-11-11)×1.04			(4-11-11-20)×1.04				
编号	工、料、机名称	单位	单价(元)	定额	数量	金额(元)	定额	数量	金额(元)	定额	数量	金额(元)	定额	数量	金额(元)	定额	数量	金额(元)	数量	金额(元)
1316	6m³/h以内混凝土输送泵	台班		0.090	2.13		0.110	2.78											4.911	
1325	40m³/h以内混凝土搅拌站	台班											0.510	2.494					2.494	
1375	8t以内载货汽车	台班								6.100	1.464								1.464	
1451	12t以内汽车式起重机	台班		0.430	10.17					1.570	0.377								10.542	
1453	20t以内汽车式起重机	台班					0.540	13.66		4.880	1.171								14.833	
1998	小型机具使用费	元		5.400	127.66		7.100	179.63		45.900	11.016								318.302	
	直接工程费	元																		
其他工程费	Ⅰ	元																		
	Ⅱ	元																		
	间接费	元																		
	规费	元																		
	企业管理费	元																		
	利润及税金	元																		
	建筑安装工程费	元																		

注：盖梁施工所需满堂支架及相关工程略。

基坑,其全部开挖数量应按坑深 6m 以内的定额计算。如果将其开挖数量分为 0~3m 的按坑深 3m 以内的定额计算、3~5m 的按坑深 6m 以内的定额计算,这样的做法是错误的。

(4)电动卷扬机配抓斗及人工开挖配卷扬机吊运基坑土、石方定额中,已包括移动摇头扒杆用工,但摇头扒杆的配置数量应根据工程需要按吊装设备定额另行计算。

(5)开挖基坑定额中已综合了基底夯实、基坑回填及检平基底用工;湿处挖基还包括挖边沟、挖集水井及排水作业用工,使用定额时,不得另行计算。机械挖基定额中已综合了基底高程以上 20cm 范围内采用人工开挖和基底修整用工。本节基坑开挖定额均按原土回填考虑;若采用取土回填时,应按路基工程有关定额另计取土费用。

(6)开挖基坑定额中不包括挡土板,需要时应据实按有关定额另行计算。挖基定额中也不包括水泵台班,挖基及基础、墩台修筑所需的水泵台班按"基坑水泵台班消耗"表的规定计算,并计入挖基项目中。

(7)基坑水泵台班消耗,可根据覆盖层土壤类别和施工水位高度采用表列数值计算:

①墩(台)基坑水泵台班消耗 = 湿处挖基工程量×挖基水泵台班 + 墩(台)座数×修筑水泵台班。

②基坑水泵台班消耗表中水位高度栏中"地下水"适用于岸滩湿处的挖基,水位高度指施工水位至坑底的高度,其工程量应为施工水位以下的湿处挖基工程数量。施工水位至坑顶部分的挖基,应按干处挖基对待,不计水泵台班。

③表列水泵台班均为 $\phi 150mm$ 水泵。

(8)工程量计算规则:

①基坑开挖工程量按基坑容积计算。其计算按式(2-16)、式(2-17)进行:

$$V = h/6 \times [ab + (a+a_1)(b+b_1) + a_1 b_1] \quad (基坑为平截方锥时) \quad (2-16)$$

$$V = \pi h/3 \times (R^2 + Rr + r^2) \quad (基坑为截头圆锥时) \quad (2-17)$$

②基坑挡土板的支撑面积,按坑内需支挡的实际侧面积计算。

【例 2-23】 某小桥两个靠岸桥台基坑开挖工程,土质为砂砾石(砾石含量大于 50%),由于工期紧张,采取两个基坑开挖平行施工,用电动卷扬机配抓斗开挖。已知施工常无水,基坑顶面中心高程 99.5m,地下水位 99.0m,基底高程 96.0m,一个基坑挖基总量 300m³,其中干处开挖 50m³,基底以上 20cm 人工开挖 15m³,余土 200m³,运距 50m,按施工组织需湿处挡土板 50m²。试确定一个基坑开挖所需的人工、机械、基价的预算定额及总基价。

解 (1)本桥因两个基坑平行作业,按节说明 4 的要求,每个基坑应计列摇头扒杆一个,查定额表及基价表(4-7-33-3),每个摇头扒杆的定额值:

人工:22.7 工日;

机械:30kN 以内单筒慢速卷扬机 2.40 台班,小型机具使用费 5.5 元;

基价:3067 元。

(2)电动卷扬机配抓斗系机械挖基,定额中无干处、湿处之分,也无基坑深度之分,故没有必要区分干处、湿处及基坑深度等。

(3)根据基坑开挖节说明的规定,机械挖基定额已综合了基底以上 20cm 的人工开挖和基底修理用工,故人工挖方 15m³ 不必再列。

(4)卷扬机配抓斗挖基土石方查定额表及基价表(4-1-3-1),每 1000m³ 实体的定额值:

 人工:304.1 工日;

机械:30kN 以内单筒慢速卷扬机 30.21 台班,小型机具使用费 391.9 元;

基价:17985 元;

挖基总基价:17985×300÷1000=5396 元。

(5)按节说明规定,因砾石土运距大于10m,应另按路基土石方"手推车增运"定额增列人工等消耗。查定额表及基价表(1-1-6-5),每100m³ 天然密实土定额值:

人工:7.3 工日;

基价:359 元;

增运总基价:359×(50-10)÷10×200÷1000=287 元。

(6)基坑挡土板:查定额表(4-1-4-1),每100m² 挡土板的定额值:

人工:19.5 工日;

基价:3635 元;

挡土板总基价:3635×50÷100=1818 元。

(7)挖基、砌筑用水泵台班。

按节说明规定计算所需水泵台班,并入挖基项目中。

基坑水泵台班消耗 = 湿处挖基工程量×挖基水泵台班 + 墩台座数×砌筑水泵台班

本例计算1个靠岸桥台基坑,覆盖层土壤类别为Ⅲ类土,地下水位高度为 99.0-96.0=3m(按3m 以内计)。湿处挖基工程量 250m³,基坑深 99.5-96.0=3.5m(按6m 以内计),查现行《公路工程预算定额》(JTG/T B06-02—2007)"桥涵工程"之"基坑水泵台班消耗表"得:

水泵台班消耗 = 250÷10×0.23+1×3.47=9.22 台班(φ150 水泵);

查现行《公路工程机械台班费用定额》(JTG/T B06-03—2007)代号 1653,水泵台班单价 157.24 元;

水泵总基价:157.24×9.22=1450 元;

开挖基坑总基价:3067+5396+287+1818+1450=12018 元。

(二)筑岛、围堰及沉井工程

1.挖基围堰和筑岛围堰合并,及围堰取土工程量的计算

定额中将挖基围堰和筑岛围堰合并为一个项目编制,不再区分(第1条)。围堰定额中括号内所列的"土"的数量是不计价的,其仅作为取土运距超过 50m 时增列"土"的运输用工的工程量,对于取土运距在 50m 以内的围堰则不得增列"土"的运输用工(第2条)。

2.单节沉井和多节沉井的定额计算

对于只有一节的沉井,不存在沉井的接高问题,因此套用沉井浮运定额即可;但对于分节施工的沉井,除其底节应套用沉井浮运定额外,其余各节则应执行沉井接高定额,不得再接沉井浮运定额计算(第6条)。

沉井接高定额中已综合了沉井的水上运输、起吊、对接等工序,对于具体工程无论其采用何种方法施工(整节浮运、分块运输、散件运输等)均适用于本定额,均不得在本定额基础上另外增列其他工程内容。但接高所需的吊装设备本定额中未包括,应根据施工组织设计的需要另行计算(第10条)。沉井接高的工程量应按各节沉井的底面积之和计算(不包括底节)[第14(5)款]。

3.编制预算时,不得另行计算定位船、导向船船体本身的加固工程量

定位船、导向船船体本身的加固是指在船舱内、甲板面等部位根据实际受力需要所进行的

局部加固,其工、料、机消耗均已综合在沉井定位落床定额中,编制预算时不得再另行计算(第7条)。

4. 锚绳、锚链消耗量及抛锚、起锚工料机消耗的定额计算

沉井定位落床所需的锚碇系统的锚绳因与水深有关,因此在定额编制时将锚绳的消耗量综合在沉井定位落床定额中(第7条),而锚链的消耗量以及抛锚、起锚的工、料、机消耗则只与锚锭本身有关,因此均综合在锚碇系统的定额中(第9条)。

锚碇系统定额中的钢筋混凝土锚是按一次摊销考虑的,铁锚则是按周转使用考虑的,编制预算时无论工程实际施工方法如何,除定额附注[P302注(3)]中规定的可因锚碇自重及施工期不同对定额作局部调整外,均不得调整定额中的其他消耗量。锚碇系统定额仅适用于有导向船的沉井工程,无导向船的沉井工程在定位落床定额中已综合地笼、锚碇等的工、料、机消耗,因此对于无导向船的沉井工程不得再另计锚碇系统(第8条)。

5. 沉井下沉按下沉深度定额分段计算

沉井下沉应按土、石所在的不同深度分别采用不同的下沉深度定额,也就是说应分段计算,这与前面讲过的开挖基坑中的规定正好相反。比如沉井下沉深度在5m以内的工程量应采用下沉深度0~5m时的定额,当沉井继续下沉到10m以内时,其超过5m的工程量应执行下沉深度5~10m的定额。沉井下沉定额中的下沉深度指沉井顶面到沉井下沉作业面的高度,但其下沉工程量应为沉井刃脚外缘所包围的面积乘以刃脚实际入土深度[第14(4)款]。

6. 钢壳沉井拼装或拆除的定额计算

钢壳沉井(包括双壁钢围堰)拼装定额中未包括坞开挖或拼装船组拼的工、料、机消耗,应根据实际需要按定额中的规定另行计算。对于需拆除的双壁钢围堰,应另外计列拆除所需的工、料、机消耗[P294注(2)]。

7. 沉井下沉定额中的软质岩石和硬质岩石的区别

沉井下沉定额中的软质岩石是指饱和单轴极限抗压强度在40MPa以下的各类松软的岩石;硬质岩石是指饱和单轴极限抗压强度40MPa以上的各类较坚硬和坚硬的岩石。

8. 地下连续墙定额中未含工程及土石方、泥渣外运的定额计算

地下连续墙定额中未包括施工便道、挡水帷幕、注浆加固等,需要时应根据施工组织设计另行计算。挖出的土石方或凿铣的泥渣如需要外运时,应按路基工程中相关定额进行计算。

9. 地下连续墙导墙、成槽和墙体混凝土、锁口管掉拔和清底置换及内衬工程量的计算

地下连续墙导墙的工程量按设计需要设置的导墙的混凝土体积计算;成槽和墙体混凝土的工程量按地下连续墙设计长度、厚度和深度的乘积计算;锁口管掉拔和清底置换的工程量按地下连续墙的设计槽段数(指槽壁单元槽段)计算;内衬的工程量按设计需要的内衬混凝土体积计算。

【例2-24】 某桥梁墩基础第一节底节为钢壳浮运沉井,沉井刃脚平面尺寸为12m×8.6m,墩位水深3.2m,河床地层深3m以内为砂砾层,向下3~6.5m为软质岩石,再向下为硬质岩石。沉井底节高4.5m,在船坞拼装,钢结构总质量54.2t;采用导向船浮运至墩位抽水下沉,沉井下沉入土深度6.5m;导向船之间所需连接梁金属设备35t;锚碇系统为4个20号钢筋混凝土锚(每个重15t);定位后灌注混凝土下沉。第二节为混凝土井壁,高度为5.5m,井壁混凝土为泵送C20水下混凝土,总数量为142.6m³(含钢壳沉井灌注混凝土);封底泵送C20水下

混凝土 75.6m³;片石掺砂填心 168m³;封顶(有底板)C25 混凝土 68m³;封顶钢筋 4.5t。试确定其定额基价值。

解 下面按定额工程细目逐项分析。

(1)沉井制作与拼装

①钢壳沉井船坞拼装,定额号(4-2-7-6),钢结构总质量为 54.2t 时定额基价值为:
$$5.42 \times 60469 = 327742 \text{ 元}$$

②由定额表 4-2-7 脚注(2)可知,船坞开挖及排水工程应按挖基相应定额另行计算。若实际产生时,应进行补充,本例略。

(2)沉井浮运、定位落床

①由节说明 6 可知,沉井浮运定额仅适用于只有一节的沉井或多节沉井的底节,分节施工的沉井除底节外的其余各节的浮运、接高均执行沉井接高定额。按节说明 14 工程量计算规则之(5)可知,沉井浮运、接高、定位落床定额工程量为沉井刃脚外缘所包围的面积;分节施工的沉井接高工程量为各节沉井接高工程量之和。本例工程量为 $12 \times 8.6 = 103.2 \text{m}^2$ 沉井底面积。

a. 有导向船沉井浮运,定额号(4-2-8-5),其定额基价值为:
$$10.32 \times 860 = 8875 \text{ 元}$$

b. 有导向船沉井定位落床,定额号(4-2-8-8),其定额基价值为:
$$10.32 \times 6115 = 63107 \text{ 元}$$

c. 沉井接高,定额号(4-2-8-6),其定额基价值为:
$$10.32 \times 1200 = 12384 \text{ 元}$$

注:由节说明 7 可知,导向船、定位船船体本身加固所需的工料机消耗及沉井定位落床所需的锚绳均已包括在沉井定位落床定额中,不另行计算。但由节说明 10 可知,钢壳沉井接高所需的吊装设备定额中未考虑,需要时应补充,可按"金属结构吊装设备"定额计算。

②导向船之间所需连接梁,定额号(4-2-8-1),其定额基价值为:
$$3.5 \times 11242 = 39347 \text{ 元}$$

③锚锭系统,由章说明 9 可知,锚锭系统定额中已包含锚链的消耗以及抛锚、起锚所需的工料机消耗;锚锭系统定额工程量是指锚锭的数量,按施工组织设计的需要量计算,本例中锚锭系统为 4 个锚。定额号(4-2-8-11),其定额基价值为:
$$4 \times 17195 = 68780 \text{ 元}$$

④井壁混凝土,由定额号(4-2-8-19),其定额基价值为:
$$14.26 \times 2147 = 30616 \text{ 元}$$

注:①未包含混凝土搅拌和 50m 以上运距的运输;

②井壁灌注水下混凝土所需的导管、漏斗等的费用已计入定额中的设备摊销费内,浇筑井壁混凝土所需的扒杆或龙门架的消耗本定额中未综合,应与沉井接高、定位落床等项目综合考虑。

(3)沉井下沉

由节说明 4 可知,沉井下沉用的工作台、三脚架、运土坡道、卷扬机工作台均包括在定额中。沉井下沉定额的工程量由节说明 14 之(4)可知,应按沉井刃脚外缘所包围面积乘以沉井下沉入土深度计算,沉井下沉按土、石所在的不同深度分别采用不同下沉深度的定额,且定额中已综合了溢流数量,不得增加。本例沉井下沉工程为在砂砾中下沉,工程量分别计算(见图 2-9):

①$V_1 = 12 \times 8.6 \times 1.5 = 154.8 \text{m}^3$,采用下沉深度为 0~5m 的定额,定额号(4-2-9-2),其定额基价值为:$15.48 \times 1396 = 21610$ 元;

②$V_2 = 12 \times 8.6 \times 1.5 = 154.8 \text{m}^3$,采用下沉深度为 5~10m 的定额,定额号(4-2-9-7),其定额基价值为:$15.48 \times 1708 = 26440$ 元;

③$V_3 = 12 \times 8.6 \times 3.5 = 361.2 \text{m}^3$,采用下沉深度为 5~10m 的定额,定额号(4-2-9-9),其定额基价值为:$36.12 \times 2385 = 86146$ 元。

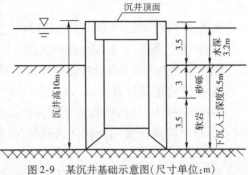

图 2-9 某沉井基础示意图(尺寸单位:m)

(4)沉井填塞

①沉井封底,定额号(4-2-10-3),其定额基价值为:$7.56 \times 2236 = 16904$ 元。

②沉井填心,定额号(4-2-10-7),其定额基价值为:$16.8 \times 861 = 14465$ 元。

③沉井封顶,定额号(4-2-10-10)、(4-2-10-12)。

a. 封顶 C25 混凝土 68m³,定额基价值为:$6.8 \times 3004 = 20427$ 元;

b. 封顶钢筋,定额基价值为:$4.5 \times 3909 = 17590$ 元。

(三)灌注桩工程

1. 灌注桩造孔时所遇土质的种类

灌注桩造孔根据造孔的难易程度,将土质分为 8 种:

(1)砂土:粒径不大于 2mm 的砂类土,包括淤泥、轻亚黏土。

(2)黏土:亚黏土、黏土、黄土,包括土状风化。

(3)砂砾:粒径 2~20mm 的角砾、圆砾含量(指质量比,下同)小于或等于 50%,包括礓石及粒状风化。

(4)砾石:粒径 2~20mm 的角砾、圆砾含量大于 50%,有时还包括粒径 20~200mm 的碎石、卵石,其含量在 10% 以内,包括块状风化。

(5)卵石:粒径 20~200mm 的碎石、卵石含量大于 10%,有时还包括块石、漂石,其含量在 10% 以内,包括块状风化。

(6)软石:饱和单轴极限抗压强度在 40MPa 以下的各类松软的岩石,如盐岩,胶结不紧的砾岩、泥质页岩、砾岩,较坚实的泥灰岩、块石土及漂石土,软而节理较多的石灰岩等。

(7)次坚石:饱和单轴极限抗压强度在 40~100MPa 的各类较坚硬的岩石,如硅质页岩,硅质砂岩,白云岩,石灰岩,坚实的泥灰岩,软玄武岩,片麻岩、正长岩、花岗岩等。

(8)坚石:饱和单轴极限抗压强度在 100MPa 以上的各类坚硬的岩石,如硬玄武岩,坚实的石灰岩、白云岩、大理岩、石英岩、闪长岩、粗粒花岗岩、正长岩等。

2. 灌注桩成孔的定额计算

灌注桩成孔定额分为人工挖孔、卷扬机带冲击锥冲孔、冲击钻机钻孔、回旋钻机钻孔、潜水钻机钻孔等六种。定额中已按摊销方式计入钻架的制作、拼装、移位、拆除及钻头维修所耗用的人工、材料、机械台班数量;钻头的费用已计入设备摊销费中,使用本节定额时,不得另行计算。

3. 灌注桩混凝土的定额计算

灌注桩混凝土定额按机械拌和、工作平台上导管倾注水下混凝土编制,定额中亦包括混凝土灌注设备(如导管等)摊销的工、料费用及扩孔增加的混凝土数量,使用定额时,不得另行计算。

4. 钢护筒在干处埋设或水中埋设的定额计算

钢护筒定额中,干处埋设按护筒设计质量的周转摊销量计入定额中,使用定额时不得另行计算;水中埋设按护筒全部设计质量计入定额中,可根据设计确定的回收量按规定计算回收金额。

5. 护筒的定额计算

护筒定额中,已包括陆地上埋设护筒用的黏土或水中埋设护筒定位用的导向架及钢质或钢筋混凝土护筒接头用的软件、硫磺胶泥等埋设时用的材料、设备消耗,使用定额时,不得另行计算。

6. 浮箱工作平台定额中每只浮箱的工作面积

浮箱工作平台定额中,每只浮箱的工作面积为 $3 \times 6 = 18\text{m}^2$。

7. 使用成孔定额时的注意事项

使用成孔定额时,应根据施工组织设计的需要合理选用定额子目,当不采用泥浆船的方式进行水中灌注桩施工时,除按90kW以内内燃拖轮数量的一半保留拖轮和驳船的数量外,其余拖轮和驳船的消耗应扣除。

8. 采用筑岛方法在河滩、水中施工的定额计算

在河滩、水中采用筑岛方法施工时,应采用陆地上成孔定额计算。

9. 采用膨润土造浆时的定额计算

本定额系按一般黏土造浆进行编制的,如实际采用膨润土造浆时,其膨润土的用量可按定额中黏土用量乘系数进行计算。即:

$$Q = 0.095 \times V \times 1000 \tag{2-18}$$

式中:Q——膨润土的用量(kg);

V——黏土的用量(m^3)。

10. 设计桩径与定额采用桩径不同时的调整办法

当设计桩径与定额采用桩径不同时,可按表2-30系数调整。

设计桩径与定额采用桩径不同时的调整系数   表2-30

桩径(cm)	130	140	160	170	180	190	210	220	230	240
调整系数	0.94	0.97	0.7	0.79	0.89	0.95	0.93	0.94	0.96	0.98
计算基数	桩径150cm以内		桩径200cm以内				桩径250cm以内			

11. 工程量的计算规则

(1)灌注桩成孔工程量按设计入土深度计算。定额中的孔深指护筒顶至桩底(设计高程)的深度。造孔定额中同一孔内的不同土质,不论其所在的深度如何,均采用总孔深定额。

使用定额时,应注意灌注桩成孔工程量与孔深、设计桩长三者间的关系。在陆地、水中筑岛和水中工作平台三种不同情况下,三者存在不同的关系,如图2-10所示。

(2)人工挖孔的工程量,按护筒(护壁)外缘所包围的面积乘设计孔深计算。

(3)浇筑水下混凝土的工程量,按设计桩径断面积乘设计桩长计算,不得将扩孔因素计入工程量。

(4)灌注桩工作平台的工程量,按施工组织设计需要的面积计算。

(5)钢护筒的工程量按护筒的设计质量计算。设计质量为加工后的成品质量,包括加劲肋及连接用法兰盘等全部钢材的质量。当设计提供不出钢护筒的质量时,可参考表2-31的质量进行计算,桩径不同时可内插计算。

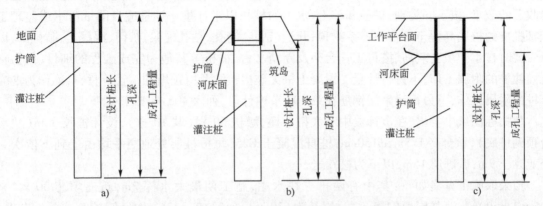

图 2-10 灌注桩成孔工程量与孔深、设计桩长三者间的关系
a)陆地;b)水中筑岛;c)水中工作平台

护 筒 单 位 质 量　　　　　　表 2-31

桩径(cm)	100	120	150	200	250	300	350
护筒单位质量(kg/m)	170.2	238.2	289.3	499.1	612.6	907.5	1259.2

12. 钻孔桩工程量计算考虑步骤

(1)根据地形、水文条件,判断是否需要筑岛、围堰或设工作平台(4-4-9)、泥浆船(4-11-14)。

(2)钻孔桩钢护筒制作、埋设和拆除。一般情况下,每节护筒长按 2m 制作(使用长度根据需要拼装),当在干处施工时,设计上一般要求入土深度为 1.8m,四周夯填 0.2m 黏土,总长为 2m,所以,干处可按 2.0m 计算。水中埋设护筒时:当水深为 5m 以内时,一般设计要求入土深度为 3m,护筒实际长度为"水深 +3m"。

(3)钻孔(区分不同土质,采用相应钻孔机械):无泥浆船时要考虑是直接在地面钻孔,还是要设筑岛。在河滩、水中采用筑岛方法施工时,应采用陆地上成孔定额计算;深水时要用泥浆船。

(4)钢筋笼制作(单独计价)。

(5)浇筑水下混凝土。

(6)桩身无破损检测。

(7)桩身静载试验(按招标文件要求暂定)。

【例 2-25】 A 公司拟参与河北省××高速公路××标段投标竞争。招标文件中针对该大桥钻孔灌注桩工程量见表 2-32。

工 程 细 目 表　　　　　　表 2-32

细目号	细目名称	单位	数量	单价	合价
	第 400 章　桥梁、涵洞				
	……				
405-1	钻孔灌注桩				
405-1-a	桩径 150cm	m	1710		
	……				

已知该招标文件"工程量清单计量规则"规定："钻孔灌注桩以实际完成并经监理工程师验收后的数量,按不同类别、桩径和陆上、水中的桩长以米计量。计量应自图纸所示或监理工程师批准的桩底高程至承台底或系梁顶;开挖、钻孔、清孔、钻孔泥浆、护筒、混凝土、破桩头,以及必要时在水中填土筑岛、搭设工作台架及浮箱平台、栈桥等其他为完成工程的细目,作为钻孔灌注桩的附属工作,不另行计量。混凝土桩无破损检测及所预埋的钢管等材料,均作为混凝土桩的附属工作,不另行计量。钢筋在第 403 节内计量,列入 403-1 细目内。"

从招标图纸中看出,在该标段中有大桥一座,墩桩 60 根(共 10 排),设计桩长 30m(从承台顶到桩底),承台高 1.5m,ϕ150cm,桩身混凝土 C25,每根桩所处地层平均由上到下依次为轻亚黏土 9m,砂砾层 15m,以下为松软岩石。

拟采取施工方案如下:其中有两排桩在水中,施工期最大水深 2m,筑岛填芯 $30 \times 4 \times 2.5 \times 2 = 600 m^3$;草袋围堰(2.5m 高)周长为 $(30 + 4) \times 2 \times 2 = 136$ 延米;钢护筒按干处布置,其中 48 根桩位处无地面水,按每根桩埋设护筒长 2m 计,有 12 根桩有地面水(需做围堰筑岛),按每根桩埋设护筒长 5.5m 计,因此,钢护筒"图纸一次使用量"为 $2 \times 48 + 5.5 \times 12) \times 289.3/1000 = 46.87 t$;输送泵供应、浇筑水下混凝土,由 $40 m^3/h$ 内集中拌和站搅拌,根据混凝土拌和站供应能力和范围,拌和站设备安拆及辅助设施费在本钻孔桩项目中摊销 20%;$6 m^3$ 混凝土搅拌运输车平均运距 3km;根据设计桩孔内埋设检测钢管共 10.312t。

问题:试按招标文件要求根据工程量清单工程细目列算工程量和定额子目。

解 预算定额是编制标底或报价的重要计价依据之一。通过本案例初步熟悉利用预算定额进行编标报价工程量计算的基本思路和流程。关于工程量计算的基本思路和流程请参考本书第六章第二节图 6-13 和图 6-16 及相关说明。

根据现行施工规范要求,围堰或筑岛顶面高程应不低于施工期最高水位上 0.5m,因此,应套用围堰定额是"草袋围堰高度 2.5m"。

关于钢护筒质量是按钢护筒的"图纸一次使用量"或"累计使用量"。虽然每个桩孔都要用,但钢护筒根据钻孔先后顺序不同可周转使用,因此,"图纸一次使用量"不同于"施工配置数量"。而按预算定额计算的钢护筒消耗数量(计价数量),是考虑正常情况下的摊销次数后的数量。如果工期允许,应尽量加大钢护筒在项目上的周转次数,使"施工配置数量"尽量接近计价数量,方可有效降低施工成本。如果施工组织设计中无法确定钢护筒的准确数量,则可参考本节中表 2-27 确定护筒的单位质量(kg/m)。

关于本工程中钻最上土层(轻亚黏土)的成孔工程量,是包含钻筑岛土深度在内,即:$9 \times 60 + 2.5 \times 6 \times 2 = 570m = 57.0(10m)$。

关于灌注桩身水下混凝土工程量,根据现行《公路工程预算定额》(JTG/T B06-2—2007)规定是以"设计桩长×桩身断面积"得到。关于设计桩长的确定,预算工程量计算规则和工程量清单计量规则中规定不一致。本题目工程背景中所提到的设计桩长为预算工程量计算规则的计算方式,即反映的是从承台顶高程到设计桩底高程的长度,实际是以桩身绑钢筋长度计算的(桩身钢筋要深入到承台中与墩身钢筋连成一体),但浇筑的超过承台底的水下混凝土要凿掉。而根据工程量清单计量规则,设计桩长是"从承台底到设计桩底的长度",即净值、成品计量的理念。但是,在现行《公路工程预算定额》(JTG/T B06-2—2007)中并未明确设计桩长到底应如何确定。本题是以工程量清单计量规则的理念来确定设计桩长数量计算。根据以上分析,灌注水下混凝土的工程数量计算如下:

$$\frac{\pi \times 1.5^2}{4} \times 28.5 \times 60 = 3021.8 \mathrm{m}^3 = 3021.8(\mathrm{m}^3)$$

但由于预算定额中水下混凝土的定额损耗率给得并不低,比如回旋钻机钻孔灌注桩身水下混凝土的混凝土定额损耗率为 22.4%,而实际浇筑时可能多浇筑 80cm 左右就可以,因此,对于非软土地基地区,扩孔系数不会很大,则按上式计算结果会偏高。

该工程项目所列原始数据表,如表 2-33 所示。

某桥梁钻孔桩报价原始数据表　　表 2-33

编号	名 称	单位	工程量	费率类别	备注
1	第 100 章至第 700 章合计				
	第 400 章　桥梁、涵洞				
405-1	钻孔灌注桩				
405-1-a	桩径 150cm	m	1710		
(4-2-2-7)	草袋围堰高度 2.5m	10m 围堰	13.6	构造物 I	
(4-2-5-1)	筑岛填芯土	10m³ 筑岛实体	60	构造物 I	
(4-4-8-7)	钢护筒埋设干处	1t	46.87	钢结构	
(4-4-5-42)	桩径 150cm 以内孔深 40m 以内黏土	10m	57	构造物 II	
(4-4-5-43)	桩径 150cm 以内孔深 40m 以内砂砾	10m	90	构造物 II	
(4-4-5-46)	桩径 150cm 以内孔深 40m 以内软石	10m	36	构造物 II	
(4-4-7-24)	检测管	1t	10.312	钢结构	采用 φ54×1.5 的声测管,每孔 3 根
(4-4-7-15)	回旋、潜水钻成孔桩径 150cm 以内混凝土输送泵	10m³ 实体	302.18	构造物 II	
(4-11-11-7)	混凝土搅拌站安拆(40m³/h 以内)	1 座	0.2	构造物 I	
(4-11-11-11)	混凝土搅拌站拌和(40m³/h 以内)	100m³	30.218	构造物 I	定额×1.224
(4-11-11-20)	6m³ 搅拌运输车运混凝土 3km	100m³	30.218	汽车运输	[(4-11-11-20)+(4-11-11-21)×4];定额×1.224

(四)砌筑工程

(1)砂浆标号、砌筑砂浆与勾缝砂浆:默认 M5、M7.5、M12.5 水泥砂浆为砌筑砂浆;M10、M15 水泥砂浆为勾缝砂浆(第 1 条)。

(2)本节定额中均未包括拱盔和支架的工料机消耗,需要时应按有关定额另行计算,需与"第九节拱盔、支架工程"有关定额配套使用(第 5 条)。但脚手架、井字架的工料机消耗均已计入有关定额项目中,编制预算时不得另计(第 2 条)。

(3)本节定额中均未包括垫层、填料及砂浆抹面的工料机消耗,需要时应据实按有关规定另行计算,应与"第十一节 杂项工程 4-11-2、4-11-6 等定额表"有关定额配套使用。

(4)砌筑预制块定额项目中未包括预制块的预制,应按有关定额另行计算(第 3 条)。

(5)砌筑工程的工程量为砌体的实际体积,包括构成砌体的砂浆的体积(第 7 条)。

(五)现浇混凝土

(1)定额中未包括现浇混凝土及钢筋混凝土上部构造所需的拱盔、支架,需要与"第九节桥涵拱盔、支架工程"和"第十一节　杂项工程"有关定额另行计算。

【例2-26】 现浇预应力箱梁5000m³,墩台高 $H=6.0$m,采用满堂钢支架,有效宽度16m,跨径 30×5m,试确定工程量及定额子目。

解 如表2-34所示。

工程量及定额子目　　　　　　　　　　　　表2-34

编 号	项目或定额子目名称	单位	数量	定额调整
	现浇箱梁混凝土	m³	5000	
(4-6-10-1)	支架现浇箱梁混凝土	10m³ 实体	500.0	
(4-9-3-8)改	满堂钢支架	10m² 立面积	90.0	定额×16/12
(4-9-6-1)	支架预压	10m³ 实体	500.0	
有关定额	支架基底处理(场地碾压、地面硬化),混凝土拌和、运输和拌和站固定设施分摊等			略

(2)定额中片石混凝土中片石含量均按15%计算。

【例2-27】 某桥梁为梁、板式桥墩台,高度6.0m,墩台身采用C20片石混凝土。试确定墩台身定额中片石、水泥、中粗砂和碎石的定额消耗量及定额基价,如表2-35所示。

解 定额号:(4-6-2-4)改

定额消耗量及定额基价　　　　　　　　　　　　表2-35

材料代号	材料名称	单位	15号片石混凝土	20号片石混凝土	增减量	材料基价	金额增减
①	②	③	④	⑤	⑥=⑤-④	⑦	⑧=⑥×⑦
832	32.5级水泥	t	2.193	0.240×10.20=2.448	+0.255	320	81.6
899	中粗砂	m³	4.79	0.46×10.20=4.692	-0.098	60	-5.88
954	碎石8cm	m³	7.24	0.7×10.20=7.14	-0.1	49	-4.9
931	片石	m³	2.19	2.19	0	34	0
1999	定额基价	元	3162	3162+81.6-5.88-4.9≈3233			

(3)有底模承台适用于高桩承台施工。

(4)使用套箱围堰浇筑承台混凝土时,应采用无底模承台的定额。

(5)定额中均未包括扒杆、提升模架、拐脚门架、悬浇挂篮、移动模架等金属设备。需要时,应按"4-7-31 金属结构吊装设备"或"4-7-32 移动模架安装、拆除"或"4-7-33 木结构吊装设备"等有关定额另行计算。

(6)桥面铺装定额中橡胶沥青混凝土仅适用于钢桥桥面铺装。

(7)墩台高度为基础顶、承台顶或系梁底到盖梁顶、墩台同帽顶或0号块件底的高度。

(8)索塔高度为基础顶、承台顶或系梁底到索塔顶的高度。当塔墩固结时,工程量为基础顶面或承台顶面以上至塔顶的全部数量;当塔墩分离时,工程量应为桥面顶部以上至塔顶的数量,桥面顶部以下部分的数量按墩台定额计算。

(9)斜拉索锚固套筒定额中已综合加劲钢板和钢筋的数量,其工程量以混凝土箱梁中锚固套筒钢管的质量计算。

(10)斜拉索钢锚箱的工程量为钢锚箱钢板、剪力钉、定位件的质量之和,不包括钢管和型钢的质量。

(六)预制混凝土

1.预制构件底座的有关规定

T形梁、I形梁、等截面箱梁和T形刚构等曲底面箱梁,需考虑配合底座施工的工程量,即涉及上述工程,需增列"大型预制构件底座"工程量,依据定额第679页"第十一节 杂项工程"节说明第2条的有关计算规则计算工程量,相关定额表为(4-11-9)定额项目表。

【例2-28】 某桥预制构件场预制T梁的梁长19.96m,梁肋底宽0.54m、翼板宽1.60m,共12个底座,并配备1个蒸汽养生室。试计算预制T形梁的底座所需水泥用量和蒸汽养生室工程量及其所需原木和锯材数。

解 (1)预制T形梁的底座所需水泥量

①由预算定额第679页"杂项工程"节说明2可知,每个底座面积=(梁长+2.00m)×(梁宽+1.00m)=(19.96+2.00)×(1.6+1.00)=57.10m²。

底座总面积=57.10×12=685.20m²

②由预算定额号(4-11-9-1)查得定额,按底座工程量计算水泥用量:

32.5级水泥:0.836×685.20/10=57.283t

(2)蒸汽养生室面积工程量

由预算定额第679页"杂项工程"节说明3可知,蒸汽养生室面积按有效面积计算,其工程量按每一养生室安置两片梁,其梁间距离为0.8m,长度每端增1.5m,宽度每边各增1.0m。

每个养生室面积=(19.96+2×1.5)×(2×1.6+0.8+2×1.0)=137.76m²

由预算定额号(4-11-8-1)查得蒸汽养生室建筑的定额并按工程量计算所需原木。

原木:0.007×137.76÷10=0.097m³

锯材:0.141×137.76÷10=1.94m³

【例2-29】 某工程上部构造采用25m预应力混凝土T形梁936片,梁肋底宽0.54m。根据施工进度安排,制梁工期16个月,每月按25个工作日计算,根据施工工艺要求,采用蒸汽养护,每片梁在平面预制构件底座上的周转时间平均为5天。试确定预制构件底座工程量。

解 (1)根据T梁总数量、制梁总工期、每片梁在底座上的平均周转时间,可确定平面底座的数量。

$$\frac{936}{[16 \times 25/5]} = 11.7 \approx 12 \text{ 个}$$

(2)每个底座的面积

由预算定额"第十一节 杂项工程"节说明2可知:

每个底座面积=(梁长+2.00m)×(梁宽+1.00m)
=(25.00+2.00)×(1.60+1.00)=70.20m²

(3)预制构件底座工程量

12×70.20=842.4m²=84.24(10m²)

2.预制预应力T形梁及运输安装等有关内容

预制预应力T形梁、运输安装等所包括的计价内容,如图2-11所示。

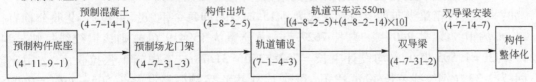

图2-11 预制"T形梁混凝土"综合单价中所含计价内容

不在"T形梁混凝土"的相关工作内容,有以下几个方面:

①现浇桥面板、横隔板混凝土(4-7-14-13)→在"410-3"内计量;

②钢筋(4-7-14-2)→在"403-3"内计量;

③钢绞线(4-7-2-29)→在"411-1"内计量;

④伸缩缝(4-11-7-13)→在"417节"内计量;

⑤橡胶支座(4-7-30-1)→在"416节"内计量。

3. 钢绞线工程量计算及定额使用

(1)锚固类型,如图2-12所示。

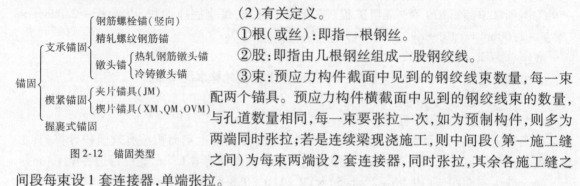

图2-12 锚固类型

(2)有关定义。

①根(或丝):即指一根钢丝。

②股:即指由几根钢丝组成一股钢绞线。

③束:预应力构件截面中见到的钢绞线束数量,每一束配两个锚具。预应力构件横截面中见到的钢绞线束的数量,与孔道数量相同,每一束要张拉一次,如为预制构件,则多为两端同时张拉;若是连续梁现浇施工,则中间段(第一施工缝之间)为每束两端设2套连接器,同时张拉,其余各施工缝之间段每束设1套连接器,单端张拉。

④××孔:它是指所使用的锚具的孔数。选择定额时,其孔数≥设计图标定的孔数(不一定将所有的孔数都用上)。

⑤束长:即指一次张拉的长度。

⑥每吨××束:它是指在标准张拉长度内,每吨钢绞线折合成多少束。所以说它不一定是整数。这是钢绞线工程量计算的基本数据。

4. 关于钢绞线定额的选择与调整

(1)束长、孔数要符合设计或施工方案的实际张拉长度和锚具孔数,选择定额时,其孔数≥设计图标定的孔数。

(2)计算设计钢绞线的束数。

①如将每钢束逐个计算,则用公式:

$$1000\text{kg}/(每束中钢绞线股数×钢绞线单位质量×束长)=每吨束数 \quad (2-19)$$

②如将同一束长范围内的多个钢束综合计算时,则采用下列公式:

$$同一束长范围内钢束数量/同一束长范围内钢束质量(t)=每吨束数 \quad (2-20)$$

如果计算的设计图每吨束数与定额的每吨束数不同时,则应将定额中的"每吨××束"和"每增减1束"定额子目组合使用,组合后的定额每吨束数应和计算的设计图每吨束数相同。

根据计算的束数套用相近的定额,如果计算的束数与定额的束数不同时,则需要进行定额调整。

(3)每吨束数要调整为设计图纸给定的束数

如:××大桥箱梁纵向预应力钢绞线为$\phi^j 15.24$-19,即每个钢绞线束包括19股公称直径15.24mm的钢绞线,共240束。总长7627.7m,总质量为159419.6kg,则该钢绞线每吨=240束/159.42t=1.505束/t,平均设计束长=7628/240=31.78m,考虑施工张拉长度,选用定额为:(4-7-2-33)(钢绞线束长40m,19孔,每吨1.41束),定额调整量为:1.505-1.41=0.095,定额调整为:[(4-7-2-33)+(4-7-2-34)×0.095]。

【例2-30】 某高架桥工程有924片预应力混凝土T形梁,钢绞线型号$\phi^j 15.24$mm,锚具型号为OVM15-5,每片梁钢束明细,如表2-36和图2-13所示。

T形梁钢束明细表　　　　　　　　　　　表2-36

钢束号	钢束长(m)	钢绞线股数	钢绞线总长(m)	钢束重(kg)	张拉控制应力(MPa)
①②	26.03	10	260.30	286.85	1395
③	26.18	5	130.90	144.25	1395
④	26.05	5	130.25	143.54	1395
		总质量(kg)		574.64	

解 束长40m内:每吨束数:$\dfrac{4}{0.57464}=6.961$ 束/t

则定额组合表达式为:$[(4\text{-}7\text{-}20\text{-}29)+(4\text{-}7\text{-}20\text{-}30)\times(6.961-3.82)]$

工程量:$924\times 0.57464=530.97\text{t}$

定额总基价 $=530.97\times\{10201+(6.961-3.82)\times 636+[7.72+(6.961-3.82)\times 2.02](175-245)\}=12181589$ 元

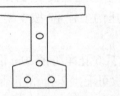

图2-13 T形梁钢绞线束分布示意图

注:以上175和245分别为5孔锚具和7孔锚具的定额基期价格。

(七)桥涵拱盔、支架工程

1.有关规定

(1)桥梁拱盔、木支架及简单支架均按有效宽度8.5m计,钢支架按有效宽度12.0m计,如实际宽度与定额不同时可按比例换算。

(2)木结构制作按机械配合人工编制,配备的木工机械均已计入定额中。结构中的半圆木构件,用圆木对剖加工所需的工日及机械台班均已计入定额内。

(3)所有拱盔均包括底模板及工作台的材料,但不包括现浇混凝土的侧模板。

(4)桁构式拱盔安装、拆除用的人字扒杆、地锚移动用工及拱盔缆风设备工料已计入定额,但不包括扒杆制作的工、料,扒杆数量根据施工组织设计另行计算。

(5)桁构式支架定额中已包括了墩台两旁支撑排架及中间拼装、拆除用支撑架,支撑架已加计了拱矢高度并考虑了缆风设备。定额以孔为计量单位。

(6)木支架及轻型门式钢支架的帽梁和地梁已计入定额中,地梁以下的基础工程未计入定额中,如需要时,应按有关相应定额另行计算。

(7)简单支架定额适用于安装钢筋混凝土双曲拱桥肋及其他桥梁需增设的临时支架。稳定支架的缆风设施已计入本定额内。

(8)涵洞拱盔支架、板涵支架定额单位的水平投影面积为涵洞长度乘以净跨径。

(9)桥梁拱盔定额单位的立面积系指起拱线以上的弓形侧面积,其工程量按式(2-21)和表2-37计算:

$$F=K(\text{净跨})^2 \tag{2-21}$$

不同拱矢度对应的K值　　　　　　　表2-37

拱矢度	1/2	1/2.5	1/3	1/3.5	1/4	1/4.5	1/5	1/5.5
K	0.393	0.298	0.241	0.203	0.172	0.154	0.138	0.125
拱矢度	1/6	1/6.5	1/7	1/7.5	1/8	1/9	1/10	
K	0.113	0.104	0.096	0.090	0.084	0.076	0.067	

(10)桥梁支架定额单位的立面积为桥梁净跨径乘以高度。拱桥高度为起拱线以下至地面的高度;梁式桥高度为墩、台帽顶至地面的高度。这里的地面指支架地梁的底面。

(11)钢拱架的工程量为钢拱架及支座金属构件的质量之和。其设备摊销费按4个月计算,若实际使用期与定额不同时可予以调整。

(12)钢管支架定额指采用直径大于30cm的钢管作为立柱,在立柱上采用金属构件搭设水平支撑平台的支架,其中下部指立柱顶面以下部分,上部指立柱顶面以上部分。下部工程量按立柱自重计算,上部工程按支架水平投影面积计算。

(13)支架预压的工程量,按支架上现浇混凝土的体积计算。

2. 例题解答

【例2-31】 某6孔净跨径30m混凝土拱桥,拱盔宽度18m,拱矢比1/4,起拱线至地面高度10m,设计允许一次可灌拱2孔,故需制备2孔满堂式木拱盔及木支架。试计算该桥的拱盔立面积、支架立面积,并确定2孔满堂式木拱盔工料机消耗量(考虑木拱盔周转料实际周转次数)。

解 (1)拱盔工程立面积

由预算定额第629页"拱盔、支架工程"节说明9可知,拱盔立面积工程量:

$$F = 2 \times K \times (\text{净跨})^2 = 2 \times 0.172 \times 30^2 = 309.6 \text{m}^2$$

(2)木支架立面积(2孔)

由节说明10可知,支架立面积工程量:

$$F = 2 \times 30 \times 10 = 600 \text{m}^2$$

(3)2孔满堂式木拱盔工料机消耗量

①由节说明1可知,因拱盔宽度18m>8.5m(有效宽度),应按比例换算预算定额值。

②本例为6孔混凝土拱桥,制备2孔拱盔,实际周转次数为$n=3$次,由预算定额第1024页附录三"材料周转及摊销"定额查得拱盔的定额周转次数n为:木料5、铁件5、铁钉4,则应按下面公式计算周转性材料实际周转次数的定额值:

$$\text{定额用量} = \frac{\text{图纸一次用量} \times (1 + \text{场内运输及操作损耗率})}{\text{周转次数(或摊销次数)}} \quad (2\text{-}22)$$

③定额号:(4-9-2-3)

人工:① 30.96×(37.9×18/8.5) = 2485.227 工日

材料:原木⑩ 30.96×(0.954×18/8.5)×5/3 = 104.25 m³

锯材⑪ 30.96×(0.566×18/8.5)×5/3 = 61.85 m³

铁件⑮⓪ 30.96×(35×18/8.5)×5/3 = 3825 kg

铁钉⑮① 30.96×(0.9×18/8.5)×4/3 = 78.67 kg

机械:φ500mm 木工圆锯机⑧④⑧ 30.96×(0.83×18/8.5) = 54.426 台班

小型机具使用费⑨⑨⑧ 30.96×(18.4×18/8.5) = 1026.548 元

注:①木支架周转料定额也应如上调整;
②应按概、预算编制办法计算回收(本例略)。

(八)桥梁工程定额消耗量确定综合案例

【例2-32】 某公路特大桥全长1280m,两岸接线路基各1km,路基工程已全部完工(可做桥梁上部结构预制场使用,路基宽度26m)。上部构造为"13×30m+7×40m+20×30m"先简支后连续预应力混凝土(后张法)T形梁结构,T梁预制场在桥位右边,存梁场紧挨桥头。其中30m和40m预应力混凝土T梁每孔桥均为12榀梁,梁顶宽1.6m,上部构造预制安装总工期按10个月计算,每榀梁预制周期按6天计算。上部构造的主要工程量详见表2-38。

上部构造主要设计工程数量表　　　　　　　　　　　表2-38

序号	工程内容		单位	工程量	备注
1	30m预制T形梁	混凝土	m³	7923	锚具数量:OVM15-8;2760套
2		钢绞线	t	253.831	
3		光圆钢筋	t	621.389	
4		带肋钢筋	t	1049.862	
5	40m预制T形梁	混凝土	m³	2529	锚具数量:OVM15-6;686套
6		钢绞线	t	92.818	
7		光圆钢筋	t	189.447	
8		带肋钢筋	t	307.822	

下面详细计算相关数量、列出该桥梁工程上部构造施工图预算所涉及的相关定额的名称、单位、定额代号、数量、定额调整等内容。

解 1. T形梁预制底座工程量计算

需要预制的30m跨T形梁的数量:$(13+20)×12=396$(榀)

需要预制的40m跨T形梁的数量:$7×12=84$(榀)

T形梁的预制安装总工期为10个月,考虑到预制与安装存在一定的时差,本例按1个月考虑,因此,预制与安装的工期均为9个月计算,每片梁预制需要6天,故需要底座数量为:

30m跨底座:$396×6÷270=8.2$(个),即底座数量应不少于9个。

40m跨底座:$84×6÷270=1.86$(个),即底座数量应不少于2个。

底座面积:$9×(30+2)×(1.6+1)+2×(40+2)×(1.6+1)=967.2(m^2)$

由于接线路基工程已经完工,不需要考虑预制场地平整。

2. 金属结构吊装设备计算

由于按11个T形梁预制底座计算能满足工期要求,因此T形梁预制场可以设置在大桥一岸接线,则:

(1)预制场龙门架:按40m梁吊装重量计算,龙门架应配备2套(即预制1套,存梁1套),重量参考预算定额的参考重量按跨径20m、高9m计算,即$29.7×2=59.4(t)$。设备使用期按安装、拆除1个月,使用9个月共10个月计算,金属设备租赁费用150元/(吨·月)。

(2)双导梁架桥机:按40m梁吊装重量计算,全桥配备1套,重量参考预算定额的参考重量165t计算,设备使用期按安装、拆除2个月,使用8个月共10个月计算,金属设备租赁费用150元/(吨·月)。

3. 临时轨道工程量计算

根据施工组织设计安排,考虑到运输的方便,预制场与桥头直接相连,在路基上的临时轨道长度约按550m计算;在桥上运梁临时轨道等于桥梁总长,即1280m,架桥机的行走临时轨道一般为两孔桥梁的长度,即$40×2×2=160(m)$,因此在桥梁上的临时轨道长度应为1280+

160 = 1440(m),按 1450m 计算。

4. T 形梁运距计算

30m T 梁运输的平均运距:

$$\frac{\left(\frac{20\times30}{2}\right)\times20+\left(20\times30+7\times40+\frac{13\times30}{2}\right)\times13}{20+13}=605(\text{m})$$

30m T 梁运输的平均运距按 600m 计算。

40m T 梁运输的平均运距:$20\times30+7\times40\div2=740(\text{m})$,按 750m 计算。

30m T 梁单片梁的重量:$7923\div396\times2.60=52.02(\text{t})$。

40m T 梁单片梁的重量:$2529\div84\times2.60=78.28(\text{t})$。

5. 预应力钢绞线束数量的计算

$2760\div2\div253.831=5.437(束/\text{t})$

$686\div2\div92.818=3.695(束/\text{t})$

因此,本工程的报价原始数据表见表 2-39。

桥梁工程上部构造有关清单子目的报价原始数据表 表 2-39

清单子目或定额子目编号	清单子目或定额子目名称	单位	数量	定额调整或系数
403-3	上部结构钢筋			
-a	光圆钢筋(Ⅰ级)	kg	810836	
(4-7-14-3)	预制预应力 T 形梁光圆钢筋	1t	810.836	光圆:1.025;带肋:0
-b	带肋钢筋(HRB355、HRB400)	kg	1357684	
(4-7-14-3)	预制预应力 T 形梁带肋钢筋	1t	1357.684	光圆:0;带肋:1.025
411-5	后张法预应力钢绞线			
-a	T 形梁预应力钢绞线	kg	40424	
(4-7-20-29)+(5.437-3.82)×(4-7-20-30)	预应力钢绞线每 t 5.437 束,40m 内	1t	253.831	7 孔锚具→8 孔
(4-7-20-29)+(3.695-3.82)×(4-7-20-30)	预应力钢绞线每 t 3.695 束,40m 内	1t	92.818	7 孔锚具→6 孔
411-8	预制预应力混凝土上部结构			
-a	预制 C50 预应力混凝土 T 梁	m³	10452	
(4-7-14-2)	T 形梁预制,泵送混凝土	10m³	1045.2	
(4-11-9-1)	T 形梁预制底座	10m²	96.72	
(4-11-11-7)	40m³ 内混凝土搅拌站安拆	1 座	0.3	按本清单子目集中拌和损耗混凝土占该拌和站供应比例分摊
(4-11-11-11)	40m³ 内混凝土搅拌站拌和混凝土	10m³	1045.2	定额×1.03
(4-11-11-20)	6m³ 内混凝土搅拌混凝土运输车运输混凝土 1km	10m³	1045.2	定额×1.03
(4-8-2-5)	30mT 形梁运输出坑堆放	10m³	792.3	

续上表

清单子目或定额子目编号	清单子目或定额子目名称		单位	数量	定额调整或系数
(4-8-2-6)	40mT形梁运输出坑堆放		10m³	252.9	
(4-7-31-4)	预制场龙门架金属结构吊装设备		10t	5.94	每吨每月150元设备摊销费,150×10×10=15000（元/10t金属设备）
(4-8-2-5)	30mT形梁运输	第一个50m	10m³	792.3	
(4-8-2-14)		每增运50m	10m³	792.3	定额×11
(4-8-2-6)	40mT形梁运输	第一个50m	10m³	252.9	
(4-8-2-15)		每增运50m	10m³	252.9	定额×14
(4-7-14-7)	T形梁安装		10m³	1045.2	
(4-7-31-2)	双导梁架桥机金属结构吊装设备		10t	16.5	每吨每月150元设备摊销费,150×10×10=15000（元/10t金属设备）
(7-1-4-3)	临时轨道	路基上	100m	5.5	
(7-1-4-4)		桥面上	100m	14.0	

（九）关于自采材料和自办运输

【例 2-33】 某公路工程所用片石和构造物所用碎石为自采材料、自办运输。其中片石为路基开炸石方捡清片石;碎石为利用电动碎石机将捡清片石加工成相应粒径筛分碎石;再将碎石用1t机动翻斗车平均运300m输送到混凝土搅拌机所在地点。场外运输损耗计列,采购保管费不列。

定额工日与机械工日单价50元/工日;柴油单价6.0元/kg,电单价1.00元/kW·h,水单价1.00元/m³。1t机动翻斗车台班车船使用税为5.00元。

试列表计算片石和碎石(2.0cm、4.0cm)的料场价格、自办运输运杂费及材料预算价格。

解 （1）表2-40为"自采材料料场价格计算表"。

（2）表2-41为"材料预算单价计算表"。

（3）表2-42为"机械台班单价分析表"。

自采材料料场价格计算表（10表）　　　　　　　　　表 2-40

序号	定额号	材料规格名称	单位	料场价格（元）	人工（工日） 50元/工日		辅助生产间接费（元）（占人工费5%）	250×150mm 电动碎石机 131.74元/台班		400×250mm 电动碎石机 188.58元/台班		滚筒式筛分机 175.68元/台班		开采片石 14.54元/m³	
					定额	金额		定额	金额	定额	金额	定额	金额	定额	金额
392	(8-1-9-12)	碎石(2cm)	m³	62.50	0.483	24.15	1.21	0.0649	8.55			0.066	11.59	1.169	17.00
393	(8-1-9-14)	碎石(4cm)	m³	52.90	0.45	22.5	1.13			0.0342	6.45	0.0348	6.11	1.149	16.71
8931	(8-1-6-3)	开采片石	m³	14.54	0.277	13.85	0.69								

材料预算单价计算表(09 表)　　　　　　　　　　　　　　　　　　表 2-41

序号	规格名称	单位	原价（元）	运杂费					原价运费合计（元）	场外运输损耗		采购保管费		预算单价（元）
				供应地点	运输方式	毛重系数或单位毛重	运杂费构成说明或计算式	单位运费（元）		费率（%）	金额（元）	费率（%）	金额（元）	
392	碎石（2cm）	m³	62.50	自采石场	机动翻斗车运300m，人工装卸		[5.5×50×1.05+(3.43+0.35×2)×141.45]/100	8.73	71.23	1	0.71			71.94
393	碎石（4cm）	m³	52.90	同上	同上		[5.5×50×1.05+(3.43+0.35×2)×141.45]/100	8.73	61.63	1	0.62			62.25
8931	开采片石	m³	14.54				捡清路基石方片石		14.54					14.54

机械台班单价分析表(11 表)　　　　　　　　　　　　　　　　　　表 2-42

序号	定额号	机械规格名称	台班单价（元）	不变费用（元）		可变费用（元）						车船使用税	合计
				调整系数	1.00	人工	50.00	柴油	6.00	电	1.00		
				定额	调整值	定额	金额	定额	金额	定额	金额		
1	1756	250×150mm 电动碎石机	131.74	46.04	1.00	50.00				35.7	35.70		85.70
2	1757	400×250mm 电动碎石机	188.58	53.39	1.00	50.00				85.19	85.19		135.19
3	1775	滚筒式筛分机	175.68	102.3	1.00	50.00				23.38	23.38		73.38
4	1408	1t 以内机动翻斗车	141.45	32.45	1.00	50.00	9.00	54.00				5	109.00

七、公路预算定额小结

1. 确定工料机消耗的几种方法

（1）直接套单个定额。

（2）定额子目组合：如①自卸汽车配合挖掘机运输土方；②基层混合料或混凝土运输（距离调整）。

（3）定额抽换。

涉及到定额抽换的主要有以下情况：

①路基土方压实方与天然方之间的换算系数；

②路面基层混合料分层碾压（每1000m²增加人工3.0工日，平地机、拖拉机、压路机台班数量加倍）；

③基层混合料配合比调整;
④砂浆、混凝土、片石混凝土配合比调整;
⑤采用商品混凝土;
⑥混凝土露天养生改为蒸汽养生(每 $10m^3$ 混凝土扣减人工 1.5 工日和其他材料费 4 元);
⑦泵送混凝土水平泵送距离调整;
⑧钢筋定额调整;
⑨设备摊销费调整;
⑩桥涵拱盔、支架有效宽度调整;
⑪周转性材料定额调整(桥梁支架及桥涵拱盔、支架所用周转性材料达不到定额周转次数,可根据实际周转次数进行调整)等。

(4)补充定额(略)。

2. 定额运用步骤

(1)根据要求拆分计算"预算工程量"。

(2)根据拆分的分项工程量,查找定额手册目录,首先找到该工程量所在"定额项目表"的页码。

(3)根据分项工程量中施工对象(如土质类型)或施工手段(如机械型号)"对号入座",找到对应的定额子目。

(4)对照该分项工程量实际工程内容(如土方运距、混凝土强度等级等)与定额工作内容进行判断:

①直接套用单个定额;
②组合定额;
③抽换定额;
④补充定额。

以确定该分项工程的预算定额工料机消耗量。

3. 定额运用要点

(1)以单位工程预算中的分项工程(或工程量清单计价表中某清单子目)为编制单元,根据预算工程量计算规则、设计图纸、拟定的施工方案和预算定额项目划分情况(或工程量清单计量规则、招标图纸、投标施组和预算定额项目划分情况),找到分项工程(或清单子目)与定额子目的工作接口。

(2)使用定额前应仔细阅读总说明、章节说明及表后附注。

(3)当查定额时,首先要鉴别工程项目是属于哪类工程,以免盲目随意确定而在表中找不到栏目、无法计算或错误引用定额。如"汽车运土"与"汽车运输(构件)"就是如此,前者为路基工程,而后者为桥梁工程。

(4)找到相关定额时,应仔细核对定额工程内容与设计工程内容,看是否应对定额进行组合或抽换。

(5)使用时看清楚定额计量单位(应注意:工程量、定额、定额中的工料机消耗量和工料机单价中的单位要统一协调,如 $500m^3$ T形梁混凝土,定额单位 $10m^3$,定额中所用水泥单位是 t,砂石料单位是 m^3)。

(6)施工方法、措施、项目、工程量(含辅助工程量、临时工程量),应依据施工组织设计确定。

思考题

1. 公路工程施工图预算和工程量清单投标报价的计价依据分别是什么？有何异同？
2. 分析公路施工定额和预算定额各自的适用范围和二者之间的联系与区别。
3. 使用预算定额手册、确定工料机消耗量标准，主要有哪几种方法？
4. 某单位合格产品的材料净用量527kg，场外运输损耗率为6%，场内运输损耗率为3%，施工操作损耗率为2%，该产品的定额材料消耗量为多少千克？
5. 根据公路预算定额手册相关说明，判断下面说法是否正确。

(1) 路基工程中的耕地填前压实、清除表土后压实、软土地段填土下沉所增加的填方数量，应并入填方工程数量计算。

(2) 挖掘机挖装土方时，不管装车还是自挖自卸，都不用调整定额。

(3) 为了保证填方路基边缘的压实度，须加宽填筑，这部分为保证施工质量而增加的填方数量，完成后须刷坡和运走。因此，所发生的费用应摊入填方单价中，即所谓的计价不计量。

(4) 路面工程中以"m^2"为计量单位的定额，其压路机台班消耗量与路面厚度无关，编制概、预算时，无论路面结构厚度如何变化，均不得调整定额。

(5) 预算定额中，稳定土厂拌设备、沥青混合料拌和设备、混凝土集中拌和站的设备安装、拆除定额计量单位为1座，其定额工程内容均包括设备安拆、场地清理、平整、垫层、碾压等，编制预算时不用调整定额。

(6) 隧道工程预算定额中未包括的工程项目，如实际需要而采用其他章节工程定额时，应直接套用，不得乘以任何调整系数。

(7) 桥涵工程混凝土施工，如需采用必要的外掺剂时，编制工程造价时应另行计算其费用。

(8) 预算定额中钢筋工程量为钢筋设计质量，定额中已计入施工操作损耗。因此，施工中钢筋接长，不论施工情况如何，所需搭接长度的数量，均不得另行计算。

(9) 开挖基坑预算定额中已综合了基底夯实、基坑回填、检平石质基底及湿处挖边沟、挖集水井、排水等作业用工，编制预算时，不得另行计算。但挖基定额未包括水泵台班，需根据有关规定另行计算基坑水泵台班消耗。

(10) 沉井下沉定额的工程量（计价工程量）按沉井刃脚外缘所包围的面积乘沉井刃脚下沉入土深度计算，沉井下沉按土石所在的不同深度分别采用不同下沉深度的定额。而灌注桩和基坑开挖时，对在同一孔（坑）内造孔（开挖）的不同深度，均执行该孔（坑）的全深度定额。

(11) 钻孔灌注桩混凝土的工程量按设计桩径断面积乘以设计桩长计算，其定额中已包含扩孔因素，但未包括凿桩头的工料机消耗，须另行计算。

(12) 桥涵上部构造定额中不管采用砌筑工程还是现浇混凝土工程，均未包括拱盔和支架工程，编制造价时，需根据需要另行计算。

(13) 在确定钢绞线预算工程数量时，预应力钢绞线、预应力粗钢筋及配氟氏锚的预应力高强钢丝的工程量为锚固长度的理论质量，不包括工作长度的质量。

(14) 预算定额中安装预制构件项目，均已综合了吊装工具或吊装设备的摊销费用，编制施工图预算时，不得另行计算。

(15) 在使用稳定土厂拌设备、沥青混合料拌和设备、混凝土集中拌和站等大型机械设备拌和路面基层、面层混合料或混凝土中，由于其机械台班单价中的不变费用中已经计算了"安拆及辅助设施费",因此,不必再计算设备安拆费用。

6.某公路隧道洞门挂贴花岗岩工程,定额测定资料如下:
(1)完成每平方米挂贴花岗岩的基本工作时间为5.0h。
(2)辅助工作时间、准备与结束工作时间、不可避免中断时间和休息时间分别占工作延续时间的比例为:3%、2%、4%和16%,人工幅度差为10%。
(3)每挂贴100m^2花岗岩需消耗水泥砂浆6.00m^3,600×600花岗岩板102m^2,白水泥15kg,水2.00m^3。
(4)每挂贴100m^2花岗岩需200L砂浆搅拌机0.95台班。
(5)该地区人工工日单价:50.0元/工日;水泥砂浆预算价格150元/m^3;花岗岩预算价格300元/m^3;白水泥预算价格0.50元/kg;水预算价格1.00元/m^3。
(6)200L砂浆搅拌机每台班的不变费用10.0元/台班,机械作业1.0工日,电13.0kW·h;电价1.0元/kW·h。

问题:(1)确定每挂贴1m^2花岗岩的人工时间定额是多少?
(2)机械台班单价是多少?
(3)确定该分项工程的预算定额单价是多少?
(4)若设计变更为进口印度花岗岩,若该花岗岩单价500元/m^2,换算后的新定额单价是多少?

7.某一级公路路基设计土石方数量如下表:

挖方(m^3)				填方(m^3)
松土	普通土	硬土	次坚石	
33300	105000	4500	29400	30000

已知:本项目路线长度30km,路基宽度8.5m,挖方、填方路段长度各占一半,全部挖方可利用作路基填方,其中土方平均运距为200m、石方平均运距60m。如需借方时,其平均运距1300m(普通土)。假设路基平均占地宽度12m,填前压实沉降厚度0.1m,土的压实干密度1.4t/m^3,自然状态土的含水量约低于其最佳含水率2%,水的平均运距为1km。

问题:(1)计算本项目路基断面方、挖方、填方、利用方、借方和弃方的数量。
(2)列出编制本项目土石方工程施工图预算所需的全部工程细目名称、单位、定额代号和工程数量等内容,并填入表格中,需要时应列式计算。

8.某桥梁工程采用装配式上部构造,桥梁全长520m,跨径为40m,每孔设置7片梁,每片梁的预制周期为10天。根据施工组织设计的安排,要求混凝土预制构件施工在8个月内完成。

问题:(1)请问该桥梁工程应设置多少个构件预制底座?
(2)如果因施工场地的限制,只能设置2个构件预制底座,那么在施工组织设计中需安排多长时间的预制时间?

第三章 公路工程造价构成

第一节 公路工程造价构成概述

一、我国现行投资构成和工程造价的构成

建设项目总投资是为完成工程项目建设并达到使用要求或生产条件,在建设期内预计或实际投入的全部费用总和,生产性建设项目投资由固定资产投资和流动资产投资两部分组成。固定资产投资包括建设投资和建设期利息两部分,其中建设投资包括设备及工器具购置费、建筑安装工程费用、工程建设其他费用、预备费。建设项目总投资中的固定资产投资与建设项目的工程造价在量上相等。工程造价是按照确定的建设内容、建设规模、建设标准、功能要求和使用要求等将工程项目全部建成并验收合格交付使用,在建设期预计或实际支出的建设费用。

建筑安装工程费用是指建筑物的建造费用、需要安装设备的安置和装配费用,以及相关的工程费用,包括临时工程、设施和施工管理所发生的全部费用。也就是支付给施工企业的全部费用。

设备和工器具购置费用是指按照设计文件要求配置的达到固定资产标准的设备和首套工器具及生产家具的购置费用。

工程建设其他费用是指上述两项费用以外,建设项目必须支付的其他费用,主要包括三个部分:建设用地费、与项目建设有关的其他费用、与未来生产经营有关的其他费用。具体的构成内容如图 3-1 所示。

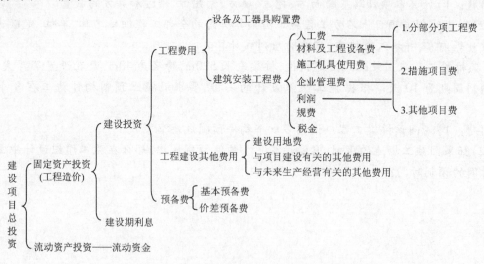

图 3-1 我国现行建设项目总投资及工程造价的构成

二、公路工程造价总体构成

公路工程造价是指建设一条公路或一座独立大桥或隧道,使其达到设计要求所花费的全部费用。公路工程属生产性建设项目,其造价由建筑安装工程费、设备及工器具购置费、工程建设其他费用和预备费四大部分组成。根据《公路工程基本建设项目概算预算编制办法》(JTG B06—2007)(以下简称"概预算编制办法")的规定,我国现行公路建设项目工程造价构成如图3-2所示。

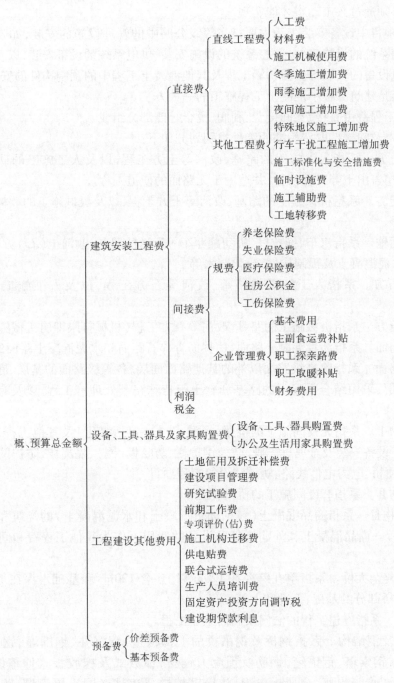

图 3-2 公路建设项目工程造价构成

第二节　公路工程建筑安装工程费用构成

一、概述

建筑安装工程费指建筑物的建造费用和设备安装费用两部分。前者又常称为土建工程，是建筑业按照预定的建设目的直接完成的施工生产成果，是一种创造价值和转移价值的施工生产活动，它必须通过兴工动料才能实现。

公路建设项目中设备安装工程主要指高等级公路中的管理设施的安装，如收费站的收费设施安装、通信系统的设施安装、监控系统的设施安装、供电系统的设备安装，以及某些隧道的通风设备、供电设备的安装等。但桥涵工程及其他混凝土工程中的预制构件的安装，不属于设备安装工程，而是建筑工程中混凝土工程施工的一种方法。

建筑安装工程费由直接费、间接费、利润、税金等四部分组成。

其他工程费及间接费取费标准的工程类别划分如下：

(1) 人工土方。系指人工施工的路基、改河等土方工程，以及人工施工的砍树、挖根、除草、平整场地、挖盖山土等工程项目，并适用于无路面的便道工程。

(2) 机械土方。系指机械施工的路基、改河等土方工程，以及机械施工的砍树、挖根、除草等工程项目。

(3) 汽车运输。系指汽车、拖拉机、机动翻斗车等运送的路基、改河土(石)方、路面基层和面层混合料、水泥混凝土及预制构件、绿化苗木等。

(4) 人工石方。系指人工施工的路基、改河等石方工程，以及人工施工的挖盖山石项目。

(5) 机械石方。系指机械施工的路基、改河等石方工程(机械打眼即属机械施工)。

(6) 高级路面。系指沥青混凝土路面、厂拌沥青碎石路面和水泥混凝土路面的面层。

(7) 其他路面。系指除高级路面以外的其他路面面层，各等级路面的基层、底基层、垫层、透层、黏层、封层，采用结合料稳定的路基和软土等特殊路基处理等工程，以及有路面的便道工程。

(8) 构造物Ⅰ。系指无夜间施工的桥梁、涵洞、防护(包括绿化)及其他工程，交通工程及沿线设施工程[设备安装及金属标志牌、防撞钢护栏、防眩板(网)、隔离栅、防护网除外]，以及临时工程中的便桥、电力电信线路、轨道铺设等工程项目。

(9) 构造物Ⅱ。系指有夜间施工的桥梁工程。

(10) 构造物Ⅲ。系指商品混凝土(包括沥青混凝土和水泥混凝土)的浇筑和外购构件及设备的安装工程。商品混凝土和外购构件及设备的费用不作为其他工程费和间接费的计算基数。

(11) 技术复杂大桥。系指单孔跨径在120m以上(含120m)和基础水深在10m以上(含10m)的大桥主桥部分的基础、下部和上部工程。

(12) 隧道。系指隧道工程的洞门及洞内土建工程。

(13) 钢材及钢结构。系指钢桥及钢吊桥的上部构造，钢沉井、钢围堰、钢套箱及钢护筒等基础工程，钢索塔、钢锚箱，钢筋及预应力钢材，模数式及橡胶板式伸缩缝，钢盆式橡胶支座，四氟板式橡胶支座，金属标志牌、防撞钢护栏、防眩板(网)、隔离栅、防护网等工程项目。

购买路基填料的费用不作为其他工程费和间接费的计算基数。

二、直接费

直接费由直接工程费、其他工程费组成。

(一)直接工程费

直接工程费是指施工过程中耗费的构成工程实体和有助于工程形成的各项费用,包括人工费、材料费、施工机械使用费。

1. 人工费

人工费系指列入概、预算定额的直接从事建筑安装工程施工的生产工人开支的各项费用,包括以下内容:

(1)基本工资。系指发放给生产工人的基本工资、流动施工津贴和生产工人劳动保护费,以及为职工缴纳的养老、失业、医疗保险费和住房公积金等。

生产工人劳动保护费系指按国家有关部门规定标准发放的劳动保护用品的购置费及修理费,徒工服装补贴,防暑降温费,在有碍身体健康环境中施工的保健费用等。

(2)工资性补贴。系指按规定标准发放的物价补贴,煤、燃气补贴,交通补贴,住房补贴,地区津贴等。

(3)生产工人辅助工资。系指生产工人年有效施工天数以外非作业天数的工资,包括开会和执行必要的社会义务时间的工资,职工学习,培训期的工资,调动工作、探亲、休假期间的工资,因气候影响停工期的工资,女工哺乳期间的工资,病假在六个月以内的工资及产、婚、丧假期的工资。

(4)职工福利费。系指按国家规定标准计提的职工福利费。

人工费以概、预算定额人工工日数乘以每工日人工费计算。

人工费标准按照本地区公路建设项目的人工工资统计情况并结合工种组成、定额消耗、最低工资标准以及公路建设劳务市场情况进行综合分析确定,由各省、自治区、直辖市交通运输厅(局、委)审批并公布。

人工费单价仅作为编制概、预算的依据,不作为施工企业实发工资的依据。

2. 材料费

材料费系指施工过程中耗用的构成工程实体的原材料、辅助材料、构(配)件、零件、半成品、成品的用量和周转材料的摊销量,按工程所在地的材料预算价格计算的费用。

材料预算价格由材料原价、运杂费、场外运输损耗、采购及仓库保管费组成。

$$材料预算价格 = (材料原价 + 运杂费) \times (1 + 场外运输损耗率) \times (1 + 采购及仓库保管费率) - 包装品回收价值 \qquad (3-1)$$

(1)材料原价

各种材料原价按以下规定计算。

外购材料:国家或地方的工业产品,按工业产品出厂价格或供销部门的供应价格计算,并根据情况加计供销部门手续费和包装费。如供应情况、交货条件不明确时,可采用当地规定的价格计算。

地方性材料:地方性材料包括外购的砂、石材料等,按实际调查价格或当地主管部门规定的预算价格计算。

自采材料：自采的砂、石、黏土等材料，按定额中开采单价加辅助生产间接费和矿产资源税（如有）计算。

材料原价应按实计取。各省、自治区、直辖市公路（交通）工程造价（定额）管理站应通过调查，编制本地区的材料价格信息，供编制概、预算使用。

（2）运杂费

运杂费系指材料自供应地点至工地仓库（施工地点存放材料的地方）的运杂费用，包括装卸费、运费，如果发生，还应计囤存费及其他杂费（如过磅、标签、支撑加固、路桥通行等费用）。

运杂费计算：通过铁路、水路和公路运输部门运输的材料，按铁路、航运和当地交通运输部门规定的运价计算运费，见公式(3-2)。

$$单位运杂费 = 单位运费 + 单位装卸费 + 单位杂费$$
$$单位运费 = (运价率 \times 运距 + 吨次费) \times 单位毛重（或毛重系数或单位重）$$
$$单位装卸费 = 装卸费率 \times 单位毛重（或毛重系数或单位重） \tag{3-2}$$

式中：　运价率——运输每吨公里物资金额，按当地交通运输部门规定或市场调查价计列；

运距——由运料起点至运料终点间的里程（km）；

吨次费——因短途运输所增加的费用（元/t）；

装卸费率——装卸一次的费用，每倒换一次运输工具，装卸增加一次；

单位毛重——对于有包装及容器的材料，其单位毛重按下式计算：

$$单位毛重 = 单位重 \times 毛重系数$$

单位重——按《公路基本建设工程概算预算编制办法》（JTG B06—2007）附录十确定。

毛重系数、单位毛重——按表3-1确定。

材料毛重系数及单位毛重表　　　　　　　表3-1

材　料　名　称	单位	毛重系数	单位毛重
爆破材料	t	1.35	—
水泥、块状沥青	t	1.01	—
铁钉、铁件、焊条	t	1.10	—
液体沥青、液体燃料、水	t	桶装1.17，罐车装1.00	—
木料	m³	—	1.000t
草袋	个	—	0.004t

一种材料如有两个以上的供应点时，都应根据不同的运距、运量、运价采用加权平均的方法计算运费。不同运输方式下运杂费计算方法如图3-3所示。

由于预算定额中汽车运输台班已考虑工地便道特点，以及定额中已计入了"工地小搬运"项目，因此平均运距中汽车运输便道里程不得乘以调整系数，也不得在工地仓库或堆料场之外再加场内运距或二次倒运的运距。

有容器或包装的材料及长大轻浮材料，应按表3-1规定的毛重计算。桶装沥青、汽油、柴油按每吨摊销一个旧汽油桶计算包装费（不计回收）。

到底如何考虑单重、毛重系数或单位毛重，可参考表3-2。

单位重、毛重系数或单位毛重分析表　　　　　　　　　　　表 3-2

是否需包装或绑扎 \ 是否以 t 作为单位	是	否
是	用毛重系数(查表 3-1,如水泥)	用单位毛重(查表 3-1,如木料)
否	求出每吨运杂费即单位运杂费	用预算定额手册附录四"单位重",如中粗砂、碎石等

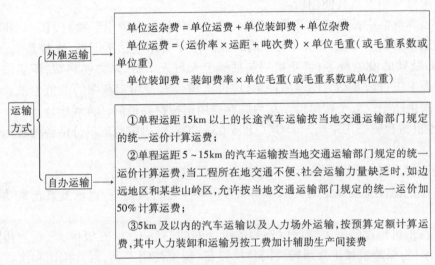

图 3-3　不同运输方式下运杂费计算方法

(3) 场外运输损耗

场外运输损耗系指有些材料在正常的运输过程中发生的损耗,这部分损耗应摊入材料单价内。材料场外运输损耗率见表 3-3。

材料场外运输操作损耗率表(%)　　　　　　　　　　　表 3-3

材　料　名　称		场外运输(包括一次装卸)	每增加一次装卸
块状沥青		0.5	0.2
石屑、碎砾石、砂砾、煤渣、工业废渣、煤		1.0	0.4
砖、瓦、桶装沥青、石灰、黏土		3.0	1.0
草皮		7.0	3.0
水泥(袋装、散装)		1.0	0.4
砂	一般地区	2.5	1.0
	多风地区	5.0	2.0

注：汽车运水泥如运距超过 500km 时,应增加损耗率,袋装为 0.5%。

(4) 采购及保管费

材料采购及保管费系指材料供应部门(包括工地仓库以及各级材料管理部门)在组织采购、供应和保管材料过程中,所需的各项费用及工地仓库的材料储存损耗。

材料采购及保管费,以材料的原价加运杂费及场外运输损耗的合计数为基数,乘以采购保管费率计算。材料的采购及保管费费率为2.5%。

外购的构件、成品及半成品的预算价格,其计算方法与材料相同,但构件(如外购的钢桁梁、钢筋混凝土构件及加工钢材等半成品)的采购保管费率为1%。

商品混凝土预算价格的计算方法与材料相同,但其采购保管费率为0。

3. 施工机械使用费

施工机械使用费系指列入概、预算定额的施工机械台班数量,按相应的机械台班费用定额计算的施工机械使用费和小型机具使用费。

施工机械台班预算价格应按原交通部颁布的《公路工程机械台班费用定额》(JTG/T B06-03—2007)计算,台班单价由不变费用和可变费用组成。不变费用包括折旧费、大修理费、经常修理费、安装拆卸及辅助设施费等;可变费用包括机上人员人工费、动力燃料费、车船使用税。可变费用中的人工工日数及动力燃料消耗量,应以机械台班费用定额中的数值为准。台班人工费工日单价同生产工人人工费单价。动力燃料费用则按材料费的计算规定计算。

根据《公路工程机械台班费用定额》(JTG/T B06-03—2007),机械台班单价中各种费用含义如下:

(1)折旧费:指机械设备在规定的使用期限内陆续收回其原值的费用。

(2)大修理费:指机械设备按规定的大修理间隔台班必须进行大修理,以恢复其正常功能所需的费用。

(3)经常修理费:指机械设备除大修理以外的各级保养(包括一、二、三级保养)及为排除临时故障所需的费用;为保障机械正常运转所需替换设备、随机使用工具、附具摊销和维护的费用;机械运转与日常保养所需的润滑油脂、擦拭材料(布及棉纱等)费用和机械在规定年工作台班以外的维修、保养费用等。

(4)安装拆卸及辅助设施费:指机械在施工现场进行安装、拆卸所需的人工费、材料费、机械费、试运转费以及安装所需的辅助设施费。辅助设施费包括安置机械的基础、底座及固定锚桩等项费用。打桩、钻孔机械在施工过程中的过墩、移位等所发生的安装及拆卸费包括在工程项目费之内,稳定土厂拌设备、沥青乳化设备、黑色粒料拌和机、沥青混合料拌和设备、混凝土搅拌站(楼)、塔式起重机的安装、拆卸以及拌和设备、混凝土搅拌站(楼)、大型发电机的混凝土基础、沉淀池、散热池等辅助设施和机械操作所需的轨道、工作台的设置费用,不在此项费用内,在工程项目中另行计算。

(5)人工费:指随机操作人员的工作日工资(包括基本工资、各类津贴、补贴、辅助工资、劳动保护费以及各类保险和住房公积金等)。

(6)动力燃料费:指机械在运转施工作业中所耗用的电力、固体燃料(煤、木柴)、液体燃料(汽油、柴油、重油)和水等。

(7)车船使用税:指按国家规定应缴纳的车船使用税等税费。

编制机械台班单价时,除青海、新疆、西藏等边远地区外,《公路工程机械台班费用定额》(JTG/T B06-03—2007)中的不变费用标准应直接采用。至于边远地区的维修工资、配件材料等价差较大而需调整不变费用时,可根据具体情况,由省、自治区交通运输厅制定系数并报交通运输部公路司备案后执行。对于可变费用,随机操作人员数及动力物资消耗量应以本定额中的数值为准。工资标准按现行的《公路工程基本建设项目概算预算编制办法》(JTG B06—2007)的规定执行,工程船舶和潜水设备的工日单价,按当地有关部门规定计算。动力燃料费用则按当地动力物资的工地预算价格计算。根据财政部等五部委联合下发的《关于公布取消公路养路费等涉及交通和车辆收费项目的通知》(财综〔2008〕84号)等文件,在机械使用费计算中取消公路工程机械台班养路费,保留台班车船使用税。车船使用税应根据各省、自治区、直辖市及国务院有关部门的规定标准,按机械的年工作台班计入台班费中。

车船使用税计算方法见式(3-3):

$$台班车船使用税 = \frac{车船使用税(元/吨·年) \times 使用税计量吨}{年工作台班数} \quad (3-3)$$

其他规定详见《公路工程机械台班费用定额》(JTG/T B06-03—2007)。

当工程用电为自行发电时,电动机械每 kW·h(度)电的单价可由下述近似公式计算:

$$A = 0.24K/N \quad (3-4)$$

式中:A——每 kW·h 电单价(元);
　　K——发电机组的台班单价(元);
　　N——发电机组的总功率(kW)。

施工机械台班单价可按下述公式分析:

$$机械台班单价 = 不变费用 \times 调整系数 + (司机定额工日数 \times 机械工工日单价 + 燃料动力定额消耗量 \times 燃料动力预算价格 + 台班车船使用税) \quad (3-5)$$

(二)其他工程费

其他工程费系指直接工程费以外施工过程中发生的直接用于工程的费用。内容包括冬季施工增加费、雨季施工增加费、夜间施工增加费、特殊地区施工增加费、行车干扰工程施工增加费、安全及文明施工措施费、临时设施费、施工辅助费、工地转移费等九项。公路工程中的水、电费及因场地狭小等特殊情况而发生的材料二次搬运等其他直接费已包括在概、预算定额中,不再另计。

1.冬季施工增加费

冬季施工增加费系指按照公路工程施工及验收规范所规定的冬季施工要求,为保证工程质量和安全生产所需采取的防寒保温设施、工效降低和机械作业率降低以及技术操作过程的改变等所增加的有关费用。

冬季施工增加费的内容包括:

(1)因冬季施工所需增加的一切人工、机械与材料的支出。

(2)施工机具所需修建的暖棚(包括拆、迁),增加油脂及其他保温设备费用。

(3)因施工组织设计确定,需增加的一切保温、加温及照明等有关支出。

(4)与冬季施工有关的其他各项费用,如清除工作地点的冰雪等费用。

冬季气温区的划分,是根据气象部门提供的满15年以上的气温资料确定的。每年秋冬第一次连续5天出现室外日平均温度在5℃以下,日最低温度在-3℃以下的第一天算起,至第二年春夏最后一次连续5天出现同样温度的最末一天为冬季期。冬季期内平均气温在-1℃以上者为冬一区,-1~-4℃者为冬二区,-4~-7℃者为冬三区,-7~-10℃者为冬四区,-10~-14℃者为冬五区,-14℃以下为冬六区。冬一区内平均气温低于0℃的连续天数在70天以内的为Ⅰ副区,70天以上的为Ⅱ副区,冬二区内平均气温低于0℃的连续天数在100天以内的为Ⅰ副区,100天以上的为Ⅱ副区。

气温高于冬一区,但砖石、混凝土工程施工须采取一定措施的地区为准冬季区,准冬季区分两个副区,简称准一区、准二区。凡一年内日最低气温在 0℃ 以下的天数多于 20 天,日平均气温在 0℃ 以下的天数少于 15 天的为准一区,多于 15 天的为准二区。

全国冬季施工气温区划分见本书附录 1。若当地气温资料与概预算编制办法中划定的冬季气温区划分有较大出入时,可按当地气温资料及上述划分标准确定工程据地的冬季气温区。

冬季施工增加费的计算方法,是根据各类工程的特点,规定各气温区的取费标准。为了简化计算手续,采用全年平均摊销的方法,不论是否在冬季施工,均按规定的取费标准计取冬季施工增加费。一条路线穿过两个以上的气温区时,可分段计算或按各区的工程比例求得全线的平均增加率,计算冬季施工增加费。

冬季施工增加费,以各类工程的直接工程费之和为基数,按工程所在地的气温区选用表 3-4 的费率计算。

冬季施工增加费费率表(%) 表 3-4

工程类别 \ 气温区	冬季期平均温度(℃)								准一区	准二区
	-1 以上		-1~-4		-4~-7	-7~-10	-10~-14	-14 以下		
	冬一区		冬二区		冬三区	冬四区	冬五区	冬六区		
	Ⅰ	Ⅱ	Ⅰ	Ⅱ						
人工土方	0.28	0.44	0.59	0.76	1.44	2.05	3.07	4.61	—	—
机械土方	0.43	0.67	0.93	1.17	2.21	3.14	4.71	7.07	—	—
汽车运输	0.08	0.12	0.17	0.21	0.40	0.56	0.84	1.27	—	—
人工石方	0.06	0.10	0.13	0.15	0.30	0.44	0.65	0.98	—	—
机械石方	0.08	0.13	0.18	0.21	0.42	0.61	0.91	1.37	—	—
高级路面	0.37	0.52	0.72	0.81	1.48	2.00	3.00	4.50	0.06	0.16
其他路面	0.11	0.20	0.29	0.37	0.62	0.80	1.20	1.80	—	—
构造物Ⅰ	0.34	0.49	0.66	0.75	1.36	1.84	2.76	4.14	0.06	0.15
构造物Ⅱ	0.42	0.60	0.81	0.92	1.67	2.27	3.40	5.10	0.08	0.19
构造物Ⅲ	0.83	1.18	1.60	1.81	3.29	4.46	6.69	10.03	0.15	0.37
技术复杂大桥	0.48	0.68	0.93	1.05	1.91	2.58	3.87	5.81	0.08	0.21
隧道	0.10	0.19	0.27	0.35	0.58	0.75	1.12	1.69	—	—
钢材及钢结构	0.02	0.05	0.07	0.09	0.15	0.19	0.29	0.43	—	—

2. 雨季施工增加费

雨季施工增加费系指雨季期间施工为保证工程质量和安全生产而增加的其他直接费。其内容包括防雨、排水、防潮和防护措施费,工效降低和机械作业率降低以及技术作业过程的改变等,所需增加的有关费用。

雨季施工增加费包括如下内容:

(1)因雨季施工所增加的工、料、机费用的支出,包括工作效率的降低及易被雨水冲毁的工程所增加的工作内容等(如基坑坍塌和排水沟等堵塞的清理、路基边坡冲沟的填补等)。

(2)路基土方工程的开挖和运输,因雨季施工(非土壤中水的影响)而引起的黏附工具,降低工效所增加的费用。

(3)因防止雨水必须采取的防护措施的费用,如挖临时排水沟,防止基坑坍塌所需的支撑、挡板等费用。

(4)材料因受潮、受湿的耗损费用。

(5)增加防雨、防潮设备的费用。

(6)其他有关雨季施工所需增加的费用,如因河水高涨致使工作困难而增加的费用等。

雨量区和雨季期的划分,是根据气象部门提供的满15年以上的降雨资料确定的。凡月平均降雨天数在10天以上,月平均日降雨量在3.5~5mm之间者为Ⅰ区,月平均日降雨量在5mm以上者为Ⅱ区。全国雨季施工雨量区及雨季期的划分见本书附录2。若当地气象资料与概预算编制办法中所划定的雨量区及雨季期出入较大时,可按当地气象资料及上述划分标准确定工程所在地的雨量区及雨季期。

雨季增加费的计算方法,是将全国划分为若干雨量区和雨季期,并根据各类工程的特点规定各雨量区和雨季期的取费标准,采用全年平均摊销的方法,即不论是否在雨季施工,均按规定的取费标准计取雨季施工增加费。

一条路线通过不同的雨量区和雨季期时,应分别计算雨季施工增加费或按工程量比例求得平均的增加率,计算全线雨季施工增加费。

雨季施工增加费,以各类工程的直接工程费之和为基数,按工程所在地的雨量区、雨季期选用表3-5的费率计算。

雨季施工增加费费率表(%) 表3-5

雨季期(月数) 雨量区 工程类别	1	1.5		2		2.5		3		3.5		4		4.5		5		6		7	8
	Ⅰ	Ⅰ	Ⅱ	Ⅰ	Ⅱ	Ⅰ	Ⅱ	Ⅰ	Ⅱ	Ⅰ	Ⅱ	Ⅰ	Ⅱ	Ⅰ	Ⅱ	Ⅰ	Ⅱ	Ⅰ	Ⅱ	Ⅱ	Ⅱ
人工土方	0.04	0.05	0.07	0.11	0.09	0.13	0.11	0.15	0.13	0.17	0.15	0.20	0.17	0.23	0.19	0.26	0.21	0.31	0.36	0.42
机械土方	0.04	0.05	0.07	0.11	0.09	0.13	0.11	0.15	0.13	0.17	0.15	0.20	0.17	0.23	0.19	0.27	0.22	0.32	0.37	0.43
汽车运输	0.04	0.05	0.07	0.11	0.09	0.13	0.11	0.16	0.13	0.18	0.15	0.22	0.17	0.25	0.19	0.27	0.22	0.32	0.37	0.43
人工石方	0.02	0.03	0.05	0.07	0.06	0.09	0.07	0.11	0.08	0.13	0.09	0.15	0.10	0.17	0.12	0.19	0.15	0.23	0.27	0.32
机械石方	0.03	0.04	0.06	0.10	0.08	0.12	0.10	0.14	0.12	0.16	0.14	0.19	0.16	0.22	0.18	0.25	0.20	0.29	0.34	0.39
高级路面	0.03	0.04	0.06	0.10	0.08	0.12	0.10	0.14	0.12	0.16	0.14	0.19	0.16	0.22	0.18	0.25	0.20	0.29	0.34	0.39
其他路面	0.03	0.04	0.06	0.09	0.08	0.12	0.09	0.14	0.10	0.16	0.12	0.18	0.14	0.21	0.16	0.24	0.19	0.28	0.32	0.37
构造物Ⅰ	0.03	0.04	0.05	0.08	0.06	0.09	0.07	0.11	0.08	0.13	0.10	0.15	0.12	0.17	0.14	0.19	0.16	0.23	0.27	0.31
构造物Ⅱ	0.03	0.04	0.05	0.08	0.07	0.10	0.08	0.12	0.09	0.14	0.11	0.16	0.13	0.18	0.15	0.21	0.17	0.25	0.30	0.34
构造物Ⅲ	0.06	0.08	0.11	0.17	0.14	0.21	0.17	0.24	0.20	0.30	0.23	0.35	0.27	0.40	0.31	0.45	0.35	0.52	0.60	0.69
技术复杂大桥	0.03	0.05	0.07	0.12	0.08	0.14	0.10	0.16	0.12	0.18	0.14	0.20	0.16	0.23	0.18	0.25	0.20	0.29	0.34	0.39
隧道	—	—	—	—	—	—	—	—	—	—	—	—	—	—	—	—	—	—	—	—
钢材及钢结构	—	—	—	—	—	—	—	—	—	—	—	—	—	—	—	—	—	—	—	—

3. 夜间施工增加费

夜间施工增加费系指根据设计、施工的技术要求和合理的施工进度要求,必须在夜间连续施工而发生的工效降低、夜班津贴以及有关照明设施(包括所需照明设施的安拆、摊销、维修及油燃料、电)等增加的费用。

夜间施工增加费按夜间施工工程项目(如桥梁工程项目包括上、下部构造全部工程)的直接工程费之和为基数,按表3-6的费率计算。

夜间施工增加费费率表(%) 表3-6

工程类别	费率	工程类别	费率
构造物Ⅱ	0.35	技术复杂大桥	0.35
构造物Ⅲ	0.70	钢材及钢结构	0.35

注:设备安装工程及金属标志牌、防撞钢护栏、防眩板(网)、隔离栅、防护网等不计夜间施工增加费。

4. 特殊地区施工增加费

特殊地区施工增加费包括高原地区施工增加费、风沙地区施工增加费和沿海地区施工增加费三项。

(1)高原地区施工增加费

高原地区施工增加费系指在海拔高度1500m以上地区施工,由于受气候、气压的影响,致使人工、机械效率降低而增加的费用。该费用以各类工程人工费和机械使用费之和为基数,按表3-7的费率计算。

高原地区施工增加费费率表(%) 表3-7

工程类别	海拔高度(m)							
	1501~2000	2001~2500	2501~3000	3001~3500	3501~4000	4001~4500	4501~5000	5000以上
人工土方	7.00	13.25	19.75	29.75	43.25	60.00	80.00	110.00
机械土方	6.56	12.60	18.66	25.60	36.05	49.08	64.72	83.80
汽车运输	6.50	12.50	18.50	25.00	35.00	47.50	62.50	80.00
人工石方	7.00	13.25	19.75	29.75	43.25	60.00	80.00	110.00
机械石方	6.71	12.82	19.03	27.01	38.50	52.80	69.92	92.72
高级路面	6.58	12.61	18.69	25.72	36.26	49.41	65.17	84.58
其他路面	6.73	12.84	19.07	27.15	38.74	53.17	70.44	93.60
构造物Ⅰ	6.87	13.06	19.44	28.56	41.18	56.86	75.61	102.47
构造物Ⅱ	6.77	12.90	19.17	27.54	39.41	54.18	71.85	96.03
构造物Ⅲ	6.73	12.85	19.08	27.19	38.81	53.27	70.57	93.84
技术复杂大桥	6.70	12.81	19.01	26.94	38.37	52.61	69.65	92.27
隧道	6.76	12.90	19.16	27.50	39.35	54.09	71.72	95.81
钢材及钢结构	6.78	12.92	19.20	27.66	39.62	54.50	72.30	96.80

(2)风沙地区施工增加费

风沙地区施工增加费系指在沙漠地区施工时,由于受风沙影响,按照施工及验收规范的要求,为保证工程质量和安全生产而增加的有关费用。内容包括防风、防沙及气候影响的措施费,材料费,人工、机械效率降低增加的费用,以及积沙、风蚀的清理修复等费用。

风沙地区的划分,根据《公路自然区划标准》、《沙漠地区公路建设成套技术研究报告》的公路自然区划和沙漠公路区划,结合风沙地区的气候状况将风沙地区分为三区九类:半干旱、半湿润沙地为风沙一区,干旱、极干旱寒冷沙漠地区为风沙二区,极干旱炎热沙漠地区为风沙三区;根据覆盖度(沙漠中植被、戈壁等覆盖程度)又将每区分为固定沙漠(覆盖度>50%)、半固定沙漠(覆盖度10%~50%)、流动沙漠(覆盖度<10%)三类,覆盖度由工程勘察设计人员在公路工程勘察设计时确定。

全国风沙地区公路施工区划见现行《公路工程基本建设项目概算预算编制办法》(JTG B06—2007)。若当地气象资料及自然特征与现行《公路工程基本建设项目概算预算编制办法》(JTG B06—2007)中的风沙地区划分有较大出入时,由工程所在省、自治区、直辖市公路(交通)工程造价(定额)管理站按当地气象资料和自然特征及上述划分标准确定工程所在地的风沙区划,并抄送交通运输部备案。

一条路线穿过两个以上(含两个)不同风沙区时,按路线长度经过的不同风沙区加权计算项目全线风沙地区施工增加费。

风沙地区施工增加费以各类工程的人工费和机械使用费之和为基数,根据工程所在地的风沙区划及类别,按表3-8的费率计算。

风沙地区施工增加费费率表　　　　　　　　表3-8

风沙区划 工程类别	风沙一区			风沙二区			风沙三区		
	沙 漠 类 型								
	固定	半固定	流动	固定	半固定	流动	固定	半固定	流动
人工土方	6.00	11.00	18.00	7.00	17.00	26.00	11.00	24.00	37.00
机械土方	4.00	7.00	12.00	5.00	11.00	17.00	7.00	15.00	24.00
汽车运输	4.00	8.00	13.00	5.00	12.00	18.00	8.00	17.00	26.00
人工石方	—	—	—	—	—	—	—	—	—
机械石方	—	—	—	—	—	—	—	—	—
高级路面	0.50	1.00	2.00	1.00	2.00	3.00	2.00	3.00	5.00
其他路面	2.00	4.00	7.00	3.00	7.00	10.00	4.00	10.00	15.00
构造物Ⅰ	4.00	7.00	12.00	5.00	11.00	17.00	7.00	16.00	24.00
构造物Ⅱ	—	—	—	—	—	—	—	—	—
构造物Ⅲ	—	—	—	—	—	—	—	—	—
技术复杂大桥	—	—	—	—	—	—	—	—	—
隧道	—	—	—	—	—	—	—	—	—
钢材及钢结构	1.00	2.00	4.00	1.00	3.00	5.00	2.00	5.00	7.00

(3)沿海地区施工增加费

沿海地区施工增加费系指工程项目在沿海地区施工受海风、海浪和潮汐的影响,致使人工、机械效率降低等所需增加的费用。本项费用,由沿海各省、自治区、直辖市交通厅(局)制定具体和适用范围(地区),并抄送交通运输部备案。

沿海地区工程施工增加费,以构造物Ⅱ、构造物Ⅲ、技术复杂大桥、钢材及钢结构四种工程类别的直接工程费之和为基数,计取费率按0.15%计算。

5.行车干扰工程施工增加费

行车干扰工程施工增加费系指由于边施工边维护通车,受行车干扰的影响,致使人工、机械效率降低而增加的费用。该费用以受行车影响部分的工程项目的人工费和机械使用费之和为基数,按表3-9的费率计算。

行车干扰工程施工增加费费率表(%) 表3-9

工程类别	施工期间平均每昼夜双向行车次数(汽车、畜力车合计)							
	51~100	101~500	501~1000	1001~2000	2001~3000	3001~4000	4001~5000	5000以上
人工土方	1.64	2.46	3.28	4.10	4.76	5.29	5.86	6.44
机械土方	1.39	2.19	3.00	3.89	4.51	5.02	5.56	6.11
汽车运输	1.36	2.09	2.85	3.75	4.35	4.84	5.36	5.89
人工石方	1.66	2.40	3.33	4.06	4.71	5.24	5.81	6.37
机械石方	1.16	1.71	2.38	3.19	3.70	4.12	4.56	5.01
高级路面	1.24	1.87	2.50	3.11	3.61	4.01	4.45	4.88
其他路面	1.17	1.77	2.36	2.94	3.41	3.79	4.20	4.62
构造物Ⅰ	0.94	1.41	1.89	2.36	2.74	3.04	3.37	3.71
构造物Ⅱ	0.95	1.43	1.90	2.37	2.75	3.06	3.39	3.72
构造物Ⅲ	0.95	1.42	1.90	2.37	2.75	3.05	3.38	3.72
技术复杂大桥	—	—	—	—	—	—	—	—
隧道	—	—	—	—	—	—	—	—
钢材及钢结构	—	—	—	—	—	—	—	—

6. 施工标准化与安全措施费

施工标准化与安全措施费系指工程施工期间为满足安全生产、施工标准化、规范化、精细化所发生的费用。该费用不包括施工期间为保证交通安全而设置的临时安全设施和标志、标牌的费用,需要时,应根据设计要求计算。该费用也不包括预制场、拌和站、临时便道、临时便桥的施工标准化费用,应根据施工组织标准化要求单独计算。施工标准化与安全措施费以各类工程的直接工程费之和为基数,按表3-10的费率计算。

施工标准化与安全措施费费率表(%) 表3-10

工程类别	费率	工程类别	费率
人工土方	0.70	构造物Ⅰ	0.85
机械土方	0.70	构造物Ⅱ	0.92
汽车运输	0.25	构造物Ⅲ	1.85
人工石方	0.70	技术复杂大桥	1.01
机械石方	0.70	隧道	0.86
高级路面	1.18	钢材及钢结构	0.63
其他路面	1.20		

7. 临时设施费

临时设施费系指施工企业为进行建筑安装工程施工所必需的生活和生产用的临时建筑物、构筑物和其他临时设施及其标准化的费用等,但不包括概、预算定额中的临时工程在内。

临时设施包括:临时生活及居住房屋(包括职工家属房屋及探亲房屋)、文化福利及公用房屋(如广播室、文体活动室等)和生产、办公房屋(如原材料、半成品、成品存放场及库房、加工厂、钢筋加工场、发电站、变电站、空压机站、停机棚等),工地范围内的各种临时的工作便道(包括汽车、畜力车、人力车道)、人行便道,工地临时用水、用电的水管支线和电线支线,临时构筑物(如水井、水塔等)以及其他小型临时设施。临时设施费用内容包括:临时设施的搭设、维修、拆除费或摊销费。

临时设施费以各类工程的直接工程费之和为基数,按表3-11的费率计算。

临时设施费费率表(%) 表3-11

工程类别	费率	工程类别	费率
人工土方	1.73	构造物Ⅰ	2.92
机械土方	1.56	构造物Ⅱ	3.45
汽车运输	1.01	构造物Ⅲ	6.39
人工石方	1.76	技术复杂大桥	3.21
机械石方	2.17	隧道	2.83
高级路面	2.11	钢材及钢结构	2.73
其他路面	2.06		

8. 施工辅助费

施工辅助费包括生产工具用具使用费、检验试验费和工程定位复测、工程点交、场地清理等费用。

生产工具用具使用费系指施工所需不属于固定资产的生产工具、检验、试验用具等的购置、摊销和维修费,以及支付给工人自备工具的补贴费。

检验试验费系指施工企业对建筑材料、构件和建筑安装工程进行一般鉴定、检查所发生的费用,包括自设试验室进行试验所耗用的材料和化学药品的费用,以及技术革新和研究试验费。但不包括新结构、新材料的试验费和建设单位要求对具有出厂合格证明的材料进行检验、对构件破坏性试验及其他特殊要求检验的费用。

施工辅助费以各类工程的直接工程费之和为基数,按表3-12的费率计算。

施工辅助费费率表(%) 表3-12

工程类别	费率	工程类别	费率
人工土方	0.89	构造物Ⅰ	1.30
机械土方	0.49	构造物Ⅱ	1.56
汽车运输	0.16	构造物Ⅲ	3.03
人工石方	0.85	技术复杂大桥	1.68
机械石方	0.46	隧道	1.23
高级路面	0.80	钢材及钢结构	0.56
其他路面	0.74		

9. 工地转移费

工地转移费系指施工企业根据建设任务的需要,由已竣工的工地或后方基地迁至新工地的搬迁费用,其包括以下内容:

(1)施工单位全体职工及随职工迁移的家属向新工地转移的车费、家具行李运费、途中住宿费、行程补助费、杂费及工资与工资附加费等;

(2)公物、工具、施工设备器材、施工机械的运杂费,以及外租机械的往返费及本工程内部各工地之间施工机械、设备、公物、工具的转移费等;

(3)非固定工人进退场及一条路线中各工地转移的费用。

工地转移费以各类工程的直接工程费之和为基数,按表3-13的费率计算。

工地转移费费率表(%) 表3-13

工程类别	工地转移距离(km)					
	50	100	300	500	1000	每增加100
人工土方	0.15	0.21	0.32	0.43	0.56	0.03
机械土方	0.50	0.67	1.05	1.37	1.82	0.08
汽车运输	0.31	0.40	0.62	0.82	1.07	0.05
人工石方	0.16	0.22	0.33	0.45	0.58	0.03
机械石方	0.36	0.43	0.74	0.97	1.28	0.06
高级路面	0.61	0.83	1.30	1.70	2.27	0.12
其他路面	0.56	0.75	1.18	1.54	2.06	0.10
构造物Ⅰ	0.56	0.75	1.18	1.54	2.06	0.11
构造物Ⅱ	0.66	0.89	1.40	1.83	2.45	0.13
构造物Ⅲ	1.31	1.77	2.77	3.62	4.85	0.25
技术复杂大桥	0.75	1.01	1.58	2.06	2.76	0.14
隧道	0.52	0.71	1.11	1.45	1.94	0.10
钢材及钢结构	0.72	0.97	1.51	1.97	2.64	0.13

转移距离以工程承包单位(如工程处、工程公司等)转移前后驻地距离或两路线中点的距离为准;编制概预算时,如施工单位不明确时,高速、一级公路及独立大桥、隧道按省会(自治区首府)至工地的里程,二级以下公路按地区(市、盟)至工地的里程计算工地转移费;工地转移里程数在表列里程之间时,费率可内插计算。工地转移距离在50km以内的工程不计取本项费用。

三、间接费

间接费由规费和企业管理费两项组成。

(一)规费

规费系指法律、法规、规程规定施工企业必须缴纳的费用(简称规费),包括:

(1)养老保险费,系指施工企业按规定标准为职工缴纳的基本养老保险。

(2)失业保险费,系指施工企业按国家规定标准为职工缴纳的失业保险费。

(3)医疗保险费,系指施工企业按规定标准为职工缴纳的基本医疗保险费和生育保险费。

(4)住房公积金,系指施工企业按规定标准为职工缴纳的住房公积金。

(5)工伤保险费,系指施工企业按规定标准为职工缴纳的工伤保险费。

各项规费以各类工程的人工费之和为基数,按国家或工程所在地法律、法规、规章、规程规定的标准计算。

(二)企业管理费

企业管理费由基本费用、主副食运费补贴、职工探亲路费、职工取暖补贴和财务费用五项组成。

1.基本费用

企业管理费系指施工企业为组织施工生产经营管理所需的费用,包括以下内容:

(1)管理人员工资,系指管理人员的基本工资、工资性补贴、职工福利费、劳动保护费以及缴纳的养老、失业、医疗、生育、工伤保险费和住房公积金等。

（2）办公费，系指企业办公文具、纸张、账表、印刷、邮电、书报、会议、水、电、烧水和集体取暖（包括现场临时宿舍取暖）用煤（气）等费用。

（3）差旅交通费，系指企业职工因公出差和工作调动（包括随行家属的旅费）的差旅费，住勤补助费，市内交通及误餐补助费，以及管理部门使用的交通工具的油料、燃料及牌照费。

（4）固定资产使用费，系指管理和试验部门及附属生产单位使用的属于固定资产的房屋、设备、仪器等折旧、大修、维修或租赁费等费用。

（5）工具用具使用费，系指管理使用的不属于固定资产的生产工具、器具、家具、交通工具和检验、试验、消防用具等的购置、维修和摊销费。

（6）劳动保险费，系指企业支付离退休职工的易地安家补助费、职工退职金、6个月以上产病假人员工资、职工死亡丧葬补助费、抚恤费，按规定支付给离休干部的各项经费。

（7）工会经费，系指企业按职工工资总额计提的工会经费。

（8）职工教育经费，系指企业为职工学习先进技术和提高文化水平按职工工资总额计提的费用。

（9）保险费，系指企业财产保险、管理用车辆等保险费用。

（10）工程保修费，系指工程竣工交付使用后，在规定保修期以内的修理费用。

（11）工程排污费，系指施工现场按规定缴纳的排污费用。

（12）税金，系指企业按规定缴纳的房产税、车船使用税、土地使用税、印花税等。

（13）其他，指上述项目以外的其他必要的费用支出，包括技术转让费、技术开发费、业务招待费、绿化费、广告费、投标费、公证费、定额测定费、法律顾问费、审计费、咨询费等。

基本费用以各类工程的直接费之和为基数按表3-14的费率计算。

基本费用费率表（%） 表3-14

工程类别	费率	工程类别	费率
人工土方	3.36	构造物Ⅰ	4.44
机械土方	3.26	构造物Ⅱ	5.53
汽车运输	1.44	构造物Ⅲ	9.79
人工石方	3.45	技术复杂大桥	4.72
机械石方	3.28	隧道	4.22
高级路面	1.91	钢材及钢结构	2.42
其他路面	3.28		

2. 主副食运费补贴

主副食运费补贴系指施工企业在远离城镇及乡村的野外施工购买生活必需品所需增加的费用。该费用以各类工程的直接费之和为基数，按表3-15的费率计算。

$$综合里程 = 粮食运距 \times 0.06 + 燃料运距 \times 0.09 + 蔬菜运距 \times 0.15 + 水运距 \times 0.70 \tag{3-6}$$

粮食、燃料、蔬菜、水的运距均为全线平均运距；综合里程数在表列里程之间时，费率可内插；综合里程在1km以内的工程不计取本项费用。

主副食运费补贴费费率表(%) 表3-15

工程类别	综合里程(km)											
	1	3	5	8	10	15	20	25	30	40	50	每增加10
人工土方	0.17	0.25	0.31	0.39	0.45	0.56	0.67	0.76	0.89	1.06	1.22	0.16
机械土方	0.13	0.19	0.24	0.30	0.35	0.43	0.52	0.59	0.69	0.81	0.95	0.13
汽车运输	0.14	0.20	0.25	0.32	0.37	0.45	0.55	0.62	0.73	0.86	1.00	0.14
人工石方	0.13	0.19	0.24	0.30	0.34	0.42	0.51	0.58	0.67	0.80	0.92	0.12
机械石方	0.12	0.18	0.22	0.28	0.33	0.41	0.49	0.55	0.65	0.76	0.89	0.12
高级路面	0.08	0.12	0.15	0.20	0.22	0.28	0.33	0.38	0.44	0.52	0.60	0.08
其他路面	0.09	0.12	0.15	0.20	0.22	0.28	0.33	0.38	0.44	0.52	0.61	0.09
构造物Ⅰ	0.13	0.18	0.23	0.28	0.32	0.40	0.49	0.55	0.65	0.76	0.89	0.12
构造物Ⅱ	0.14	0.20	0.25	0.30	0.35	0.43	0.52	0.60	0.70	0.83	0.96	0.13
构造物Ⅲ	0.25	0.36	0.45	0.55	0.64	0.79	0.96	1.09	1.28	1.51	1.76	0.24
技术复杂大桥	0.11	0.16	0.20	0.25	0.29	0.36	0.43	0.49	0.57	0.68	0.79	0.11
隧道	0.11	0.16	0.19	0.24	0.28	0.34	0.42	0.48	0.56	0.66	0.77	0.10
钢材及钢结构	0.11	0.16	0.20	0.26	0.30	0.37	0.44	0.50	0.59	0.69	0.80	0.11

3. 职工探亲路费

职工探亲路费系指按照有关规定施工企业职工在探亲期间发生的往返车船费、市内交通费和途中住宿费等费用。该费用以各类工程的直接费之和为基数,按表3-16的费率计算。

职工探亲路费费率表(%) 表3-16

工程类别	费率	工程类别	费率
人工土方	0.10	构造物Ⅰ	0.29
机械土方	0.22	构造物Ⅱ	0.34
汽车运输	0.14	构造物Ⅲ	0.55
人工石方	0.10	技术复杂大桥	0.20
机械石方	0.22	隧道	0.27
高级路面	0.14	钢材及钢结构	0.16
其他路面	0.16		

4. 职工取暖补贴费

职工取暖补贴费系指企业按规定发放给职工的冬季取暖费或在施工现场设置的临时取暖设施的费用。该费用以各类工程的直接费之和为基数,按工程所在地的气温区(见附录1)选用表3-17的费率计算。

职工取暖补贴费费率表(%)　　　　　　　　　　　　　　　表3-17

工程类别	综合里程(km)						
	准二区	冬一区	冬二区	冬三区	冬四区	冬五区	冬六区
人工土方	0.03	0.06	0.10	0.15	0.17	0.26	0.31
机械土方	0.06	0.13	0.22	0.33	0.44	0.55	0.66
汽车运输	0.06	0.12	0.21	0.31	0.41	0.51	0.62
人工石方	0.03	0.06	0.10	0.15	0.17	0.25	0.31
机械石方	0.05	0.11	0.17	0.26	0.35	0.44	0.53
高级路面	0.04	0.07	0.13	0.19	0.25	0.31	0.38
其他路面	0.04	0.07	0.12	0.18	0.24	0.30	0.36
构造物Ⅰ	0.06	0.12	0.19	0.28	0.36	0.46	0.56
构造物Ⅱ	0.06	0.13	0.20	0.30	0.41	0.51	0.62
构造物Ⅲ	0.11	0.23	0.37	0.56	0.74	0.93	1.03
技术复杂大桥	0.05	0.10	0.17	0.26	0.34	0.42	0.51
隧道	0.04	0.08	0.14	0.22	0.28	0.36	0.43
钢材及钢结构	0.04	0.07	0.12	0.19	0.25	0.31	0.37

5. 财务费用

财务费用系指企业为筹集资金而发生的各项费用,包括企业经营期间发生的短期贷款利息净支出、汇兑净损失、调剂外汇手续费、金融机构手续费,以及企业筹集资金发生的其他财务费用。财务费用以各类工程的直接费之和为基数,按表3-18的费率计算。

财务费用费率表(%)　　　　　　　　　　　　　　　表3-18

工程类别	费率	工程类别	费率
人工土方	0.23	构造物Ⅰ	0.37
机械土方	0.21	构造物Ⅱ	0.40
汽车运输	0.21	构造物Ⅲ	0.82
人工石方	0.22	技术复杂大桥	0.46
机械石方	0.20	隧道	0.39
高级路面	0.27	钢材及钢结构	0.48
其他路面	0.30		

(三)辅助生产间接费

辅助生产间接费系指由施工单位自行开采加工的砂、石等材料及施工单位自办的人工装卸和运输的间接费。

辅助生产间接费按人工费的5%计。该项费用并入材料预算单价内构成材料费,不直接出现在概预算中。

高原地区施工单位的辅助生产,可按其他工程费中高原地区施工增加费费率,以直接工程费为基数计算高原地区施工增加费(其中:人工采集、加工材料、人工装卸、运输材料按人工土方费率计算;机械采集、加工材料按机械石方费率计算;机械装、运输材料按汽车运输费率计算)。辅助生产高原地区施工增加费不作为辅助生产间接费的计算基数。

四、利润

利润系指施工企业完成所承包工程应取得的盈利。利润按直接费与间接费之和扣除规费的7%计算。

讨论:分析施工企业不同责任主体在创造项目利润的贡献。

当前,施工企业正进行管理层与作业层的两层分离。在施工企业中,实际上存在三个层次的责任主体:一是企业经营层,包括施工企业高层领导及经营(或市场开发)部门,主要从事于工程投标经营,组成企业的利润中心或经营中心的核心层;二是项目管理层,企业经理在企业范围内择优委托任命项目经理、副经理、三总师及其他高级管理人员,组成项目经理部,对外代表企业全面向业主负责项目实施及合同管理,对内向委托人(企业经理)负责,项目经理部是企业针对该项目的成本中心;三是由施工队、班组及工人组成的劳务作业层,负责施工项目中绝大多数直接成本的控制。

三个不同的责任主体在工程利润的创造中扮演不同的角色。企业经营层创造了经营利润,这种利润基本形成于招投标阶段,通过对工程项目的跟踪、投标报价、竞标及合同谈判,决定了合同初始价以及对工程调价、变更和索赔有深远影响的合同条款。由于建设市场竞争程度不同、企业生产能力利用率(承揽任务是否饱满)和技术及管理水平不同,导致中标的项目不一定都是直接的盈利项目,因此,经营利润可能为正,也可能为负。作为项目管理层,创造的是管理性利润,此利润是基于项目的责任成本(接近项目的个别成本价)与项目实际制造成本的差额计算出来的,必须是正的。劳务作业层创造的是作业利润,此利润是基于工程的定额直接成本与实际直接成本的差额计算出来,主要是通过工料机消耗量的节约,这种节约量是有限的,但也必须是正的。

三种利润可通过公式(3-7)、公式(3-8)和公式(3-9)表达:

$$经营性利润 = 中标价 - 项目个别成本价 \tag{3-7}$$

$$管理性利润 = 项目责任成本(接近项目个别成本价) - 项目实际制造成本 \tag{3-8}$$

$$作业性利润 = 定额直接成本 - 实际直接成本 \tag{3-9}$$

实际的项目利润是这三种利润的叠加,即公式(3-10):

$$实际项目利润 = 经营性利润 + 管理性利润 + 作业性利润 \tag{3-10}$$

五、税金

税金系指按国家税法规定应计入建筑安装工程造价内的营业税、城市维护建设税、教育费附加以及地方教育费附加,计算方法见式(3-11):

$$\begin{aligned} 税金 &= 含税建安造价 \times 3\% \times (1 + D + 3\% + 2\%) \\ &= (直接费 + 间接费 + 利润 + 税金) \times 3\% \times (1 + D + 3\% + 2\%) \\ &= 不含税建安造价 \times 综合税率 \\ &= (直接费 + 间接费 + 利润) \times 综合税率 \end{aligned} \tag{3-11}$$

式中:D——城市维护建设税税率,纳税地点在市区的企业,D取7%;纳税地点在县城、乡镇的企业,D取5%;纳税地点不在市区、县城、乡镇的企业,D取1%。

教育费附加和地方教育费附加目前分别按营业税的3%和2%征收。因而以不含税建安造价(税前造价)为基数的综合税率随企业纳税地点为城市、县或乡镇、其他而依次取3.48%、3.41%、3.28%。实行营业税改增值税的,按纳税地点现行税率计算。

第三节　公路工程设备及工具、器具购置费用的构成

一、设备购置费

设备购置费系指为满足公路的营运、管理、养护需要,购置的达到固定资产标准的设备和虽低于固定资产标准但属于设计明确列入设备清单的设备费用,包括渡口设备、隧道照明、消防、通风的动力设备,高等级公路的收费、监控、通信、供电设备,养护用的机械、设备和工具、器具等的购置费用。

设备购置费应由设计单位列出计划购置清单(包括设备的规格、型号、数量),以设备原价加上综合业务费和运杂费,按以下公式计算:

$$设备购置费 = 设备原价 + 运杂费(运输费 + 装卸费 + 搬运费) +$$
$$运输保险费 + 采购及保管费 \tag{3-12}$$

需要安装的设备,应在第一部分建安工程费的有关项目内另计设备的安装工程费。

设备与材料的划分标准见《公路工程基本建设项目概算预算编制办法》(JTG B06—2007)附录六。

1. 国产设备原价的构成及计算

国产设备的原价一般是指设备制造厂的交货价,即出厂价或订货合同价。它一般根据生产厂或供应商的询价、报价、合同价确定,或采用一定的方法计算确定。其内容包括按专业标准规定的在运输过程中不受损失的一般包装费,及按产品设计规定配带的工具、附件和易损失的费用。即:

$$设备原价 = 出厂价(或供货地点价) + 包装费 + 手续费 \tag{3-13}$$

2. 进口设备原价的构成及计算

进口设备的原价是指进口设备的抵岸价,即抵达买方边境港口或边境车站,且交完关税为止形成的价格,即:

$$进口设备的原价 = 货价 + 国际运费 + 运输保险费 + 银行财务费 + 外贸手续费 +$$
$$关税 + 增值税 + 消费税 + 商检费 + 检疫费 + 车辆购置附加费$$

(1) 货价:一般指装运港船上交货价(FOB,习惯称离岸价)。设备货价分为原币货价和人民币货价。原币货价一律折算为美元表示,人民币货价按原币货价乘以外汇市场美元兑换人民币的中间价确定。进口设备货价按有关生产厂商询价、报价、订货合同价计算。

(2) 国际运费:即从装运港(站)到达我国抵达港(站)的运费。即:

$$国际运费 = 原币货价(FOB价) \times 运费费率 \tag{3-14}$$

我国进口设备大多采用海洋运输,小部分采用铁路运输,个别采用航空运输。运费费率参照有关部门或进出口公司的规定执行,海运费费率一般为6%。

(3) 运输保险费:对外贸易货物运输保险是由保险人(保险公司)与被保险人(出口人或进口人)订立保险契约,在被保险人交付议定的保险费后,保险人根据保险契约的规定对货物在运输过程中发生的承保责任范围内的损失给予经济上的补偿。这是一种财产保险。计算公式为:

$$运输保险费 = [原币货价(FOB价) + 国际运费] \div (1 - 保险费费率) \times 保险费费率$$
$$\tag{3-15}$$

保险费费率应按保险公司规定的进口货物保险费费率计算,一般为 0.35%。

(4)银行财务费:一般指中国银行手续费。其可按下式简化计算:

$$银行财务费 = 人民币货币价(FOB 价) \times 银行财务费费率 \qquad (3-16)$$

银行财务费费率一般为 0.4%~0.5%。

(5)外贸手续费:指按规定计取的外贸手续费。其计算公式为:

$$外贸手续费 = [人民币货币价(FOB 价) + 国际运费 + 运输保险费] \times 外贸手续费费率 \qquad (3-17)$$

外贸手续费费率一般为 1%~1.5%。

(6)关税:指海关对进出国境或关境的货物和物品征收的一种税。其计算公式为:

$$关税 = [人民币货币价(FOB 价) + 国际运费 + 运输保险费] \times 进口关税税率 \qquad (3-18)$$

进口关税税率应按我国海关总署发布的进口关税税率计算。

(7)增值税:是对从事进口贸易的单位和个人,在进出商品报关进口后征收的税种。按《中华人民共和国增值税条例》的规定,进口应税产品均按组成计税价格和增值税税率直接计算应纳税额。即:

$$增值税 = [人民币货币价(FOB 价) + 国际运费 + 运输保险费 + 关税 + 消费税] \times \\ 增值税税率 \qquad (3-19)$$

增值税税率应根据规定的税率计算,目前进口设备适用的税率为 17%。

(8)消费税:对部分进口设备(如轿车、摩托车等)征收。其计算公式为:

$$应纳消费税额 = [人民币货币价(FOB 价) + 国际运费 + 运输保险费 + 关税] \div \\ (1 - 消费税税率) \times 消费税税率 \qquad (3-20)$$

消费税税率应根据规定的税率计算。

(9)商检费:指进口设备按规定付给商品检查部门的进口设备检验鉴定费。其计算公式为:

$$商检费 = [人民币货币价(FOB 价) + 国际运费 + 运输保险费] \times 商检费费率 \qquad (3-21)$$

商检费费率一般为 0.8%。

(10)检疫费:指进出口设备按规定付给商品检疫部门的进口设备检验鉴定费。其计算公式为:

$$检疫费 = [人民币货币价(FOB 价) + 国际运费 + 运输保险费] \times 检疫费费率 \qquad (3-22)$$

检疫费费率一般为 0.17%。

(11)车辆购置附加费:指进口车辆需缴纳的进口车辆购置附加费。其计算公式为:

$$车辆购置附加费 = [人民币货币价(FOB 价) + 国际运费 + 运输保险费 + 关税 + \\ 消费税 + 增值税] \times 进口车辆购置附加费费率 \qquad (3-23)$$

在计算进口设备原价时,应注意工程项目的性质,有无按国家有关规定减免进口环节税的可能。

3.设备运杂费的构成及计算

国产设备运杂费指由设备制造厂交货地点起至工地仓库(或施工组织设计指定的需要安装设备的堆放地点)止所发生的运费和装卸费;进口设备运杂费指由我国到岸港口或边境车站起至工地仓库(或施工组织设计指定的需要安装设备的堆放地点)止所发生的运费和装卸费。

其计算公式为:

$$运杂费 = 设备原价 \times 运杂费费率 \qquad (3-24)$$

设备运杂费费率见表 3-19。

设备运杂费费率见表(%) 表3-19

运输里程(km)	100以内	101~200	201~300	301~400	401~500	501~750	751~1000	1001~1250	1251~1500	1501~1750	1751~2000	2000以上每增250
费率(%)	0.8	0.9	1.0	1.1	1.2	1.5	1.7	2.0	2.2	2.4	2.6	0.2

4. 设备运输保险费的构成及计算

设备运输保险费指国内运输保险费。其计算公式为：

$$运输保险费 = 设备原价 \times 保险费费率 \qquad (3-25)$$

设备运输保险费费率一般为1%。

5. 设备采购及保管费的构成及计算

设备采购及保管费指采购、验收、保管和收发设备所发生的各种费用，包括设备采购人员、保管人员和管理人员的工资、工资附加费、办公费、差旅交通费，设备供应部门办公和仓库所占固定资产使用费、工具用具使用费、劳动保护费、检验试验费等。其计算公式为：

$$采购及保管费 = 设备原价 \times 采购及保管费费率$$

需要安装的设备的采购保管费费率为2.4%，不需要安装的设备的采购保管费费率为1.2%。

二、工具、器具及生产家具(简称工器具)购置费

工器具购置费系指建设项目交付使用后为满足初期正常营运必须购置的第一套不构成固定资产的设备、仪器、工卡模具、器具、工作台(框、架、柜)等的费用。该费用不包括构成固定资产的设备、工具、器具和备品、备件，及已列入设备购置费中的专用工具和备品、备件。

对于工器具购置，应由设计单位列出计划购置的清单(包括规格、型号、数量)，购置费的计算方法同设备购置费。

三、办公和生活用家具购置费

办公和生活用家具购置费系指为保证新建、改建项目初期正常生产、使用和管理所必须购置的办公和生活用家具、用具的费用。

范围包括：行政、生产部门的办公室、会议室、资料档案室、阅览室、单身宿舍及生活福利设施等的家具、用具。

办公和生活用家具购置费按表3-20的规定计算。

办公和生活用家具购置费标准 表3-20

工程所在地	路线(元/km)				有看桥房的独立大桥(元/座)	
	高速公路	一级公路	二级公路	三、四级公路	一般大桥	技术复杂大桥
内蒙古、黑龙江、青海、新疆、西藏	21500	15600	7800	4000	24000	60000
其他省、自治区、直辖市	17500	14600	5800	2900	19800	49000

注：改建工程按表列数80%计。

第四节 公路工程建设其他费用构成

工程建设其他费用，是指除建筑安装工程费用和设备、工具、器具及办公和生活用家具购

置费用以外的一些费用,根据国家有关规定应在基本建设投资中支付,并构成工程造价的一个组成部分。

根据《公路工程基本建设项目概算预算编制办法》(JTG B06—2007)的规定,公路工程建设其他费用包括土地征用及拆迁补偿费、建设项目管理费、研究试验费、建设项目前期工作费、专项评价(估)费、施工机构迁移费、供电贴费、联合试运转费、生产人员培训费、固定资产投资方向调节税、建设期投资贷款利息等费用。

一、土地征用及拆迁补偿费

土地征用及拆迁补偿费系指按照《中华人民共和国土地管理法》及《中华人民共和国土地管理法实施条例》、《中华人民共和国基本农田保护实施条例》等法律、法规的规定,为进行公路建设需征用土地所支付的土地征用及拆迁补偿费等费用。

1. 费用内容

(1)土地补偿费:指被征用土地地上、地下附着物及青苗补偿费,征用城市郊区的菜地等缴纳的菜地开发建设基金,租用土地费,耕地占用税,用地图编制费及勘界费,征地管理费等。

(2)征用耕地安置补助费:指征用耕地需要安置农业人口的补助费。

(3)拆迁补偿费:指被征用或占用土地上的房屋及附属构筑物、城市公用设施等拆除、迁建补偿费,拆迁管理费等。

(4)复耕费:指临时占用的耕地、鱼塘等,待工程竣工后将其恢复到原有标准所发生的费用。

(5)耕地开垦费:指公路建设项目占用耕地的,应由建设项目法人(业主)负责补充耕地所发生的费用;没有条件开垦或者开垦的耕地不符合要求的,应按规定缴纳的耕地开垦费。

(6)森林植被恢复费:指公路建设项目需要占用、征用或者临时占用林地的,经县级以上林业主管部门审核同意或批准,建设项目法人(业主)单位按照有关规定向县级以上林业主管部门预缴的森林植被恢复费。

2. 计算方法

土地征用及拆迁补偿费应根据审批单位批准的建设工程用地和临时用地面积及其附着物的情况,以及实际发生的费用项目,按国家有关规定及工程所在地的省(自治区、直辖市)人民政府颁发的有关规定和标准计算。

森林植被恢复费应根据审批单位批准的建设工程占用林地的类型及面积,按国家有关规定及工程所在地的省(自治区、直辖市)人民政府颁发的有关规定和标准计算。

当与原有的电力电信设施、水利工程、铁路及铁路设施互相干扰时,应与有关部门联系,商定合理的解决方案和补偿金额,也可由这些部门按规定编制费用以确定补偿金额。

二、建设项目管理费

建设项目管理费包括建设单位(业主)管理费、工程监理费、设计文件审查费和竣(交)工验收试验检测费。

(一)建设单位(业主)管理费

建设单位(业主)管理费系指建设单位(业主)为建设项目的立项、筹建、建设、竣(交)工验收、总结等工作所发生的管理费用,不包括应计入设备、材料预算价格的建设单位采购及保管设备、材料所需的费用。

费用内容包括:工作人员的工资、工资性补贴、施工现场津贴、社会保障费用(基本养老、基本医疗、失业、工伤保险)、住房公积金、职工福利费、工会经费、劳动保护费;办公费、会议费、差旅交通费、固定资产使用费(包括办公及生活房屋折旧、维修或租赁费,车辆折旧、维修、使用或租赁费,通信设备购置费、使用费,测量、试验设备仪器折旧、维修或租赁费,其他设备折旧、维修或租赁费等)、零星固定资产购置费、招募生产工人费;技术图书资料费、职工教育经费、工程招标费(不含招标文件及标底或造价控制值编制费);合同契约公证费、咨询费;建设单位的临时设施费、完工清理费、竣(交)工验收费(含其他行业或部门要求的竣工验收费)、各种税费(包括房产税、车、船使用税、印花税等);建设项目审计费、境内外融资费用(不含建设期贷款利息)、业务招待费、安全生产管理费和其他管理费用性质的开支。

由施工企业代建设单位(业主)办理"土地、青苗等补偿费"的工作人员所发生的费用,应在建设单位(业主)管理费项目中支付。当建设单位(业主)委托有资质的单位代理招标时,其代理费应在建设单位(业主)管理费中支出。

建设单位(业主)管理费以建筑安装工程费总额为基数,按表3-21的费率,以累进办法计算。

建设单位(业主)管理费率计算表　　　　表3-21

第一部分　建安工程费总额（万元）	费率（%）	算例（万元）	
		建安工程费	建设单位(业主)管理费
500以内	3.48	500	500×3.48% = 17.4
501~1000	2.73	1000	17.4 + 500×2.73% = 31.05
1001~5000	2.18	5000	31.05 + 4000×2.18% = 118.25
5001~10000	1.84	10000	118.25 + 5000×1.84% = 210.25
10001~30000	1.52	30000	210.25 + 20000×1.52% = 514.25
30001~50000	1.27	50000	514.25 + 20000×1.27% = 768.25
50001~100000	0.94	100000	768.25 + 50000×0.94% = 1238.25
100001~150000	0.76	150000	1238.25 + 50000×0.76% = 1618.25
150001~200000	0.59	200000	1618.25 + 50000×0.59% = 1913.25
200001~300000	0.43	300000	1913.25 + 10000×0.43% = 2343.25
300000以上	0.32	310000	2343.25 + 10000×0.32% = 2375.25

注:水深>15m、跨度≥400m的斜拉桥和跨度≥800m的悬索桥等独立特大型桥梁工程的建设单位(业主)管理费按表3-21中的费率乘以1.0~1.2的系数计算;海上工程指由于风浪影响,工程施工期(不包括封冻期)全年月平均工作日少于15天的工程的建设单位(业主)管理费按表3-21中的费率乘以1.0~1.3的系数计算。

(二)工程监理费

工程监理费系指建设单位(业主)委托具有公路工程监理资格的单位,按施工监理规范进行全面的监督与管理所发生的费用。

费用内容包括:工作人员的工资、工资性补贴、社会保障费用(基本养老、基本医疗、失业、工伤保险)、住房公积金、职工福利费、工会经费、劳动保护费;办公费、会议费、差旅交通费、固定资产使用费(包括办公及生活房屋折旧、维修或租赁费,车辆折旧、维修、使用或租赁费,通信设备购置费、使用费,测量、试验设备仪器折旧、维修或租赁费,其他设备折旧、维修或租赁费等)、零星固定资产购置费、招募生产工人费;技术图书资料费、职工教育经费、投标费用;合同契约公证费、咨询费、业务招待费;财务费用、监理单位的临时设施费、各种税费和其他管理性开支。

工程监理费以建筑安装工程费总额为基数,按表 3-22 的费率计算。

工程监理费费率表 表 3-22

工程类别	高速公路	一级及二级公路	三级及四级公路	桥梁及隧道
费率(%)	2.0	2.5	3.0	2.5

表 3-22 中的桥梁指水深大于 15m、斜拉桥和悬索桥等独立特大型桥梁工程;隧道指水下隧道工程。

建设单位(业主)管理费和工程监理费均为实施建设项目管理的费用,执行时根据建设单位(业主)和施工监理单位所实际承担的工作内容和工作量,在保证监理费用的前提下,可统筹使用。

(三)设计文件审查费

设计文件审查费系指国家和省级交通主管部门在项目审批前,为保证勘察设计工作的质量,组织有关专家或委托有资质的单位,对设计单位提交的建设项目可行性研究报告和勘察设计文件以及对设计变更、调整概算进行审查所需要的相关费用。

设计文件审查费以建筑安装工程费总额为基数,按 0.1% 计列。

(四)竣(交)工验收试验检测费

竣(交)工验收试验检测费系指在公路建设项目交工验收和竣工验收前,由建设单位(业主)或工程质量监督机构委托有资质的公路工程质量检测单位按照有关规定对建设项目的工程质量进行检测,并出具检测意见所需要的相关费用。

竣(交)工验收试验检测费按表 3-23 的规定计算。

竣(交)工验收试验检测费标准表 表 3-23

项 目	路线(元/公路公里)				独立大桥(元/座)	
	高速公路	一级公路	二级公路	三、四级公路	一般大桥	技术复杂大桥
试验检测费	15000	12000	10000	5000	30000	100000

注:关于竣(交)工验收试验检测费,高速公路、一级公路按四车道计算,二级以下等级公路按双车道计算,每增加一条车道,按表 3-23 的费用增加 10%。

三、研究试验费

研究试验费系指为本建设项目提供或验证设计数据、资料进行必要的研究试验和按照设计规定在施工过程中必须进行试验验证所需的费用,以及支付科技成果、先进技术的一次性技术转让费。不包括以下内容:

(1)应由科技三项费用(即新产品试制费、中间试验费和重要科学研究补助费)开支的项目。

(2)应由施工辅助费开支的施工企业对建筑材料、构件和建筑物进行一般鉴定、检查所发和的费用及技术革新研究试验费。

(3)应由勘察设计费或建筑安装工程费用中开支的项目。

计算方法:按照设计提出的研究试验内容和要求进行编制,不需验证设计基础资料的不计入本项费用。

四、建设项目前期工作费

建设项目前期工作费系指委托勘察设计、咨询单位对建设项目进行可行性研究、工程勘察设计,以及设计、监理、施工招标文件及招标或造价控制值文件时,按规定应支付的费用。该费用包括以下内容:

(1)编制项目建议书(或预可行性研究报告)、可行性研究报告、投资估算,以及相应的勘察、设计、专题研究等所需的费用。

(2)初步设计和施工图设计的勘察费(包括测量、水文调查、地质勘察等)、设计费、概(预)算及调整概算编制费等。

(3)设计、监理、施工招标文件及招标标底(或造价控制值或清单预算)文件编制费等。

计算方法:依据委托合同计列,或按国家颁布的收费标准和有关规定进行编制。

五、专项评价(估)费

专项评价(估)费系指依据国家法律、法规规定须进行评价(评估)、咨询,按规定应支付的费用。该费用包括环境影响评价费、水土保持评估费、地震安全性评价费、地质灾害危险性评价费、压覆重要矿床评估费、文物勘察费、通航论证费、行洪论证(评估)费、使用林地可行性研究报告编制费、用地预审报告编制费等费用。

计算方法:按国家颁发的收费标准和有关规定进行编制。

六、施工机构迁移费

施工机构迁移费系指施工机构根据建设任务的需要,经有关部门决定成建制地(指工程处等)由原驻地迁移到另一地区所发生的一次性搬迁费用。不包括以下内容:

(1)应由施工企业自行负担的,在规定距离范围内调动施工力量以及内部平衡施工力量所发生的迁移费用。

(2)由于违反基建程序,盲目调迁队伍所发生的迁移费。

(3)因中标而引起施工机构迁移所发生的迁移费。

费用内容包括:职工及随同家属的差旅费,调迁期间的工资,施工机械、设备、工具、用具和周转性材料的搬运费。

计算方法:施工机构迁移费应经建设项目的主管部门同意按实计算。但计算施工机构迁移费后,如迁移地点即新工地地点(如独立大桥),则其他工程费内的工地转移费应不再计算;如施工机构迁移地点至新工地地点尚有部分距离,则工地转移费的距离,应以施工机构新地点为计算起点。

七、供电贴费

供电贴费系指按照国家规定,建设项目应交付的供电工程贴费、施工临时用电贴费。

计算方法:按国家有关规定计列(目前停止征收)。

八、联合试运转费

联合试运转费系指新建、改(扩)建工程项目,在竣工验收前按照设计规定的工程质量标准,进行动(静)载荷载实验所需的费用,或进行整套设备带负荷联合试运转期间所需的全部费用抵扣试车期间收入的差额。该费用不包括应由设备安装工程项下开支的调试费的费用。

费用内容包括:联合试运转期间所需的材料、油燃料和动力的消耗,机械和检测设备使用费,工具用具和低值易耗品费,参加联合试运转人员工资及其他费用等。

联合试运转费以建筑安装工程费总额为基数,独立特大型桥梁按 0.075%、其他工程按 0.05% 计算。

九、生产人员培训费

系指新建、改(扩)建工程项目,为保证生产的正常运行,在工程竣工验收交付使用前对运营部门生产人员和管理人员进行培训所必需的费用。

费用内容包括:培训人员的工资、工资性补贴、职工福利费、差旅交通费、劳动保护费、培训及教学实习费等。

生产人员培训费按设计定员和 2000 元/人的标准计算。

十、固定资产投资方向调节税

固定资产投资方向调节税系指为了贯彻国家产业政策,控制投资规模,引导投资方向,调整投资结构,加强重点建设,促进国民经济持续稳定协调发展,依照《中华人民共和国固定资产投资方向调节税暂行条例》规定,公路建设项目应缴纳的固定资产投资方向调节税。

计算方法:按国家有关规定计算(目前暂停征收)。

十一、建设期贷款利息

建设期贷款利息系指建设项目中分年度使用国内贷款或国外贷款部分,在建设期内应归还的贷款利息。费用内容包括各种金融机构贷款、企业集资、建设债券和外汇贷款等利息。

计算方法:根据不同的资金来源按需付息的分年度投资计算。

计算公式如下:

建设期贷款利息 = ∑(上年末付息贷款本息累计 + 本年度付息贷款额 ÷ 2) × 年利率

(3-26)

即:

$$S = \sum_{i=1}^{N} [F_{n-1} + (b_n \div 2)] \times i$$

式中:S——建设期贷款利息(元);

N——项目建设期(年);

n——施工年度;

F_{n-1}——建设期第 $(n-1)$ 年末付息贷款本息累计(元);

b_n——建设期第 n 年度付息贷款额(元);

i——建设期贷款年利率(%)。

第五节　预备费及回收金额

一、预备费

为了对一些在工程开工之前不可能预见到而必须增加的工程和费用，以及建设期间可能发生的由于自然灾害、物价变动及国家政策调整对工程造价的影响作准备，在上述三部分费用之外，列有一项费用称为预备费。预备费由价差预备费及基本预备费两部分组成。在公路工程建设期限内，凡需动用预备费时，属于公路交通运输部门投资的项目，需经建设单位提出，按建设项目隶属关系，报交通运输部或交通运输厅（局、委）基建主管部门核定批准；属于其他部门投资的建设项目，按其隶属关系报有关部门核定批准。

（一）价差预备费

价差预备费系指设计文件编制年至工程竣工年期间，第一部分费用的人工费、材料费、机械使用费、其他工程费、间接费等以及第二、三部分费用由于政策、价格变化可能发生上浮而预留的费用及外资贷款汇率变动部分的费用。

(1)计算方法：价差预备费以概、预算或修正概算第一部分建筑安装工程费总额为基数，按设计文件编制年始至建设项目工程竣工年终的年数和年工程造价增涨率计算。

计算公式如下：

$$价差预备费 = P \times [(1+i)^{n-1} - 1] \tag{3-27}$$

式中：P——建筑安装工程费总额（元）；

　　　i——年工程造价增涨率（%）；

　　　n——设计文件编制年至建设项目开工年 + 建设项目建设期限（年）。

(2)年造价增涨率应按有关部门公布的工程投资价格指数计算，或由设计单位会同建设单位根据该工程人工费、材料费、施工机械使用费、其他工程费、间接费以及第二、三部分费用可能发生的上浮因素，以第一部分建安费为基数进行综合分析预测。

(3)设计文件编制至工程完工在一年以内的工程，不列此项费用。

（二）基本预备费

基本预备费系指经初步设计和概算中难以预料的工程和费用。其用途如下：

(1)在进行技术设计、施工图设计和施工过程中，在批准的初步设计和概算范围内所增加的工程和费用。

(2)在设备订货时，由于规格、型号改变的价差；材料货源变更、运输距离或方式的改变以及因规格不同而代换使用等原因发生的价差。

(3)由于一般自然灾害所造成的损失和预防自然灾害所采取的措施费用。

(4)在项目主管部门组织竣（交）工验收时，验收委员会（或小组）为鉴定工程质量必须开挖和修复隐蔽工程的费用。

(5)投保的工程根据工程特点和保险合同发生的工程保险费用。

计算方法：以第一、二、三部分费用之和（扣除固定资产投资方向调节税和建设期贷款利息两项费用）为基数按下列费率计算：设计概算按5%计列；修正概算按4%计列；施工图预算按3%计列；采用施工图预算按3%计列。

采用施工图预算加系数包干承包的工程，包干系数为施工图预算中直接费与间接费之和

的3%。施工图预算包干费用由施工单位包干使用。该包干费用的内容如下:

(1)在施工过程中,设计单位对分部分项工程修改设计而增加的费用。但不包括因水文地质条件变化造成的基础变更、结构变更、标准提高、工程规模改变而增加的费用。

(2)预算审定后,施工单位负责采购的材料由于货源变更、运输距离或方式的改变以及因规格不同而代换使用等原因发生的价差。

(3)由于一般自然灾害所造成的损失和预防自然灾害所采取的措施费用(例如一般防台风、防洪的费用)等。

二、回收金额

概、预算定额所列材料一般不计回收,只对按全部材料计价的一些临时工程项目和由于工程规模或工期限制达不到规定周转次数的拱盔、支架及施工金属设备的材料计算回收金额。回收率见表3-24。

回收金额计算表　　　　　　　　　表3-24

回收项目	使用年数或周转次数				算基数
	一年或一次	二年或二次	三年或三次	四年或四次	
临时电力电信线路	50%	30%	10%	—	材料原价
拱盔、支架	60%	45%	30%	15%	
施工金属设备	65%	65%	50%	30%	

注:施工金属设备指钢壳沉井、钢护筒等。

第六节　公路工程造价项目及文件组成

一、概、预算项目组成

概、预算项目应按项目表的序列及内容编制,如实际出现的工程和费用项目与项目表的内容不完全相符时,一、二、三部分和"项"的序号应保留不变,"目"、"节"可随需要增减,并按项目表的顺序以实际出现的"目"、"节"依次排列,不保留缺少的"目"、"节"序号。如第二部分,设备、工具、器具购置费在该项工程中不发生时,第三部分工程建设其他费用仍为第三部分。同样,路线工程第一部分第六项为隧道工程,第七项为公路设施及预埋管线工程,若路线中无隧道工程项目,但其序号仍保留,公路设施及预埋管线工程仍为第七项。但如"目"、"节"或"细目"发生这样的情况时,可依次递补改变序号。路线建设项目中的互通式立体交叉、辅道、支线,如工程规模较大时,也可按概、预算项目表单独编制建筑安装工程,然后将其概、预算建筑安装工程总金额列入路线的总概、预算表中相应的项目内。

概、预算项目主要包括以下内容:

第一部分　建筑安装工程费

　　第一项　临时工程

　　第二项　路基工程

　　第三项　路面工程

　　第四项　桥梁涵洞工程

　　第五项　交叉工程

　　　　第六项　隧道工程
　　　　第七项　公路设施及预埋管线工程
　　　　第八项　绿化及环境保护工程
　　　　第九项　管理、养护及服务房屋
　　第二部分　设备及工具、器具购置费
　　第三部分　工程建设其他费用

二、概、预算文件组成

概、预算文件由封面及目录，概、预算编制说明及全部概、预算计算表格组成。
（一）封面及目录
概、预算文件的封面和扉页应按《公路工程基本建设项目设计文件编制办法》中的规定制作，扉页应有建设项目名称、编制单位、编制、复核人员姓名并加盖执业（从业）资格印章，编制日期及第几册、共几册等内容。目录应按概、预算表的表号顺序编排。
（二）概、预算编制说明
概、预算编制完成后，应写出编制说明，文字力求简明扼要。一般应叙述以下内容：
（1）建设项目设计资料的依据及有关文号，如建设项目可行性研究报告批准文件号、初步设计和概算批准文号（编修正概算及预算时），以及根据何时的测设资料及比选方案进行编制的等。
（2）采用的定额、费用标准、人工、材料、机械台班单价的依据或来源，补充定额及编制依据的详细说明。
（3）与概、预算有关的委托书、协议书、会议纪要的主要内容（或将抄件附后）。
（4）总概、预算金额，人工、钢材、水泥、木料、沥青的总需要量情况，各设计方案的经济比较，以及编制中存在的问题。
（5）其他与概、预算有关但不能在表格中反映的事项。
（三）概、预算表格
公路工程概、预算应按统一的概、预算表格计算，其中概、预算相同的表式，在印制表格时，应将概算表与预算表分别印制。
（四）甲组文件与乙组文件
概、预算文件是设计文件的组成部分，按不同的需要分为两组，甲组文件为各项费用计算表，乙组文件为建筑安装工程费各项基础数据计算表（只供审批使用）。甲、乙组文件应按《公路工程基本建设项目设计文件编制办法》关于设计文件报送份数的要求，随设计文件一并报送。报送乙组文件时，还应提供"建筑安装工程费各项基础数据计算表"的电子文档和编制补充定额的详细资料，并随同概、预算文件一并报送。
乙组文件中的"建筑安装工程费计算数据表"（08-1表）和"分项工程概、预算表"（08-2表）应根据审批部门或建设项目业主单位的要求全部提供或仅提供其中的一种。
概、预算应按一个建设项目[如一条路线或一座独立大（中）桥、隧道]进行编制。当一个建设项目需要分段或分部编制时，应根据需要分别编制，但必须汇总编制"总概、预算汇总表"。
甲、乙组文件包括的内容如下：
甲组文件：
　　● 编制说明
　　● 总概、预算汇总表（01-1表）

- 总概、预算人工、主要材料、机械台班数量汇总表(02-1 表)
- 总概、预算(01 表)
- 人工、主要材料、机械台班数量汇总表(02 表)
- 建筑安装工程费计算表(03 表)
- 其他工程费及间接综合费率计算表(04 表)
- 设备、工具、器具购置费计算表(05 表)
- 工程建设其他费用及回收金额计算表(06 表)
- 人工、材料、机械台班单价汇总表(07 表)

乙组文件：
- 建筑安装工程费计算数据表(08-1 表)
- 分项工程概、预算表(08-2 表)
- 材料预算单价计算表(09 表)
- 自采材料料场价格计算表(10 表)
- 机械台班单价计算表(11 表)
- 辅助生产工、料、机械台班单位数量表(12 表)

三、概、预算表格数据传递流程

公路工程建设项目概算、预算应分别以《公路工程概算定额》(JTG/T B06-1—2007)、《公路工程预算定额》(JTG/T B06-2—2007)为依据。编制概、预算时应根据概、预算定额规定的各工程项目的人工、材料、机械台班消耗量和按本办法第三章规定的概、预算编制时根据工程所在地的人工费工日单价、材料预算单价和机械台班单价计算出各工程项目的工、料、机费用，并按本办法的规定计算各项费用。概、预算的材料、机械台班单价及各项费用的计算都应通过规定的表格反映。

各种表格的计算顺序和相互关系见图3-4。

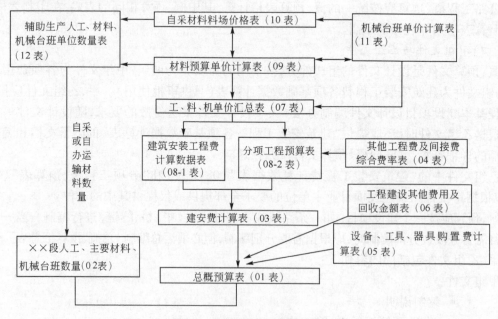

图 3-4 公路预算表格间数据传递

四、公路工程建设各项费用的计算程序及计算方式

公路工程建设各项费用的计算程序及计算方式见表3-25。

公路工程建设各项费用的计算程序及计算方式   表3-25

代号	项目	说明及计算式
(一)	直接工程费(即工、料、机费)	按编制年工程所在地的预算价格计算
(二)	其他工程费	(一)×其他工程费综合费率或各类工程人工费和机械费之和×其他工程费综合费率
(三)	直接费	(一)+(二)
(四)	间接费	各类工程人工费×规费综合费率+(三)×企业管理费综合费率
(五)	利润	[(三)+(四)-规费]×利润率
(六)	税金	[(三)+(四)+(五)]×综合税率
(七)	建筑安装工程费	(三)+(四)+(五)+(六)
(八)	设备、工具、器具购置费(包括备品备件)办公和生活家具购置费	∑(设备、工具、器具购置数量×单价+运杂费)×(1+采购保管费率),按有关定额计算
(九)	工程建设其他费用	
	土地征用及拆迁补偿费	按有关规定计算
	建设单位(业主)管理费	(七)×费率
	工程监理费	(七)×费率
	设计文件审查费	(七)×费率
	竣(交)工验收试验检测费	按有关规定计算
	研究试验费	按批准的计划编制
	建设项目前期工作费	按有关规定计算
	专项评价(估)费	按有关规定计算
	施工机构迁移费	据实计算
	供电贴费	停止征收
	联合试运转费	(七)×费率
	生产人员培训费	按有关规定计算
	固定资产投资方向调节税	暂停征收
	建设期贷款利息	按实际贷款数及利率计算
(十)	预备费	包括价差预备费和基本预备费两项
	价差预备费	按规定公式计算
	基本预备费	[(七)+(八)+(九)-固定资产投资方向调节税-建设期贷款利息]×利率
	预备费中施工图预算包干系数	[(三)+(四)]×费率
(十一)	建设项目总费用	(七)+(八)+(九)+(十)

思考题

1. 现行公路工程造价总体构成是怎样的,请画示意图表示。
2. 现行公路工程造价中,建筑安装工程费包括哪些费用,请画示意图表示。
3. 针对公路建筑安装工程造价的一组单项选择题。

(1) 下列( )应列入生产工人人工费内。
    A. 生产工人学习培训期间的工资   B. 管理人员的基本工资
    C. 管理人员的工资性补贴   D. 生产工人住房公积金

(2) 下列( )不应列入生产工人人工费内。
    A. 生产工人学习培训期间的工资   B. 生产工人的基本工资
    C. 生产工人的工资性补贴   D. 职工养老保险费

(3) 公路工程中材料预算价格是指( )。
    A. 出厂价格即原价
    B. 材料原价与运输费用之和
    C. 材料从其来源地到达工地仓库后的出库价格
    D. 材料供应合同价

(4) 某建筑材料原价为1450元/t,不需包装,运输费为37.28元/t,运输损耗费为14.87元/t,采购保管费费率为2.5%,则该材料的预算价格为( )。
    A. 1501.12   B. 1524.53
    C. 1539.70   D. 1538.40

(5) 在计算自采材料的预算价格中包括( )。
    A. 辅助生产间接费   B. 现场经费
    C. 其他直接费   D. 间接费

(6) 采用现行《公路工程机械台班费用定额》(JTG/T B06-03—2007)施工机械使用费计算中,( )不应列入。
    A. 施工机械进出场费和工地转移费
    B. 基本折旧费
    C. 司机人工费
    D. 车船使用税

(7) 按我国现行规定,公路工程各项费用的安全及文明施工措施费取费基数为( )。
    A. 定额基价   B. 直接工程费
    C. 人工费   D. 定额建筑安装工程费

(8) 按我国现行规定,公路工程其他工程费中的行车干扰工程增加费的取费基数是( )。
    A. 均以各类工程的定额直接费之和为基数
    B. 均以各类工程的直接工程费之和为基数
    C. 均以各类工程的人工费之和为基数
    D. 以受行车影响部分的工程项目的人工费和机械使用费之和为基数

(9) 根据设计要求,对桥梁的桩基础进行破坏性试验,以提供和验证设计数据,该过程支出的费用属于( )。
    A. 检验试验费   B. 研究试验费

C. 前期工作费　　　　　　　　D. 建设单位管理费

(10)承包商在施工过程中,根据施工质量检验评定标准,对进场水泥做的检验报告和浇筑的桥墩混凝土结构试块,其费用应计列在(　　)中。

A. 施工辅助费　　　　　　　　B. 研究试验费
C. 前期工作费　　　　　　　　D. 建设单位管理费

4. 根据现行公路或铁路预算定额和概预算编制办法有关规定,场内材料运输用工(或称工地小搬运)、超过定额基本运距的混凝土运输工作量、材料的场内运输及操作损耗、场外运输和仓储保管损耗、施工人员和设备在施工场地间转移各应分摊在工程造价的什么基本要素中(工程量、定额、单价还是费率中)？为什么？

5. 某公路工程采购的光圆钢筋的供应价格为2500元/t,运杂费0.8元/t·km,运距50km,运输途中发生的路桥通行费为60元/t,采购保管费率2.5%,则该材料预算价格是多少？

6. 公路工程机械台班费用定额中包含的机械种类都是什么？每台班中包含哪些费用？

7. 某工地有一台水泥混凝土拌和站,其动力依靠工地配备的柴油发电机组供应。假定当地柴油价格为5.00元/kg,人工工资单价为50.00元/工日,发电机组总功率300kW,拌和站和发电机组的基本情况如下表所示。

项目	机械名称	
	水泥混凝土拌和站	发电机组
折旧费(元/台班)	800	200
大修理费(元/台班)	150	90
经常修理费(元/台班)	250	200
安拆及辅助设施费(元/台班)	0	10
人工(工日/台班)	8	2
电(kW·h/台班)	700	—
柴油(kg/台班)	—	300

问题:计算水泥混凝土拌和站的机械台班预算单价。

第四章 公路工程工程量计算规则

第一节 公路工程造价中工程量计算的基本方法

一、工程量计算

(一)工程量的含义

工程量是以物理计量单位或自然计量单位所表示的建筑安装工程各个分项工程或结构构件的实物数量。

物理计量单位是指需要量度的具有物理性质的单位,如长度、面积、体积和质量的计量单位分别是米(m)、平方米(m^2)、立方米(m^3)、公斤(kg)、吨(t);自然计量单位是指不需要量度的具有自然属性的单位,如建筑成品或结构构件在自然状态下的简单点数所表示的个、条、块、座等单位,但需要明确该成品或结构构件的结构尺寸。

(二)工程量计算的含义

工程量计算是根据施工图、预算定额划分的项目及工程量计算规则,列出分部分项工程名称和工程量计算式,然后计算出其结果的过程。

工程量计算在造价确定与控制中主要包括以下三种情况:

一是,在造价确定中根据设计图纸、拟订的施工方案、建筑安装工程预算工程量计算规则、预算定额划分的项目计算出各实体工程和措施项目的分部分项工程数量,是确定施工数量和预算数量的依据。

二是,在单价合同条件下,根据设计图纸、工程量清单项目划分和工程量清单计量规则计算分部分项工程数量,是确定清单工程量或预期计量工程量的依据,其中的预期计量工程量是投标人分析计价工程细目综合单价的基础,而清单工程数量是计算该计价工程细目合价的基础,由于招标图纸设计不充分或工程量清单编制人工作疏漏,清单工程量和预期计量工程量可能并不一致。

三是,在工程施工过程中,根据现场"收方"的已完工程的内容,对照工程量清单项目划分和工程量清单计量规则,正式确定已完计量工程量的过程,是施工阶段计量支付工作的基础。

(三)工程量计算的意义

工程量计算是确定工程量清单、建筑安装工程直接工程费和编制标底或报价中清单计价细目综合单价及合价的重要依据,也是编制施工组织设计、安排施工进度、编制材料供应计划的重要依据,还是在施工阶段进行工程计量与支付、进行统计工作和实现经济核算的重要依据。

工程量计算工作是工程造价管理活动中的重要环节。一方面,工程量计算在整个工程造价的确定与控制过程中花费时间比较长,直接影响工程造价确定的及时性;另一方面,其准确与否直接影响到各个阶段工程造价计价的准确性。因此,要求工程造价人员具有高度的责任感,耐心细致地进行计算。

二、工程量计算依据

(1)设计图纸及设计说明书、相关图集、图纸答疑交底及会审记录等。
(2)经批准的设计变更资料。
(3)经审定的施工组织设计或施工方案。
(4)工程承包合同、招标文件中有关工程计量的合同条款。
(5)与之相对应的"工程量计算规则"。
(6)预算定额的分部分项项目划分。

三、工程量计算规则

在工程计量中所涉及的工程量计算规则主要有两种,一是预算工程量计算规则;二是工程量清单计量规则。

(一)预算工程量计算规则

预算工程量计算规则是确定工程施工数量和预算工程数量的依据,考虑建造过程中的施工措施、损耗及辅助工程量,其规则一般是推荐性的,非强制性的。如房屋建筑工程的预算工程量是依据《全国统一建筑工程预算工程量计算规则》(土建工程部分)(GJD GZ101—95)进行计算。公路工程没有专门的预算工程量计算规则,而是分散在预算定额手册的章节说明中,是在套用定额时确定定额数量的工作依据。

(二)工程量清单计量规则

工程量清单计量规则,是按照"净值、成品"的计算原则,根据设计图纸计量最终完成的工程数量的一种方法。该规则一般应统一,有一定强制性。如房屋建筑工程和市政工程的计量工程量应依据《建设工程工程量清单计价规范》(GB 50500—2013)来计算。国内公路工程的工程量清单计量规则目前是依据现行《公路工程标准施工招标文件》(2009年版)之"技术规范"中各分部分项工程的计量与支付规则。目前,湖南、广东、浙江、云南等省编制了公路工程工程量清单计量规则,该工程量清单计量规则由项目划分和编码、项目名称、项目特征、计量单位、工程量计算规则和各工程细目所包含的工程内容等构成,目前在各省辖区域范围内的二级及以上公路和大型桥梁、隧道等建设项目中采用,是编制工程量清单的依据。其他地区公路工程的工程量清单计量规则一般隐含在项目招标文件的技术规范中,其中包括两部分:一是现行《公路工程标准施工招标文件》(2009年版)中的"计量与支付"规则;二是根据公路建设项目的实际情况,以现行《公路工程标准施工招标文件》(2009年版)中技术规范为基础补充修改的"项目专用技术规范"中的计量与支付规则,实际工作中应将二者结合起来理解和使用。

(三)两种工程量计算规则间的相互关系

预算工程量计算规则主要适用于定额计价模式下的工程估算、设计概算和施工图预算的编制,在清单计价模式中可作为分析工程量清单计价工程细目综合单价的参考。

工程量清单计量规则是在招投标阶段编制工程量清单,计算清单工程细目工程数量的依据,也是在标底或造价编制中分析工程量清单计价工程细目综合单价和施工阶段对已完工程数量计量支付的依据。

在标底或报价编制中,要运用两种工程量计算规则分析综合单价。

例如:根据某公路桥梁工程计量规则规定:桥梁基础挖方工程量计量范围是以基础外侧

30cm 向上竖直面围成的体积,如图 4-1 中"公路工程基础挖方计量界线(a)"所示,实际仅考虑了基础施工的工作面;而实际施工工程量还要根据基坑土质情况考虑一定坡度的放坡,因此实际开挖工程量应按图 4-1 中"公路工程基础挖方施工界线(b)"所示。在公路工程量清单计价中,实际是把基础外侧应考虑的施工工作面导致的工程量作为应计量工程量,而把保证基坑开挖稳定性的放坡或设置基坑支挡设施工程量作为措施工程量,分摊在计价工程细目"基础挖方"的综合单价中。

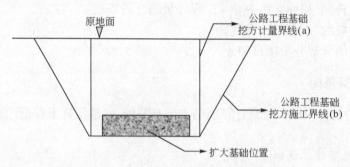

图 4-1 某构造物"基础挖方"两种工程量计算规则

第二节 公路工程工程量清单计量规则

以下是根据近年来我国几个典型的公路工程标准施工招标文件中技术规范对计量规则的相关规定,对公路工程"100 章 总则"、"200 章 路基"和"400 章 桥梁、涵洞"工程量清单计量规则的要点摘录。在实际工作中应将现行《公路工程标准施工招标文件》(2009 年版)中的通用"计量规则"和"项目专用技术规范"中的专用"计量规则"结合起来理解与使用。

一、开办项目的计量规则

"第 100 章 总则"属于开办项目,主要包括的工程内容有:保险;竣工文件;施工环保费;临时设施;承包人驻地建设等。在清单中按照项目报价,大部分是按总额价项目计算,即费用包干项目。

1. 税金和保险的计量

(1)承包人按合同条款办理的工程一切险和第三方责任保险,按总额计量。

(2)承包人应交纳的所有税金(包括营业税、城市建设维护税和教育附加税)和工伤事故保险费、人身意外伤害保险费以及施工设备保险费,由承包人摊入各相关工程子目的单价和费率之中,不单独计量。

2. 工程管理的计量

工程记录与竣工文件按工作内容及与此有关的一切作业经监理工程师审查批准后,以总额计量。

环境保护包括施工场地砂石化、控制扬尘、降低噪声、合理排污等一切有关的作业经监理人检查验收后以总额计量。

其他有关工程管理费用不单独计量与支付。

3. 临时工程与设施的计量

(1)临时道路、电信设施及供水与排污设施的修建、维修与拆除等临时工程,根据施工过程中已完成的经监理人现场验收合格后分别以总额计量。

(2)临时工程用地经监理人批准,以总额计量。

(3)临时供电设施的修建及拆除经监理人现场验收合格后以总额计量;临时供电设施的维修以月为单位计量。

(4)为完成上述各项设施所需的一切材料、机械设备、人员及与此有关的一切作业费用均含相关子目单价或总额价之中不另行计量。

4.承包人驻地建设的计量

驻地建设完成后,经监理人现场核实,以总额计量。

二、路基工程计量规则

1.202节 场地清理的计量

(1)施工场地清理的计量应按监理人书面指定的范围(路基范围以外临时工程用地清场等除外)进行验收。现场实地测量的平面投影面积以平方米计量。现场清理路基范围内的所有垃圾、灌木、竹林及胸径小于100mm的树木、石头、废料、表土(腐殖土)、草皮的铲除与开挖,借土场的场地清理与拆除(包括临时工程)均应列入土方单价之内,不另行计量。

(2)砍伐树木仅计胸径(即离地面1.3m高处的直径)大于100mm的树木,以棵计量。包括砍伐后的截锯、移运(移运至监理人指定的地点)、堆放等一切有关的作业;挖除树根以棵计量,包括挖除、移运、堆放等一切有关的作业。

(3)挖除旧路面(包括路面基层)应按不同结构类型的路面以平方米计量;拆除原有公路结构物应分别按结构物的类型,以监理人现场指示的范围和量测方法量测,以立方米计量。

(4)所有场地清理、拆除与挖掘工作的一切挖方、坑穴的回填、整平、压实,以及适用材料的移运、堆放和废料的移运处理等作业费用均含入相关子目单价中,不另行计量。

2.203节 挖方路基的计量

(1)路基土石方开挖数量包括边沟、排水沟、截水沟,应以经监理人校核批准的横断面地面线和土石分界的补充测量为基础,按路线中线长度乘以经监理人核准的横断面面积进行计算,以立方米计量。

(2)挖除路基范围内非适用材料(不包括借土场)的数量,应以承包人测量,并经监理人审核批准的断面或实际范围为依据的计算数量,分别以立方米计量。

(3)除非监理人另有指示,凡超过图纸或监理人规定尺寸的开挖,均不予计量。

(4)石方爆破安全措施、弃方的运输和堆放、质量检验、临时道路和临时排水等均含入相关子目单价或费率之中,不另行计量。

(5)在挖方路基的路床顶面以下,土方断面应挖松深300mm再压实;石方断面应辅以人工凿平或填平压实,作为承包人应做的附属工作,均不另行计量。

改河、改渠、改路的开挖工程按合同图纸施工,计量方法可按上述(1)款进行。改路挖方线外工程的工作量计入203-2子目内。

3.204节 填方路基的计量

(1)填筑路堤的土石方数量,应以承包人的施工测量和补充测量经监理工程师校核批准的横断面地面线为基础,以监理人批准的横断面施工图为依据,由承包人按不同来源(包括利用土方、利用石方和借方等)分别计算,经监理人校核认可的工程数量作为计量的工程数量。

(2)零填挖路段的翻松、压实含入报价中,不另计量。

(3)零填挖路段的换填土、按压实的体积,以立方米计量。计价中包括表面不良土的翻挖运弃(不计运距),换填好土的挖运、摊平、压实等一切与此有关作业的费用。

(4)利用土、石填方及土石混合填料的填方,按压实的体积,以立方米计量。计价中包括运输、挖台阶、摊平、压实、整形等一切与此有关作业的费用。其开挖作业在第203节路基挖方中计量。

(5)借土填方,按压实的体积,以立方米计量。计价中包括借土场(取土坑)中非适用材料的挖除、弃运及借土场的资源使用费、场地清理、施工便道、便桥的修建与养护、临时排水与防护等和填方材料的开挖、运输、挖台阶、摊平、压实、整形等一切与此有关作业的费用。

(6)粉煤灰路堤按压实体积,以立方米计量,计价中包括材料铲运、摊铺、晾晒、土质护坡、压实、整形等一切与此有关作业的费用。

(7)结构物台背回填按压实体积,以立方米计量,计价中包括挖运、摊平、压实、整形等一切与此有关的作业费用。

(8)锥坡及台前溜坡填土,按图纸要求施工,经监理人验收的压实体积,以立方米计量。

(9)临时排水以及超出图纸要求以外的超填,均不计量。

(10)改造其他公路的路基土方填筑的计量方法同本条(1)款。

4.205节 特殊地区路基处理的计量

本节所完成的工程,经验收后,由承包人计算经监理工程师校核的数量作为计量的工程数量。

(1)挖除换填。挖除原路基一定深度及范围内淤泥以立方米计量,列入本规范第203节相应的支付子目中。换填的填方,包括由于施工过程中地面下沉而增加的填方量以立方米计量,列入本规范第204节相应的支付子目中。

(2)抛石挤淤。按图纸或验收的尺寸计算抛石体积的数量,以立方米计量,包括有关的一切作业。

(3)砂垫层、砂砾垫层及灰土垫层。按垫层类型分别以立方米计量,包括材料、机械及有关的一切作业。

(4)预压和超载预压。按图纸或监理人要求的预压宽度和高度以立方米计量;包含材料、机械及有关的一切作业。

(5)真空预压,真空堆载联合预压。应以图纸或监理人所要求预压范围(宽度,高度,长度)经监理人验收合格,预压后体积以立方米为单位计量;计量中包括预压所用垫层材料,密封膜,滤管及密封沟与围堰等一切相关的材料,机械,人工费用。

(6)袋装砂井。按不同直径及深(长)度分别以米计量,砂及砂袋不单独计量。

(7)塑料排水板。按规格及深(长)度分别以米计量,不计伸入垫层内长度,包括材料、机械及有关的一切作业。

(8)粉喷桩、碎石桩、加固土桩、CFG桩。按不同直径及深(长)度以米计量,包括材料、机械及有关的一切作业。

(9)土工织物。铺设土工织物分土工格栅、土工布等细目按其净面积以平方米计量,包括材料、机械及与此有关的一切作业。

(10)滑坡处理。按实际发生挖除及回填体积,经监理工程师验收合格后以立方米计量。

(11)岩溶洞按实际填筑体积,经监理人验收合格后以立方米计量。

(12)膨胀土路基按图纸及监理人指示进行铺筑,经监理人验收合格后,按不同厚度以平方米计量。

(13)黄土陷穴按实际开挖和回填体积,经监理人验收合格后以立方米计量。

(14)采用强夯处理,经监理人验收合格后以平方米计量。

(15)盐渍土路基处理换填,经监理人验收合格后按不同厚度以平方米计量。

(16)风积沙填筑路基以图纸为依据,经验收合格以立方米为单位计量,包括材料,运输,摊平,碾压等相关作业。

(17)季节性冻土地区路基施工以图纸为依据,经验收合格按不同填料规格,以立方米计量,其内容包括清除软层,材料运输,分层填筑,分层压实等相关作业。

(18)工地沉降观测不予计量与支付,费用包含在路基填筑和预压与超载预压单价中。

(19)临时排水与防护设施不另行计量,认为已包括在相关工程中,不另行计量。

三、桥梁工程计量方法

1. "第401节 通则"的计量

荷载试验费用由发包人估定,以暂估价的形式按总额计入工程总价内。

地质钻探及取样试验按实际完成并经监理人验收后,分不同钻径以米计量。

2. "第402节 模板、拱架和支架"的计量

模板、拱架和支架所有工作均不单独计量。

3. "第403节 钢筋"的计量

(1)根据图纸所示及钢筋表(不包括固定、定位架立钢筋)所列,按实际安设并经监理人验收的钢筋,以千克(kg)计量。其内容包括钢筋混凝土中的钢筋和预应力混凝土中的非预应力钢筋及混凝土桥面铺装中的钢筋。

(2)除图纸所示或监理工程师另有认可外,因搭接而增加的钢筋不予计入。

(3)钢筋及钢筋骨架用的铁丝、钢板、套筒(连接套)、焊接、钢筋垫块或其他固定钢筋的材料以及钢筋的除锈、截取、套丝、弯曲、场内运输、安装等,作为钢筋工程的附属工作,不另行计量。

4. "第404节 基础挖方及回填"的计量

(1)基础挖方应按下述规定,取用底、顶面间平均高度的棱柱体体积,分别按干处、水下及土、石,以立方米计量。干处挖方与水下挖方是以经监理人认可的施工期间实测的地下水位为界线。在地下水位以上开挖的为干处挖方;在地下水位以下开挖的为水下挖方。

基础底面、顶面及侧面的确定应符合下列规定:

①基础挖方底面:按图纸所示或监理人批准的基础(包括地基处理部分)的基底高程线计算。

②基础挖方顶面:按监理人批准的横断面上所标示的原地面线计算。

③基础挖方侧面:按顶面到底面,以超出基底周边0.5m的竖直面为界。

(2)当承包人遇到特殊或非常规情况时应及时通知监理人,由监理人定出特殊的基础挖方界线。凡未取得监理人批准,承包人以特殊情况为理由而完成的任何挖方将不予计量,其基坑超深开挖,应由承包人用砂砾或监理人批准的回填材料予以回填并压实。

(3)为完成基础挖方所做的地面排水及围堰、基坑支撑及抽水、基坑回填与压实、错台开挖及斜坡开挖等,作为挖基工程的附属工作,不另行计量。

(4)台后路基填筑及锥坡填土在第204节内计量与支付。

(5)基坑土的运输作为挖基工程的附属工作,不另行计量与支付。

5."第405节　钻孔灌注桩"的计量

(1)钻孔灌注桩以实际完成并以监理人验收后的数量,按不同桩径的桩长以米计量。计量应自图纸所示或监理人批准的桩底高程至承台底或系梁底;对于与桩连为一体的柱式墩台,如无承台或系梁时,则以桩位处地面线为分界线,地面线以下部分为灌注桩桩长,若图纸有标识的,按图纸标识计。未经监理人批准,由于超钻而深于所需的桩长部分,将不予计量。

(2)开挖、钻孔、清孔、钻孔泥浆、护筒、混凝土、破桩头,以及必要时在水中填土筑岛、搭设工作台架及浮箱平台、栈桥等其他为完成工程的子目,作为钻孔灌注桩的附属工作,不另行计量。混凝土桩无破损检测及所预埋的钢管等材料,均作为混凝土桩的附属工作,不另行计量。

(3)钢筋在第403节内计量,列入403-1子目内。

(4)监理人要求钻取的芯样,经检验,如混凝土质量合格,钻取的芯样应予计量,否则不予计量。混凝土取芯按取回的混凝土芯样的长度以米计量。

6."第408节　桩的垂直静荷载试验"的计量

(1)试桩不论是检验荷载或破坏荷载,均以经监理人验收或认可的单根试桩计量。计量包括压载、沉降观测、卸载、回弹观测、数据分析,以及完成此项试验的其他工作细目。

(2)检验荷载试验桩如试验后作为工程结构的一部分,其工程量在第405节及第407节有关支付子目内计量与支付。破坏荷载试验用的试桩,将来不作为工程结构的一部分,其工程量在第405节的支付子目405-3及第407节的支付子目407-3内计量与支付。

7."第410节　结构混凝土工程"的计量

(1)以图纸所示或监理人指示为依据,按现场已完工并经验收的混凝土,分别以不同结构类型及混凝土等级,以立方米计量。

(2)直径小于200mm的管子、钢筋、锚固杆、管道、泄水孔或桩所占混凝土体积不予扣除。作为砌体砂浆的小石子混凝土,不另行计量。

(3)桥面铺装混凝土在第415节内计量与支付;结构钢筋在第403节内计量。

(4)为完成结构物所用的施工缝连接钢筋、预制构件的预埋钢板、防护角钢或钢板、脚手架或支架及模板、排水设施、防水处理、基础底碎石垫层、混凝土养生、混凝土表面修整及为完成结构物的其他杂项子目,以及预制构件的安装架设设备拼装、移运、拆除和为安装所需的临时性或永久性的固定扣件、钢板、焊接、螺栓等,均作为各项相应混凝土工程的附属工作,不另行计量。

8."第411节　预应力混凝土工程"的计量

(1)预应力混凝土结构物(包括现浇和预制应力混凝土)按图纸尺寸或监理人指示为依据,按已完工并经验收合格的结构体积,以立方米计量。计量中包括悬臂浇筑、支架浇筑及预制安装预应力混凝土梁、板的一切作业。

(2)完工并经验收的预应力混凝土结构的预应力钢材,按图纸所示或预应力钢材表所列数量以千克(kg)计量。后张法预应力钢筋的长度按两端锚具间的理论长度计算;先张法预应力钢筋的长度按构件的长度计算。

(3)预应力混凝土结构的非预应力钢筋,在第403节计量与支付。

(4)预应力钢筋的加工、锚具、管道、锚板及联结钢板、焊接、张拉、压浆、封锚等,作为预应力钢筋的附属工作,不另计量。预应力锚具包括锚圈、夹片、连接器、螺栓、垫板、喇叭管、螺旋钢筋等整套部件。

(5)后张法预应力混凝土梁封锚及端部加厚混凝土,计入相应梁段混凝土之中,不单独计量。

(6)预制板、梁的整体化现浇混凝土及其钢筋,分别在第410节及第403节计量。

(7)桥面铺装混凝土在第415节计量。

9."第412节 预制构件的安装"的计量

经验收的不同形式预制构件的安装,包括构件安装所需的临时性或永久性的固定扣件、钢板、焊接、螺栓等,其工作量包含在第410节及第411节相应预制混凝土构件或预应力混凝土构件的工程子目中,不另计量与支付。

10."第413节 砌石工程"的计量

(1)以图纸所示或监理人指示为依据,按工地完成的并经验收的各种石砌体或预制混凝土块砌体,以立方米为单位计量。

(2)计算体积时,所用尺寸应由图纸所标明或监理人书面规定的计价线或计价体积确定。相邻不同石砌体计量中,应各包括不同石砌体间灰缝体积的一半。镶面石突出部分超过轮廓线者不予计量。泄水孔、排水管或其他面积小于 $0.02m^2$ 的孔眼不予扣除,削角或其他装饰的切削,其数量为所在石料5%或少于5%者,不予扣除。

(3)砂浆或作为砂浆的小石子混凝土,作为砌体工程的附属工作,不另计量。

(4)砌体垫铺材料的提供和设置,拱架、支架及砌体的勾缝,作为砌体工程的附属工作,不另计量。

11."第414节 小型钢构件"的计量

桥梁及其他公路构造物的钢构件,作为有关子目内的附属工作,不另计量与支付。

12."第415节 桥面铺装"的计量

(1)桥面铺装应按图纸所示的尺寸,或按实际完成并经监理人验收的数量,分不同材料、级别、厚度,按平方米计量。由于施工原因而超铺的桥面铺装,不予计量。

(2)桥面防水层按图纸要求施工,并经监理人验收的实际数量,以平方米计量。

(3)桥面泄水管及混凝土桥面铺装接缝等作为桥面铺装的附属工作,不另行计量。

(4)桥面铺装钢筋在第403节有关工程细目中计量,本节不另行计量。

13."第416节 桥梁支座"的计量

支座按图纸所示不同的类型,包括支座的提供和安装,以个计量。支座的质量检查、清洗、运输、起吊及安装所需的扣件、钢板、焊接、螺栓、黏结以及质量检测等,作为支座安装的附属工作,不另行计量。

14."第417节 桥梁接缝和伸缩装置"的计量

桥面伸缩装置按图纸要求安装并经监理人验收的数量,分不同结构形式以米计量。其内容包括伸缩装置的提供和安装等作业。

除伸缩装置外的其他接缝,如橡胶止水片、沥青类等接缝填料,作为有关工程的附属工作,不另行计量。

安装时切割和清除伸缩装置范围内沥青混凝土铺装和安装伸缩装置所需的临时或永久性的扣件、钢板、钢筋、焊接、螺栓、黏结等,作为伸缩装置安装的附属工作,不另行计量。

15."第418节 防水处理"的计量

沥青或油毛毡防水层,作为与其有关子目内的附属工作,不另计量与支付。

思考题

1. 简述工程计量的含义。
2. 请结合公路工程实例分析工程量清单计量规则与预算工程量计算规则之间的关系。
3. 请根据现行《公路工程标准施工招标文件》(2009年版)分析计价工程细目"钻孔灌注桩"的计价内容和工程计量规则。
4. 在某公路桥梁工程中,设计采用装配式T梁桥先简支、后连续施工,纵向构造为$25 \times 3 + 30 \times 3 + 25 \times 3$。T梁在梁场集中预制,混凝土标号C50。横向联结采用现浇C50混凝土,纵向连续采用现浇C50混凝土并张拉负弯矩钢绞线。业主要求工程量清单计价中采用全费用综合单价形式。作为受业主委托的招标代理人在编制工程量清单时,根据现行《公路工程标准施工招标文件》(2009年版)规定,应如何列桥梁上部结构工程量?
5. 桥梁基础基坑的工程量清单计量方法与概预算的基坑土方数量确定方法有何差别?
6. 钢绞线的工程量清单计量方法与概预算的钢绞线数量确定方法有何差别?
7. 简述路堤填方数量的计量方法。
8. 不计量是不是就是不计价?

第五章 公路工程施工图预算编制

第一节 公路工程施工图预算概述

一、施工图预算的概念和作用

(一)施工图预算的概念

施工图预算是根据施工图设计文件资料和施工组织设计,以及原交通部颁布的现行《公路工程预算定额》(JTG/T B06-02—2007)、《公路工程基本建设项目概算预算编制办法》(JTG B06—2007)中的取费标准和费用计算程序,并按当地的人工、材料、机械台班的实际价格,分别计算公路建筑安装工程的直接工程费、其他工程费、间接费、利润、税金及建筑安装工程费和设备工具、器具购置费、工程建设其他费用及公路工程总造价。它是反映公路工程基本建设项目所需的人力、物力、财力及全部费用的文件。

在工程实践中,施工图预算一般有狭义和广义两种类型。狭义的施工图预算是设计单位在施工图设计中编制的预算造价文件,是施工图设计文件的重要组成部分。广义的施工图预算是指工程预算造价的编制方法。

在施工图设计阶段编制的施工图预算一般应由具备一定资质等级的设计单位和持有政府管理机关、工程造价管理部门正式颁发的工程造价编审资格证书的人员负责编制。当一个建设项目有几个设计单位共同承担设计时,各设计单位编制所承担设计的单项或单位工程预算,主管部门应指定主体设计单位负责统一编制原则和依据,汇编总预算。设计单位必须保证设计文件的完整性和施工图预算编制的正确性,要不断提高施工图设计的水平,避免在施工过程中过多地修改设计引起工程造价的增高。

当建设项目采用两阶段或三阶段设计时,施工图预算是初步设计概算或技术设计修正概算进一步的深化。概算经批准后,建设项目的设计方案即被确定下来,概算的总投资额即成为国家编制建设计划、控制投资的依据,是工程建设项目投资的最高限额。施工图预算要控制在初步设计概算或技术设计修正概算所确定下来的建设规模、技术标准、建筑结构、施工方案的范围内进行编制,不能任意突破已批准的概算。如果单位工程预算突破相应的概算,应分析原因,对施工图设计中不合理部分进行修改,对其合理部分应在总概算投资范围内调整解决。

公路建设点多线长,一条公路长几十公里甚至几百公里,需要通过各种不同的自然地区,受地形、地貌、地质、自然环境、沿线物资资源条件影响很大,所以相同的工程标准、相同的规模,在不同的地区其工程造价会有较大差别。因此公路工程建设项目不可能事先制定出一个统一的符合各地实际情况的单位工程价格表,也就是说不可能像工业与民用建筑工程那样采用单位工程量估价法进行预算文件编制。考虑到公路建设的特点,公路工程定额是以实物量法进行编制,在计量单位内,以人工、材料、机械台班消耗量表示的公路工程预算定额只定量不定价。人工、材料、机械台班价格必须采用工地的实际价格进行计算。外购材料价格要计算到工地仓库,砂石材料要计算到工地操作地点,预算价格也就是工地实际价格,根据这种方法编制的工程预算才能符合各种不同地区的实际情况。

通常所说的施工图预算价、招标标底价、投标报价和工程合同价等都可以用编制施工图预算的方法确定,因此,在施工图设计后,工程实施之前所计算的工程价格,都可以采用施工图预算的编制方法。但需要注意的是,不同预算编制者根据同一套图纸编制的施工图预算结果可能并不相同,这是因为,尽管施工图和费用计算程序及工程量计算规则相同,但编制者采用的施工方案、定额计价依据、工料机资源价格不同,均会导致施工图预算编制结果有差异。对于施工图设计中的施工图预算,一般采用实物量法的定额计价模式。而在招标标底和投标报价中,采用的工程量清单计价模式,但当前施工企业完全依据企业定额和市场竞争情况自主报价的条件尚不具备,一般采用的是"工程量清单的格式,施工图预算的计价程序"。

本章介绍的是狭义上的施工图预算编制的相关问题。

(二)施工图预算的作用

施工图预算作为建设工程建设程序中一个重要的技术经济文件,在工程实践中具有十分重要的作用,可以归纳为以下几个方面:

1. 施工图预算对投资方的作用

(1)施工图预算是控制造价及资金合理使用的依据。施工图预算确定的预算造价是工程的计划成本,投资方或业主按施工图预算造价筹集建设资金,并控制资金的合理使用。

(2)施工图预算是确定工程招标标底的依据。在设置标底的情况下,建筑安装工程的招标标底可按照施工图预算来确定。标底通常是在施工图预算的基础下考虑工程的特殊施工措施、工程质量要求、目标工期、招标工程范围以及自然条件等因素进行编制的。

(3)施工图预算是拨付工程款及办理工程结算的依据。

2. 施工图预算对施工企业的作用

(1)施工图预算是建筑施工企业投标时报价的依据。在激烈的建筑市场竞争中施工企业需要根据施工图预算造价,结合企业的投标策略,确定投标报价。

(2)施工图预算是建筑工程预算包干的依据和签订施工合同的主要内容。在采用总价合同的情况下,施工单位通过与建设单位的协商,可在施工图预算的基础上,考虑设计或施工变更后可能发生的费用与其他风险因素,增加一定系数作为工程造价一次包死。同样,施工单位与建设单位签订施工合同时,其中的工程价款的相关条款也必须以施工图预算为依据,否则施工合同就失去约束力。

(3)施工图预算是施工企业安排调配施工力量,组织材料供应的依据。施工单位各职能部门可根据施工图预算编制劳动力供应计划和材料供应计划,并由此做好施工前的准备工作。

(4)施工图预算是施工企业控制工程成本的依据。根据施工图预算确定的中标价格是施工企业收取工程款的依据,企业只有合理利用各项资源,采取先进技术和管理方法,将成本控制在施工图预算价格以内,企业才会获得良好的经济效益。

(5)施工图预算是进行"两算"对比的依据。施工企业可以通过施工图预算和施工预算的对比分析,找出差距。对两者之间的量差,有利的偏差可以总结经验,利于今后的工作中不断改进和提高;不利的偏差可以在施工中采取适当的控制措施,对二者之间的偏差应及时查明原因并进行纠正。

二、编制施工图预算的外业调查工作

编制施工图预算的外业调查,是在初步设计或技术设计调查的基础上进行的,是对原有调查资料的补充与修正,尤其是对审批中提出的问题作出进一步的落实,据以分析比较两者之间存在的差异,以利做好施工图预算的编制工作。编制施工图预算的外业调查应和建设项目的外业勘察工作同步进行,并与有关勘察工作做好协调与分工。外业调查工作主要应由造价编制人员担任,调查工作中比较大的项目或与其他调查有关的项目,比如征地、拆迁,应由其他人员配合进行。外业调查工作,主要应包括以下各项内容。

(一)人工工资、施工机械车船使用税

人工费是由各省、自治区、直辖市公路(交通)工程定额(造价管理)站负责发布的,系结合省内不同工资地区类别以及哪些地区享有地区生活补贴等情况,以属于生产工人开支范围的各项费用为依据,分别制定不同地区和施工企业性质的人工费标准。在实际编制施工图预算时,应根据工程所在地人工费的标准选用,并应征得建设工程的主管部门或建设单位的认可。

机械车船使用税的外业调查要收集国家、各省、自治区、直辖市对于机械车船使用税的有关文件和规定,了解费用的征收标准、机械应征收或免征的范围以及计征办法,有关机械的年工作台班,计算吨位等,为计算机械台班车船使用税提供依据。

(二)材料供应价格

材料供应价格的外业调查,包括建设项目中所发生的一切建筑材料、零件、构件、半成品、成品的规格品种、质量、数量和价格,以及自采加工材料的料场情况调查工作。

一个工程建设项目所需要的建筑材料品种比较多,用量也比较大,故在外业调查前要做好准备工作,有计划地安排好外业调查工作。外购材料、地方性材料、自采加工材料要分开进行。外购材料的调查应由造价编制人员承担;地方性材料、自采加工材料则应由造价编制人员和地质人员共同配合进行调查,造价编制人员主要考察确定材料料场价和材料运输方面的有关问题,而地质人员则应着重确定材料的质量和储量问题。就自采加工材料料场的调查而言,造价编制人员应对全线的料场进行一次全面的调查,先初步确定各种自采加工材料料场的位置,然后再和地质人员及其他有关人员一起做进一步的勘察。对于不能直接观察到或取样的有覆盖层的料场,要进行必要的勘探,可以采取挖试坑、扦探甚至钻探的办法取样并查明覆盖层的厚度和岩土种类和数量,以确定覆盖层剥离方法和材料开采的方法。造价编制人员还应对整个料场的开采、加工、材料及覆盖层弃土的堆放等整个料场用地面积进行丈量,必要时测绘料场平面图,以作为临时用地的依据。对于水源也要作深入的了解,需要外部供水的要确定临时供水的方法,造价编制人员还应一并对材料的运输条件进行调查,比如是否需要修建临时便桥、便道,临时便道的长度和标准,都应进行具体的丈量并确定上路的具体位置和桩号;临时便道需要征地时,要计算其占地面积。

对于砂石材料,工程地质人员应通过现场勘察或通过必要的取样试验对材料的物理、化学、力学性能作出判断,以确定材料的质量。通过勘察钻探或试验,估算出材料的储藏量、开采率或成品率,为材料料场单价计算提供依据。所有外业调查、勘察、试验报告均应清楚、完善、可靠并整理成册。

在材料价格调查中,一个建设项目需要调查的材料品种特别多,为避免遗漏,满足预算编制的需要,外业调查前应把需要调查的材料填写在表上,注明材料的名称、单位、规格及质量要求、材料的品种可以参照以前类似工程的预算文件和《公路工程预算定额》(JTG/T B06-02—

2007）中人工、材料、半成品的附录资料填写，但应注意材料的名称在概算定额和预算定额中的划分是不一样的，如概算定额中的水泥是混合标号，而预算定额中则分 32.5、42.5、52.5 级等。在材料价格调查中一定要按照预算定额中材料划分的品种进行；材料的计量单位也应和预算定额材料计量单位一致，这样避免在材料价格调查和预算单价计算中，由于调查材料的单位和预算定额不一致而产生错误。

材料供应价格除砂石材料外，是由省、自治区、直辖市公路（交通）工程定额（造价管理）站定期负责发布的，是一种指令性的价格信息，故在外业调查时，主要应了解供应渠道、规格品种和质量是否能满足建设工程的技术要求。至于外购的砂石材料则应调查了解当地主管部门的有关规定和市场销售情况，作为取定其供应价格的依据。

在材料价格调查时，有条件的可以请建设单位的人员配合进行，对调查的资料要非常可靠，尽可能地取得调查资料的凭证，使调查资料有可靠的根据，并应满足不同材料品种、规格、质量要求，要明确各种材料的供货方式和交货地点，作为材料预算单价计算的依据。

根据调查和对调查记录的整理，应填写好"沿线筑路材料料场表"、"主要材料试验资料表"、绘制"沿线筑路材料供应示意图"，图中应示出路线的里程桩号、大中桥、隧道、立体交叉、大型挡土墙及两侧主要料场的相互位置，材料的上路桩号及距离。大桥、隧道、互通式立体交叉亦可各自分别计算运距，路面及其他构造物可全线或分段计算平均运距，其中复杂中桥和分离式立体交叉及大型挡土墙也可分别计算运距，并分别编制材料预算价格。

（三）材料运输情况

材料运输情况外业调查主要是针对材料的运距、运输方式、运价、装卸费和运输过程中有关费用的调查，为材料预算价格运杂费的计算提供依据。材料的运距起点为供应点，终点为工地仓库或堆料场，当施工组织不能提供工地仓库位置时，其运价终点为：独立大桥为桥梁中心桩号，路线工程的外购材料（不包括砂石材料）为路线的中点里程。若工程分布不均衡也可按加权平均法求出卸料的重心位置，计算出平均运距的里程。自采加工材料或地方经营的砂石材料运距应当根据材料供应示意图，采用加权平均法计算。

材料的供应点及交货点确定以后可根据材料运输距离的远近、当地的运输条件、运费的多少来采用不同的运输方式。材料运输有时采用一种运输方式就可以到达目的地，有时采用两种以上的运输方式才能完成。汽车运输机动性强，可以直接运送到目的地，而火车、轮船运输就很难做到，一般情况下都是由汽车或其他运输工具把货物送到发货站或轮船码头，到达卸货站后也是要经过转运才能到达工地，采用火车、轮船运输装卸次数多，材料损耗大，周转时间长，除了零担的货物以外，很少采用火车运输；轮船运输运价虽然比较低，但若两头都需要转运，通过计算有时不一定比直接采用汽车运输便宜，运输方式的选择要进行经济比较后确定。

当采用社会汽车运输时，应根据当地交通运输部门颁发的"公路营运里程图表"计算汽车运距，进入便道或上路以后的距离应实地测算确定。汽车货物运价标准应以所调查的市场运输价格为依据。装卸费一般应向当地搬运公司了解，在材料运输经过的线路中还应调查有无汽车渡口和需要收费的道路、桥梁以及收费标准。

铁路货物运价目前仍是指令性价格，《铁路货物运价规则》是计算铁路货物运输费用的依据。铁路运价和装卸费的调查应到铁路局了解，铁路运价里程根据《货物运价里程表》按照发站至到站间最短路径计算。铁路货物运杂费项目较多，如过秤费、运单费、货签费、货车清扫、洗刷、除污费、货车延期使用费、暂存费等。材料运输如果需要经过电气化铁路路段，应按有关规定计算另外加收的运价。材料由供应点至发货站或由到货站至工地运输距离、运输方式应同时调查确定。

采用轮船运输时运价应向航运管理部门和交通管理部门调查,有些省轮船运输价格已经放开,没有明确的规定,运价由双方协商确定,以市场运输价格为准。根据以前的规定,轮船运输价格的组成内容比较多,除了运费以外,还包括装仓费、回空费、码头费、养河费、起坡费(上、下码头装卸费)等。

(四)征用土地

公路建设大多数是规模大、占地数量多。一条公路长达几十公里至上百公里,路线横向要求一定标准的路基很宽。又由于立体交叉、通道和其他构造物的设置,路基填土很高,由于这两方面的原因,路基地面宽度很大,形成带状。

现代的公路建设不仅仅是公路本身的工程建设,还包括公路沿线的各种其他工程和附属工程等。因此公路建设用地是指与公路建设有关的各项工程占用土地的总和。也就是说公路建设用地内容多,涉及面广。在做征用土地调查、用地图测量以及计算征用土地面积时要全面考虑,不要遗漏。

为了使公路建设用地考虑全面,工作中不至于漏项,占地内容更加明确,公路建设用地可按四个方面划分为:公路路线用地;附属设施(交通工程)用地;沿线其他工程用地;临时用地。

公路路线用地是指公路本身的用地,包括路基、桥梁、防护工程、分离式和互通式立体交叉等。

附属设施(交通工程)用地,一是公路管理养护机构(管理所或管理站)用地,包括办公楼、宿舍、修理厂、加工厂、养路用房、变电所、监控室、停车坪、材料堆放场等;二是服务区建筑用地,包括旅馆、餐厅、宿舍、小卖部、加油站、变电所、停车坪、锅炉房等;三是沿线汽车停靠站用地,包括停车坪、厕所、加油站等;四是收费站用地,包括收费岛前后车道加宽部分(也可以列入主线)、办公楼等。

沿线其他工程用地,包括高等级公路修建(改建)的汽车辅道(便道)、高等级公路与城镇修建的联络线、被交叉道的改移、扩建、改河改沟工程、取土、弃土占地等。

临时性用地,包括施工单位在现场的办公、生活用房、加工厂、修理间、预制场、路面材料的拌和场、沿线的堆料场、施工便道、临时轨道铺设、自采材料的加工场、材料运输便道等,临时性用地施工完成后不能恢复耕地的应按永久性占地考虑。

根据有关规定,新建公路路堤两侧排水沟外边缘(无排水沟时为路堤或护坡道坡脚)以外,路堑坡顶截水沟外边缘(无截水沟为坡顶)以外不少于 1m 的土地为公路用地范围;在有条件的地段,高速公路、一级公路不少于 3m,二级公路不少于 2m 的土地为公路用地范围;高填深挖地段,为保证路基的稳定,应根据计算确定用地范围。种植多行林带的路段,应根据实际情况确定用地范围。

土地种类的划分和各种土地的征用补偿办法,当地政府制定的土地管理实施办法和实施细则中都作了具体的规定,征用土地调查中要取得这些资料。

公路用地图测量是征用土地外业调查工作中非常重要的一项内容,它是计算占地面积和上报国土管理部门审批征用土地的主要依据。公路用地图测量应能测绘出沿公路两侧纵向、横向(一定范围)土地类别和分界线以及与路线相应的里程桩号,土地所属市、县、乡、镇,公路用地图还应示出路线用地界线(变宽点处注明前后用地宽度及里程桩号)。图纸应清晰、准确、能满足计算征用土地面积的要求。

在公路用地图外业的测量中,应同时进行征用土地的外业调查和资料收集工作。通过调查要弄清沿线各类土地平均产量(产值),以县、乡、镇为单位的各类土地的所有量和人口数量,以便计算人平均占有耕地亩数,为耕地赔偿费计算提供依据。

通过公路用地图的外业测量和实地调查,可以清楚地绘制出沿线各种土地的分布情况和相对位置,待路基横断面图出来后,按横断面两边(包括防护、排水设施等)实际的占地宽度加上公路用地范围所规定的预留宽度,得出两边需要的占地宽度;再将每个横断面两边需要的占地宽度按相应的里程桩号点绘到地图上,得出两边的变宽点;变宽点之间纵向相连即绘制出公路用地图的界线(红线)。公路用地界线纵向应顺直圆滑,不宜折线太多。公路用地范围确定以后,即可根据公路用地图计算出各类土地的占地面积,沿线其他工程用地可以比照上述方法计算。

沿线服务区、管理区用地以及施工单位临时用地等可以根据它们各自的平面总体布置图红线所确定的建筑范围计算各类土地的征地面积。

在施工图预算编制阶段,要注意调查在征地范围内地面上各类青苗生长的情况。青苗补偿费和土地征用费的土地类别划分往往是不一样的,如蔬菜基地,征地是按不同的类别,而青苗补偿则按蔬菜的品种补偿,施工图预算阶段青苗补偿的调查应详细一些。

一个公路建设项目一般通过一个或几个地、市区,公路征用土地的征地和安置补偿费,应根据公路所通过不同的地区,按当地具体的规定计算。南方各省征用土地补偿费和安置补助费,一般以水田补偿费为计算依据,其他类别的土地则折合成水田补偿费的系数计算,比如旱地按临近水田的 0.6 倍,菜地的 1.0 倍计算等。

根据国务院发布的《中华人民共和国耕地占用税暂行条例》,为了合理利用土地资源,加强土地管理,保护耕地,凡占用耕地建房或者从事非农业建设的单位或者个人,为耕地占用税的纳税人,应当依照本条例规定缴纳耕地占用税,耕地占用税以纳税人实际占用的耕地面积为计税依据,按照规定的适用税额一次性征收。故应了解调查当地政府规定的税额和有关规定。

公路勘察设计中通过调查测量计算出各类土地征地费用,这些费用仅仅是征地费用的总体控制数,初步设计批准后或施工图设计经审定后,在工程未开工前,要办理好各种征地手续,包括与各级有关政府的联系,签订各种合同或协议,对被征土地逐块地进行重新丈量,直到付清征地的所有费用为止。这些工作比较复杂,需要耗用大量的人力和时间,因此除了土地的征用费外,还应计算土地征用管理费。土地征用管理费一般以征地总费用为计算基数,费率为 3% 左右。

(五)拆迁房屋及建筑物

一条公路需要通过很多田野、城镇、村庄,公路建设提倡靠近城市而不进城市,但由于路线长,规模大,从技术标准的要求和工程经济来考虑,在很多情况下要和许多建筑物发生干扰,这样就必须进行拆迁。建筑物的拆迁和征用土地一样,在公路用地图测量中把沿路线两边的建筑物绘制在用地图上,注明左右的距离、各部尺寸以及地名。在外业工作中除在图上示意外,还要做好调查工作,对房屋的轮廓尺寸、结构类型(混凝土结构、砖瓦结构、砖木结构、土木结构、竹木结构),楼房的层数以及其他设施(牛棚、猪圈、粪池、晒谷坪、围墙、护坡、明沟暗道、城市里的供水供气管道),都要调查清楚并注明各种建筑物的所属单位和个人。房屋、附属设施分类应根据当地政府主管部门制定的拆迁生活、生产房屋以及附属设施补偿标准的分类执行。

建筑物拆迁的范围应该是在确定的公路用地范围内,所有的房屋和附属设施都是被拆迁征用的对象。拆迁房屋要有一定的根据,必须持有国家规定的批准文件、拆迁计划、房屋调查资料和补偿、安置方案,向省、市、县政府房屋拆迁的主管部门提出申请,经批准并发给房屋拆迁许可证后方可拆迁。房屋拆迁需要变更土地使用权的必须依法取得土地使用权。拆除军事设施、教堂、寺庙、文物古迹等一般都有特殊的法律、法规,应依照有关的法律、法规执行。拆迁违章建筑、临时建筑一般不予补偿。

拆迁单位的生产、营业用房必须停产、停业的,从停产停业之日起应计算停产停业补助费;设备搬迁、运输费应当另计补助费。居民房屋内设施的拆迁和居民搬家要给予一次性的补助,此部分费用也可分摊到各类房屋拆迁补偿费用的单价内一并计算。房屋及建筑物的拆迁以拆迁赔偿总额为计算基数,计算3%左右的拆迁管理费。

(六)拆迁电力、电信线路

公路建设点多线长,公路通过的地区一般都有电力、电信线路,特别是靠近城镇地区电力线路纵横交错,干扰更大,需要拆迁的数量也很多。电力、电信线路沿公路两边的分布,在公路路线平面图和公路用地图测量时应准确地测绘在图纸上,同时也要做好野外调查工作。电力、电信线路种类比较多,造价也不一样,拆迁补偿费用也不相同,调查中要弄清电力、电信线路的分类和所属单位。电力线路分类以按电压等级划分为主;其次是杆塔的结构类型,混凝土杆或铁塔杆计算拆迁长度,要确定电力线路与公路的交角,一般来讲都是按线路电压等级进行拆迁赔偿的。电力、电信线路的拆迁范围应控制在公路用地范围以内,但拆迁和其他建筑物不同,拆迁一个杆塔就会影响到前后两个也要拆迁,拆迁范围要留有余地。有的电力、电信线路在公路上空跨过,虽然横向净空能满足要求,但净高不一定满足要求,因为导线弧垂最低点至公路路面和行驶的车辆要有一定的安全高度,所以导线弧垂最低点至地面的高度一般需要丈量,这对路基高程设计非常重要,通过路基高程设计,虽然宽度没有问题,往往也要进行拆迁。对电力线路的拆迁调查,如果缺乏必要的常识,就很难分清供电线路的种类,也难以正确确定赔偿费用,所以公路工程造价编制人员具备一些有关电力、电信线路的常识也是必要的。

(七)工地转移费和主副食运费补贴里程及其他的调查

1. 工地转移费

根据公路工程概预算编制办法,工地转移费系施工企业根据建设任务的需要,由已竣工的工地或后方基地迁至新工地的搬迁费用。转移距离以工程承包单位(如工程处、工程公司等)转移前后驻地距离或两路线中点的距离为准;编制概、预算时,如施工单位不明确时,高速、一级公路及独立大桥、隧道按省城(自治区首府)至工地的里程,二级及以下公路按地(市、盟)至工地的里程计算工地转移费。

2. 主副食运费补贴

主副食运费补贴里程的调查,要严格按照现行《公路工程基本建设项目概算预算编制办法》(JTG B06—2007)有关主副食运费补贴综合里程计算的规定执行。综合里程是指四种生活物资运距的综合里程,即粮食、燃料、蔬菜、水四种生活物资,这四种物资对生活来说用量不同,供应地点也不一样,生活用水对南方来讲水源充足,就近可以满足生活需要,适当地设置一些抽水设备和供水管路就可解决问题,而且在施工基地选址时预先就已考虑了水源问题。一般情况下水的运距要比其他三种生活物资的运距近得多。在缺水地区,如西北地区天气干旱,水源缺乏,生活用水需用汽车远距离运输,水的费用相对来讲是比较贵的。

粮食、燃料、蔬菜的运输距离也应根据它们实际的不同供应点至工地的距离分别计算。在考虑各种生活物资供应点时,一方面要有供应的部门和市场,另一方面还要考虑能提供的数量。因为一条路的修建规模大,时间长,需要的劳动力很多,所以生活物资需要量也大,有时虽有供应,但并不能满足需求。在确定某一供应点时,同时要考虑能否满足数量方面的要求。各种生活物资的运距务必以调查的实际距离按规定的综合运距计算公式计算综合运距。

3. 其他方面的调查

一条公路的修建需要消耗大量的电力,各种电动机械需要用电、夜间施工需要用电、工地照明需要用电、办公及生活需要用电等。工地供电电源一般有两种可能，即国家电网的电源或自发电。公路建设应该首先使用国家电网的电力，在外业调查中要了解沿线电力线路的分布情况，和供电部门取得联系，确定沿线各处能够接线供电的具体位置和每处的供电范围，根据提供的供电地点和范围，计算沿线应该架设的临时电力线路的长度。

一条公路修建的耗电量巨大，尤其是大型桥梁基础施工，一台大直径钻机需要的电量就很大，由于施工可能涉及到周围很多工厂用电的问题，调查中不但应了解供电的可能性，还要考虑供电的能力。在国家电网距离较远或供电不足的情况下，应考虑自发电，自发电一般比国家电网费用高一些，要分别计算电价；有国家电网发电又有自发电时应计算出各自在总用量中所占的比重，以便确定自发电的电量和发电设备的配备。外部供电要计算电贴费。电信线路也要考虑接线点的问题，以便确定临时电信线路的架设长度。

临时便道和便桥除了材料料场需要修建外，重点应考虑路基土石方和材料运输的施工便道。根据施工组织设计一般应采用流水作业的施工方式，先修建桥涵及构造物，然后再进行路基土石方施工，这样就可以把新修建的路基作为施工便道。但有时很难做到，桥涵还没完工、路基土石方已开始施工，有时两者同时进行，这样为了土石方的调运就不得不在某些桥涵地段修建临时便道和便桥。在高等级公路的修建中，临时便道和便桥的数量是很大的，有时为了全面组织施工，临时便道是全线贯通的。临时便道的修建一方面需要一定的经费，另一方面临时占地太多，因此，临时便道在能满足施工的前提下应尽量减少。有旧路的尽量利用原有路作为便道。根据施工组织设计的安排，在需要修建便道的地方，通过外业调查确定其便道、便桥的修建长度以及便道的路基宽度和是否需要铺筑路面等，以满足临时便道、便桥费用计算的需要。

施工图预算编制外业调查工作还有很多，比如沿线的气温、雨量、路线是否通过文物保护区等。凡是与编制施工图预算有关的影响因素都是外业调查的对象，总的目的就是满足预算编制办法的规定和计算费用的需要。外业调查工作应脚踏实地、深入细致地进行，资料应完整，依据应可靠，有些调查资料（如征地、拆迁等）要有法律法规上的依据，情况允许时可以签订一些有关的初步协议、合同或有关的证明文件。

三、施工组织设计对预算的影响

施工组织设计和施工图预算是相互依存、相互影响的，确切地说，施工图预算的编制过程也是施工组织设计的过程。施工组织设计中的施工计划决定着施工图预算，反过来，施工图预算又制约着施工组织设计，两者是辩证统一的关系，是相辅相成的。从预算的组成来分析，预算主要是由建筑安装工程费、设备、工具、器具及家具购置费、工程建设其他费用、预留费等项组成。与施工组织设计关系最大的是建筑安装工程费，而建筑安装工程费又是由直接工程费、其他工程费、间接费、利润和税金组成。就费用的计算过程来看，直接工程费的高低基本决定了建筑安装费的高低；从设计过程分析，只要降低了建筑安装工程的直接工程费，就达到了降低整个工程费的目的。施工组织设计对预算的影响是多方面的，但主要是对直接工程费的影响，现就影响较大的主要因素进行分析和举例，说明施工组织设计在预算编制过程中的作用和影响，以求达到举一反三的目的。

（一）施工现场平面布置对预算的影响

施工现场平面布置是施工组织设计在空间上的综合描述，是施工组织设计的重要组成部分。它是在基础资料调查的基础上，结合建设工程的实际情况，按照一定的布置原则和方法，对建设工程在施工过程中的材料供应和运输路线、供电、供水、临时工程、工地仓库、生活设施、管理、机械设施、服务区、加油站、道班房、预制场、拌和场以及大型机械设备工作面的布置和安排。平面布置的确定,也就决定了预算中的直接费,如场内运输的价格、临时工程的费用以及租用土地费、平整场地费用等。在施工组织设计中应精心进行平面布置,从经济分析的角度反复比较技术上和经济上的合理性。平面布置一般应遵循以下原则:

(1)凡是永久性占用土地或需临时性租用土地的,应结合地形、地貌,在满足施工的前提下,选择交通便利、运输条件好、材料供应方便,尽可能利用荒山、荒地、少占农田和场地平整工程量小的地点布置。

(2)确定外购材料工地仓库和自采材料堆放点,预制场、拌和站的位置,应避免材料的二次倒运缩短材料的场内运距,以上平面位置的合理确定对材料的预算单价影响甚大,在设计中应该慎重考虑,多方比较。

(3)施工平面布置应与施工进度、施工方法等相适应,要重视保护生态环境。

(4)材料费在公路工程建设中占的比重很大,应给予足够的重视。据有关资料统计,其费用占建筑安装费的40%~50%,有的高达60%,因此,合理选择材料、确定经济运距和运输方案是控制预算造价的重要手段,也是施工组织设计中的重点。公路施工建设中,虽然材料的品种多,规格不一,但根据工程消耗量分析,主要有外购材料(如水泥、木材、钢材、沥青)和自采材料[如块片石、碎(砾)石、砂等],材料费的高低决定于材料的原价、运距及可行的运输方法。材料费是考虑经济成本的主要因素,要经过细致的计算方能得出合理经济的费用。

如某平原微丘区二级汽车公路施工图设计,通过外业勘察和调查,拟采用的路面结构的基层材料有:碎石、粉煤灰、矿渣、砂、土、水泥、石灰,经施工现场平面布置资料分析计算,得到了各种材料的预算价格。

路面基层的材料费与材料的原价、运距及选择的运输方式、拟采用的结构形式有关。如果在施工组织设计中通过分析比较,并据以确定路面的结构形式,就控制了材料费的高低,对整个造价的高低也会产生影响,当然是必须满足在结构上的合理条件下选取最经济的材料品种。

(二)施工工期对预算的影响

任何一个建筑产品都有一定的合理生产周期。根据建设工程的实际情况,合理确定施工工期,对工程质量和预算造价都产生极大的影响,公路工程也不例外。如路基土石方施工在填方路段的自然沉陷一般需要1~2年;混凝土施工达到标准强度的时间一般为28天左右等,所以在施工组织设计中应按合理的工期进行劳动力安排、材料的供应和机械设备的配置。

原交通部在2004年发出《关于在公路建设中严格控制工期确保工程质量的通知》(交公路发〔2004〕309号)。通知指出,近年来,一些地方和单位加快公路建设速度,不断压缩项目的前期工作周期和施工工期,加大了建设成本,给工程质量留下隐患。因此提出:

(1)以科学发展为指导,处理好速度与质量的关系。各级交通主管部门要以科学的发展观为指导,立足当前,着眼长远,树立"百年大计,质量第一"的思想,正确处理发展速度与工程质量的关系,宁可速度慢一点,也要确保工程质量,保证公路建设持续健康发展。

(2)保证合理建设工期,科学组织工程建设。公路建设是一项系统工程,建设工期包括预可行性研究、工程可行性研究、初步测设、施工图测设以及必要的科研等前期工作时间和施工时间。合理工期应根据工程规模、建设难度、地形地质特点和气候条件等因素综合确定。

合理工期应根据工程规模、建设难度、地形地质特点和气候条件等因素综合确定。对高速公路和特大桥梁建设的工期要求如下:对于平原微丘区的高速公路,前期工作周期应不少于24个月,施工工期一般应在36个月以上;对于一般的山岭重丘区高速公路和技术复杂的特大桥梁,前期工作周期应不少于36个月,施工工期一般应在48个月以上;对于地形地质特别复杂的山岭重丘区高速公路和技术特别复杂的特大桥梁,前期工作周期应不少于48个月,施工工期应在60个月以上;路基工程应避免在冰冻期及雨季施工,桥涵等混凝土工程应避免在冰冻期施工,路面工程应避免在雨季和低温季节施工。

(3)落实管理责任,严格责任追究。各级交通主管部门要认真履行行业管理职责,加强监督检查,严格执行基本建设程序,按照合理的设计周期和施工工期组织工程建设。施工工期一旦确定,项目法人要按照确定的工期,组织设计、施工、监理等单位合理分配工时,落实技术措施;施工单位要做好施工组织设计和合理调配施工机具、人员的工作,科学组织施工;设计单位要派驻地设计代表,积极配合施工单位,帮助解决施工中出现的技术问题;各级质量监督部门和监理单位要认真履行职责,确保工程质量。任何单位或个人不得随意更改工期,不得要求施工单位提前工期,赶工献礼。对违反基本建设程序,擅自压缩工期,盲目赶工的,将予以通报批评。对因赶工导致的质量和安全事故或造成财产损失的,要依法追究有关领导者的责任。

(三)施工方法的选择对预算的影响

在公路工程设计和建设中,施工方法的选择至关重要,必须依据工程条件和经济合理的原则进行多方面的比较。随着施工工艺、施工技术的不断发展和更新,要求设计人员根据工程的条件,选择最经济又适用的施工方法。

1. 路基施工方法的选择

路基工程中,土石方施工的工程量是施工组织设计中控制预算造价的主要因素,施工方法的选择对土石方施工中的工日消耗、机械台班消耗有很大影响。目前公路路基工程施工中,为了保证施工质量,一般高等级公路都采用机械化施工;而低等级公路一般采用人工、机械组合进行施工。

2. 路面施工方法的选择

路面工程的施工方法选择,对于路面基层施工主要分路拌法和厂拌法;对于面层施工主要有热拌、冷拌、贯入、厂拌等方法,各种施工方法的工程成本消耗各不相同,当路面基层结构一定时,选择不同的施工方法的每 $1000m^2$ 造价不一样,因此,应结合公路等级对路面的质量要求、路面工程规模和工期要求进行综合分析确定。

当高等级路面采用集中拌和自卸汽车运输摊铺机摊铺时,其机械设备的能力应配套,即拌和能力与摊铺能力互相适应,自卸汽车运输距离与车辆台数(车辆吨位)相互配套,以免停工待料或在汽车上积压过久,造成沥青混凝土温度下降或水泥混凝土初凝。

3. 构造物施工方法的选择

在公路建设工程中,通常将除路基土石方和路面工程以外的桥梁、涵洞、防护等各项工程,统称为构造物。由于其种类多,结构各异,又各有不同的技术经济特征和施工工艺要求,所以其施工方法也各不相同。如石砌圬工是以人工施工为主,混凝土工程不是采用木模就是钢模,没有更多的施工方法可供优选;有些构造物各有特殊的专业施工方法,如有的采用预制安装,这在工程设计时就已确定,如T形梁的安装,一般都采用导梁作为安装工具,箱形拱桥则要采用缆索来进行吊装,悬臂拼装就要配悬臂吊机等,这是从长期建设实践经验中积累完善起来的施工方法和配置的定型配套的安装工具。还有的采用支架现浇,如山区拱桥施工,竹木料较多,采用木支架、拱盔现浇施工;大型的连续梁桥或连续刚构上部构造采用钢支架(三角挂篮)现浇施工等。当在一个建设项目中桥涵工程比较多时,在进行桥型结构设计时,要尽可能采用标准设计,避免结构形式上的多样化,既有利于施工,还可减少辅助工程费用。在进行施工组织设计时,则应尽可能按流水作业的原则安排施工进度计划,如某建设项目中有三座同跨径的石拱桥,支砌拱圈的工作应在总的控制工期内实行流水作业,确定各个桥的拱圈施工起建时间。这样,就可提高拱盔支架的周转次数,达到降低工程造价的目的。另外,在混凝土构件的预制与安装工作中,也存在类似的情况,所以,在编制施工组织设计时,要充分重视这些因素,这是有效控制工程造价的关键环节。

(四)运输组织计划对预算的影响

运输组织计划是施工组织设计中的一项重要内容,它不仅直接影响施工进度,而且在很大程度上也影响了工程造价。为了确保施工进度计划的执行,力求最大限度降低工程造价,要求编制出合理的运输组织计划。运输组织计划一般应达到下列要求:

(1)运距最短,运输量最小;
(2)减少运转次数,力求直达工地;
(3)装卸迅速和运转方便;
(4)尽量利用原有交通条件,减少临时运输设施的投资;
(5)充分发挥运输工具的载运条件。

四、材料平均运距的计算

材料平均运距计算,是计算材料运杂费的主要基础数据之一。材料平均运距的计算,主要有以下三步:确定公路沿线同一材料在多料场供应条件下相邻料场间经济供应的分界点;计算每个料场在供应范围内材料平均运距;计算全线多料场供应的加权平均运距。下面以例题5-1进行说明。

【例5-1】 ××二级公路××标段全长32km,全线路面基层稳定层结构为32.5级水泥稳定石屑,水泥含量6%,拟用稳定土拌和机沿线路拌施工。假设全线范围内路面基层厚度和宽度均相等。沿线1号料场和2号料场均可供应32.5级水泥,出厂价格和材料质量也相同。1号料场距离该段公路起始端6km外侧4km处,2号料场距离该段公路终点端8km外侧2km处。求由两个料场供应32.5级水泥条件下该材料平均运距。

解 1.料场经济供应范围的确定

当公路工程沿线有若干个同种材料的供应点(料场)时,则两相邻料场间可以确定一个经济分界点。这个经济供应范围的分界点的确定原则是:当两个料场的材料单价相等时,其分界点距离前、后两料场的距离相等。

该路段料场分布如图5-1所示。两料场的经济分界点K可按下式计算:

$$\begin{cases} b_1 + a_1 = b_2 + a_2 \\ a_1 + a_2 = A \end{cases} \tag{5-1}$$

本题中,K_2桩号$>K_1$桩号,则:

$$K = K_1 + a_1 = K_2 - a_2$$

式中:b_1——1号料场至公路的间距;
b_2——2号料场至公路的间距;
K_1——1号料场的上路桩号;
K_2——2号料场的上路桩号;
K——经济分界点桩号;
a_1——1号料场上路桩号至经济分界点的间距;
a_2——2号料场上路桩号至经济分界点的间距;

A——两料场上路点间距。

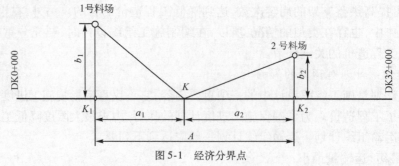

图 5-1 经济分界点

由公式(5-1)可进一步推导得公式(5-2)：

$$\begin{cases} a_1 = [(b_2 - b_1) + A]/2 \\ a_2 = [A - (b_2 - b_1)]/2 \end{cases} \tag{5-2}$$

代入本题数据得：$a_1 = 8\text{km}; a_2 = 10\text{km}$。

经济分界点 K 桩号为：$K = (K6 + 000) + (K8 + 000) = K14 + 000$

计算桩号时应注意：路线起、终点至最近料场上路的经济范围内，其起、终点即为经济分界点(自然分界点)，不必计算。

思考：如果材料供应价格不等，比如 1 号料场如何确定材料供应范围？

2. 每个料场在供应范围内材料平均运距

以 1 号料场供应范围内材料平均运距计算为例说明。根据题目背景，全线路面基层厚度、宽度均相同，采用结构形式也相同，假定每公里 32.5 级水泥需要量为 X，则料场供应范围内水泥数量为 $(c_1 + a_1) \cdot X$。上路点左段所需水泥数量为 $c_1 \cdot X$，材料重心在左段中间 M 点，左段水泥运输相当于是从 1 号料场运输经过从料场到新建公路的便道到上路点 K，再到 M 点，运距为 $(b_1 + c_1/2)$；右段所需水泥数量为 $a_1 \cdot X$，材料重心在左段中间 N 点，右段水泥运输相当于是从 1 号料场运输经过从料场到新建公路的便道到上路点 K，再到 N 点，运距为 $(b_1 + a_1/2)$，如图 5-2 所示。

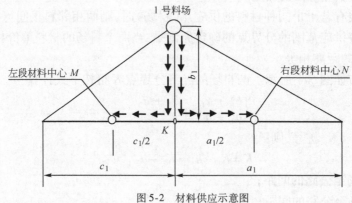

图 5-2 材料供应示意图

则材料平均运距为：

$$\begin{aligned} L_1 &= \frac{c_1 \cdot X \cdot (b_1 + c_1/2) + a_1 \cdot X \cdot (b_1 + a_1/2)}{(c_1 + a_1) \cdot X} \\ &= \frac{c_1 \cdot (b_1 + c_1/2) + a_1 \cdot (b_1 + a_1/2)}{c_1 + a_1} \end{aligned} \tag{5-3}$$

代入数据计算得:

$$L_1 = \frac{6 \times (4 + 6/2) + 8 \times (4 + 8/2)}{6 + 8} = 7.57\text{km}$$

同理可算出 2 号料场供应水泥平均运距 $L_2 = 6.56\text{km}$。

3. 全线两料场供应的加权平均运距

1 号料场和 2 号料场各自运距计算出来后,可根据各自供应的材料数量,求出全线该种材料的加权平均运距。

仍以上例为背景,计算出的全线加权平均运距为:

$$L = \frac{(6+8)L_1 + (10+8) \times L_2}{(6+8) + (10+8)} = \frac{(6+8) \times 7.57 + (10+8) \times 6.56}{(6+8) + (10+8)} = 7.0\text{km}$$

第二节　公路工程施工图预算编制方法

一、编制施工图预算的依据

施工图预算是根据施工图设计文件资料和施工组织设计以及国家颁布的定额、取费标准和预算编制办法,并按照当地、当时的人工、材料、机械台班的实际价格来进行编制的。它是反映工程建设项目所需的人力、物力、财力及全部费用的文件,是施工图设计的重要组成部分。其编制依据多是由国家有关主管部门批准颁发的,具有法律约束力,在从事工程造价经济活动时,必须严格遵守,认真贯彻执行,主要有以下几项:

(1)就公路工程的不同设计阶段而言,作为编制施工图预算的主要依据之一,在一阶段设计中,是可行性研究报告投资估算;在二阶段设计中,是初步设计概算;在三阶段设计中,是技术设计修正概算。经批准的投资限额,是进行施工图限额设计的主要依据,一般施工图预算不得随意突破批准的投资限额。

(2)施工设计图纸和说明。这些资料都具体地规定了兴建工程的形式、内容、地质情况、结构尺寸、施工技术要求等,不仅是指导施工的指令性技术文件,而且是作为计算编制建设项目主体工程预算基础资料的工程数量的主要依据。

(3)施工组织设计资料。对施工期限、施工方法、机械化程度以及大型构件预制场、路面混合料拌和场、材料堆放地点、各种必须修建的临时工程的位置和临时占用土地数量等,都应作出明确而具体的规定。这些资料是计算辅助工程数量、临时工程数量、套用预算定额和计算有关各项费用的重要依据。

(4)预算定额。当采用新技术、新工艺,现有的定额不能满足编制需要时,按照定额的编制原则编制的补充定额也是编制施工图预算的合法依据。公路工程定额和其他行业定额一样,项目多,内容复杂,除了按工程类别划分外,还根据不同的工程标准、不同的建筑结构、不同的材料、不同的施工方法划分若干个子目,每个子目都包括有不同的工程内容,因此在使用定额时要弄清定额的含义,首先应当了解各章节的说明,清楚每个项目的适用范围和包括的工程内容,只有非常熟悉定额的含义,才能准确地使用定额,做到不重不漏。造价编制人员应通晓有关的施工机械设备、施工方法、工艺过程,以便正确地套用定额。定额是经国家批准的带有法定性的计价标准,具有严肃性,不能随意抽换,不能生搬硬套,随意拼凑;套用定额一定要按有关的规定办理,不可乱乘系数。

(5)人工、材料、机械台班预算价格以及据以计算这些价格的工资标准、材料供应价、运价、机械台班费用定额等,都是编制施工图预算的基础资料。因为按预算定额计算的只是建设项目所需的人工、材料、机械台班的实物消耗量,要分别乘以相应的预算价格,才能得到其预算金额,即以货币形式表现的费用。

(6)各种费率标准。结合我国的国情和建设实践,构成建设工程的造价的其他工程费、间接费、利润、税金以及建设项目管理费等,均是以费率作为计算施工图预算费用的依据。

(7)工程量计算规则和预算编制办法。工程量计算规则包括两个方面的含意,一是根据施工设计图纸资料如何计算工程量;二是按预算定额的内容要求如何正确摘取工程量,两者都是编制施工图预算时必须遵照执行的规则。至于预算编制办法,它除规定了各种费率标准外,还对组成预算文件的各种计算表格的内容、填表程序和方法,都作出了十分明确的规定,不得随意修改。所以,这些也是编制施工图预算的依据。为了编好预算,首先应当弄懂预算编制办法中各项费用的划分和计算标准以及有关规定。公路建设涉及面广,影响因素多,有些规定需要结合工程的实际情况确定,所以只有熟悉和掌握编制办法中的精神,才能正确而合理地选定各种计算方法和费用标准。所谓合理的选用就是按照预算编制办法规定,做到所取定的计算依据和标准与工程的实际情况基本一致,也只有在充分了解预算编制办法各项规定的基础上,才能真正地编制出好的施工图预算。

(8)勘察设计合同、协议以及建设项目主管部门或建设单位的有关规定。

(9)当采用新结构、新材料、新工艺、新设备而定额缺项时,按规定编制的补充定额,也是编制施工图预算的依据。

(10)有关的文件和规定。凡与编制预算有关的中央和地方文件和规定以及在外业调查中所签订的各种协议和合同都是编制预算的重要依据。比如为了加快公路建设,解决资金不足的问题,很多省对公路建设征用土地和拆迁建筑物补偿费制定了一些优惠政策和规定,有的还对高速公路建设实施减免税金和耕地占用税的政策等。

二、施工图预算的编制程序

在编制施工图预算的工作中,应当根据施工设计图纸,在熟悉和掌握必备的基础资料的前提下,按照如下程序进行。

(1)熟悉施工设计图纸和整理外业调查资料。因为施工设计图纸是计算和摘取编制施工图预算文件计价工程量的基本依据,不熟悉或了解不深,就无法正确进行计算和摘取工程量,而外业调查的内容和范围十分广泛,对调查搜集的各种资料,通过必要的分析整理,才能做到合理可靠,使之符合编制要求。若这些基础资料不准确,无疑就会影响施工图预算的编制质量。

(2)研究分析施工组织设计资料。施工组织设计对建设工程的施工期限、施工方法、标段的划分等,都做出了全面的、合理的安排和明确的规定,是建设项目实施的指导性文件。在标段的划分上,结合当前我国公路建设的实际情况,一般要考虑以下有关影响因素:

当前公路建设多实行招标承包施工,高等级公路规模大,投资多,在施工图预算基础上组织招标的工程应考虑到承包人的施工能力和整个工程施工组织设计的工期安排,如果实行国际招标的工程考虑到外籍承包人来华投标的情况,里程可以适当的长一些,标段里程太短工作量相对比较小,对外籍承包人吸引力不大。国内组织招标时每个标段划分不宜太长;标段太长工作量大，中标单位无能力按期完工，必然进行层层分包，这样不便于工程的管理，也无法保证工程的质量。

鉴于我国当前公路基本建设管理体制，每个标段的划分要考虑和当地的行政区划联系起来，也就是每段路的起讫点最好是当地市、地、县行政区划的分界点。一般征地拆迁是由当地政府包干，很多的政策都要通过当地政府才能实施；施工中出现的一些问题、矛盾和纠纷都得依靠当地政府出面协调解决，修路离不开当地政府的支持。以行政区划作为标段的分界点，易于发挥地方的积极性，使工程能顺利地开展，这是不可忽视的一个因素。

编制施工图预算，标段划分除了上述情况以外，对于路线中的特大桥梁、技术复杂的大型桥梁、大型的互通式立体交叉，根据需要也可以单独编制施工图预算作为一个标段。特大桥、大型互通式立体交叉在设计施工方面，一般技术比较复杂，需要的施工设备比较多，适于单独进行施工招标，相对来讲更便于实行专业化施工，也便于施工管理和保证工程质量及施工工期。

互通式立体交叉不论是否单独编制施工图预算，以往的习惯做法是把互通式立体交叉范围内的主线工程编入互通式立体交叉内，也就是把主线的加（减）速车道，起、终点范围内主线工程列入互通式立体交叉，这样无论是土方调配还是主线和匝道各项工程的施工管理都可以统一考虑，特别是对单独进行施工招标的或进行分包的互通式立体交叉工程更为方便有利。

（3）编制人工、材料、机械台班预算价格。应按预算编制办法所规定的计算表格的内容和要求，完成下列各项计算工作。

①人工费单价的分析取定。

②机械台班单价计算。

③自采材料料场单价计算。

④材料预算单价计算。

⑤人工、材料、机械台班单价汇总。

⑥辅助生产工、料、机械台班单位数量计算。

（4）确定各种费率的收费标准，进行其他工程费、间接费综合费率计算。

（5）进行工、料、机分析。根据摘取的工程量与预算定额等资料进行如下两项计算工作：

①分项工程预算计算。

②建筑安装工程费计算。

（6）计算设备、工具、器具购置费。

（7）计算工程建设其他费用及回收金额。

（8）编制总预算。包括以下各项计算工作内容：

①总预算计算（分段）。

②总预算汇总计算。

③辅助生产所需人工、材料、机械台班数量计算。

④临时设施所需人工、材料及冬季、雨季和夜间施工等增加工计算。

⑤分段人工、主要材料、机械台班数量统计汇总。

⑥总预算人工、主要材料、机械台班数量统计汇总。

（9）编写预算编制说明书。

（10）进行复核、审核和出版。

三、施工图预算的编制方法

施工图预算的编制方法与概算不同之处,主要表现在构成施工图预算第一部分建筑安装工程费的编制依据之一的工程定额,前者是预算定额,而后者是概算定额;是根据摘取的工程量套用预算定额,通过累计计算,层层汇总来完成的。至于第二、三部分费用的编制方法,则基本上是一样的。所以,要充分了解概、预算编制之间的内在关系,对于做好施工图预算的编制工作,是十分重要的。

1. 建筑安装工程费的编制方法

构成施工图预算的第一部分是建筑安装工程费的编制,通常是从以预算定额为依据进行工、料、机实物量分析入手,这就为编制施工图预算规定了一个着手点,使编制方法系统化。根据实践经验,编制建筑安装工程费,应遵循下列工作方法和要求进行。

(1)在进行工、料、机实物量分析之前,要根据摘取的工程量和整理好的外业调查资料,计算出人工、材料、机械台班的预算价格,其计算原则和方法与编制概算相同。同时,为了有效控制工程造价,在计算这些预算价格时,应以批准的概算文件为基础,结合整理的外业调查资料以及国家对人工、材料、机械台班的价格信息,有无修改变更等情况,综合分析取定,务必使所确定的价格信息真实可靠,并应对原概算文件资料进行必要的分析比较,以便了解掌握概、预算之间可能发生的变化和对预算产生的影响程度。

在计算人工、材料、机械台班的预算价格时,应按要求编制以下几种计算表格:

①机械台班单价计算表。

②自采材料料场单价计算表。

③材料预算单价计算表。

④人工、材料、机械台班单价汇总表。

⑤辅助生产工、料、机械台班单位数量表。它是为提供计算辅助生产所需的人工、材料、机械台班数量之用,包括材料的开采、加工、装卸、运输等工作内容,是一项综合定额资料。

(2)根据建设项目的实际情况和批准的概算文件以及国家有关规定,合理地取定其他工程费、间接费的各项费率标准,并编制其他工程费、间接费综合费率计算表。同时,应与原批准的概算文件资料进行必要的分析比较,做到心中有数,也便于发现差错,及时得以纠正,避免返工。

上述两项是编制施工图预算中的建筑安装工程费的基础资料,是计算各项费用之前必不可少的计算过程,也是确保编制质量的重要条件。其计算原则和方法、定额标准,无论是编制投资估算、设计概算、修正概算和施工图预算,都是一样的。

(3)根据摘取的各种主体的、辅助的工程量,结合施工组织设计的要求,正确套用预算定额编制分项工程预算表和建筑安装工程费计算表,是编制施工图预算的一个关键环节。应按照预算项目表所规定的序列内容进行填写。现就路基、路面、构造物等的预算编制方法,摘要说明如下:

①路基工程。应按土方、石方等顺序编制,并计算出数量和金额的合计,以便转入建筑安装工程费计算表和总预算表进行汇总。属于路基土石方工程的其他零星工程,如人工挖土质台阶,耕地填前夯(压)实及填前挖松,整修路拱和边坡,零填及挖方路基碾压以及路基盲沟,挖除淤泥等多项工程,概算定额是将其综合扩大为路基零星工程一项,而预算则是要按实逐项进行计算。因此,一般情况下,可将人工挖土质台阶,耕地填前夯(压)实及填前挖松,零填及

挖方路基碾压的费用综合在路基填方压实内,整修路拱边坡的费用分别计入路基土石方;或者将这些工程项目综合为路基其他一项,而以公里为计算单位,亦是可行的。至于路基盲沟,实际上是一种构造物工程,应单独列项反映,可以"m"或换算成"m^3"列入施工图预算。对于挖除淤泥工作,一般是除挖出后应将淤泥远运处理外,还要取土回填压实,或者采用砂石料进行回填至原地面高程,所以,也应单独列项,不宜将其综合在路基土石方内。

编制路基土石方预算时,要根据摘取的工程量,结合施工组织设计所安排的进度计划、施工方法、机械的选型配套资料,进行分析确定有关计算数据,如人工、机械施工的数量及各种不同的增运距等,分别套用定额进行计算。

②路面工程。一般要求按挖路槽、填路肩、不同结构形式的垫层、基层、面层等作为划分项目的依据,顺序进行计算。其中挖路槽要考虑废方远运处理费用,既可单列项目反映,也可将其综合在垫层内。但应注意,某些公路建设项目招标文件技术规范中路基挖方项目计量支付说明工程量包括"挖路槽"在内。为了施工图预算便于同标底对比,施工图预算也可将"挖路槽"的工程量,列入路基挖方数量内,但挖路槽的预算价(因采用定额同挖方不同)计算后综合在路基挖方单价内,同时在预算编制说明内叙述一下。至于路面混合料的运输费用和拌和设备的安拆费用,则应综合在相应的路面结构内,都不单独反映这些费用项目。

③构造物工程。桥梁、涵洞、排水或防护工程所包含的分项工程内容较多,计算工作也比较繁琐。招标工程参照国际承包工程惯例所实行的工程量清单,其项目的划分都比较详细,与现行预算项目表所规定的序列存在很大的差异。如预算项目表规定的桥梁工程,是以大、中、小桥与不同桥型结构来进行项目划分的,并以桥长作为计量单位。众所周知,桥梁工程的基础一般变化比较多,若以"桥长"作为承包工程价款的结算价格,显然会在工程实施中增加工程造价管理上的难度,即会产生大量的因工程设计变更而相应增加的计价工作。至于独立的大、中桥工程的预算项目又是以基础、上部、下部等工程作为项目划分的依据,故同是桥梁工程,在编制施工图预算时,其项目的划分有上述两种不同的标准。施工图预算是编制招标标底的基本依据,在预算项目表所规定的序列前提下,应尽可能为招标工程创造便利条件,如提高预算与标底的可比性,从而可减少一些分析比较工作,对加强工程造价管理,是十分必要的。故施工图预算项目的划分,应充分考虑这一客观因素。

根据我国多年来承包工程的实践经验和实行工程量清单的实际情况,并为实现与国际承包工程惯例相衔接的原则,构造物工程应以分部与不同圬工结构进行项目划分为主要依据。换言之,作为编制招标标底基本依据的施工图预算中的分部工程预算所确定的综合扩大的工程内容和范围,应是以有利于加强建设项目实施阶段的工程造价管理为目的,并尽可能为建设各方提供经济核算可比依据,这是编制施工图预算的客观必然要求。

a.基础工程。编制基础工程的预算费用时,应按砌石、混凝土等不同结构来划分项目,挖基、防水、排水以及基坑废方的远运处理等辅助工程所需的费用都可综合在内,不单独列项反映。

b.下部工程。应按墩、台和不同圬工结构分别计算,至于墩台帽、盖梁、耳、背墙等,都不单列项目计算,应将其费用综合在桥墩、台的圬工项目内。

c.上部工程。桥梁的上部结构形式比较多,应结合实际情况确定项目,如预制混凝土结构,其预制与安装一般可分项进行计算,当然也可合并为一个项目。至于桥面铺装、人行道和栏杆等工程,均应分别列项计算。例如由16m以下标准跨径的预应力空心板的预制工作,应将浇筑混凝土、钢筋、钢绞线、张拉台座、预制场门架、构件出坑等工程内容综合为一项。至于预制场地的平整工作,归并在"杂项工程"中的"平整场地"项内计算,不综合在预制构件的费用内。还有运输预制构件的临时轨道,因为预算项目表的第一项"临时工程"列有临时轨道铺设项目,故凡预制场及构件安装需铺设的临时轨道,都要合并计入第一项临时工程的轨道铺设项目,不计入预制或安装构件的费用内。预制构件的安装工作应包括安装、构件运输、支座、泄水管、安装设备的安拆,至于绞缝混凝土的浇筑,则应合并在桥面铺装的混凝土内计算。

d. 编制构造物工程的施工图预算时,当砂浆与混凝土的强度等级设计与预算定额的规定不相同或安装设备的实际使用期超过四个月时,则可调整其强度等级的材料消耗量和设备的摊销费用定额,而编制概算时是不允许调整的。

(4)在完成了工、料、机分析之后,即可根据计算确定人工、材料、机械台班预算价格和其他工程费、间接费综合费率、利润率和税率分别计算出各项费用,然后按预算项目表序列内容要求,节录转入建筑安装工程费计算表内,逐项汇总并求出金额,这样,建筑安装工程费的编制就完成了。

2. 设备、工具、器具购置费的编制方法

编制施工图预算中第二部分设备、工具、器具购置费时,原则上应以批准的概算文件为准,但因编制期的不同,其设备等供应价格难免不发生变化,故除设备等的价格可按当时的实际情况进行调整外,其规格品种和数量是不能随意修改的。

3. 工程建设其他费用的编制方法

编制施工图预算的第三部分工程建设其他费用时,各项费用应按下列原则和方法分别进行编制。

(1)土地青苗等补偿费和安置补助费。对于工程兴建对被征用的土地及附着物,按国家规定应给物主一定的经济补偿。在施工图设计阶段所提出的资料是据以实际支付赔偿的原始凭证,所以,要求根据施工图设计中的用地图所计算的用地数量,结合整理的外业调查资料,如实地进行计算。

(2)勘察设计费。应在原批准的各设计阶段勘察设计费的基础上,按国家规定所计算的施工图勘察设计阶段的费用加在一起,列入预算内。

(3)研究试验费。应以批准的概算文件资料为准,原则上不得进行调整。

(4)建设期贷款利息。除国家对利率作了调整外,是不应修改的,应以批准的概算数列入预算。

(5)建设项目管理费、施工机构迁移费、供电贴费、购置费、固定资产投资方向调节税等应结合建设工程的实际情况,按有关规定进行计算。

4. 预留费、回收金额的编制方法

这是构成施工图预算的第一、二、三部分费用之外的费用,应按下列要求进行计算。

(1)预留费。应结合建设工程的实际情况,按有关规定计算。

(2)回收金额。为满足施工需要凡达不到规定的周转次数,而增加定额外的材料消耗量的定额项目如拱盔、支架等,以及按一次材料使用量计入的临时电力、电信线路等,均应按规定对旧料计算回收金额,即可单独列项反映。

5. 编制总预算表

上述各项费用编制完成后,即可编制总预算表,按预算项目表的序列依次将各项工程或费用单位、数量、金额节录转入,除按项和第一、二、三部分求出合计、总计外,并计算技术经济指标和各项费用比例(%)。若分标段编制施工图预算的,应再次将各标段进行汇总,计算出整个建设项目的技术经济指标和各项费用比例(%)。同时,将建设项目和分标段所需的人工、主要材料、机械台班数量进行统计,据以编制汇总表。

6. 写出编制说明

在施工图预算编制完成之后,除应按规定要求的内容编写编制说明外,应进行工作总结,对预算与概算文件,作必要的"两算"对比分析。若预算超出批准的概算限额,要找出原因,提出解决的办法和意见,为建设工程的主管部门或建设单位进行决策提供依据。

当有多个设计单位共同承担施工图设计任务时,主管部门应指定一单位负责统一预算编制原则和依据,汇编总预算。

7. 公路工程施工图预算各项费用的计算程序及计算方式,见表3-25。

四、施工图预算各报表的编制步骤

(一)计算工程量,编制工程量原始数据表或建安工程费计算数据表(08-1表)

根据概预算项目表中项目节划分方法、费率工程类别和预算定额子目划分,结合拟采取的施工方案,计算工程数量并转化为定额计量单位,定额工、料、机消耗量发生调整的也要标明。

工程量原始数据表和建安工程费计算数据表(08-1表)表格形式分别见表5-1和表5-2。

工程量原始数据表　　　　　　　　　　　　　　表5-1

建设项目:××公路

编制范围:K0+000~K5+000　　　　　　　　　　　　　　　　　　原表

编号	名称	单位	工程量	费率号	备注
1	**第一部分　建筑安装工程费**	**公路公里**	**5.0**		
一	临时工程	公路公里	5.0		
1	临时道路	km	0.0		
(7-1-1-1)	平原微丘区路基宽7cm	1km	3.0	01	
(7-1-5-1)	角铁横担干线三线裸铝线输电线路	100m	5.0	08	
二	路基工程	km	0.0		
1	路基土方	m³	0.0		
(1-1-9-5)	斗容量1.0m³以内挖掘机挖装普通土	1000m³ 天然密实方	30.0	02	
(1-1-11-9)	8t以内自卸汽车运输4km土方	1000m³ 天然密实方	30.0	03	[(1-1-11-9)+(1-1-11-10)×6];定额×1.19
(1-1-18-4)	高速公路、一级公路15t以内振动压路机碾压土方	1000m³ 压实方	30.0	02	
	……				

建安工程费计算数据表(08-1表)　　　　表 5-2

建设项目:××公路
编制范围:K0+000~K5+000

项的代号	本项目数	目的代号	本目节数	节的代号	本节细目数	细目的代号	费率编号	定额个数	定额代号	项或目或节或定额的名称	单位	数量	定额调整情况
一	1									临时工程	公路公里	5.000	
		1	1					3		临时道路	km		
							01		(7-1-1-1)	平原微丘区路基宽7cm	1km	3.000	
							08		(7-1-5-1)	角铁横担干线三线裸铝线输电线路	100m	5.000	
二	3									路基工程	km		
				1				4		路基土方	m³		
							02		(1-1-9-5)	斗容量1.0m³以内挖掘机挖装普通土	1000m³ 天然密实方	30.000	
							03		(1-1-11-9)	8t以内自卸汽车运输4km土方	1000m³ 天然密实方	30.000	[(1-1-11-9)+(1-1-11-10)×6];定额×1.19
							02		(1-1-18-4)	高速公路、一级公路15t以内振动压路机碾压土方	1000m³ 压实方	30.000	

(二)以工程量原始数据表或建安工程费计算数据表(08-1表)为单元,初编 08-2 表

根据已填好的工程量原始数据表或建安工程费计算数据表(08-1表),确定每个需进行单价分析的计价工程细目作为 08-2 表的编制单元。分别在每个编制单元的 08-2 表中填列:①编制范围、工程名称;②工程项目(定额子目所在"定额项目表"名称)、工程细目(预算定额子目名称)、定额单位、工程数量、定额表号;③各定额子目工、料、机名称、单位、定额消耗量及基价等栏。并将各定额子目"工程数量"与"定额"相乘,得到工、料、机数量。

(三)工、料、机基础单价分析

根据初编 08-2 表可知本工程用了哪些工、料、机,然后进行工、料、机基础单价分析,将分析结果传递到 07 表(工、料、机单价汇总表),再由 07 表传递到 08-2 表用以计算工、料、机费。工、料、机单价分析流程见图 5-3。

(1)根据08-2表中所出现的材料种类、规格及机械作业所需的燃料和水电编制09表。

(2)根据实际工程发生的自采材料种类、规格,编制"自采材料料场价格计算表"(10表),并将计算结果汇总到09表的"材料原价"栏中。

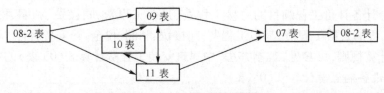

图5-3 工、料、机基础单价分析

(3)根据08-2表、10表中所出现的所有机械种类和09表中自办运输的机械种类,计算所有机械的台班单价,编制11表。

(4)根据地区类别和地方规定等资料计算人工工日单价。

将上面(1)、(2)、(3)、(4)项所算得的各基础单价汇总,编制"工、料、机单价汇总表"(07表)。

(四)计算其他工程费、间接费综合费率,编制04表

根据工程类别和工程所在地区,取定各项费率,将其他工程费及间接费综合费率计算出来,列于其他工程费及间接费综合费费率表(04表)中。其中:

(1)其他工程费综合费率(Ⅰ)=冬季施工增加费费率+雨季施工增加费费率+夜间施工增加费费率+沿海地区施工增加费费率+施工标准化与安全措施费费率+临时设施费费率+施工辅助费费率+工地转移费费率。

(2)其他工程费综合费率(Ⅱ)=高原地区施工增加费费率+风沙地区施工增加费费率+行车干扰工程施工费费率。

(3)规费综合费率=养老保险费费率+失业保险费费率+医疗保险费费率+住房公积金费率+工伤保险费费率。

(4)企业管理费综合费率=企业管理费基本费费率+主副食运费补贴费率+职工探亲路费费率+职工取暖补贴费率+财务费用费率。

(五)计算分项工程的直接工程费、其他工程费、间接费、利润、税金、建安费合计等费用,完成08-2表的编制

(1)将07表的单价填入08-2表中的单价栏,由单价与数量相乘得出人工费、材料费和机械使用费的"金额"或"金额=工、料、机各项的单位×定额×数量",并可纵向计算出各定额子目直接费,横向汇总计算出各种工、料、机的"数量"与"金额"合计值。

(2)将04表中各费率填入08-2表中的相应栏目,并以相应项目的直接工程费或人工费与施工机械使用费之和×规定费率计算,具体计算如下:

其他工程费(Ⅰ)=直接工程费×其他工程费综合费率(Ⅰ)

其他工程费(Ⅱ)=(人工费+施工机械使用费)×其他工程费综合费率(Ⅱ)

(3)规费按相应项目的人工费×规费综合费率计算。

(4)企业管理费按相应项目的直接费×企业管理费综合费率计算。

(5)利润按相应项目的(直接费+间接费-规费)×利润率计算。

(6)税金按相应项目的(直接费+间接费+利润)×税率计算。

(六)计算建筑安装工程费,编制03表

建筑安装工程费通过03表计算。

(1)将08-2表中各计价工程细目编制单元的直接工程费、其他工程费、间接费、利润、税金、建筑安装工程费等数据汇总填入03表。

(2)纵向合计各计价工程细目的直接工程费、其他工程费、间接费、利润、税金、建安费合计,得到整个工程的直接工程费、其他工程费、间接费、利润、税金、建安费合计,完成03表。

(3)具体计算规则,可参见"编制办法"中建筑安装工程费计算表(03表)的编制说明。

(七)编制设备购置费计算表(05表)

根据具体的设备、工具、器具购置清单进行计算,包括设备规格、单位、数量、单价以及需要说明的有关问题。

(八)编制工程建设其他费用及回收金额计算表(06表)

本表应按具体发生的工程建设其他费用项目填写,需要说明和具体计算的费用项目依次相应在说明及计算式栏内填写或具体计算,各项费用具体填写如下:

(1)土地征用及拆迁补偿费应填写土地补偿单价、数量和安置补助费标准、数量等,列式计算所需费用,填入金额栏。

(2)建设项目管理费包括建设单位(业主)管理费、工程质量监督费、工程监理费、工程定额测定费、设计文件审查费、竣(交)工验收试验检测费,按"建筑安装工程费×费率"或有关定额列式计算。

(3)研究试验费应根据设计需要进行研究试验的项目分别填写项目名称及金额或列式计算或进行说明。

(4)建设项目前期工作费按国家有关规定填入本表,列式计算。

(5)其余有关工程建设其他费用的填入和计算方法,根据规定依此类推。

(九)编制总预算表(01表)

(1)本表"项"、"目"、"节"、"工程或费用名称"、"单位"等应按概、预算项目表的序列及内容填写。"目"、"节"可视需要增减,但"项"应保留。

(2)"数量"、"概、预算金额"由建筑工程费计算表(03表),设备、工具、器具购置费计算表(05表),工程建设其他费用及回收金额计算表(06表)转来。

(3)"技术经济指标"以各项目概、预算金额除以相应数量计算;"各项费用比例"以各项概、预算金额除以总概、预算金额计算。

(十)实物指标计算

编制预算时还必须编制工程项目的实物消耗量指标,这可通过02表和12表的计算完成。

(1)将09表和10表、11表中的人工、材料、机械消耗量及机械实物消耗量汇总编制辅助生产工料机单位数量表(12表)。

(2)由12表的辅助生产工、料、机单位数量及机械台班实物消耗量分别与辅助生产的材料数量及机械台班数量相乘得到辅助生产工、料、机及机械实物量总数量。

(3)汇总08-2表中人工、主要材料、机械台班数量。

(4)计算各种增工数量(冬、雨、夜增工;临时设施用工指标等)。

(5)合计上面(2)、(3)、(4)项中的各项数据得出工程预算的实物数量,并计算定额材料的场外运输损耗数量,即得到02表。

施工图预算编制表格间数据传递见图3-4和图5-4。

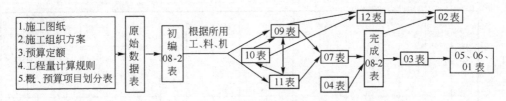

图 5-4 施工图预算编制流程

第三节　施工图预算编制案例

一、工程背景

该工程为某国道的一部分,简称 XX 改建、一级公路,自编桩号为 K0+000~K5+000。该路为不断交施工,高峰交通量为 8000 次,平均交通量近 6000 次。

二、编制依据

(1)属性表数据:
①工程所在地:广东省。
②取费标准:原交通部部颁费率标准(JTG B06—2007)。
③工程标准:改建工程,一级公路。
④工程规模:全长 5km(编制范围:K0+000~K5+000)。
⑤利润 7%,税率 3.41%。
⑥交工前养护月数 2 个月,综合里程 4km,工地转移 50km。
⑦计列的其他工程费和间接费有:沿海地区施工增加费、施工辅助费、职工探亲费、企业管理费基本费用、上级管理费。
⑧地形:平原微丘区,行车干扰 5000 次以上。
(2)第二部分费用不计。
(3)第三部分费用按下列参数计算:
①建设单位管理费按累进费率计算,工程质量监督费、工程监理费分别按建安费的 0.15%、2.5% 计算。
②设计费按第一部分定额建安费的 1.2% ×1.1 计。
③预算编制费以设计费的 10% 计(①、③均放在"勘察设计费"项目中)。
④供电贴费按总用电量的 0.25 元/W·h 计。
⑤施工期一年以内,不计造价增涨预留费。
⑥预备费:按直接费和间接费之和的 3% 计(预算系数包干)。
⑦青苗补偿按 30×4000 = 120000 元(亩×单价)计算。
(4)工、料、机单价:人工单价 50.00 元/工日;片石、碎石(4cm)采用计算单价:原价分别为 15.0/m^3、25.0 元/m^3,运距 15km,运费 1.2 元/t·km,装卸费单价 10.0 元,装卸一次;柴油 5.0 元/kg;汽油 6.0 元/kg;电 1.0 元/kW·h;水 1.0 元/t;其他材料采用部颁定额单价。采用广东省车船使用税费用标准计算机械台班单价。

三、施工图预算主要报表

编制施工图预算主要报表见表 5-3 ~ 表 5-12。

建设项目名称：××改建、一级公路
编制范围：K0+000～K5+000

总 预 算 表（01表）

表5-3

项	目	节	细目	工程或费用名称	单位	数量	预算金额（元）	技术经济指标	各项费用比例(%)	备注
				第一部分 建筑安装工程费	公路公里	5.000	19439718	3887943.60	90.42	
一				临时工程	公路公里	5.000	82551	16510.20	0.38	
二				路基工程	公路公里	5.000	5778322	1155664.40	26.88	
三				路面工程	公路公里	5.000	12852236	2570447.20	59.78	
四				桥梁涵洞工程	公路公里	5.000	704211	140842.20	3.28	
七				公路设施及预埋管线工程	公路公里	5.000	22397	4479.40	0.10	
				第二部分 设备及工具、器具购置费						
				第三部分 工程建设其他费用	公路公里	5.000	1433703	286740.60	6.67	
一				土地征用及拆迁补偿费	公路公里	5.000	120000	24000.00	0.56	
二				建设单位管理费	公路公里	5.000	1031438	206287.60	4.80	
四				建设项目前期工作费	公路公里	5.000	282265	56453.00	1.31	
				第一、二、三部分费用合计	公路公里	5.000	20873421	4174684.20	97.09	
一				预备费	元		626203		2.91	
				基本预备费	元		626203		2.91	
二				预算总金额	元		21499623		100.00	
三				其中：回收金额	元					

表 5-4

人工、主要材料、机械台班数量汇总表（02 表）

建设项目名称：×改建一级公路
编制范围：K0+000~K5+000

序号	规格名称	单位	代号	总数量	分项统计						场外运输损耗	
					临时工程	路基工程	路面工程	桥梁涵洞工程	公路设施及预埋管线	…	辅助生产	其他	%	数量
1	人工	工日	1	44987	183	23687	10500	3558		…		7060		
2	机械工	工日	2	5591	76	1136	4345	35		…				
3	原木	m³	101	28	8	17		3		…				
4	锯材木中板 δ=19~35	m³	102	29	0	20	5	4		…				
5	光圆钢筋直径 10~14mm	t	111	3			0	2		…				
6	带助钢筋直径 15~24mm，25mm 以上	t	112	18			10	8		…				
7	高强钢丝 φ5mm 以内预应力用碳素钢丝	t	133	5				5		…				
8	型钢	t	182	1	0		0	1		…				
9	钢板	t	183	2	0			2		…				
10	电焊条	kg	231	28				28		…				
11	组合钢模板	t	272	2			0	2		…				
12	弗氏储具	kg	565	417				417		…				
13	铁件	kg	651	1246	69		143	1034		…				
14	铁钉	kg	653	60		20		40		…				
15	8~12 号铁丝	kg	655	578	38	540				…				
16	20~22 号铁丝	kg	656	97			51	46		…				
17	铁皮	m²	666	6				6		…				
18	胶管	m	685	24				24		…				

续上表

序号	规格名称	单位	代号	总数量	分项统计						场外运输损耗	
					临时工程	路基工程	路面工程	桥梁涵洞工程	公路设施及预埋管线	辅助生产	其他	%	数量

序号	规格名称	单位	代号	总数量	临时工程	路基工程	路面工程	桥梁涵洞工程	公路设施及预埋管线	辅助生产	其他	%	数量
19	裸铝(铜)线	m	712	1575	1575				…				
20	皮线	m	714	1600	1600				…				
21	32.5级水泥	t	832	2677		677	1958	15	…		1.00	27	
22	42.5级水泥	t	833	7640			7111	453	…			1.00	76
23	石油沥青	t	851	462			449		…			3.00	13
24	重油	kg	861	71314			71314		…				
25	汽油	kg	862	20532			20532		…				
26	柴油	kg	863	128794	2161	48852	77325	457	…				
27	煤	t	864	2			2		…			1.00	0
28	电	kW·h	865	123956			122484	1472	…				
29	水	m³	866	11786		4039	6145	1602	…				
30	青(红)砖	千块	877	76			74		…			3.00	2
31	砂	m³	897	1138			1110		…			2.50	28
32	中(粗)砂	m³	899	11242		2410	8022	536	…			2.50	274
33	黏土	m³	911	43		42			…			3.00	1
34	片石	m³	931	5108		4600	508		…				
35	矿粉	t	949	281			278		…			1.00	3
36	碎石(2cm)	m³	951	818				810	…			1.00	8
37	碎石(4cm)	m³	952	16545		2024	14357		…			1.00	164
38	碎石(8cm)	m³	954	22		22			…			1.00	0
39	石屑	m³	961	20676			20471		…			1.00	205
40	路面用碎石(1.5cm)	m³	965	2419			2395		…			1.00	24

续上表

序号	规格名称	单位	代号	总数量	分项统计						场外运输损耗	
					临时工程	路基工程	路面工程	桥梁涵洞工程	公路设施及预埋管线	辅助生产	其他	%	数量
41	路面用碎石(2.5cm)	m³	966	2922			2893		…			1.00	29
42	块石	m³	981	565			565		…				
43	草皮	m²	995	29425		27500			…			7.00	1925
44	其他材料费	元	996	39523	261	10628	21676	6958	…				
45	φ1000混凝土管	100m	100000	5050		5050			…				
46	设备摊销费	元	997	45917	7264		38653		…				
47	75kW以内履带式推土机	台班	1003	47	31	16			…				
48	0.6m³履带式单斗挖掘机	台班	1027	12			12		…				
49	1.0m³履带式单斗挖掘机	台班	1035	75		75			…				
50	1.0m³轮胎式装载机	台班	1048	74			74		…				
51	3.0m³轮胎式装载机	台班	1051	148			148		…				
52	120kW以内平地机	台班	1057	78		49	30		…				
53	6~8t光轮压路机	台班	1075	112	3	46	63		…				
54	8~10t光轮压路机	台班	1076	2	2				…				
55	12~15t光轮压路机	台班	1078	161	8		153		…				
56	15t以内振动压路机	台班	1088	72		72			…				
57	300t/h以内稳定土厂拌设备	台班	1160	23			23		…				
58	30t/h以内沥青混合料拌和设备	台班	1201	79			79		…				
59	4.5m以内不带自动找平沥青混合料摊铺机	台班	1210	52			52		…				
60	9~16t轮胎式压路机	台班	1223	50			50		…				

续上表

序号	规格名称	单位	代号	总数量	分项统计							场外运输损耗	
					临时工程	路基工程	路面工程	桥梁涵洞工程	公路设施及预埋管线	辅助生产	其他	%	数量
61	2.5~4.5m滑模式水泥混凝土摊铺机	台班	1235	38			38			…			
62	电动混凝土刻纹机	台班	1243	624			624			…			
63	电动混凝土切缝机	台班	1245	237			237			…			
64	250L以内强制式混凝土搅拌机	台班	1272	7			7			…			
65	6m³以内混凝土输送泵车	台班	1307	231			231			…			
66	40m³/h以内水泥混凝土搅拌站	台班	1325	84			84			…			
67	900kN以内预应力拉伸机	台班	1344	11				11		…			
68	4t以内载货汽车	台班	1372	4			4			…			
69	3t以内自卸汽车	台班	1382	550			550			…			
70	5t以内自卸汽车	台班	1383	37			37			…			
71	8t以内自卸汽车	台班	1385	1033		665	367			…			
72	15t以内平板拖车组	台班	1392	4			4			…			
73	20t以内平板拖车组	台班	1393	8			8			…			
74	30t以内平板拖车组	台班	1394	3				3		…			
75	6000L以内洒水汽车	台班	1405	158			158			…			
76	12t以内汽车式起重机	台班	1451	19			19			…			
77	20t汽车式起重机	台班	1453	8			3	5		…			
78	40t汽车式起重机	台班	1456	12			12			…			
79	75t汽车式起重机	台班	1458	12			12			…			
80	50kN以内单筒慢动电动卷扬机	台班	1500	13				13		…			
81	32kV·A交流电弧焊机	台班	1726	5				5		…			
82	小型机具使用费	元	1998	2067			867	1200		…			

表 5-5

建筑安装工程费计算表(03 表)

建设项目名称: ×改建一级公路
编制范围: K0+000～K5+000

序号	工程名称	单位	工程量	直接费(元)						间接费(元)	利润(元)7.0%	税金(元)3.41%	建安工程费	
				直接工程费				其他工程费	合计				合计(元)	单价(元)
				人工费	材料费	机械使用费	合计							
1	2	3	4	5	6	7	8	9	10	11	12	13	14	15
1	临时道路	km	5.000	9125	24667	31453	65245	3874	69119	5646	5064	2722	82551	16510.21
2	路基土方	m³	30000.000	12330	90000	569089	671419	41987	713405	19869	51101	26747	811123	27.04
3	排水工程	km	5.000	915250	2101917		3017167	117531	3134698	408837	231070	128714	3903318	780663.69
4	防护与加固工程	km	5.000	256750	563672		820422	32251	852673	113273	62853	35082	1063881	212776.29
5	路面基层	m²	80000.000	75015	1937012	366714	2378742	89250	2467992	130015	180469	94746	2873221	35.92
6	中粒式沥青混凝土面层	m²	50000.000	97700	2241477	617992	2957169	118950	3076119	115910	221630	116406	3530065	70.60
7	水泥混凝土面层	m²	70000.000	352290	4052230	984191	5388711	209310	5598021	236397	401874	212658	6448949	92.13
8	预应力混凝土空心板桥	m/座	130.000	177892	351367	13777	543037	21195	564232	75290	41467	23222	704211	5417.01
9	公路交工前养护费	km	5.000	15000			15000	1131	16131	4371	1157	739	22397	4479.50
…			…	…	…	…	…	…	…	…	…	…	…	…
	各项费用合计			1911352	11362342	2583216	15856911	635479	16492390	1109609	1196684	641035	19439718	

其他工程费及间接费综合费率计算表（04 表）

编制范围：K0+000 ~ K5+000

表 5-6

序号	工程类别	其他工程费率（%）									综合费率		间接费率（%）										
		冬季施工增加费	夜间施工增加费	高原施工增加费	风沙地区施工增加费	沿海地区施工增加费	行车干扰增加费	施工标准化与安全措施费	临时设施费	施工辅助费	工地转移费	I	II	规费					企业管理费				综合费率
														养老保险费	失业保险费	医疗保险费	住房公积金	工伤保险费	综合费率	基本费用	主副食运费补贴	职工探亲路费	职工取暖补贴	财务费用	
1	人工土方	0.260					6.440	0.590	0.890	0.150	1.890	6.440	20.000	2.000	3.000	1.000	0.500	26.500	3.360	0.280	0.100		0.230	3.970
2	机械土方	0.270					6.110	0.590	0.490	0.500	1.850	6.110	20.000	2.000	3.000	1.000	0.500	26.500	3.260	0.215	0.220		0.210	3.905
3	汽车运输	0.270					5.890	0.210	0.160	0.310	0.950	5.890	20.000	2.000	3.000	1.000	0.500	26.500	1.440	0.225	0.140		0.210	2.015
4	人工石方	0.190					6.370	0.590	0.850	0.160	1.790	6.370	20.000	2.000	3.000	1.000	0.500	26.500	3.450	0.215	0.100		0.220	3.985
5	机械石方	0.250					5.010	0.590	0.460	0.360	1.660	5.010	20.000	2.000	3.000	1.000	0.500	26.500	3.280	0.200	0.220		0.200	3.900
6	高级路面	0.250					4.880	1.000	0.800	0.610	2.660	4.880	20.000	2.000	3.000	1.000	0.500	26.500	1.910	0.135	0.140		0.270	2.455
7	其他路面	0.240					4.620	1.020	0.740	0.560	2.560	4.620	20.000	2.000	3.000	1.000	0.500	26.500	3.280	0.135	0.160		0.300	3.875
8	构造物	0.190					3.710	0.720	1.300	0.560	2.770	3.710	20.000	2.000	3.000	1.000	0.500	26.500	4.440	0.205	0.290		0.370	5.305
9	构造物Ⅱ	0.210	0.350			0.150	3.720	0.780	1.560	0.660	3.710	3.720	20.000	2.000	3.000	1.000	0.500	26.500	5.530	0.225	0.340		0.400	6.495
10	构造物Ⅲ（一般）	0.450	0.700			0.150	3.720	1.570	3.030	1.310	7.210	3.720	20.000	2.000	3.000	1.000	0.500	26.500	9.790	0.405	0.550		0.820	11.565
11	构造物Ⅲ（室内管道）		0.700			0.150	3.720	1.570	3.030	1.310	6.760	3.720	20.000	2.000	3.000	1.000	0.500	26.500	9.790	0.405	0.550		0.820	11.565
12	构造物Ⅲ（安装工程）	0.250	0.350			0.150	3.720	0.785	3.030	1.310	5.275	3.720	20.000	2.000	3.000	1.000	0.500	26.500	9.790	0.405	0.550		0.820	11.565
13	技术复杂大桥					0.150		0.860	1.680	0.750	4.040		20.000	2.000	3.000	1.000	0.500	26.500	4.720	0.180	0.200		0.460	5.560
14	隧道							0.730	1.230	0.520	2.480		20.000	2.000	3.000	1.000	0.500	26.500	4.220	0.175	0.270		0.390	5.055
15	钢材及钢结构（一般）		0.350			0.150		0.530	0.560	0.720	2.310		20.000	2.000	3.000	1.000	0.500	26.500	2.420	0.180	0.160		0.480	3.240
16	钢材及钢结构（金属标志牌等）					0.150		0.530	0.560	0.720	1.960		20.000	2.000	3.000	1.000	0.500	26.500	2.420	0.180	0.160		0.480	3.240

工程建设其他费用及回收金额计算表(06表)

表 5-7

建设项目名称：××改建一级公路
编制范围：K0+000～K5+000

序号	费用名称及回收金额项目	说明及计算式	金额(元)	备注
	第三部分 工程建设其他费用	**5.00 × 286740.61**	**1433703**	
一	土地征用及拆迁补偿费	5.00 × 24000	120000	
1	青苗补偿	30.00 × 4000	120000	
二	建设单位管理费	5.00 × 206287.67	1031438	
1	建设单位管理费	{建设单位管理费}(建安费为基数)	516286	516285.84
2	工程质量监督费	{建安费} × 0.15%	29160	19439717.54 × 0.15%
3	工程监理费	{建安费} × 2.5%	485993	19439717.54 × 2.5%
四	建设项目前期工作费	5.00 × 56452.94	282265	
1	设计费	{建安费} × 1.1 × 1.2%	256604	19439717.54 × 1.1 × 1.2%
2	预算编制费	{建安费} × 1.1 × 1.2% × 10%	25660	19439717.54 × 1.1 × 1.2% × 10%
五	预备费		626203	
	基本预备费	第一、二、三部分费用合计 × 3%	626203	20873420.60 × 3%

表 5-8

人工、材料、机械单价汇总表（07 表）

建设项目名称：×改建、一级公路
编制范围：K0+000～K5+000

序号	名称	单位	代号	预算单价（元）	备注	序号	名称	单位	代号	预算单价（元）	备注
1	人工	工日	1	50.00		21	32.5级水泥	t	832	320.00	
2	机械工	工日	2	50.00		22	42.5级水泥	t	833	350.00	
3	原木	m³	101	1120.00		23	石油沥青	t	851	3800.00	
4	锯材木中板 δ=19～35	m³	102	1350.00		24	重油	kg	861	2.80	
5	光圆钢筋直径 10～14mm	t	111	3300.00		25	汽油	kg	862	6.00	
6	带助钢筋直径 15～24mm,25mm以上	t	112	3400.00		26	柴油	kg	863	5.00	
7	高强钢丝 φ5mm 以内预应力用碳素钢丝	t	133	5450.00		27	煤	t	864	265.00	
8	型钢	t	182	3700.00		28	电	kW·h	865	1.00	
9	钢板	t	183	4450.00		29	水	m³	866	1.00	
10	电焊条	kg	231	4.90		30	木柴	kg	867	0.49	
11	组合钢模板	t	272	5710.00		31	青（红）砖	千块	877	212.00	
12	弗氏锚具	kg	565	9.00		32	砂	m³	897	50.00	
13	铁件	kg	651	4.40		33	中（粗）砂	m³	899	60.00	
14	铁钉	kg	653	6.97		34	黏土	m³	911	8.21	
15	8～12号铁丝	kg	655	6.10		35	片石	t	931	61.30	
16	20～22号铁丝	kg	656	6.40		36	矿粉	m³	949	125.00	
17	铁皮	m²	666	25.40		37	碎石（2cm）	m³	951	55.00	
18	胶管	m	685	23.40		38	碎石（4cm）	m³	952	69.36	
19	裸铝（铜）线	m	712	3.22		39	碎石（8cm）	m³	954	49.00	
20	皮线	m	714	5.40		40	石屑	m³	961	65.00	

续上表

序号	名称	单位	代号	预算单价（元）	备注	序号	名称	单位	代号	预算单价（元）	备注
41	路面用碎石(1.5cm)	m³	965	65.00		64	250L以内强制式混凝土搅拌机	台班	1272	121.32	
42	路面用碎石(2.5cm)	m³	966	65.00		65	6m³以内混凝土输送泵车	台班	1307	1237.52	
43	块石	m³	981	85.00		66	40m³/h以内水泥混凝土搅拌站	台班	1325	1256.37	
44	草皮	m²	995	1.80		67	900kN以内预应力拉伸机	台班	1344	55.51	
45	其他材料费	元	996	1.00		68	4t以内载货汽车	台班	1372	360.24	
46	设备摊销费	元	997	1.00		69	3t以内自卸汽车	台班	1382	367.10	
47	75kW以内履带式推土机	台班	1003	619.99		70	5t以内自卸汽车	台班	1383	455.77	
48	0.6m³履带式单斗挖掘机	台班	1027	505.29		71	8t以内自卸汽车	台班	1385	576.16	
49	1.0m³履带式单斗挖掘机	台班	1035	833.80		72	15t以内平板拖车组	台班	1392	645.81	
50	1.0m³轮胎式装载机	台班	1048	408.07		73	20t以内平板拖车组	台班	1393	854.19	
51	3.0m³轮胎式装载机	台班	1051	917.11		74	30t以内平板拖车组	台班	1394	1057.70	
52	120kW以内平地机	台班	1057	918.70		75	6000L以内洒水汽车	台班	1405	572.55	
53	6~8t光轮压路机	台班	1075	254.22		76	12t以内汽车式起重机	台班	1451	796.46	
54	8~10t光轮压路机	台班	1076	283.50		77	20t汽车式起重机	台班	1453	1179.58	
55	12~15t光轮压路机	台班	1078	416.62		78	40t汽车式起重机	台班	1456	2227.65	
56	15t以内振动压路机	台班	1088	783.05		79	75t汽车式起重机	台班	1458	3392.16	
57	300t/h以内稳定土厂拌设备	台班	1160	1195.20		80	50kN以内单筒慢动电动卷扬机	台班	1500	125.19	
58	30t/h以内沥青混合料拌和设备	台班	1201	4310.03		81	32kV·A交流电弧焊机	台班	1726	144.87	
59	4.5m以内不带自动找平沥青混合料摊铺机	台班	1210	627.56		82	小型机具使用费	元	1998	1.00	
60	9~16t轮胎式压路机	台班	1223	530.40		83	商品混凝土	m³	120000	380.00	
61	2.5~4.5m滑模式水泥混凝土摊铺机	台班	1235	1085.50		84	φ1000混凝土管	100m	100000	350.00	
62	电动混凝土刻纹机	台班	1243	216.45		85	定额基价	元	1999	1.00	
63	电动混凝土切缝机	台班	1245	151.39							

建筑安装工程费计算数据表(08-1表)

建设项目名称:××改建一级公路　　　　　　　　　　　　　　　　　　　　　　　　　　　　　表5-9
编制范围:K0+000~K5+000　　　　　　　　　　　　　　　　　　　　　　　　　　数据文件编号:
公路等级:一级公路　　　　　　　　　　　　　　　　　　　　　　　　　　　　　　　　　　　001
路线或桥梁长度(km):5.0　　　　　　　　　　　　　　　　　　　　　　　　　路基或桥梁宽度(m):

项的代号	本项目数	目的代号	本目节数	节的代号	细目代号	费率编号	定额个数	定额代号	项或目或节或定额的名称	单　位	数　量	定额调整情况
一	1								临时工程	公路公里	5.000	
		1					3		临时道路	km	3.000	
						01		(7-1-1-1)	平原微丘区路基宽7cm	1km	5.000	
						08		(7-1-5-1)	角铁横担干线三线裸铝线输电线路	100m	5.000	
						08		(7-1-5-3)	支线输电线路	100m	5.000	
二	3								路基工程	公路公里	5.000	
		1					4		路基土方	m³		
						02		(1-1-9-5)	斗容量1.0m³以内挖掘机挖装普通土	1000m³ 天然密实方	30.000	定额×1.16
						03		(1-1-11-9)	8t以内自卸汽车运输4km土方	1000m³ 天然密实方	30.000	[((1-1-11-9)+(1-1-11-10)×6];定额×1.19
						02		(1-1-18-4)	高速、一级公路15t以内压路机碾压土方	1000m³ 压实方	30.000	
								1-1	外购土方	m³	30000.000	
				5			3		排水工程	km	20.000	
						08		(4-1-1-1)	土方干处基坑深3m以内	1000m³	20.000	
						08		补101	φ1000mm管基础	100m	50.000	
						08		补102	φ1000mm管铺设	100m	50.000	
				6			3		防护与加固工程	km	25.000	
						08		(5-1-1-2)	满铺边坡高度20m以内	1000m²		

续上表

本项目的代号	目的代号	目节数	节的代号	细目代号	费率编号	定额个数	定额代号	项或目或节或定额的名称	单 位	数 量	定额调整情况
							(5-1-15-5)	浆砌片、块石基础片石	10m³ 实体	200.000	
					08		(5-1-15-7)	浆砌片、块石墙身片石	10m³ 实体	200.000	"M5 水泥砂浆" 换 "M7.5 水泥砂浆"
三	3							路面工程	公路公里	5.000	
						4		路面基层	m²	80000	
					07		(2-1-7-7)	水泥石屑压实厚度18cm 水泥剂量6%	1000m²	80.000	实际厚度(cm)：[(2-1-7-7)+(2-1-7-8)×3]；配比[32.5级水泥：石屑]=[6.0：100.0]
					03		(2-1-8-9)	8t以内自卸汽车装载3km	1000m³	14.400	实际运距(km) [5km内]：[(2-1-8-9)+(2-1-8-10)×4]；定额×1.01
					07		(2-1-9-3)	平地机120kW以内铺筑基层	1000m²	80.000	
					10		(2-1-10-4)	稳定土厂拌设备生产能力300t/h以内	1座	1.000	
		5	2			4		沥青混凝土面层	m²	50000	
					06		(2-2-10-13)	中粒式沥青混凝土面层	m²	50000	
					03		(2-2-13-9)	8t以内自卸汽车装载5km	1000m³ 路面实体	5.000	实际运距(km) [5km内]：[(2-2-13-9)+(2-2-13-10)×8]
					06		(2-2-14-8)	机械摊铺沥青碎石混合料和沥青混合料拌和设备生产能力30t/h以内中粒式	1000m³ 路面实体	5.000	
					10		(2-2-15-1)	拌和设备生产能力30t/h以内	1座	1.000	
	6	1				4		水泥混凝土面层	m²	70000	
								水泥混凝土面层	m²	70000	

续上表

项的目代号	本项目数	目的代号	本目节数	节的代号	细目代号	费率编号	定额个数	定额代号	项或目或节或定额的名称	单 位	数 量	定额调整情况
						06		(2-2-17-3)	普通混凝土摊铺机铺筑道式路面厚度24cm	1000m² 路面	70.000	实际厚度（cm）：[（2-2-17-3）+（2-2-17-4）×4]；"C30普通混凝土,32.5级水泥,4cm碎石"换"C40普通混凝土,42.5级水泥,4cm碎石"
						03		(2-2-19-1)	3t以内自卸汽车装载3km	1000m³ 路面实体	16.800	实际运距（km）[5km内]：[（2-2-19-1）+（2-2-19-2）×4]
						15		(2-2-17-15)	钢筋	1t	10.000	
						10		(4-11-11-6)	混凝土搅拌站安拆（25m³/h以内）	1座	1.000	
四	1								桥梁涵洞工程	公路公里	5.000	
		3	1						小桥工程	m/座	130	
				5					预应力混凝土空心板桥	m/座	130	
						08	5	(4-7-9-4)	空心板混凝土	10m³ 实体	100.000	"C30普通混凝土,2cm碎石"换"C40普通混凝土,42.5级水泥,2cm碎石"
						15		(4-7-9-5)	空心板钢筋	1t 钢筋	10.000	
						15		(4-7-20-1)	锥形（弗氏）锚胶管成孔每10t顶应力钢筋、钢丝束	10t预应力钢筋、钢丝束	0.500	实际束数：[（4-7-20-1）+（4-7-20-2）×（-10.0）]
						08		(4-7-10-4)	起重机安装空心板	10m³ 构件	10.000	
						08		(4-8-4-3)	龙门架装车25t以内5km	100m³ 实体	1.000	实际运距（km）[5km内]：[（4-8-4-3）+（4-8-4-11）×8]
七	1								公路设施及预埋管线工程	公路公里	5.000	
		4	1						其他工程	公路公里	5.000	
				5		06			公路交工前养护费	km	5.000	

表 5-10（a）

分项工程预算表（08-2 表）

编制范围：K0+000～K5+000
工程名称：路基土方

工程项目				挖掘机挖装土、石方			自卸汽车运土、石方			填方路基			外购土方		合 计	
工程细目				斗容量 1.0m³ 以内挖掘机挖装普通土			8t 以内自卸汽车运输 4km 土方			高速、一级公路 15t 以内振动压路机碾压土方			外购土方			
定额单位				1000m³ 天然密实方			1000m³ 天然密实方			1000m³ 压实方			m³			
工程数量				30.000			30.000			30.000			30000.000			
定额表号				(1-1-9-5)×1.16			[(1-1-11-9)+(1-1-11-10)×6]×1.19			(1-1-18-4)						
序号	工料机名称	单位	单价（元）	定额	数量	金额（元）	定额	数量	金额（元）	定额	数量	金额（元）	定额	数量	金额（元）	数量	金额（元）
1	人工	工日	50.00	5.220	156.600	7830				3.000	90.000	4500				246.6	12330
2	75kW 以内履带式推土机	台班	619.99	0.534	16.020	9932										16.02	9932
3	1.0m³ 履带式单斗挖掘机	台班	833.80	2.494	74.820	62385										74.82	62385
4	120kW 以内平地机	台班	918.70							1.630	48.900	44924				48.9	44924
5	6～8t 光轮压路机	台班	254.22							1.550	46.500	11821				46.5	11821
6	15t 以内振动压路机	台班	783.05							2.410	72.300	56615				72.3	56615
7	8t 以内自卸汽车	台班	576.16				22.182	665.460	383411							665.46	383411
8	定额基价	元	1.00	2644.000	79320.000	79320	10790.000	323700.000	323700	3884.000	116520.000	116520	3.000	90000.000	90000	609540	609540
	直接工程费	元				80147			383411			117860			90000		671419
其他工程费	Ⅰ	元		1.850		1483	0.950		3642	1.850		2180					7306
	Ⅱ	元		6.110		4897	5.890		22583	6.110		7201					34681
间接费	规费	元		26.500		2075	26.500		8254	26.500		1192					3267
	企业管理费	元		3.905		3379	2.015			3.905		4969					16602
	利润及税金	元		10.410		9645	10.410		44500	10.410		14119	10.410		9584		77848
	建筑安装工程费	元				101625			462391			147523			99584		811123

编制范围：K0+000～K5+000
工程名称：排水工程

分项工程预算表（08-2表）

表 5-10（b）

序号	工料机名称	单位	单价(元)	工程项目: 人工挖基坑土、石方 工程细目: 土方干处基坑深3m以内 定额单位: 1000m³ 工程数量: 20.000 定额表号: (4-1-1-1)			φ1000mm管基础 100m 50.000 补101			φ1000mm管铺设 φ1000mm管铺设 100m 50.000 补102			合 计
				定额	数量	金额(元)	定额	数量	金额(元)	定额	数量	金额(元)	金额(元) 数量
1	人工	工日	50.00	448.300	8966.000	448300	124.160	6208.000	310400	62.620	3131.000	156550	18305.000 915250
2	原木	m³	1120.00				0.218	10.900	12208				10.900 12208
3	锯材木中板 δ=19~35	m³	1350.00				0.326	16.300	22005				16.300 22005
4	32.5级水泥	t	320.00				6.390	319.500	102240	0.280	14.000	4480	333.500 106720
5	水	m³	1.00				24.600	1230.000	1230	0.180	9.000	9	1239.000 1239
6	中(粗)砂	m³	60.00				16.280	814.000	48840	0.690	34.500	2070	848.500 50910
7	碎石 (4cm)	m³	69.36				40.480	2024.000	140385				2024.000 140385
8	其他材料费	元	1.00				15.000	750.000	750	4.000	200.000	200	950.000 950
9	φ1000混凝土管	100m	350.00							101.000	5050.000	1767500	5050.000 1767500
10	定额基价	元	1.00	22056	441120	441120	12068	603400	603400	33516	1675800	1675800	2720320 2720320
	直接工程费	元				448300			638058			1930809	3017167
其他工程费	I	元		2.770		12418	2.770		17674	2.770		53483	83576
	II	元		3.710		16632	3.710		11516	3.710		5808	33956
间接费	规费	元		26.500		118800	26.500		82256	26.500		41486	242541
	企业管理费	元		5.305		25323	5.305		35397	5.305		105575	166296
	利润及税金	元		10.410		57579	10.410		77628	10.410		224577	359784
	建筑安装工程费	元				679052			862529			2361738	3903318

08-2表

编制范围：K0+000~K5+000
工程名称：路面基层

分项工程预算表（08-2表）

表 5-10（c）
08-2 表

序号	工料机名称	单位	单价(元)	工程项目 水泥稳定类 水泥石屑压实厚度18cm，水泥剂量6% 1000m² 80.000 [(2-1-7-7)+(2-1-7-8)×3]改			厂拌基层稳定土混合料运输 8t以内自卸汽车 装载 3km 1000m³ 14.400 [(2-1-8-9)+(2-1-8-10)×4]×1.01			机械铺筑厂拌基层稳定土混合料 平地机120kW以内 铺筑基层 1000m² 80.000 (2-1-9-3)			基层稳定土厂拌设备的安装、拆除 稳定土厂拌设备生产能力300t/h以内 1座 1.000 (2-1-10-4)			合计	
				定额	数量	金额(元)	定额	数量	金额(元)	定额	数量	金额(元)	定额	数量	金额(元)	数量	金额(元)
1	人工	工日	50.00	3.200	256.000	12800				4.700	376.000	18800	868.300	868.300	43415	1500.300	75015
2	锯材木中板 δ=19~35	m³	1350.00										0.010	0.010	13	0.010	13
3	型钢	t	3700.00										0.040	0.040	148	0.040	148
4	组合钢模板	t	5710.00										0.086	0.086	491	0.086	491
5	铁件	kg	4.40										85.300	85.300	375	85.300	375
6	32.5级水泥	t	320.00	22.676	1814.112	580516							69.040	69.040	22093	1883.152	602609
7	水	m³	1.00	32.000	2560.000	2560							353.000	353.000	353	2913.000	2913
8	中（粗）砂	m³	60.00										230.010	230.010	13801	230.010	13801
9	片石	m³	61.30										288.180	288.180	17665	288.180	17665
10	碎石(4cm)	m³	69.36										80.360	80.360	5574	80.360	5574
11	石屑	m³	65.00	244.410	19552.792	1270931										19552.792	1270931
12	块石	m³	85.00										263.120	263.120	22365	263.120	22365
13	其他材料费	元	1.00										126.500	126.500	126	126.500	126
14	0.6 m³ 履带式单斗挖掘机	台班	505.29										5.080	5.080	2567	5.080	2567
15	3.0m³ 轮胎式装载机	台班	917.11	0.540	43.200	39619										43.200	39619
16	120kW以内平地机	台班	918.70							0.370	29.600	27194				29.600	27194
17	6~8t光轮压路机	台班	254.22							0.140	11.200	2847				11.200	2847

续上表

序号	工料机名称	单位	单价(元)	工程项目 水泥稳定类 水泥石屑压实厚度18cm，水泥剂量6% 定额单位 1000m² 工程数量 80.000 定额表号 [(2-1-7-7)+(2-1-7-8)×3]改			厂拌基层稳定土混合料运输 8t以内自卸汽车 装载3km 1000m³ 14.400 [(2-1-8-9)+(2-1-8-10)×4]×1.01			机械铺筑厂拌基层稳定土混合料 平地机120kW以内铺筑基层 1000m² 80.000 (2-1-9-3)			基层稳定土厂拌设备的安装、拆除 稳定土厂拌设备生产能力300t/h以内 1座 1.000 (2-1-10-4)			合计	
				定额	数量	金额(元)	定额	数量	金额(元)	定额	数量	金额(元)	定额	数量	金额(元)	数量	金额(元)
18	12~15t 光轮压路机	台班	416.62		101.600	42329				1.270	101.600	42329				101.600	42329
19	300t/h 以内稳定土厂拌设备	台班	1195.20	0.290	23.200	27729										23.200	27729
20	250L 以内强制式混凝土搅拌机	台班	121.32										4.060	4.060	493	4.060	493
21	8t 以内自卸汽车	台班	576.16				16.271	234.302	134996							234.302	134996
22	20t 以内平板拖车组	台班	854.19										7.740	7.740	6611	7.740	6611
23	6000L 以内洒水汽车	台班	572.55							0.310	24.800	14199				24.800	14199
24	12t 以内汽车式起重机	台班	796.46										1.880	1.880	1497	1.880	1497
25	40t 汽车式起重机	台班	2227.65										11.790	11.790	26264	11.790	26264
26	75t 汽车式起重机	台班	3392.16										11.790	11.790	39994	11.790	39994
27	小型机具使用费	元	1.00										376.300	376.300	376	376.300	376
28	定额基价	元	1.00		24080	1926400		7915.000	113976		1285	102800		186424	186424	2842504	2842504
直接工程费						1934155			113976			105369			204222		2378742
其他工程费	I	元		2.560	49514		0.950	1282		2.560	2697		2.310	14724			68219
	II	元		4.620	3703		5.890	7951		4.620	4868			4509			21031
间接费	规费	元		26.500	3392		26.500	2906		26.500	4982		26.500	11505			19879
	企业管理费	元		3.875	77011		2.015	15668		3.875	4376		3.240	25843			110136
利润及税金		元		10.410	219946		10.410	16280 4		10.410	12662		10.410	26939			275215
建筑安装工程费		元			2287721			162804			134954			287743			2873221

· 182 ·

材料预算单价计算表(09表)

建设项目名称:例题-广珠公路>广珠公路
编制范围:K0+000~K5+000

表5-11

序号	规格名称	单位	原价(元)	供应地点	运输方式、比重及运距(km)	毛重系数或单位毛重	运杂费 运杂费构成说明或计算式	单位运费(元)	原价运费 合计(元)	场外运输损耗 费率(%)	场外运输损耗 金额(元)	采购及保管费 费率(%)	采购及保管费 金额(元)	预算单价(元)
1	片石	m³	15.000	石场—工地	汽车、1.0、15.0	1.60000	[(1.2×15.0+10.0×1.0)×1.0]×1.60	44.800	59.80			2.500	1.495	61.300
2	碎石(4cm)	m³	25.000	碎石场—工地	汽车、1.0、15.0	1.50000	[(1.2×15.0+10.0×1.0)×1.0]×1.50	42.000	67.00	1.000	0.670	2.500	1.692	69.360

· 183 ·

表 5-12 机械台班单价计算表(11 表)

建设项目名称：××改建、一级公路
编制范围：K0+000～K5+000

序号	定额号	机械规格名称	台班单价(元)	不变费用 调整系数 1.0 定额	不变费用 调整	机械工 50.0元/工日 定额	机械工 费用	重油 2.8元/kg 定额	重油 费用	汽油 6.0元/kg 定额	汽油 费用	柴油 5.0元/kg 定额	柴油 费用	煤 265.0元/t 定额	煤 费用	电 1.0元/kW·h 定额	电 费用	水 1.0元/m³ 定额	水 费用	木柴 0.49元/kg 定额	木柴 费用	车船税(元)	可变费用 合计(元)
1	1003	75kW以内履带式推土机	619.99	245.140	245.14	2.000	100.00					54.970	274.85										374.85
2	1027	0.6m³履带式单斗挖掘机	505.29	219.840	219.84	2.000	100.00					37.090	185.45										285.45
3	1035	1.0m³履带式单斗挖掘机	833.80	411.150	411.15	2.000	100.00					64.530	322.65										422.65
4	1048	1.0m³轮胎式装载机	408.07	112.920	112.92	1.000	50.00					49.030	245.15										295.15
5	1051	3.0m³轮胎式装载机	917.11	241.360	241.36	2.000	100.00					115.150	575.75										675.75
6	1057	120kW以内平地机	918.70	408.050	408.05	2.000	100.00					82.130	410.65										510.65
7	1075	6~8t光轮压路机	254.22	107.570	107.57	1.000	50.00					19.330	96.65										146.65
8	1076	8~10t光轮压路机	283.50	117.500	117.50	1.000	50.00					23.200	116.00										166.00
9	1078	12~15t光轮压路机	416.62	164.320	164.32	1.000	50.00					40.460	202.30										252.30
10	1088	15t以内振动压路机	783.05	315.050	315.05	2.000	100.00					73.600	368.00										468.00
11	1160	300t/h以内稳定土厂拌设备	1195.20	455.640	455.64	4.000	200.00									539.560	539.56						739.56

续上表

序号	定额号	机械规格名称	合班单价（元）	不变费用 调整系数 1.0		可变费用														车船税（元）	可变费用合计（元）
				定额	调整	机械工 50.0元/工日		重油 2.8元/kg		汽油 6.0元/kg		柴油 5.0元/kg		煤 265.0元/t		电 1.0元/kW·h		水 1.0元/m³	木柴 0.49元/kg		
						定额	费用	定额	费用	定额	费用	定额	费用	定额	费用	定额	费用	定额 费用	定额 费用		
12	1201	30t/h以内沥青混合料拌和设备	4310.03	940.690	940.69	5.000	250.00	897.600	2513.28												3369.34
13	1210	4.5m以内不带自动找平沥青混合料摊铺机	627.56	367.560	367.56	2.000	100.00					32.000	160.00								260.00
14	1223	9~16t轮胎式压路机	530.40	311.850	311.85	1.000	50.00					33.710	168.55								218.55
15	1235	2.5~4.5m滑模式水泥混凝土摊铺机	1085.50	695.500	695.50	3.000	150.00					48.000	240.00								390.00
16	1243	电动混凝土刻纹机	216.45	128.650	128.65	1.000	50.00									37.800	37.80				87.80
17	1245	电动混凝土切缝机	151.39	81.230	81.23	1.000	50.00									20.160	20.16				70.16
18	1272	250L以内强制式混凝土搅拌机	121.32	18.580	18.58	1.000	50.00									52.740	52.74				102.74
19	1307	6m³以内混凝土输送泵车	1237.52	909.820	909.82	1.000	50.00					55.540	277.70								327.70
20	1325	40m³/h以内水泥混凝土搅拌站	1256.37	512.060	512.06	7.000	350.00									394.310	394.31				744.31
21	1344	900kN以内预应力拉伸机	55.51	27.590	27.59											27.920	27.92				27.92

续上表

序号	定额号	机械规格名称	台班单价(元)	不变费用 调整系数1.0 定额	不变费用 调整	机械工 50.0元/工日 定额	机械工 费用	重油 2.8元/kg 定额	重油 费用	汽油 6.0元/kg 定额	汽油 费用	柴油 5.0元/kg 定额	柴油 费用	煤 265.0元/t 定额	煤 费用	电 1.0元/kW·h 定额	电 费用	水 1.0元/m³ 定额	水 费用	木柴 0.49元/kg 定额	木柴 费用	车船税(元)	可变费用合计(元)
22	1372	4t以内载货汽车	360.24	66.380	66.38	1.000	50.00			34.280	205.68											38.18	293.86
23	1382	3t以内自卸汽车	367.10	67.620	67.62	1.000	50.00			34.280	205.68											43.80	299.48
24	1383	5t以内自卸汽车	455.77	103.490	103.49	1.000	50.00			41.630	249.78											52.50	352.28
25	1385	8t以内自卸汽车	576.16	194.910	194.91	1.000	50.00					49.450	247.25									84.00	381.25
26	1392	15t以内平板拖车组	645.81	242.260	242.26	2.000	100.00					40.460	202.30									101.25	403.55
27	1393	20t以内平板拖车组	854.19	392.890	392.89	2.000	100.00					45.260	226.30									135.00	461.30
28	1394	30t以内平板拖车组	1057.70	536.950	536.95	2.000	100.00					50.400	252.00									168.75	520.75
29	1405	6000L以内洒水汽车	572.55	257.900	257.90	1.000	50.00					42.430	212.15									52.50	314.65
30	1451	12t以内汽车式起重机	796.46	387.110	387.11	2.000	100.00					44.950	224.75									84.60	409.35
31	1453	20t汽车式起重机	1179.58	672.980	672.98	2.000	100.00					56.000	280.00									126.60	506.60
32	1456	40t汽车式起重机	2227.65	1566.300	1566.30	2.000	100.00					74.290	371.45									189.90	661.35
33	1458	75t汽车式起重机	3392.16	2501.310	2501.31	2.000	100.00					89.530	447.65									343.20	890.85
34	1500	50kN以内单筒慢动电动卷扬机	125.19	20.080	20.08	1.000	50.00									55.110	55.11						105.11
35	1726	32kV·A交流电弧焊机	144.87	7.240	7.24	1.000	50.00									87.630	87.63						137.63

思考题

1. 简述编制施工图预算应进行外业调查的主要内容。
2. 简述编制施工图预算的依据。
3. 简述编制施工图预算报表的基本步骤。
4. 某高速公路沥青路面项目,路线长36km,行车道宽22m,沥青混凝土厚度18cm。在距路线两端1/3处各有1处较平整场地适宜设置沥青混合料拌和场,上路距离均为200m,根据经验每设置1处拌和场的固定费用约为90万元。施工组织提出了设1处和2处拌和场的两种施工组织方案进行必选。问题:假设施工时工料机价格水平与定额基价一致,请从经济角度出发,选择费用较省的施工组织方案。
5. ××省拟新建一条六车道高速公路,地处平原微丘区,有一座钢筋混凝土盖板箱涵,标准跨径4.00m,涵高3.00m,八字墙,路基宽35.00m。其施工图设计主要工程量如下表:

序号	项目名称	单位	数量
1	挖基坑土方(干处)	m³	460
2	浆砌片石基础、护底、截水墙	m³	410
3	浆砌片石台、墙	m³	335
4	混凝土帽石	m³	0.6
5	矩形板混凝土	m³	72
6	矩形板钢筋	t	6.02
7	沉降缝高3m 计10道	m²	50

25座盖板涵的混凝土矩形板预制,设一处预制场计10000m²,场地需平整碾压,30%面积需铺砂砾层厚15cm,20%面积需做2cm水泥砂浆抹平,作为预制板底模。构件运输4km。该项目其他工程费、间接费的综合费率见下表:

序号	项目名称	其他工程费(%)	规费(%)	管理费(%)
8	构造物Ⅰ	2.8	25	5.3
9	构造物Ⅱ	3.7	25	6.5

问题:若编制年工程所在地的各项预算价格,以定额基价为基础上调15计算,编制该盖板涵的施工图预算建筑安装工程费。

6. 某山区高速公路隧道,全长1500m,主要工程量如下:
(1)洞门部分:开挖土石方6000m³,其中Ⅳ围岩70%,Ⅴ级围岩30%,浆砌片石墙1028m³,浆砌片石截水沟90m³。
(2)洞身部分:设计开挖断面为160m²,开挖土石方247180m³,其中Ⅲ级围岩20%,Ⅳ级围岩70%,Ⅴ级围岩10%;钢支撑445t;喷射混凝土10050m³,钢筋网138t,φ25锚杆12600m,φ22锚杆113600m;拱墙混凝土25259m³,光圆钢筋16t,带肋钢筋145t。

(3)洞内路面:21930m²,水泥混凝土面层厚26cm。
(4)洞外出渣运距1200m。
(5)隧道防排水、洞内管沟、装饰、照明、通风、消防等不考虑。

问题:请列出该隧道工程施工图预算所涉及的相关定额的名称、单位、定额代号、数量、定额调整等内容,并填入表格中,需要时应列式计算或文字说明。

第六章 公路工程投标报价

第一节 公路工程工程量清单计价原理

一、工程量清单计价相关概念

(一)工程量清单计价的含义

工程量清单是招标人或招标代理人依据建设工程设计图纸、工程量清单计量规则、一定的计量单位和技术标准计算所得的构成工程实体各分部分项的、可供编制标底和投标报价的实物工程量的汇总清单表。工程量清单是业主编制标底或参考价的依据,也是投标人编制投标报价的依据。工程量清单体现招标人要求投标人完成的工程项目及其相应工程实体数量的列表,反映全部工程内容以及为实现这些内容而进行的其他工作。

标价后的工程量清单还是合同中各工程细目的单价及合同价格表,因此是合同的重要组成部分,是计量支付的重要依据之一。

运用工程量清单将投标报价、评标和中标后项目实施中的验工计价三位一体。

在投标报价和合同实施过程中,应把招标文件各部分内容综合、有机结合起来使用。招标文件各部分对于工程量清单计价的作用,见图6-1。

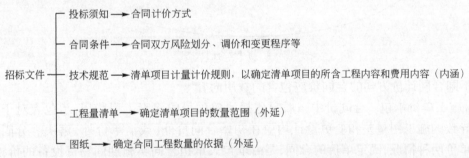

图6-1 招标文件各部分对造价确定的相互关系

工程量清单计价是指招标标底、投标报价的编制、合同价款确定与调整、工程结算以招标文件中的工程量清单为依据进行的工程造价的确定与控制的总称,工程量清单计价以清单中的计价工程细目作为基本单元。

(二)不同的合同计价方式

1.工程承包合同的作用

(1)合同确定了工程实施和管理的主要目标,规定了工程实施的"计划状态",见图6-2。

(2)通过合同调节合同双方责权利关系,合理划分风险,规范双方行为,见图6-3。

(3)风险事件发生后,根据合同约定,由原定"合同状态"下的平衡建立新的平衡。见图6-4。

2. 判断合同计价方式的要点

(1) 从工程量风险分担的角度,分为单价合同和总价合同。

(2) 从施工期资源价格风险分担的角度,分为固定价格合同和可调价格合同。

(3) 从发包人对承包人发包任务范围(委托代理的范围)分为施工总承包、工程总承包、EPC 总承包等模式,各种模式所包含的造价内容不同。

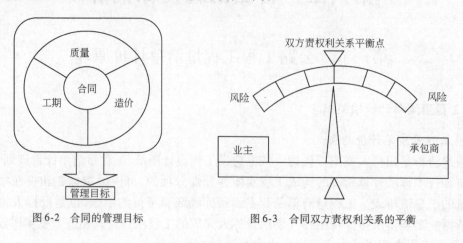

图 6-2 合同的管理目标　　　　图 6-3 合同双方责权利关系的平衡

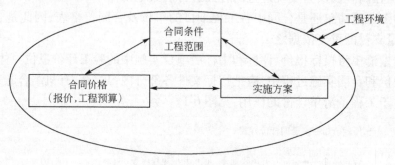

图 6-4 工程"合同状态"

3. 不同合同计价方式的合同价应包含的费用内容

(1) 施工单价承包。合同价中一般只包括清单项目的建安工程费用,承包人对于非承包人原因导致的施工图量差和变更设计均应在初始合同价外(或清单价外)解决。分固定单价和可调单价两种情况,固定单价的合同,是由承包人承担合同实施期间物资设备的价格风险;可调单价的合同,则是由发包人承担合同实施期间物资设备的价格风险。对于工期 2 年以上的公路和水利工程,多采用"估算工程量可调单价合同"。

(2) 施工总价承包。合同价中一般只包括清单项目的建安工程费用和风险包干费,承包商承担一部分工程量波动的风险,但对于发包人对建设方案、建设标准、建设规模、建设工期的重大调整和保险范围外由于不可抗力造成的工程损失,在初始合同价外(或清单价外)解决。可分固定总价和可调总价,固定总价的合同,是由承包人承担合同实施期间物资设备的价格风险;可调总价的合同,则是由发包人承担合同实施期间物资设备的价格风险。

(3) 设计施工总承包。合同价中应包含建安工程费和勘测设计费,对于非发包人原因引起的施工图量差和变更设计应由承包商负责。对于发包人对建设方案、建设标准、建设规模、建设工期的重大调整和保险范围外由于不可抗力造成的工程损失,在初始合同价外(或清单价外)解决。固定总价的合同,是由承包人承担合同实施期间物资设备的价格风险;可调总价的合同,则是由发包人承担合同实施期间物资设备的价格风险。

(4) EPC 总承包。在 EPC 总承包模式下,承包商负责设计、永久设备的采购和施工,因而合同价中应包含设计费、永久设备购置费和建安费。

(三)单价合同中"综合单价"的涵义

针对每个计价工程细目的综合单价的内涵如图 6-5 所示,有以下三层意思:

(1)包括完成该计价工程细目中所有工程内容的费用。该计价工程细目所包含的工程内容的确定不能根据经验,随意列算,要根据招标文件中的技术标准和要求中所对应的该计价工程细目的"工程量清单计量规则"进行识别。

(2)包括完成该计价工程细目中每项工程内容的所有费用,包括施工成本、利润、税金和一般风险费。

工程量清单中的单价一般是包括所有施工的劳务、材料、机械费用、管理费、安装费、缺陷修理费、保险费、利润、税金以及合同明示或暗示的所有责任和义务。

(3)综合单价不一定是固定单价,当工期两年以上,工程复杂,工料机价格上涨的风险是存在的,一般还要按照合同专用条件规定的价格调整公式(见本书第七章第四节相关内容)调整投标截止期前28天价格基期至施工结算期间的价差;或者,单项工程量增加或减少超过一定幅度时,要根据监理工程师指示对超出该幅度的变更工程重新估价。

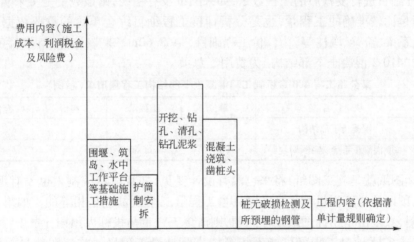

图 6-5 公路桥梁钻孔桩综合单价示意图

(四)单价合同编标报价中各种工程量之间的关系

1. 投标报价中工程量的含义

(1)设计工程量

设计工程量是在公路工程招标文件的招标图纸中列出的某合同(标段)范围内各分项工程的工程数量。各分项工程数量一般由列在招标图纸前面的"工程材料数量汇总表"(见表 6-1)和图纸后面的各分项工程细部详图共同定义,如二者不一致时一般应以后者修正前者或由编标人员重新计算。由于我国公路工程多数是在初步设计或技术设计完成后即开始施工招标,招标图纸中的设计精度达不到施工图设计精度,其工程量仅作为投标人报价的共同计算基础,是预估工程量。招标图纸中的设计工程量是招标工程量清单中预期计量工程量的计算依据。

某公路工程 400 章桥梁工程主要工程材料数量表（节选）　　　表 6-1

材料＼项目	下部构造						桥头搭板	小计
	桥墩			桥台				
	盖梁	墩身	基础	台帽	台身	基础		
C40								
C30	253.0	215.6					123.2	591.8
C25			591.0	138.4				729.4
小计	253.0	215.6	591.0	138.4			123.2	1321.2

（2）清单工程量

清单工程量是指工程量清单中所列的工程数量，是由业主或其委托的造价工程师根据招标图纸设计工程量和工程量清单计量规则，进行工程量的同类项合并之后确定的工程数量。由于招标图纸设计深度不够或清单编制人工作疏漏等原因，清单工程量经常会有偏差。但在单价合同中，清单工程量仅作为报价和评标的依据，而不是承包人应予以完成的实际和准确的工程量。报价时应以清单工程量和投标人分析的计价工程细目综合单价的乘积计算，即"合价或总额价＝清单工程量×综合单价"。

（3）预期计量工程量

预期计量工程量是投标人根据业主提供的招标图纸、工程量清单计量规则对工程量清单中各计价工程细目进行复核后的工程数量，如果图纸没有错误，则该数量是将来实际计量的工程数量，因而是比较准确的工程量，也是分析计价工程细目综合单价的重要依据。表 6-2 中"C30 混凝土系梁、盖梁、墩柱等"为计价工程细目，"468.60m³"是该计价工程细目的计价工程量，而表中的"410-2 混凝土下部结构"为费用汇总项。

某公路工程 400 章桥梁工程混凝土下部结构工程量清单（示例）　　　表 6-2

项目编号	项目名称	单位	工程量	单价	合价或总额价
410-2	混凝土下部结构				
410-2-a	C30 混凝土系梁、盖梁、墩柱等	m³	468.60		

如果招标图纸就是施工图纸，将来也没有设计变更，并且清单编制人也没有汇总错误，则清单工程量、预期计量工程量和将来实际计量工程量三个数量应是相等的。如果清单编制人没有工作疏漏，只是由于招标图纸设计问题，则清单工程量与投标人预期计量工程量应该是一致的，但和将来实际计量工程量可能不相等，"实际计量工程量＝施工图数量＋设计变更数量"。如果招标图纸和清单编制人工作都有失误，则清单工程量、预期计量工程量和将来实际计量工程量三个数量各不相同。

（4）预算工程量

投标报价预算工程量是编标人员在工程现场勘察、招标文件分析和编制投标施工组织设计基础上，根据招标文件技术规范中的计量与支付条款、招标图纸设计工程量、施工组织方案确定的施工措施工程量（又称辅助工程量）和预算定额子目的口径大小四个要素，以工程量清单计价工程细目为编制单元计算出来的工程量。其计算结果成为"报价原始数据表"。预算工程量是与设计工程量和预期计量工程量有密切关系但内涵与外延均不相同的工程量。预算工程量包括该计价工程细目计价工作内容内的设计工程量和施工措施工程量。

2. 设计工程量、预期计量工程量和预算工程量三者关系

由于工程量清单是业主或其委托的造价工程师参考招标文件范本中工程细目划分原则和

招标文件计量与支付条款的规定,依据"成品、实体、净数量"的原则编制而成的。但在编标报价时工程量计算的思路是,首先要将清单子目"还原",找到清单子目与招标图纸中设计工程量之间的对应关系;其次,除了完成该预期计量工程量需要的设计工程量之外,还要结合投标施工组织设计确定需要哪些施工措施工程量,从而得到该计价工程细目下的预算工程量;最后还要将预算工程量调整成能套工程定额的程度。可用图6-6反映设计工程量、预期计量工程量和预算工程量三者的关系。

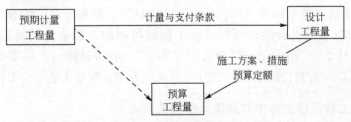

图6-6 设计工程量、预期计量工程量和预算工程量三者的关系

其中,在单价合同中,计价细目综合单价一般应根据投标人认为正确的预算工程量和计量工程量来分析。以清单子目中计算得到的预算工程量所计算得到的全部建筑安装工程费及其风险费或摊销费为分子,以清单子目对应的预期计量工程量为分母,得到的商值就是该计价工程细目的综合单价。可用公式(6-1)表示。再将该综合单价与清单中的相应清单子目工程量相乘,就得到该清单子目的"合价"。

$$综合单价 = \frac{\sum 以预算工程量计取的成本、利润、税金和一般风险费}{预期计量工程量} \tag{6-1}$$

【例6-1】 某公路工程按单价合同的计量支付方式,业主提供的工程量清单中标明某计价工程细目"基坑土方开挖"的工程量为500m^3——清单工程量;投标人在投标时复核图纸,发现预期计量工程量应当为400m^3;根据正常的施工方案,考虑开挖时放坡和工作面后的投标人预计开挖施工工程量是600m^3——预算工程量。见图6-7。经单价分析后该计价工程细目的综合单价为40元/m^3。

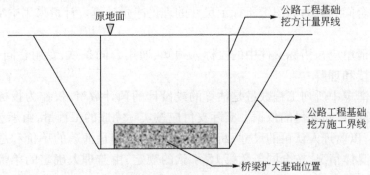

图6-7 某桥梁基础挖方工程量计算范围

问题:
(1)该计价工程细目的"合价或总额价"栏中应填写多少元?
(2)将来实际支付额是多少元?

解 (1)对单价合同的工程,清单工程量是报价和评标的依据,而不是结算和支付的依据,报价时应以清单工程量和承包商按照相对准确的预算工程量和预期计量工程量分析的综合单价的乘积计算,即"合价或总额价=清单工程量×综合单价",因此,本题合价或总额价=

20000元。

（2）实际支付时,如果未发生工程变更,则以承包商实际完成的经工程师签认的施工图范围内的工程量和合同单价相乘得到的结果,因此实际支付额＝16000元。

3."四种工程量"在公路工程报价基础报表中的对应关系

报价原始数据表中各计价工程细目应采用"预期计量工程量",以清单子目为单元套取的各定额子目应采用"预算量";"预算量"最终纳入"分项工程预算表(08-2表)"计算,"预期计量工程量"纳入"建筑安装工程费计算表(03表)"中计算各清单子目的综合单价(相当于是以预算工程量计取的建安费总额除以预期计量工程量得到的综合单价);得到的综合单价传递到工程量清单与"清单量"相乘,得到"合价或总额价"。将来计量与支付基本上以实际发生并经工程师签认的实际工程量(预期计量工程量)和承包商填在清单中的综合单价进行。

二、国内公路工程招标文件中与清单计价相关内容

（一）工程量清单构成

在《公路工程标准施工招标文件》(2009年版)中工程量清单由工程量清单说明、投标报价说明、计日工说明、工程量清单表、计日工表、暂估价表、投标报价汇总表、工程量清单单价分析表等表格组成。

1. 工程量清单说明

工程量清单说明是让投标人填报清单中单价和合价时应注意的事项,以及包含的内容,包括对工程项目的工作范围和内容、计量方式和方法、费用计算依据进行的描述,因此在招投标期间对工程报价有影响,在工程实施期间对工程是否进行计量与支付以及如何进行计量与支付有影响。工程发生变更及费用索赔时,它的参考作用更明显。概括起来,工程量清单说明强调的主要内容如下:

（1）工程量清单说明

①本工程量清单是根据招标文件中包括的、有合同约束力的图纸以及有关工程量清单的国家标准、行业标准、合同条款中约定的工程量计算规则编制。约定计量规则中没有的子目,其工程量按照有合同约束力的图纸所标示尺寸的理论净量计算。计量采用中华人民共和国法定计量单位。

②本工程量清单应与招标文件中的投标人须知、通用合同条款、专用合同条款、技术规范及图纸等一起阅读和理解。

③本工程量清单中所列工程数量是估算的或设计的预计数量,仅作为投标报价的共同基础,不能作为最终结算与支付的依据。实际支付应按实际完成的工程量,由承包人按技术规范规定的计量方法,以监理人认可的尺寸、断面计量,按本工程量清单的单价和总额价计算支付金额;或者,根据具体情况,按合同条款第15.4款的规定,由监理人确定的单价或总额价计算支付额。

④工程量清单各章是按第七章"技术规范"的相应章次编号的,因此,工程量清单中各章的工程子目的范围与计量等应与"技术规范"相应章节的范围、计量与支付条款结合起来理解或解释。

⑤对作业和材料的一般说明或规定,未重复写入工程量清单内,在给工程量清单各子目标价前,应参阅招标文件"技术规范"的有关内容。

⑥工程量清单中所列工程量的变动,丝毫不会降低或影响合同条款的效力,也不免除承包

人按规定的标准进行施工和修复缺陷的责任。

⑦图纸中所列的工程数量表及数量汇总表仅是提供资料,不是工程量清单的外延。当图纸与工程量清单所列数量不一致时,以工程量清单所列数量作为报价的依据。

(2)投标报价说明

①工程量清单中的每一子目须填入单价或价格,且只允许有一个报价。

②除非合同另有规定,工程量清单中有标价的单价和总额价均已包括了为实施和完成合同工程所需的劳务、材料、机械、质检(自检)、安装、缺陷修复、管理、保险、税费、利润等费用,以及合同明示或暗示的所有责任、义务和一般风险。

③工程量清单中投标人没有填入单价或价格的子目,其费用视为已分摊在工程量清单中其他相关子目的单价或价格之中。承包人必须按监理人指令完成工程量清单中未填入单价或价格的子目,但不能得到结算与支付。

④符合合同条款规定的全部费用应认为已被计入有标价的工程量清单所列各子目之中,未列子目不予计量的工作,其费用应视为已分摊在本合同工程的有关子目的单价或总额价之中。

⑤承包人用于本合同工程的各类装备的提供、运输、维护、拆卸、拼装等支付的费用,已包括在工程量清单的单价与总额价之中。

(3)计日工说明

①计日工是指对零星工作采取的一种计价方式,按合同中的计日工子目及其单价计价付款。应将本说明与通用合同条款第15.7款(计日工)一并理解。

②未经监理人书面指令,任何工程不得按计日工施工;接到监理人按计日工施工的书面指令,承包人也不得拒绝。

③投标人应在计日工单价表中填列计日工子目的基本单价或租价,该基本单价或租价适用于监理人指令的任何数量的计日工的结算与支付。计日工的劳务、材料和施工机械由招标人(或发包人)列出正常的估计数量,投标人报出单价,计算出计日工总额后列入工程量清单汇总表中并进入评标价。计量支付过程中计日工不调价。

④计日工劳务的内涵:在计算应付给承包人的计日工工资时,工时应从工人到达施工现场,并开始从事指定的工作算起,到返回原出发地点为止,扣去用餐和休息的时间。只有直接从事指定的工作,且能胜任该工作的工人才能计工,随同工人一起做工的班长应计算在内,但不包括领工(工长)和其他质检管理人员。承包人可以得到用于计日工劳务的全部工时的支付,此支付按承包人填报的"计日工劳务单价表"所列单价计算,该单价应包括基本单价及承包人的管理费、税费、利润等所有附加费,具体包括费用内容是:承包人劳务的全部直接费用,如:工资、加班费、津贴、福利费及劳动保护费等;承包人的利润、管理、质检、保险、税费;易耗品的使用、水电及照明费,工作台、脚手架、临时设施费,手动机具与工具的使用及维修,以及上述各项伴随而来的费用。

⑤计日工材料的内涵:承包人可以得到计日工使用的材料费用(已计入劳务费内的材料费用除外)的支付,此费用按承包人"计日工材料单价表"中所填报的单价计算,该单价应包括基本单价及承包人的管理费、税费、利润等所有附加费,具体包括费用内容是:按供货价加运杂费(到达承包人现场仓库)、保险费、仓库管理费以及运输损耗等计算的材料基本单价;承包人的利润、管理、质检、保险、税费及其他附加费;从现场运至使用地点的人工费和施工机械使用费不包括在上述基本单价内。

⑥计日工施工机械的内涵:承包人可以得到用于计日工作业的施工机械费用的支付,该费

用按承包人填报的"计日工施工机械单价表"中的租价计算。该租价应包括施工机械的折旧、利息、维修、保养、零配件、油燃料、保险和其他消耗品的费用以及全部有关使用这些机械的管理费、税费、利润和司机与助手的劳务费等费用。在计日工作业中,承包人计算所用的施工机械费用时,应按实际工作小时支付。除非经监理人的同意,计算的工作小时才能将施工机械从现场某处运到监理人指令的计日工作业的另一现场往返运送时间包括在内。

(4)其他说明。招标人可根据招标项目的具体情况提出进一步的说明。

2. 工程量清单表

工程量清单表是根据工程的不同部位和施工内容进行分类的。如《公路工程标准施工招标文件》(2009年版)(以下简称"新范本"中分总则,路基(含防护工程)、路面、桥梁、涵洞、隧道、安全设施及预埋管线,绿化及环境保护设施共7个科目。每个科目根据工作性质、内容再分为不同的细目,科目与细目按顺序进行编号。每一细目的金额是由招标文件中的工程数量与中标单位填报的单价相乘而得,每一科目的金额是该科目所包括的所有细目金额之和,把合同中所有科目的金额汇总于第100~700章之中,就可得到合同价格中工程细目表金额。

工程量清单表分为两类,一类是开办项目的工程量清单,通常放在工程量清单第100章总则中,特点是有关款项包干支付按总额结算;另一类是永久工程项目的工程量清单,包括路基、路面、桥梁涵洞、隧道、安全设施及预埋管线、绿化及环境保护共7个项目,其工程量应根据图纸中的工程量并按技术规范的"计量与支付"条款规定处理后确定。该工程量是暂估数量,实际工程量要通过计量的方式来确定。

工程量清单表金额与概预算定额计价形式相似。但在细目划分、内容、单位、单价等方面有所不同,主要体现在:

(1)工程项目的划分。往往一个细目的工作内容及单价是预算定额中几个细目的工作与单价之和。如桩基础以米(m)为计量单位,在合同技术规范中明确包含的工作内容与费用有:材料的采备、供应、加工、运输,施工平台及支架设备的安装、拆除、临时护筒的沉入、挖土围堰、钻孔、泥浆护壁、清孔、钢筋骨架笼安放、混凝土的灌注、养生、截桩头、无破损检验的一切与此有关的作业与价款,相当于预算定额中灌注桩工作平台定额细目(定额号为4-29)、护筒制作、埋设、拆除(定额号为4-28);钻孔(定额号为4-25);灌注桩混凝土(定额号为4-27)的细目之和。而灌注桩钢筋(定额号为4-27)一般在"基础钢筋"中计量。另外,也有一些工程量清单计价细目是隐含在概预算中的费用,如,承包人驻地建设费,即其他工程费中的临时设施费。

(2)一般把概预算中的临时工程、临时设施项目,以及实体工程量细目以外,概预算中没有但与工程实施有关的项目列在工程量清单表第100章《总则》之中。如各种保险费、承包人驻地建设费、为监理工程师提供办公、生活、车辆使用等,计量单位一般以项计。

(3)工程量清单中各子目的单价是综合单价,包括完成每个细目计量单位的工程量所花费的工、料、机、其他工程费、间接费、利润、税金、缺陷工程维修费、不可预见费等一切有关费用,以编制施工图预算方法测算标价时应当适当地归纳与调整。

3. 计日工表

计日工是指指对零星工作采取的一种计价方式,按合同中的计日工子目及其单价计价付款。计日工表由计日工劳务、计日工材料、计日工施工机械和计日工汇总表四个表格构成。投标人应在计日工单价表中填列计日工子目的基本单价或租价,该基本单价或租价适用于监理人指令的任何数量的计日工的结算与支付。计日工的劳务、材料和施工机械由招标人(或发包人)列出正常的估计数量,投标人报出单价,计算出计日工总额后列入工程量清单汇总表中并进入评标价。

4. 暂估价表

指发包人在工程量清单中给定的用于支付必然发生但暂时不能确定价格的材料、设备以及专业工程的金额。暂估价表由材料暂估价表、工程设备暂估价表和专业工程暂估价表组成。

5. 暂列金额

暂列金额指招标人在工程量清单中暂定并包括在合同价款中的一笔款项,用于施工合同签订时尚未确定或不可预见的所需材料、设备、服务的采购,施工中可能发生的工程变更、合同约定调整因素出现时的工程价款调整以及发生的索赔、现场确认等的费用。

广义的暂列金额包括计日工等项目,但在公路工程投标报价时,由于计日工单独计算并报价,因而暂列金额在投标报价汇总表中以"暂列金额(不含计日工总额)"形式计列,一般是以第100章至第700章清单合计减去材料、工程设备、专业工程暂估价合计的余额为基数乘以招标人指明的暂列金额费率(如5%)计算。

6. 投标报价汇总表

工程量清单汇总表除了对各工程量清单表进行汇总外,还有一张投标报价汇总表,汇总表的格式如表6-3所示。通过汇总表对各章的工程报价(含专项暂列金额)进行汇总,再加上一定比例的不可预见费暂列金额,即可得出该标段的总报价,该报价与投标书中所填写的投标总价应是一致的。

投标报价汇总表　　　　　表6-3

序　号	章　次	科　目　名　称	金额(元)
1	100	总则	
2	200	路基	
3	300	路面	
4	400	桥梁、涵洞	
5	500	隧道	
6	600	安全设施及预埋管线	
7	700	绿化及环境保护设施	
8	第100章~700章清单合计		
9	已包含在清单合计中的材料、工程设备、专业工程暂估价合计		
10	清单合计减去材料、工程设备、专业工程暂估价合计(即8-9=10)		
11	计日工合计		
12	暂列金额(不含计日工总额)		
13	投标报价(8+11+12)=13		

(二)工程量清单计价细目编码规则

工程量清单计价细目编码规则见图6-8。

(三)合同(投标)价格项目构成

见图6-9。

(四)公路工程招标及合同实施进程图

见图6-10。

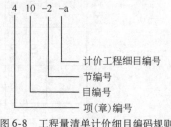

图6-8　工程量清单计价细目编码规则

200 章 路基

细目编号	项目名称	单位	数量	单价	合价或金额
204-1	路基填筑	……	……	……	……
204-1-e	借土填方	m³	35000		
……	……				
200章小计（结转至第__页工程量清单汇总表）人民币 ____ 元					

300 章 路面

细目编号	项目名称	单位	数量	单价	合价或金额
305-1	水泥稳定石屑基层	……	……	……	……
305-1-a	6%水泥稳定石屑基层（厚20cm）	m²	30000		
……	……				
300章小计（结转至第__页工程量清单汇总表）人民币 ____ 元					

×× 章 ×× 工程

细目编号	项目名称	单位	数量	单价	合价或金额
……	……	……	……	……	……
××章小计（结转至第__页工程量清单汇总表）人民币 ____ 元					

专业工程暂估价汇总表

清单编号	名称	细目号	估计金额
400	桥梁荷载试验（举例）	401-1	60 000
……	……	……	……

投标报价汇总表

序号	章次	科目名称	金额（元）
1	100	总则	
2	200	路基	
3	300	路面	
4	400	桥梁、涵洞	
5	500	隧道	
6	600	安全设施及预埋管线	
7	700	绿化与环保工程	
8		第100章至700章清单合计	
9		已包含清单合计中的材料、工程设备、专业工程暂估价合计	
10		清单合计减去材料、工程设备、专业工程暂估价合计（即(8)−(9)=(10)）	
11		计日工合计	
12		暂列金额（不含计日工总额）	
13		投标报价（(8)+(10)+(12)=(13)）	

图6-9 合同(投标)价格项目构成

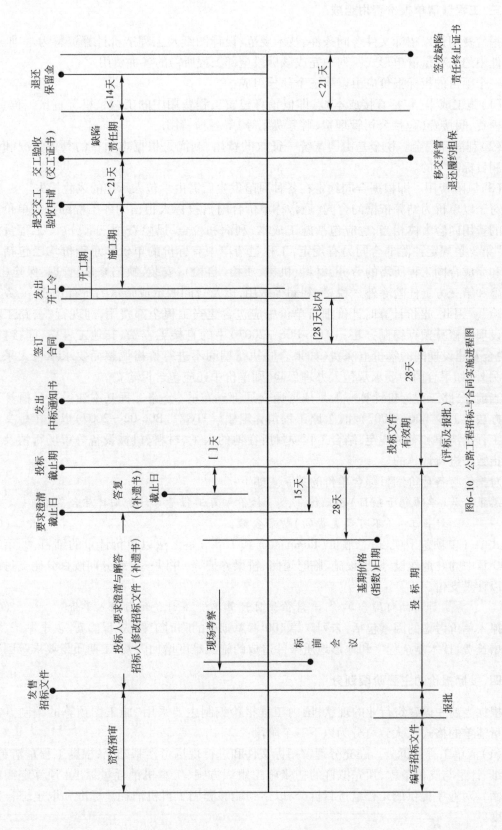

图6-10 公路工程招标与合同实施进程图

三、工程量清单报价费用组成

报价费用是以招标文件合同条件、技术规范、设计图纸及工程造价计算资料为基础,按招标文件中的工程量清单形式所列的完成该标段全部工程所需的各种费用。

一个项目的投标报价应由以下三个部分组成:

(1)施工成本(包括直接成本)。即概预算建安工程费用中的工、料、机等直接工程费、其他工程费、间接费(包括公司管理费、财务费用等)等各项费用。

(2)利润和税金。税金是由国家统一征收的费用,利润是根据本项目的具体情况和公司的利润目标制定的。

(3)风险费用。即根据合同约定在各种风险发生后需由承包人承担的风险损失。

对于以单价为结算依据的合同(通常称单价合同),投标人报出的各工程细目的单价同总报价的费用内容大体相当,也应包括施工成本、利润和税金、风险费用三部分。"工程量清单说明"第3条规定:"除非合同另有规定,工程量清单中有标价的单价和总额价均已包括了为实施和完成合同工程所需的劳务、材料、机械、质检(自检)、安装、缺陷修复、管理、保险(工程一切险和第三方责任险除外)、税费、利润等费用,以及合同明示或暗示的所有责任、义务和一般风险"。因此,报价计算时计价细目单价中应包含建安工程全部费用,即现行《公路工程基本建设项目概算预算编制办法》(JTG B06—2007)中的直接工程费、其他工程费、间接费、利润、税金及建设期间的物价上涨费(如果合同执行期间不进行价格调整而要求承包人采用固定),另外,如果合同中要求承包人办理保险,则单价中还应包含保险费。

当前,公路工程标价计算一般是依据原交通部颁布的《公路工程基本建设项目概算预算编制办法》(JTG B06—2007)和《公路工程预算定额》(JTG/T B06-02—2007)以及招标文件提供的工程量清单和有关规定,结合工程项目所在地的人工、材料、机械设备等市场行情及有关物价指数来进行计算的。

总报价与各计价细目综合单价的关系式如下:

$$总报价 = (单项包干项目)总额价 + \sum (计价细目工程量 \times 计价细目综合单价) + 计日工 + (不可预见费的)暂定金额 \qquad (6-2)$$

式中,(单项包干项目)总额价(Lump. sum 或 L. S.)是无法以单价计量的细目,如第二卷第100章中的驻地建设、监理设施、临时道路、桥梁养护等,并以一次或分期按百分比支付的方式予以计量支付。

$$计价细目综合单价 = 计价细目预算单价 + 计价细目摊入单价 \qquad (6-3)$$

摊入单价考虑的因素包括:未列入第100章总则中的临时工程费、保险费、供电贴费、工程造价增长费、技术复杂程度和地形地质条件造成的施工难度增加因素、工期质量要求等因素。

四、投标报价的主要阶段划分

根据当前中国建筑行业的现状,国内工程报价编制主要采用"施工图预算的编制方法和工程量清单的格式",大致可分为以下三个阶段:

(1)清单工程量拆分。在充分理解招标文件和进行现场考察基础上,根据工程量清单、招标图纸、计量与支付条款、预先拟订的初步施工组织方案、工料机消耗量标准(预算定额或企业定额),对业主提供的工程量进行拆分,以达到能够套用工料机消耗量标准和取定综合费率的程度。

(2)计算初步投标价并测算标价"上限"与"下限"。根据工程量拆分的结果、调查的工料机资源的市场价格、结合本公司施工管理水平测算的综合取费水平并参照本公司以往的经验,进行单价分析,确定表中每个工程细目的综合单价或(单项包干项目)总额价(Lump. sum),再将业主提供的工程细目工程量与所分析确定的工程细目综合单价相乘,加上总额价、暂定金额等汇总为各工程细目的"合价"以及整个工程的投标报价。计算工程细目和总额价时的步骤与施工图预算相似,只是施工图预算的目的在于得到工程总价,而投标报价时的重点是分析工程细目单价或包干价。

根据该行业或地区工程造价计价办法以及通过市场询价确定的工程所在地工、料、机价格水平和综合费率水平,确定出的反映社会平均水平的工程预算价格(包括各项预算费用和分摊费用),作为"模拟标底",从而确定出标价的上限;根据本企业技术装备和管理水平和成本降低措施,测算本企业完成该工程的最低保本点,即为标价的下限。

(3)报价决策,确定最终总标价。在前面所测算的标价的"上限"与"下限"之间的决策区间中,根据所掌握的业主及其他投标单位的信息适当调整其他工程费、间接费、利润等取费,以使总标价更有竞争力。

并且要充分利用报价技巧,进行"单价重分配(或不平衡报价)"。当投标人的总标价水平确定后,还要采用"单价重分配"的方法来调整单价,以期在工程结算时取得最好的经济效益。力图达到"投标中标,施工创利"的目的。报价主要流程如图6-11。

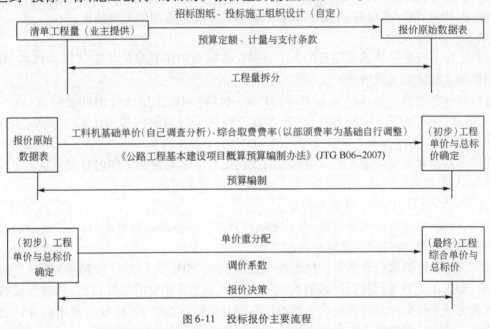

图6-11 投标报价主要流程

第二节 公路工程投标报价预算编制

一、公路工程标价编制依据

(一)招标文件(合同条件、技术规范、图纸及工程量清单)

报价时招标文件各部分的优先次序应是:合同专用条款及数据表(含招标文件补遗书中与此有关的部分)优先于合同通用条款;工程量清单中的工程数量(含招标文件补遗书中与此

有关的部分)优先于图纸中的工程数量;工程量清单中项目划分、计量与技术规范相结合。

合同条件一般也称合同条款,它是合同中商务条款的重要组成部分。合同条件主要是论述在合同执行中,当事人双方的职责范围、权利和义务、监理工程师的职责和授权范围,遇到各类问题(诸如工程、进度、质量、检验、支付、索赔、争议、仲裁等)时,各方应遵循的原则及采取的措施等。

规范、图纸和工程量清单三者都是投标人在投标时必不可少的资料,因为依据这些资料,投标人才能拟定施工规划,包括施工方案、进度计划、施工工艺等,并据之拆分工程量、进行工程估价和确定投标价。

招标图纸是招标文件和合同的重要组成部分,这些资料具体地规定了兴建工程的形式、内容、地质情况、结构尺寸、施工技术要求等,是投标人在拟订施工组织方案,确定施工方法以至提出替代方案,计算投标报价时必不可少的资料。

(二)工程所在地的地质、地貌、水文和气候条件

工程所在地的地质、地貌、水文和气候条件都对施工组织设计产生影响,进而影响工程造价。

(三)施工组织设计资料

对施工期限、施工方法、机械化程度,以及大型构件预制场、路面混合料拌和场、材料堆放地点、临时工程的位置和临时占用土地数量等,都应作出明确而具体的规定,而这些资料是计算辅助工程数量、临时工程数量、套用预算定额和计算有关费用的重要依据。

(四)公路预算定额

预算定额不仅是计算建设项目的人工、材料、机械台班消耗量的主要依据和标准,而且是计算和确定工程量的主要依据。

目前有一种改革趋势,即"工程实体消耗量(材料)与施工措施性消耗量分离(人工和机械、施工方法、施工工艺)",前者控制,后者放开竞争。目前国内投资工程主要是"控制量"原则。

使用公路预算定额确定工料机消耗量需要将工程内容与定额工作内容对照以确定是直接套用单个定额;或若干定额子目组合;或定额抽换;或补充定额。

(五)人工、材料、机械台班预算价格

人工、材料、机械台班预算价格,以及据以计算这些价格的工资标准、材料供应价、运价、机械台班费用定额等,都是编制预算的基础资料。

人工、材料、机械或台班预算价格是影响报价的关键因素,目前一般采用"指导价或市场价"原则,即人工工日单价执行地区或行业规定的人工工日单价的指导价格,机械台班执行地区或行业统一工程机械台班费用定额的机械台班分析价或租赁价(标底一般用前者),材料价格采用业主规定的供应价或市场调查供应价分析出来的到工地材料价格。

(六)其他工程费、间接费等各项综合取费标准

所谓综合取费标准指其他工程费、间接费、利润、税金的取费标准,除税金采用国家规定的法定税率以外的各项费用都是可以根据工程特点、企业经营管理水平和市场竞争状况综合取定,即采用"竞争费"原则。

(七)工程量计算规则和预算编制办法

工程量计算规则包括两个方面的含义:一是根据施工设计图纸资料如何计算工程量;二是按预算定额的内容要求如何正确计取工程量,两者都是编制预算时,必须严格遵守的规则。预

算编制办法除了规定了各种费率标准外,还对组成预算文件的各种计算表格和计价程序,都作出了十分明确的规定。投标时应更多依据各省概、预算编制补充规定。

(八)有关的文件和规定

凡与编制预算有关的中央和地方的有关文件和规定,以及在外业调查中所签订的各种协议和合同都是编制预算的重要依据。

二、公路工程投标报价编制步骤

(一)计算工程量,编制"报价原始数据表"

(1)拆分的原因

由于工程量清单是业主或其委托的造价工程师参考现行《公路工程标准施工招标文件》(2009年版)中工程细目划分原则,依据"成品、实体、净数量"的原则,将图纸中的比较细的工程量根据《招标文件〈技术规范〉》中的"计量与支付"细则汇总编制的(见图6-12)。因此,清单中的每个计价工程细目的综合度比较大。比如"结构混凝土"的工程细目是分"基础结构"、"下部结构"、"上部结构"、"附属结构"的不同部位及不同混凝土强度等级汇总的工程量,且不含灌注桩桩身混凝土、预制上部结构混凝土、桥面铺装混凝土。作为投标报价人员首先要将清单计价工程细目"还原",找到计价工程细目与图纸中的设计工程量之间的对应关系("一"对"多"的关系)。另外,还要将工程量调整成能套用工程定额的程度,因为属于同一结构部位(如下部结构)的同一强度等级混凝土结构所需的工料机消耗不同(比如"C30圆柱式墩身混凝土"与"C30盖梁混凝土"),事实上在预算定额中对不同分项结构工程(如墩身混凝土和盖梁混凝土)分别编列定额子目。一般情况下,清单计价工程细目、预算定额子目和图纸中的设计工程量之间的口径关系是由粗到细的,即:

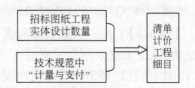

图6-12 工程量清单计价细目数量计算

清单计价工程细目≥预算定额子目≥设计工程量

工程量拆分的目的是在对每个计价工程细目进行单价分析时列算的预算工程量,包括在图纸设计工程量基础上综合得到的工程实体工程量,又包含计价范围内必要的施工措施工程量,列出的这两种工程量都必须与定额子目口径一致,这也正是贯彻了造价计算的"不重不漏"原则。

但要明确并不是每一个项目都要进行分解,只有对那些综合项目分解才有意义,才是必要的。所谓综合项目,就是清单中一个编号项目中,含有两个及两个以上的定额子目。

总之,工程量清单拆分的目的,从总体上来说是为了计算出相对准确的综合单价。

(2)拆分的方法

根据以上分析,分解的依据是计量与支付细则、招标图纸、拟采用的施工方案、工料机消耗量标准等因素。

根据工程量清单所列计价项目或技术规范中"计量项目"列定额子目和工程量。

工程量清单复核无误以后,接着应以工程量清单的每一个工程细目作为一个项目,根据招标图纸、拟订的施工方案、预算定额、技术规范计量与支付,考虑其由几个定额细目组成,并计算这几个定额细目的工程量。在拆分工程量时需注意初始清单工程量、预期计量工程量和预算工程量的关系。

按四种工程量确定的时间先后顺序,最先确定设计工程量,其次是报价工程量,最后是预算工程量和预期计量工程量,见图 6-13。

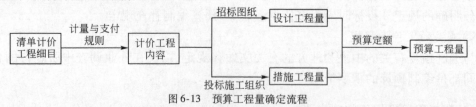

图 6-13 预算工程量确定流程

【例 6-2】 某标段桥梁工程下部结构混凝土 C30 共 468.60m³,由图纸可看出,下部结构混凝土 C30 由两部分组成:一是双柱式桥墩,高 10m,215.60m³,原定额混凝土强度等级为 C25;二是盖梁,253.0m³,原定额中混凝土强度等级为 C30,现应根据图纸设计工程量、施工方案、预算定额和计量与支付计算工程量编制报价原始数据(见表 6-4)。

报价原始数据表 表 6-4

编 号	名 称	单 位	工程量	费率类别	定 额 调 整
410-2	混凝土下部结构				
410-2-b	C30 混凝土系梁、盖梁、墩柱等	m³	468.60		
(4-6-2-9)	圆柱式墩身混凝土,非泵送,高 10m 以内	10m³	21.56	构造物 I	普 C25-32.5-4,-10.2 普 C30-32.5-4
(4-6-4-2)	盖梁混凝土钢模,非泵送	10m³	25.30	构造物 I	

注:投标报价实际工作中还应增列盖梁所需支架工程、墩柱与盖梁混凝土拌和、运输与拌和站设施摊销等内容。

【例 6-3】 同三国道某标段溪口 I 号大桥共一联六跨,设计结构形式为 6×25m 装配式 T 梁桥,施工方法采用先简支后连续。每跨左右两幅有 10 片梁,其中:端孔边梁 8 片;端孔中梁 12 片;中孔边梁 16 片;中孔中梁 24 片。每片梁在预制时设置正弯矩钢绞线束 4 束。T 梁纵向连续通过浇筑横向湿接缝混凝土和张拉负弯矩钢绞线束实现,负弯矩钢绞线束作用在横向湿接缝上。已知工程量清单中钢绞线工程量如表 6-5 所示。

工程细目表 表 6-5

细目号	细目名称	单位	数量	单价	合 价
	第 400 章 桥梁、涵洞				
	……				
411-1	预应力钢材				
411-1-a	预应力钢绞线	kg	44843		
	……				

问题:根据《公路工程标准施工招标文件》要求和本工程实际列算工程量和编制钢绞线报价原始数据表。

解 (1)正弯矩钢绞线

由"溪口 I 号大桥正弯矩预应力钢束构造图"中一片梁正弯矩钢束数量表(见表 6-6)确定钢束按锚具型号及梁的种类分类。

①端孔边梁:

钢束(6 股/束):3×8=24 束,质量:(172.90×2+172.51)×8=4146.48kg

钢束(5 股/束):1×8=8 束,质量:143.37×8=1146.96kg

②端孔中梁:

钢束(6股/束):2×12=24束,质量:172.90×2×12=4149.60kg

钢束(5股/束):2×12=24束,质量:(143.76+143.37)×12=3445.56kg

一片梁正弯矩钢束数量表　　　　　　　　　　　　　　　　表6-6

梁位	编号	规格(mm)	端　孔（2）				编号	规格(mm)	中　孔（4）			
			长度(cm)	股数	总长(m)	质量(kg)			长度(cm)	股数	总长(m)	质量(kg)
边梁(4)	1	ϕ^j15.24	2615	6	156.90	172.90	1′	ϕ^j15.24	2623	6	157.38	173.43
	2		2615	6	156.90	172.90	2′		2623	6	157.38	173.43
	3		2609	6	156.54	172.51	3′		2617	6	157.02	173.04
	4		2602	5	130.10	143.37	4′		2610	5	130.50	143.81
	合计				600.44	661.68	合计				602.28	663.71
中梁(6)	1	ϕ^j15.24	2615	6	156.90	172.90	1′	ϕ^j15.24	2623	6	157.38	173.43
	2		2615	6	156.90	172.90	2′		2623	6	157.38	173.43
	3		2609	5	130.45	143.76	3′		2617	5	130.85	144.20
	4		2602	5	130.10	143.37	4′		2610	5	130.50	143.81
	合计				574.35	632.93	合计				576.11	634.87

③中孔边梁:

钢束(6股/束):3×16=48束,质量:(173.43×2+173.04)×16=8318.40kg

钢束(5股/束):1×16=16束,质量:143.81×16=2300.96kg

④中孔中梁:

钢束(6股/束):2×24=48束,质量:173.43×2×24=8324.64kg

钢束(5股/束):2×24=48束,质量:(144.20+143.81)×24=6912.24kg

则:钢束40m内,锚具6孔,共24+24+48+48=144束,总质量为

4146.48+4149.60+8318.40+8324.64=24939.08kg,每吨束数=144/24.939=5.774束/t。

钢束40m内,锚具5孔,共8+24+16+48=96束,总质量为

1146.96+3445.56+2300.96+6912.24=13805.72kg,每吨束数=96/13.806=6.954束/t。

(2)负弯矩钢束(见表6-7)

负弯矩钢束一联(半边)材料数量表　　　　　　　　　　　表6-7

编号	钢束规格(mm)	钢束长度(cm)	一　道　缝					
			边　梁			中　梁		
			束数×股数	共长(m)	质量(kg)	束数×股数	共长(m)	质量(kg)
5	ϕ^j15.24	592	4×6	142.08	156.57	6×6	213.12	234.86
6		980	4×5	196.00	215.99	6×6	352.80	388.78
合计				338.08	372.56		565.92	623.64

①1束含6股钢绞线束的束数:4+6+6=16(束)

质量:156.57+234.86+388.78=780.21(kg)

每吨束数:$16 \div 0.78021 = 20.507$(束/t)

全桥负弯矩钢绞线(束长20m内,6孔)工程量:$780.21(kg) \times 10(道) = 7.802(t)$

②1束含5股钢绞线束的束数:4(束)

质量:215.99(kg)

每吨束数:$4 \div 0.21599 = 18.519$(束/t)

全桥负弯矩钢绞线(束长20m内,5孔)工程量:
$215.99(kg) \times 10(道) = 2.160(t)$(见表6-8)。

报价原始数据表　　　　　　　　　　　　　　　　　　　表6-8

编　号	项目名称	单位	数量	费率类别	调整情况
411-1-a	预应力钢绞线	kg	44843		
(4-7-20-29)	钢绞线40m内,锚具6孔,每吨束数5.774	1t钢绞线	24.939	钢材及钢结构	$[(4-7-20-29)+(5.774-3.82) \times (4-7-20-30)]$;7孔→6孔
(4-7-20-29)	钢绞线40m内,锚具5孔,每吨束数6.954	1t钢绞线	13.806	钢材及钢结构	$[(4-7-20-29)+(6.954-3.82) \times (4-7-20-30)]$;7孔→5孔
(4-7-20-17)	钢绞线20m内,锚具6孔,每吨束数20.507	1t钢绞线	7.802	钢材及钢结构	$[(4-7-20-17)+(20.507-8.12) \times (4-7-20-18)]$;7孔→6孔
(4-7-20-17)	钢绞线20m内,锚具5孔,每吨束数18.519	1t钢绞线	2.160	钢材及钢结构	$[(4-7-20-17)+(18.519-8.12) \times (4-7-20-18)]$;7孔→5孔

(二)以工程量清单所列计价工程细目为单元,初编"08-2表"

根据已填好的"报价原始数据表",确定每个需进行单价分析的计价工程细目作为08-2表的编制单元。分别在每个编制单元的08-2表中填列:

①编制范围、工程名称,如果是投标报价,在08-2表左上角"编制范围"可填写计价工程细目编号,如"204-1-e","工程名称"中,可填写计价工程细目名称,如"借土填方"。

②工程项目(定额子目所在"定额项目表"名称)、工程细目(预算定额子目名称)、定额单位、工程数量、定额表号。

③各定额子目工料机名称、单位、定额消耗量及基价等栏。如果某材料或机械台班的定额消耗量需进行调整(或抽换),应以调整(或抽换)后的定额工料机名称及数量等数据填入,并对定额基价进行同步调整。当然,根据新的公路工程造价计价办法,"定额基价"不作为其他工程费或间接费的取费基数,也可在08-2表中不显示"定额基价"的信息。

④将各定额子目"工程数量"与"定额"相乘,得到"工料机数量"。

(三)工料机基础单价分析

根据初编08-2表可知本工程用到了哪些工料机,然后进行工料机基础单价分析,将分析结果传递到07表(工料机单价汇总表),再由07表传递到08-2表用以计算工料机费。工料机单价分析流程见图6-14。

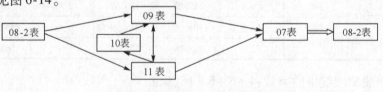

图6-14　工料机基础单价分析

(1)根据08-2表中所出现的材料种类、规格及机械作业所需的燃料和水电编制09表。

(2)根据实际工程发生的自采材料种类、规格,编制"自采材料料场价格计算表"(10表),并将计算结果汇总到09表的"材料原价"栏中。

(3)根据08-2表、10表中所出现的所有机械种类和09表中自办运输的机械种类,计算所有机械的台班单价,编制11表。

(4)根据地区类别和地方规定等资料计算人工工日单价。

将上面1、2、3、4项所算得的各基础单价汇总,编制"工料机单价汇总表"(07表)。

(四)计算其他工程费、间接费综合费率,编制04表

根据工程类别和工程所在地区,取定各项费率,将其他工程费及间接费综合费率计算出来,列于"其他工程费及间接费综合费费率表"(04)表中。其中:

其他工程费综合费率(Ⅰ)=冬季施工增加费费率+雨季施工增加费费率+夜间施工增加费费率+沿海地区施工增加费费率+施工标准化与安全措施费费率+临时设施费费率+施工辅助费费率+工地转移费费率

其他工程费综合费率(Ⅱ)=高原地区施工增加费费率+风沙地区施工增加费费率+行车干扰工程施工费费率

规费综合费率=养老保险费费率+失业保险费费率+医疗保险费费率+住房公积金费率+工伤保险费费率

企业管理费综合费率=企业管理费基本费率+主副食运费补贴费率+职工探亲路费费率+职工取暖补贴费率+财务费用费率

(五)计算各计价工程细目的直接工程费、其他工程费、间接费、利润、税金、建安费合计等费用,完成08-2表的编制

(1)将07表的单价填入08-2表中的单价栏,由单价与数量相乘得出人工费、材料费和机械使用费的"金额"或"金额=工、料、机各项的单位×定额×数量",并可纵向计算出各定额子目直接费,横向汇总计算出各种工料机的"数量"与"金额"合计值。

(2)将04表中各费率填入08-2表中的相应栏目,并以相应项目的直接工程费或人工费与施工机械使用费之和×规定费率计算,具体计算如下:

其他工程费(Ⅰ)=直接工程费×其他工程费综合费率(Ⅰ)

其他工程费(Ⅱ)=(人工费+施工机械使用费)×其他工程费综合费率(Ⅱ)

(3)规费按相应项目的人工费×规费综合费率计算。

(4)企业管理费按相应项目的直接费×企业管理费综合费率计算。

(5)利润按相应项目的(直接费+间接费-规费)×利润率计算。

(6)税金按相应项目的(直接费+间接费+利润)×税率计算。

(六)建筑安装工程费通过03表计算

(1)将08-2表中各计价工程细目编制单元的直接工程费、其他工程费、间接费、利润、税金、建筑安装工程费等数据汇总填入03表的相应单元格中。

(2)横向合计各计价工程细目编制单元的直接工程费、其他工程费、间接费、利润、税金得到"建安费合计",再以"建安费合计"除以各计价工程细目"预期计量工程量",得到各计价工程细目"(建安费)单价"。

(3)纵向合计各计价工程细目的直接工程费、其他工程费、间接费、利润、税金、建安费

合计,得到整个工程的直接工程费、其他工程费、间接费、利润、税金、建安费合计,完成03表。

(七)编制工程量清单及汇总表

将03表中各计价工程细目对应的"综合单价"与工程量清单工程细目表中的"(清单)工程量"对应相乘得到"合价",再将有关合价汇总,并依据工程量清单说明计算其他有关费用,最后得到各章投标金额和工程量清单汇总表的"投标价"。

(八)实物指标计算

编制预算时还必须编制工程项目的实物消耗量指标,这可通过02表和12表的计算完成。

(1)将09表和10表、11表中的人工、材料、机械消耗量及机械实物消耗量汇总编制辅助生产工料机单位数量表(12表)。

(2)由12表的辅助生产工料机单位数量及机械台班实物消耗量分别与辅助生产的材料数量及机械台班数量相乘得到辅助生产工料机及机械实物量总数量。

(3)汇总08-2表中人工、主要材料、机械台班数量。

(4)计算各种增工数量(冬、雨、夜增工;临时设施用工指标等)。

(5)合计上面(2)、(3)、(4)项中的各项数据得出工程预算的实物数量,并计算定额材料的场外运输损耗数量,即得到02表。

投标报价报表流程见图6-15。

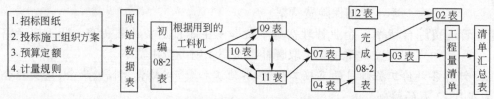

图6-15 投标报价报表流程

三、工程量清单计价基本流程

根据前面分析,从承包商角度的工程量清单计价流程包括清单工程量拆分、正常估价、报价决策。如果能够中标,则是根据已完清单工程细目工程量和合同单价计量支付(关于计量支付内容详见第七章)。工作流程总结见图6-16。

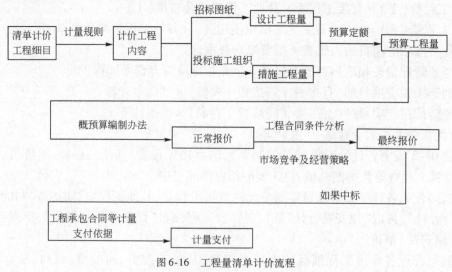

图6-16 工程量清单计价流程

第三节 某公路桥梁工程量清单报价案例

一、工程背景

河北省××高速公路 A 合同段中有大桥一座,桥墩采用桩柱式结构,基础系梁连接,桥墩桩基础共 60 根,直径为 150cm,设计净桩长 28.5m(桩底高程至系梁顶面高程),基础系梁高度为 1.0m,其顶面在原地面高程下 1.5m。直径 130cm 的桥台桩基础 24 根,每根桩设计净桩长 26m,承台高 1.5m,承台顶面与原地面基本平齐。每根桩基所处地层平均由上到下依次为亚黏土 9m,砂砾层 15m,以下为松软岩石。桩身混凝土为 C30。采取施工方案如下:钢护筒干处施工布置 2m/孔;输送泵浇筑水下混凝土;120~180cm 桩径的桩基需埋设 3 根超声波检测钢管。

根据招标图纸,基础钢筋工程量见表6-9。

基础钢筋工程数量表(单位:kg)   表 6-9

工程部位 钢筋类型	桥墩桩基	桥墩桩基系梁	桥台桩基	桥台桩基承台	合计
光圆钢筋	5800	450	2810	0	9060
带肋钢筋	81000	2700	43000	3520	130220

桥跨布置形式为 5×25m+6×25m+5×25m,共三联 16 跨,现浇箱梁混凝土 6000m³,分三个施工段采用满堂钢支架顺序浇筑箱梁混凝土(满堂支架按浇筑 6×25m 连续梁制备),墩台高度 $H=6m$,满堂支架有效宽度 24m。

全桥混凝土由 60m³/h 内集中拌和站搅拌,根据混凝土拌和站供应能力和范围,6m³ 混凝土搅拌运输车平均运距 3km。

招标人提供的工程量清单见表 6-10。

招标人提供的工程量清单   表 6-10

编号	项目名称	单位	数量	单价	总额
	100 章 总则				
101-1	保险费				
-a	工程一切险	总额			
-b	第三方责任险	总额			
102-2	施工环保费	总额			
102-3	安全生产费	总额			
103-1	临时道路、桥梁的修建和维护与拆除	总额			
103-2	临时工程用地(租赁)	总额			
103-3	临时供电设施	总额			
103-4	供水与排污设施	总额			
104-1	承包人驻地建设	总额			
	(100 章其他清单子目略)				
	清单 100 章合计 人民币		元		

续上表

编号	项目名称	单位	数量	单价	总额
	400章 桥梁、涵洞				
403-1	基础钢筋				
-a	光圆钢筋(HPB235、HPB300)	kg	9060.0		
-b	带肋钢筋(HRB335、HRB400)	kg	130220.0		
405-1	陆上钻孔灌注桩				
-a	桥台桩基(直径 φ1.30m)	m	624.0		
-b	桥墩桩基(直径 φ1.50m)	m	1710.0		
410-3	现浇混凝土上部构造				
-a	现浇箱梁 C50 混凝土	m³	6000.0		
	(400章其他清单子目略)				
	清单400章合计　人民币		元		

二、正常报价条件下建筑安装工程造价计算依据

1. 工程所在地：河北省南部某地级市。

2. 取费标准：交通部部版费率标准(JTG B06—2007)。

3. 技术标准：高速公路。

4. 主要临建设施及开办费用：(1)工程一切险和第三方责任险由承包人和业主的联合名义投保，工程一切险的投保金额为工程量清单100章至700章的合计金额(除保险费之外)，保险费率按 2.5‰ 报价，第三方责任险的最低投保金额为100万元，但事故次数不限，保险费率为 3‰；(2)施工环保费经测算后按估算得税后总额价20000元；(3)安全生产费根据财政部《企业安全生产费用提取和使用管理办法》(财企〔2012〕16号)要求以100章至700章合计金额(不含安全生产费)的 1.5% 报价；(4)临时便道(无路面)1.5km；临时征用土地 2000m²，租用临时用地税后综合单价指标 30元/m²；(5)临时供电设施、供水与排污设施通过分项详细估算得税后总额价分别为20000元和15000元；(6)承包人驻地建设费用(指承包人施工期间所需的生活和生产用的临时建筑物、构筑物和其他临时设施及其标准化费用)通过分项详细估算得税后总额价30000元。

5. 其他工程费计取费率类别有：冬季施工增加费、雨季施工增加费、夜间施工增加费、施工辅助费、工地转移费(工程所在地距省会约100km)，按现行部颁概预算编制办法相关费率计算，施工标准化与安全措施费、临时设施费按零费率计算，无特殊地区施工增加费和行车干扰工程施工增加费。

6. 企业管理费计取费率类别有：企业管理费基本费用、主副食运费补贴(综合运距5km)、职工探亲路费、职工取暖补贴、财务费用，按现行部颁概预算编制办法相关费率计算。

7. 规费计算中，养老保险按 20%，失业保险按 2%，医疗保险按 6.5%，住房公积金按 10%，工伤保险按 1%，生育保险按 0.5%，以各类工程的人工费之和为基数计算费用。

8. 利润以直接费与间接费之和扣除规费的 4% 计算；税金包括营业税、城市维护建设税(企业纳税地点为市区)、教育费附加和地方教育费附加，综合税率以税前建安工程造价的 3.48% 计算。

9. 人工、主要材料、机械台班单价的确定。

(1)人工费(含机械工)单价按河北省现行人工费标准46.85元/工日计算。

(2)砂石料、水泥从公路沿线材料供应商处采购,出厂价及运价信息资料见表6-11。

主要材料运输供应方式 表6-11

材料名称	材料供应商	出厂价	运输方式,比重,运距	综合运价率 [元/(t·km)]	吨次费 (元/t)	装卸单价 [元/(t·次)]
中(粗)砂	沿线砂场	30.0元/m³	外雇汽车,100%,21km	1.5	5.0	10.0
碎石	沿线石料场	40.0元/m³	外雇汽车,100%,11km			
32.5级水泥	A水泥厂	300元/t	外雇汽车运输,100%,28km	1.0	5.0	10.0
42.5级水泥	B水泥厂	320元/t	外雇汽车运输,70%,32km			
	C水泥厂		外雇汽车运输,30%,61km			

(3)桥梁工程所用光圆钢筋和带肋钢筋到供应到工地价格并分摊相应的采购保管费后综合为3600元/t。

(4)工程用水预算价格1.0元/t;工程用电:地方电网供电70%,到工地电价1.0元/kW·h,其余30%靠自发电解决;柴油价格8.5元/kg;汽油价格9.2元/kg。

(5)其他材料预算单价,按《公路工程预算定额》(JTG/T B06-02—2007)附录四确定的材料基期价格作为编制期材料预算价格。

(6)机械台班单价根据《公路工程机械台班费用定额》(JTG/T B06-03—2007)及机械工日单价、燃料动力预算价格和车船使用税标准自行分析确定。其中车船使用税标准执行《河北省省公路工程机械台班车船使用税标准》,见表6-12。

本工程所用到的公路工程机械台班车船使用税标准表 表6-12

电算代号	机械名称	合计 (元)	使用税 [元/(吨·年)]	使用税 计量吨	年工作月	年工作台班
1048	1.0m³ 轮胎式装载机	1.65	60	6.6	12	240
1307	6m³ 内混凝土搅拌运输车	3.75	60	12.5	12	200
1308	6m³/h 内混凝土输送泵车	3.75	60	12.5	12	200
1378	12t 内载货汽车	2.75	60	11	12	240
1449	5t 内汽车式起重机	2.37	60	7.9	12	200
1451	12t 内汽车式起重机	4.80	60	16	12	200
1453	20t 内汽车式起重机	7.20	60	24	12	200

(7)不计其他材料费、零星机具使用费等上涨费。

10. 本工程采用估算工程量可调单价合同的计价方式,施工期价差调整采用招标文件规定的价格指数公式相对于投标截止期前28天基期价格进行调整。

三、报价原始数据表

根据本工程背景,以各清单子目为编制单元,依据工程量清单计量规则或《公路工程标准施工招标文件》(2009年版)中"技术规范"的计量与支付相关规定、工程招标图纸、投标人编制的投标施工组织设计和现行预算定额(编标报价应尽可能采用企业定额,如不具备也可先采用行业统一预算定额再考虑成本降低措施)编制报价原始数据表,见表6-13。

报价原始数据表　　　　　　　　　　　　　　　表6-13

项目编号	项 目 名 称	单位	工程量	工程类别	备 注
403-1	基础钢筋				
403-1-a	光圆钢筋	kg	9060		
(4-6-4-12)	系梁钢筋	t	0.45	钢材及钢结构	光圆钢筋
(4-4-7-22)	灌注桩钢筋(焊接)	t	8.61	钢材及钢结构	光圆钢筋
403-1-b	带肋钢筋	kg	130220		
(4-6-4-12)	系梁钢筋	t	2.7	钢材及钢结构	带肋钢筋
(4-4-7-22)	灌注桩钢筋(焊接)	t	124	钢材及钢结构	带肋钢筋
(4-6-1-13)	承台钢筋	t	3.52	钢材及钢结构	带肋钢筋
405-1	陆上钻孔灌注桩				
405-1-a	桥台桩基(直径ϕ1.30m)	m	624		
(4-4-8-7)	干处埋设钢护筒	t	12.250	钢材及钢结构	$24 \times 2 \times 255.2 \div 1000 = 12.250$
(4-4-5-42)	桩径150cm内,孔深40m内,回旋钻机钻孔(黏土)	10m	21.6	构造物Ⅱ	定额×0.94
(4-4-5-43)	桩径150cm内,孔深40m内,回旋钻机钻孔(砾石)	10m	36.0	构造物Ⅱ	定额×0.94
(4-4-5-46)	桩径150cm内,孔深40m内,回旋钻机钻孔(软石)	10m	8.4	构造物Ⅱ	定额×0.94
(4-4-7-24)	检测管	t	2.349	钢材及钢结构	采用ϕ50×1的钢管,每孔3根
(4-4-7-15)	灌注桩混凝土(回旋钻成孔桩径150cm内混凝土输送泵)	10m³ 实体	82.825	构造物Ⅱ	C25 水下混凝土→C30
(4-11-11-8)	混凝土搅拌站(楼)安拆(60m³/h以内)	1座	0.093	构造物Ⅰ	按集中拌混凝土含损耗用量分摊
(4-11-11-12)	混凝土搅拌站拌和(60m³/h以内)	100m³	8.282	构造物Ⅰ	定额×1.224
(4-11-11-20)	6m³混凝土搅拌运输车	100m³	8.282	汽车运输	[(4-11-11-20)+(4-11-11-21)×4];定额×1.224
405-1-b	桥墩桩基直径ϕ1.5m	m	1710		
(4-4-8-7)	干处埋设钢护筒	t	34.716	钢材及钢结构	$60 \times 2 \times 289.3 \div 1000 = 34.716$
(4-4-5-42)	桩径150cm内,孔深40m内,回旋钻机钻孔(黏土)	10m	54	构造物Ⅱ	
(4-4-5-43)	桩径150cm内,孔深40m内,回旋钻机钻孔(砾石)	10m	90	构造物Ⅱ	

续上表

项目编号	项目名称	单位	工程量	工程类别	备 注
(4-4-5-46)	桩径150cm内,孔深40m内,回旋钻机钻孔(软石)	10m	36	构造物Ⅱ	
(4-4-7-24)	检测管	t	10.312	钢材及钢结构	采用$\phi 54 \times 1.5$的钢管,每孔3根
(4-4-7-15)	灌注桩混凝土(回旋钻成孔桩径150cm内混凝土输送泵)	$10m^3$ 实体	302.18	构造物Ⅱ	C25 水下混凝土→C30
(4-11-11-8)	混凝土搅拌站(楼)安拆($60m^3/h$以内)	1 座	0.338	构造物Ⅰ	按集中拌混凝土含损耗用量分摊
(4-11-11-12)	混凝土搅拌站拌和($60m^3/h$以内)	$100m^3$	30.22	构造物Ⅰ	定额×1.224
(4-11-11-20)	$6m^3$混凝土搅拌运输车	$100m^3$	30.22	汽车运输	[(4-11-11-20)+(4-11-11-21)×4];定额×1.224
410-3	现浇混凝土上部结构				
410-3-a	**现浇箱梁C50混凝土**	**m^3**	**6000**		
(4-6-10-2)	支架现浇箱梁混凝土(泵送)	$10m^3$	600	构造物Ⅱ	
(4-9-3-8)	满堂式轻型钢支架(墩台高6m内)	$10m^2$立面积	90	钢材及钢结构	定额×24/12
(4-9-6-1)	支架预压	$10m^3$	600	构造物Ⅰ	
(4-11-11-8)	混凝土搅拌站	1 座	0.570	构造物Ⅰ	按集中拌混凝土含损耗用量分摊
(4-11-11-12)	混凝土搅拌站拌和($60m^3/h$内)	$100m^3$	60	构造物Ⅰ	定额×1.04
(4-11-11-20)	$6m^3$内混凝土搅运车运3km	$100m^3$	60	汽车运输	[(4-11-11-20)+(4-11-11-21)×4];定额×1.04

四、工程量清单报价其他主要报表

工程量清单报价主要计算报表见表6-14~表6-28。

工程量清单计价表　　　　　　　　　　　　　表6-14(a)

合同段:A标段桥梁工程　　　　　　　　　　　　　标表2

第100章　总则					
子目号	子目名称	单位	数量	单价	合价
101-1	保险费				
-a	工程一切险	总额			26667
-b	第三方责任险	总额	1.0	3000.00	3000

续上表

第100章 总则

子目号	子目名称	单位	数量	单价	合价
102-2	施工环保费	总额	1.0	20000.00	20000
102-3	安全生产费	总额			158032
103-1	临时道路、桥梁的修建和维护与拆除	总额			16420
103-2	临时工程用地(租赁)	总额			60000
103-3	临时供电设施	总额			20000
103-4	供水与排污设施	总额			15000
104-1	承包人驻地建设	总额			30000

第100章合计 人民币 349119元

工程量清单计价表

表6-14(b)
标表2

合同段:A标段桥梁工程

第400章 桥梁、涵洞

子目号	子目名称	单位	数量	单价	合价
403-1	基础钢筋				
-a	光圆钢筋(HPB235、HPB300)	kg	9060.0	4.71	42673
-b	带肋钢筋(HRB335、HRB400)	kg	130220.0	4.94	643287
405-1	陆上钻孔灌注桩				
-a	桥台桩基(直径 $\phi 1.30$m)	m	624.0	1728.74	1078734
-b	桥墩桩基(直径 $\phi 1.50$m)	m	1710.0	2166.87	3705348
410-3	现浇混凝土上部构造				
-a	现浇箱梁C50混凝土	m^3	6000.000	812.39	4874340

第400章合计 人民币 10344381元

投标报价汇总表

表6-15
标表1

合同段:A标段桥梁工程

序号	章次	科目名称	金额(元)
1	100	总则	349119
2	200	路基	
3	300	路面	
4	400	桥梁、涵洞	10344381
5	500	隧道	
6	600	安全设施及预埋管线	
7	700	绿化及环境保护设施	
8	第100章~第700章合计		10693500
9	已包含在清单合计中的材料、工程设备、专业工程暂估价合计		
10	清单合计减去材料、工程设备、专业工程暂估价合计(即8-9=10)		10693500
11	计日工合计		
12	暂列金额(不含计日工总额) (10×招标文件暂列金额费率5%)		534675
13	投标报价(8+11+12=13)		11228175

项目编号:403-1-a
项目名称:光圆钢筋(HPB235,HPB300)

单价分析表(08 表格式)

表6-16(a)

	工 程 项 目				钢筋			钢筋及检测钢管			合 计	
	工 程 细 目				系梁钢筋			灌注桩钢筋焊接连接主筋				
	定 额 单 位			单位:kg	1t			1t			元	
	工 程 数 量			数量:9060.000	0.450			8.610			单价:4.71	
	定 额 表 号				4~6~4~12改			4~4~7~22改			摊消费:	
代号	工料机名称	单位	单价(元)	定额	数量	金额(元)	定额	数量	金额(元)	定额	数量	金额(元)
1	人工	工日	46.85	8.300	3.735	175	5.000	43.050	2017		46.785	2192
111	光圆钢筋直径10~14mm	t	3600.00	1.025	0.461	1661	1.025	8.825	31771		9.286	33431
	其他材料费	元				9			121			130
1451	12t以内汽车式起重机	台班	899.15	0.220	0.099	15	0.120	1.033	929		1.033	929
1500	50kN以内单筒慢动电动卷扬机	台班	156.21								0.099	15
1998	小型机具使用费	元	1.00	21.800	9.810	10	15.200	130.872	131		140.682	141
	直接工程费					1870			34969			36838
其他工程费	其他工程费Ⅰ	元		1.930		36	1.930		675			711
	其他工程费Ⅱ	元										
间接费	规费	元		40.000		70	40.000		807			877
	企业管理费	元		3.330		63	3.330		1187			1250
利润		元		4.000		79	4.000		1473			1552
税金		元		3.480		74	3.480		1361			1435
合计		元				2191			40472			42663
单位单价		元				4870			4701			9570
每千克单价		元				0.24			4.47			4.71

标表 4-3

项目编号:403-1-b
项目名称:带肋钢筋(HRB335、HRB400) 单位: kg 数量: 130220.000 单价: 4.94 摊销费: 元 表6-16(b)

单价分析表(08表格式)

标表4-3

代号	工料机名称	单位	单价(元)	钢筋 系梁钢筋 1t 4~6~4~12改			灌注桩及检测钢管 1t 4~4~7~22改			基础、承台及支撑架 承台钢筋 1t 4~6~1~13			合计 金额(元)
	工 程 项 目												
	工 程 细 目												
	定 额 单 位												
	工 程 数 量			2.700			124.000			3.520			
	定 额 表 号												
				定额	数量	金额(元)	定额	数量	金额(元)	定额	数量	金额(元)	
1	人工	工日	46.85	8.300	22.410	1050	5.000	620.000	29047	6.700	23.584	1105	31202
112	带肋钢筋直径15~24mm、25mm以上	t	3600.00	1.025	2.768	9963	1.025	127.100	457560	1.025	3.608	12989	480512
231	电焊条	kg	4.90	4.410	11.907	58	5.726	710.024	3479	4.600	16.192	79	3617
	其他材料费	元				52	0.120	14.880	1746			77	1874
1451	12t以内汽车式起重机	台班	899.15	0.220				14.880	13379				13379
1500	50kN以内单筒慢动电动卷扬机	台班	156.21	0.584	0.594	93	0.954	118.296	23192	0.500	0.594	345	23846
1726	32kV·A交流电弧焊机	台班	196.05		1.577	309			1885		1.760		2019
1998	小型机具使用费	元	1.00	21.800	58.860	59	15.200	1884.800		21.500	75.680	76	
	直接工程费小计					11584			530288			14671	556542
其他工程费	其他工程费Ⅰ	元		1.930		224	1.930		10235	1.930		283	10741
	其他工程费Ⅱ	元											
间接费	规费	元		40.000		420	40.000		11619	40.000		442	12481
	企业管理费	元		3.330		393	3.330		17999	3.330		498	18891
利润		元		4.000		488	4.000		22341	4.000		618	23447
税金		元		3.480		456	3.480		20618	3.480		575	21649
合计		元				13565			613100			17086	643751
单位单价		元				5024			4944			4854	14822
每千克单价		元				0.10			4.71			0.13	4.94

单价分析表（08 表格式）

项目编号：405-1-a　　　　　　　　　　　　　　单位：m　　　　　单价：1728.74 元　　　　　表6-16(c)
项目名称：桥台桩基（直径 φ1.30m）　　　　　数量：624.000　　　摊消费：17258 元　　　　　标表 4-3

代号	工料机名称	单位	单价（元）	钢护筒 钢护筒干处埋设 1t　12.251 4~4~8~7			陆地上钻孔 回旋钻机陆地钻孔， 桩径150cm以内，黏土 10m　21.600 4~4~5~42改			陆地上钻孔 回旋钻机陆地钻孔， 桩径150cm以内，砂砾 10m　36.000 4~4~5~43改			陆地上钻孔 回旋钻机陆地钻孔， 桩径150cm以内，软石 10m　8.400 4~4~5~46改		
				定额	数量	金额（元）	定额	数量	金额（元）	定额	数量	金额（元）	定额	数量	金额（元）
1	人工	工日	46.85	9.000	110.258	5166	10.716	231.466	10844	16.074	578.664	27110	39.668	333.211	15611
231	电焊条	kg	4.90	0.100	1.225		0.282	6.091	30	0.376	13.536	66	1.128	9.475	46
263	钢护筒	t	4800.00		1.225	5880									
866	水	m³	1.00				38.540	832.464	832	66.740	2402.640	2403	57.340	481.656	482
911	黏土	m³	8.21	6.410	78.528	645	6.307	136.231	1118	12.615	454.140	3728	11.054	92.854	762
996	其他材料费	元	1.00						481			803			187
997	设备摊销费	元	1.00			916	12.972	280.195	280	13.818	497.448	497	25.662	215.561	216
1035	1.0m³ 履带式单斗挖掘机	台班	1098.53	0.160	1.960		0.028	0.605	664	0.028	1.008	1107	0.028	0.235	258
1378	15t 以内载货汽车	台班	950.64				0.066	1.426	1355	0.066	2.376	2259	0.066	0.554	527
1432	15t 以内履带式起重机	台班	731.95				0.066	1.426	1043	0.066	2.376	1739	0.066	0.554	406
1449	5t 以内汽车式起重机	台班	467.38												
1600	1500mm 以内回旋钻机	台班	1693.03				2.059	44.474	75296	3.346	120.456	203936	10.161	85.352	144504
1624	容量 100～150L 泥浆搅拌机	台班	70.29				0.564	12.182	856	0.564	20.304	1427	0.564	4.738	333

续上表

项目编号:405-1-a
项目名称:桥台桩基(直径φ1.30m)
单位: m 数量: 624.000 单价: 1728.74 元 摊销费: 17258 元 标表 4-3

代号	工程项目 工程细目 定额单位 工程数量 定额表号				工料机名称	单位	单价(元)	钢护筒 钢护筒干处理设 1 t 12.251 4~4~8~7			陆地上钻孔 回旋钻机陆地钻孔, 桩径150cm以内,黏土 孔深40m以内 10m 21.600 4~4~5~42改			陆地上钻孔 回旋钻机陆地钻孔, 桩径150cm以内,砂砾 孔深40m以内 10m 36.000 4~4~5~43改			陆地上钻孔 回旋钻机陆地钻孔, 桩径150cm以内,软石 孔深40m以内 10m 8.400 4~4~5~46改		
								定额	数量	金额(元)	定额	数量	金额(元)	定额	数量	金额(元)	定额	数量	金额(元)
1726					32kV·A交流电弧焊机	台班	196.05	1.930		12607	0.028	0.605	119	0.038	1.368	268	0.132	1.109	217
					直接工程费	元				243			92918			245343			163549
	其他工程费	其他工程费Ⅰ				元		3.330		2066	3.480		3234	3.480		8538	3.480		5692
		其他工程费Ⅱ				元		40.000		428	40.000		4338	40.000		10844	40.000		6244
	间接费	规费				元		3.330		531	6.650		6394	6.650		16883	6.650		11255
		企业管理费				元		4.000		552	4.000		4102	4.000		10831	4.000		7220
	利润					元		3.480		1341	3.480		3862	3.480		10177	3.480		6750
	税金					元				16428			114851			302617			200710
	合计					元							5317			8406			23894
	单位单价					元				26.33			184.06			484.96			321.65
	每米单价					元													

续上表

项目编号:405-1-a 单位:m 数量:624.000 单价:1728.74 元 摊销费:17258 元 标表4-3
项目名称:桥台桩基(直径φ1.30m)

工程项目				钢筋及检测钢管			混凝土			混凝土搅拌站拌和			混凝土运输		
工程细目				灌注桩检测管			灌注桩混凝土回旋、潜水钻成孔(桩径150cm以内)输送泵			混凝土搅拌站拌和(60m³/h以内)			6m³搅拌运输车运混凝土3km		
定额单位				1t			10m³ 实体			100m³			100m³		
工程数量				2.349			82.825			8.283			8.283		
定额表号				4~4~7~24			4~4~7~15 改			4~11~11~12, 定额×1.224			4~11~11~20+21×4.0, 定额×1.224		
代号	工料名称	单位	单价(元)	定额	数量	金额(元)	定额	数量	金额(元)	定额	数量	金额(元)	定额	数量	金额(元)
1	人工	工日	46.85	6.600	15.503	726	1.900	157.368	7373						
191	钢管	t	5610.00	1.068	2.509	14074									
231	电焊条	kg	4.90	3.400	7.987	39									
832	32.5级水泥	t	355.54				5.630	466.305	165790						
866	水	m³	1.00				3.000	248.475	248						
899	中(粗)砂	m³	104.80				6.240	516.828	54164						
952	碎石(4cm)	m³	90.33				8.205	679.579	61386						
996	其他材料费	元	1.00			121			116						
997	设备摊销费	元	1.00				51.600	4273.770	4274						
1003	75kW以内履带式推土机	台班	844.56							0.343	2.841	2399			
1048	1.0m³以内轮胎式装载机	台班	612.50							0.343	2.841	1740			
1307	6m³以内混凝土搅拌运输车	台班	1471.39										2.032	16.830	24764
1316	60m³/h以内混凝土输送泵	台班	1488.28				0.100	8.283	12327						

续上表

项目编号:405-1-a
项目名称:桥台桩基(直径φ1.30m)
单位: m   数量: 624.000   单价: 1728.74 元   摊销费: 17258 元   标表 4-3

代号	工料机名称	单位	单价(元)	钢筋及检测钢管 灌注桩检测管 1t 2.349 4~4~7~24			混凝土 灌注桩混凝土 回旋,潜水钻成孔 (桩径150cm以内)输送泵 10m³实体 82.825 4~4~7~15改			混凝土搅拌站拌和 混凝土搅拌站拌和 (60m³/h以内) 100m³ 8.283 4~11~11~12,定额×1.224			混凝土运输 6m³搅拌运输车 运混凝土3km 100m³ 8.283 4~11~11~20+21×4.0,定额×1.224		
				定额	数量	金额(元)	定额	数量	金额(元)	定额	数量	金额(元)	定额	数量	金额(元)
1327	60m³/h以内水泥混凝土搅拌站	台班	2652.96							0.404		8877			
1726	32kV·A交流电弧焊机	台班	196.05	1.120	2.631	516									
1998	小型机具使用费	元	1.00	8.800	20.671	21									
	直接工程费	元				15497			305678			13016			24764
	其他工程费	其他工程费I	元	1.930		299	3.480	3.480	10638	3.480	3.480	453	0.790		196
		其他工程费II	元												
		规费	元	40.000		291	40.000	40.000	2949	40.000	40.000		40.000	40.000	
	间接费	企业管理费	元	3.330		526	6.650	6.650	21035	6.650	6.650	896	2.160		539
	利润		元	4.000		653	4.000	4.000	13494	4.000	4.000	575	4.000		1020
	税金		元	3.480		601	3.480	3.480	12312	3.480	3.480	520	3.480		923
	合计		元			17866			366105			15460			27441
	单位单价		元			7606			4420			1867			3313
	每米单价		元			28.63			586.71			24.78			43.98

续上表

项目编号:405-1-a
项目名称:桥台桩基(直径φ1.30m) 单位:m 数量:624.000 单价:1728.74 元 摊销费:17258 元

标表4-3

工程项目		混凝土搅拌站(楼)安拆					
工程细目		混凝土搅拌站(楼)安拆(60m³/h以内)					
定额单位		1座					
工程数量		0.093					
定额表号		4~11~11~8					

代号	工料机名称	单位	单价(元)	定额	数量	金额(元)	定额	数量	金额(元)	合计数量	合计金额(元)
1	人工	工日	46.85	1439.500	133.874	6272				1560.343	73102
111	光圆钢筋直径10~14mm	t	3600.00	0.119	0.011	40				0.011	40
182	型钢	t	3700.00	0.096	0.009	33				0.009	33
191	钢管	t	5610.00							2.509	14074
231	电焊条	kg	4.90							37.089	182
263	钢护筒	t	4800.00							1.225	5880
832	32.5级水泥	t	355.54	36.759	3.419	1215				469.723	167005
866	水	m³	1.00	269.000	25.017	25				3990.252	3990
877	青(红)砖	千块	212.00	86.060	8.004	1697				8.004	1697
899	中(粗)砂	m³	104.80	80.240	7.462	782				524.290	54946
911	黏土	m³	8.21	65.440	6.086	550				761.753	6254
952	碎石(4cm)	m³	90.33							685.665	61936
996	其他材料费	元	1.00							2135	2135
997	设备摊销费	元	1.00			427			5266.974		5267
1003	75kW以内履带式推土机	台班	844.56							2.841	2399
1035	1.0m³履带式单斗挖掘机	台班	1098.53							1.848	2030
1048	1.0m³轮胎式装载机	台班	612.50							2.841	1740
1076	8~10t光轮压路机	台班	377.79	3.930	0.365	138				0.365	138
1272	250L以内强制式混凝土搅拌机	台班	150.87	2.870	0.267	40				0.267	40
1307	6m³以内混凝土搅拌运输车	台班	1471.39							16.830	24764
1316	60m³/h以内混凝土输送泵	台班	1488.28							8.283	12327

项目编号：405－1－a　　　　　　　单位：m　　数量：624.000　　单价：1728.74 元　　摊销费：17258 元　　标表 4-3
项目名称：桥台桩基(直径 φ1.30m)

续上表

代号	工料机名称	单位	单价(元)	工程项目		定额细目		定额表		工程数量		定额单数量		合计	
				混凝土搅拌站(楼)安拆		混凝土搅拌站(楼)安拆(60m³/h 以内)		4~11~11~8							
				1 座		0.093									
				定额	金额(元)	定额	数量	金额(元)	定额	数量	金额(元)	定额	数量	金额(元)
1327	60m³/h 以内水泥混凝土搅拌站	台班	2652.96			2.880	0.268						3.346	8877
1378	15t 以内载货汽车	台班	950.64										4.356	4141
1395	40t 以内平板拖车组	台班	1341.42	2.880	359								0.268	359
1432	15t 以内履带式起重机	台班	731.95										4.356	3188
1449	5t 以内汽车式起重机	台班	467.38										1.960	916
1451	12t 以内汽车式起重机	台班	899.15	2.090	175								0.194	175
1455	30t 汽车式起重机	台班	1663.07	5.370	831								0.499	831
1600	1500mm 以内回旋钻机	台班	1693.03										250.283	423736
1624	容量 100~150L 泥浆搅拌机	台班	70.29	64.400	5.989								37.224	2616
1726	32kV·A 交流电弧焊机	台班	196.05										5.712	1120
1998	小型机具使用费	元	1.00		6								26.660	27
	直接工程费	元			12590									885965
其他工程费	其他工程费Ⅰ	元		2.620	330									29622
	其他工程费Ⅱ	元												
	规费	元		40.000	2509									29241
间接费	企业管理费	元		5.450	704									58660
	利润	元		4.000	545									38970
	税金	元		3.480	580									36278
	合计	元			17258									1078736
	单位单价	元			185569									241733
	每米单价	元			27.66									1728.74

单价分析表（08 表格式）

项目编号：405-1-b
项目名称：桥墩桩基（直径 φ1.50m） 单位： m 数量： 1710.000 单价： 2166.87 元 摊销费： 62722 元

表 6-16(d)
标表 4-3

代号	工料机名称	单位	单价(元)	工程项目		工程项目		工程项目		工程项目	
				钢护筒 钢护筒干处埋设		回旋钻机陆地钻孔, 桩径150cm以内, 孔深40m以内,黏土		回旋钻机陆地钻孔, 桩径150cm以内, 孔深40m以内,砂砾		回旋钻机陆地钻孔, 桩径150cm以内, 孔深40m以内,软石	
	工程细目 定额单位 工程数量 定额表号			1t 34.716 4~4~8~7		10m 54.000 4~4~5~42		10m 90.000 4~4~5~43		10m 36.000 4~4~5~46	
				定额	数量 金额(元)	定额	数量 金额(元)	定额	数量 金额(元)	定额	数量 金额(元)
1	人工	工日	46.85	9.000	312.444 14638	11.400	615.600 28841	17.100	1539.000 72102	42.200	1519.200 71175
231	电焊条	kg	4.90	0.100	3.472	0.300	16.200 79	0.400	36.000 176	1.200	43.200 212
263	钢护筒	t	4800.00		16664						
866	水	m³	1.00	6.410	222.530 1827	41.000	2214.000 2214	71.000	6390.000 6390	61.000	2196.000 2196
911	黏土	m³	8.21			6.710	362.340 2975	13.420	1207.800 9916	11.760	423.360 3476
996	其他材料费	元	1.00			1.300	70.200 1284	1.300	117.000 2140	1.300	46.800 856
997	设备摊销费	元	1.00	0.160	5.555 2596	13.800	745.200 745	14.700	1323.000 1323	27.300	982.800 983
1035	1.0m³履带式单斗挖掘机	台班	1098.53			0.030	1.620 1780	0.030	2.700 2966	0.030	1.080 1186
1378	15t以内载货汽车	台班	950.64			0.070	3.780 3593	0.070	6.300 5989	0.070	2.520 2396
1432	15t以内履带式起重机	台班	731.95			0.070	3.780 2767	0.070	6.300 4611	0.070	2.520 1845
1449	5t以内汽车式起重机	台班	467.38								
1600	1500mm以内回旋钻机	台班	1693.03			2.190	118.260 200218	3.560	320.400 542447	10.810	389.160 658860
1624	容量100~150L 泥浆搅拌机	台班	70.29			0.600	32.400 2277	0.600	54.000 3796	0.600	21.600 1518

· 223 ·

续上表

项目编号：405-1-b　　　单位：m　　　数量：1710.000　　　单价：2166.87　　　摊消费：62722元　　　标表4-3
项目名称：桥墩桩基（直径φ1.50m）

工程项目			工程细目	钢护筒			陆地上钻孔			陆地上钻孔			陆地上钻孔		
				钢护筒干处埋设			回旋钻机陆地钻孔，桩径150cm以内，孔深40m以内，黏土			回旋钻机陆地钻孔，桩径150cm以内，孔深40m以内，砂砾			回旋钻机陆地钻孔，桩径150cm以内，孔深40m以内，软石		
定额单位				1t			10m			10m			10m		
工程数量				34.716			54.000			90.000			36.000		
定额表号				4~4~8~7			4~4~5~42			4~4~5~43			4~4~5~46		
代号	工料机名称	单位	单价（元）	定额	数量	金额（元）	定额	数量	金额（元）	定额	数量	金额（元）	定额	数量	金额（元）
1726	32kV·A交流电弧焊机	台班	196.05				0.030	1.620	318	0.040	3.600	706	0.140	5.040	988
	直接工程费	元				35725			247091			652562			745691
其他工程费	其他工程费Ⅰ	元		1.930		689	3.480		8599	3.480		22709	3.480		25950
	其他工程费Ⅱ	元													
间接费	规费	元		40.000		5855	40.000		11536	40.000		28841	40.000		28470
	企业管理费	元		3.330		1213	6.650		17003	6.650		44906	6.650		51314
利润		元		4.000		1505	4.000		10908	4.000		28807	4.000		32918
税金		元		3.480		1566	3.480		10271	3.480		27068	3.480		30775
合计		元				46553			305408			804893			915116
单位单价		元				1341			5656			8943			25420
每米单价		元				27.22			178.60			470.70			535.16

续上表　　　　　　　　　　　　　　　　　　　　　　　　　　　　　　　　　　　　标表 4-3

项目编号：405-1-b
项目名称：桥墩桩基（直径 φ1.50m）
单位：m　　数量：1710.000　　单价：2166.87 元　　摊消费：62722 元

代号	工料机名称	单位	单价(元)	工程项目 工程细目 定额单位 定额数量 定额表号	钢筋及检测钢管 灌注桩检测管 1t 10.312 4~4~7~24		混凝土 灌注桩混凝土回旋、潜水钻成孔 （桩径150cm以内）输送泵 10m³ 实体 302.180 4~4~7~15 改		混凝土搅拌站拌和 混凝土搅拌站拌和 （60m³/h 以内） 100m³ 30.218 4~11~11~12, 定额×1.224		混凝土运输 6m³ 搅拌运输车 运混凝土3km 100m³ 30.218 4~11~11~20 +21×4.0,定额×1.224	
				定额	数量	金额(元)	数量	金额(元)	定额	数量	金额(元)	定额	数量	金额(元)
1	人工	工日	46.85		6.600	68.059	3189	1.900	574.142	26899				
191	钢管	t	5610.00		1.068	11.013	61784							
231	电焊条	kg	4.90		3.400	35.061	172							
832	32.5级水泥	t	355.54					5.630	1701.273	604871				
866	水	m³	1.00					3.000	906.540	907				
899	中（粗）砂	m³	104.80					6.240	1885.603	197611				
952	碎石（4cm）	m³	90.33					8.205	2479.387	223963				
996	其他材料费	元	1.00				530	1.400	423.052	423				
997	设备摊销费	元	1.00					51.600	15592.488	15592				
1003	75kW以内履带式推土机	台班	844.56								0.343	10.365	8754	
1048	1.0m³以内轮胎式装载机	台班	612.50								0.343	10.365	6348	
1307	6m³以内混凝土搅拌运输车	台班	1471.39											2.032	61.403	90348
1316	60m³/h以内混凝土输送泵	台班	1488.28					0.100	30.218	44973				

续上表

项目编号:405-1-b
项目名称:桥墩桩基(直径 φ1.50m)
单位: m   数量: 1710.000   单价: 2166.87 元   摊消费: 62722 元   标表 4-3

工程项目	工程细目		钢筋及检测钢管 灌注桩检测管			混凝土 灌注桩混凝土回旋、潜水钻成孔(桩径150cm以内)输送泵			混凝土搅拌站拌和 混凝土搅拌站拌和(60m³/h以内)			混凝土运输 6m³搅拌运输车 运混凝土3km		
	定额单位		1t			10m³实体			100m³			100m³		
	工程数量		10.312			302.180			30.218			30.218		
	定额表号		4~4~7~24			4~4~7~15 改			4~11~11~12, 定额×1.224			4~11~11~20 +21×4.0,定额×1.224		
代号	工料机名称	单位	单价(元)	定额	数量	金额(元)	定额	数量	金额(元)	定额	数量	金额(元)	定额	数量	金额(元)
1327	60m³/h以内水泥混凝土搅拌站	台班	2652.96							0.404	12.208	32388			
1726	32kV·A交流电弧焊机	台班	196.05	1.120	11.549	2264									
1998	小型机具使用费	元	1.00	8.800	90.746	91									
	直接工程费	元				68030			1115239			47490			90348
其他工程费	其他工程费 I	元		1.930		1313	3.480		38810	3.480		1653	0.790		714
	其他工程费 II	元													
	规费	元		40.000		1275	40.000		10759	40.000		3268	40.000		1967
间接费	企业管理费	元		3.330		2309	6.650		76744	6.650		2096	2.160		3721
	利润	元		4.000		2866	4.000		49232	4.000		1897	4.000		3367
	税金	元		3.480		2638	3.480		44919	3.480		1867	3.480		
	合计	元				78431			1335703			56403			100116
	单位单价	元				7606			4420			1867			3313
	每米单价	元				45.87			781.11			32.98			58.55

续上表

项目编号：405-1-b 单位：m 数量：1710.000 单价：2166.87 元 摊消费：62722 元
项目名称：桥墩桩基(直径φ1.50m)

代号	工料机名称	单位	单价(元)	工程项目 定额	混凝土搅拌站(楼)安拆 数量	金额(元)	工程细目 定额	混凝土搅拌站(楼)安拆 (60m³/h以内) 数量	金额(元)	定额表 定额	4~11~11~8 数量	金额(元)	合计 数量	金额
1	人工	工日	46.85	1439.500	486.551	22795							5114.996	239638
111	光圆钢筋直径10~14mm	t	3600.00	0.119	0.040	145							0.040	145
182	型钢	t	3700.00	0.096	0.032	120							0.032	120
191	钢管	kg	5610.00										11.013	61784
231	电焊条	kg	4.90										130.461	639
263	钢护筒	t	4800.00										3.472	16664
832	32.5级水泥	t	355.54	36.759	12.425	4417							1713.698	609288
866	水	m³	1.00	269.000	90.922	91							11797.462	11797
877	青(红)砖	千块	212.00	86.060	29.088	6167							29.088	6167
899	中(粗)砂	m³	104.80	80.240	27.121	2842							1912.724	200454
911	黏土	m³	8.21										2216.030	18194
952	碎石(4cm)	m³	90.33	65.440	22.119	1998							2501.506	225961
996	其他材料费	元	1.00										6785	6785
997	设备摊销费	元	1.00			1552							18643.488	18643
1003	75kW以内履带式推土机	台班	844.56										10.365	8754
1035	1.0m³履带式单斗挖掘机	台班	1098.53										5.400	5932
1048	1.0m³轮胎式装载机	台班	612.50										10.365	6348

标表 4-3

续上表

项目编号：405-1-b
项目名称：桥墩桩基(直径 φ1.50m)
单位：m   数量：1710.000   单价：2166.87 元   摊销费：62722 元

标表 4-3

代号	工料机名称	单位	单价(元)	工程项目 混凝土搅拌站(楼)安拆		工程项目 混凝土搅拌站(楼)安拆 (60m³/h 以内)		定额数量表 4~11~11~8 0.338		定额		合计	
				定额	数量	金额(元)	定额	数量	金额(元)	定额	数量	金额(元)	数量	金额(元)
1076	8~10t 光轮压路机	台班	377.79	3.930	1.328	502							1.328	502
1272	250L 以内强制式混凝土搅拌机	台班	150.87	2.870	0.970	146							0.970	146
1307	6m³ 以内混凝土搅拌运输车	台班	1471.39										61.403	90348
1316	60m³/h 以内混凝土输送泵	台班	1488.28										30.218	44973
1327	60m³/h 以内水泥混凝土搅拌站	台班	2652.96										12.208	32388
1378	15t 以内载货汽车	台班	950.64										12.600	11978
1395	40t 以内平板拖车组	台班	1341.42	2.880	0.973	1306							0.973	1306
1432	15t 以内履带式起重机	台班	731.95										12.600	9223
1449	5t 以内汽车式起重机	台班	467.38										5.555	2596
1451	12t 以内汽车式起重机	台班	899.15	2.090	0.706	635							0.706	635
1455	30t 汽车式起重机	台班	1663.07	5.370	1.815	3019							1.815	3019
1600	1500mm 以内回旋钻机	台班	1693.03										827.820	1401524
1624	容量 100~150L 泥浆搅拌机	台班	70.29										108.000	7591
1726	32kV·A 交流电弧焊机	台班	196.05	64.400	21.767	22							21.809	4276
1998	小型机具使用费	元	1.00										112.513	113
	直接工程费	元				45757								3047931

· 228 ·

续上表

项目编号:405-1-b
项目名称:桥墩桩基(直径φ1.50m) 单位: m 数量: 1710.000 单价: 2166.87 元 摊销费: 62722 元 标表 4-3

代号	工程项目	工程细目	定额单位	工程数量	定额表号	工料机名称	单位	单价(元)	定额	数量	金额(元)	定额	数量	金额(元)	定额	数量	金额(元)	合计数量	合计金额(元)
						其他工程费Ⅰ	元		2.620		1199								101636
						混凝土搅拌站(楼)安拆													95855
						其他工程费Ⅱ	元		40.000		9118								201283
						混凝土搅拌站(楼)安拆 (60m³/h 以内)	1座		0.338										134034
						规费	元		5.450		2559								
						企业管理费	元		4~11~11~8										124610
						利润	元		4.000		1981								3705346
						税金	元		3.480		2109								244135
						合计	元				62722								
						单位单价	元				185569								2166.87
						每米单价	元				36.68								

表6-16(e)

单价分析表（08表格式）

项目编号：410-3-a
项目名称：现浇箱梁C50混凝土　　　单位：m³　　　数量：6000.000　　　单价：812.39 元　　　摊消费：105774 元　　　标表 4-3

代号	工料机名称	单位	单价(元)	工程项目：现浇预应力箱梁上部构造 工程细目：支架现浇预应力箱梁 定额单位：10m³ 实体 定额数量：600.000 定额表号：4~6~10~2			钢支架 满堂式轻型钢支架 墩台高6m以内 10m²立面积 90.000 4~9~3~8,定额×2.000			支架预压 支架预压 10m³混凝土实体 600.000 4~9~6~1			混凝土搅拌站拌和 混凝土搅拌站拌和 (60m³/h以内) 100m³ 60.000 4~11~11~12,定额×1.040		
				定额	数量	金额(元)	定额	数量	金额(元)	定额	数量	金额(元)	定额	数量	金额(元)
1	人工	工日	46.85	15.700	9420.000	441327	14.400	1296.000	60718	0.500	300.000	14055			
182	型钢	t	3700.00	0.028	16.800	62160	0.028	2.520	9324						
191	钢管	t	5610.00				0.008	0.720	4039						
271	钢模板	t	5970.00	0.060	36.000	214920									
273	门式钢支架	t	5000.00				0.040	3.600	18000						
833	42.5级水泥	t	389.52	5.762	3457.200	1346649									
866	水	m³	1.00	21.000	12600.000	12600									
899	中(粗)砂	m³	104.80	5.510	3306.000	346469									
951	碎石(2cm)	m³	90.33	6.860	4116.000	371798									
996	其他材料费	元	1.00			119604			11716	10.100	6060.000	15360			
1003	75kW以内履带式推土机	台班	844.56										0.291	17.460	14746
1048	1.0m³轮胎式装载机	台班	612.50										0.291	17.460	10694
1308	60m³/h以内混凝土输送泵车	台班	1505.48	0.090	54.000	81296									
1327	60m³/h以内水泥混凝土搅拌站	台班	2652.96										0.343	20.580	54598
1449	5t以内汽车式起重机	台班	467.38							0.040	24.000	11217			
1451	12t以内汽车式起重机	台班	899.15	0.320		25896		28.800							

续上表

项目编号：410-3-a

项目名称：现浇箱梁C50混凝土 单位：m³ 数量：6000.000 单价：812.39 元 摊销费：105774 元 标表 4-3

工程项目			现浇预应力箱梁上部构造			钢支架			支架预压			混凝土搅拌站拌和		
工程细目			支架现浇预应力箱梁混凝土泵送			满堂式轻型钢支架墩台高6m以内			支架预压			混凝土搅拌站拌和(60m³/h 以内)		
定额单位			10m³ 实体			10m² 立面积			10m³ 混凝土实体			100m³		
工程数量			600.000			90.000			600.000			60.000		
定额表号			4~6~10~2			4~9~3~8,定额×2.000			4~9~6~1			4~11~11~12,定额×1.040		
代号	工料机名称	单位	单价(元)	定额	数量	金额(元)	定额	数量	金额(元)	定额	数量	金额(元)	定额	数量	金额(元)
1453	20t 汽车式起重机	台班	1289.08	0.470	282.000	363521									
1663	100mm以内电动多级离心清水泵 DA1-100-6	台班	451.85	0.300	180.000	81333									
1998	小型机具使用费	元	1.00	7.000	4200.000	4200									
	直接工程费	元				3445877			129693			40632			80038
	其他工程费 I	元		3.480		119916	2.620		3398	2.620		1065	3.480		2785
	其他工程费 II	元					40.000		24287	40.000		5622	40.000		
	规费	元		6.650		237125	5.450		7253	5.450		2272	6.650		5508
	间接费 企业管理费	元		4.000		152117	4.000		5614	4.000		1759	4.000		3533
	利润	元		3.480		143778	3.480		5925	3.480		1787	3.480		3197
	税金	元				4275344			176169			53137			95061
	合计	元				7126			1957			89			1584
	单位单价					712.56			29.36			8.86			15.84
	每立方米单价														

续上表

项目编号：410-3-a
项目名称：现浇箱梁C50混凝土

	工 程 项 目	混凝土运输	混凝土搅拌站(楼)安拆	合 计
工 程 细 目		6m³搅拌运输车运混凝土3km	混凝土搅拌站(楼)安拆(60m³/h以内)	
定 额 单 位	m³	100m³	1 座	
工 程 数 量	6000.000	60.000	0.570	
定 额 表 号			4~11~11~8	
单价:				812.39 元 摊消费: 105774 元 标表 4-3

代号	工料机名称	单位	单价(元)	定额	4~11~11~20+21×4.0,定额×1.040 数量	金额(元)	定额	数量	金额(元)	定额	数量	金额(元)	数量	金额(元)
1	人工	工日	46.85	1439.500	820.515	38441							11836.515	554541
111	光圆钢筋直径10~14mm	t	3600.00	0.119	0.068	244							0.068	244
182	型钢	t	3700.00	0.096	0.055	202							19.375	71686
191	钢管	t	5610.00										0.720	4039
271	钢模板	t	5970.00										36.000	214920
273	门式钢支架	t	5000.00										3.600	18000
832	32.5级水泥	t	355.54	36.759	20.953	7449							20.953	7449
833	42.5级水泥	t	389.52										3457.200	1346649
866	水	m³	1.00	269.000	153.330	153							12753.330	12753
877	青(红)砖	千块	212.00	86.060	49.054	10399							49.054	10399
899	中(粗)砂	m³	104.80	80.240	45.737	4793							3351.737	351262
951	碎石(2cm)	m³	90.33										4116.000	371798
952	碎石(4cm)	m³	90.33	65.440	37.301	3369							37.301	3369
1003	其他材料费	元				2617							149297	149297
1048	75kW以内履带式推土机	台班	844.56										17.460	14746
1076	1.0m³轮胎式装载机	台班	612.50										17.460	10694
	8~10t光轮压路机	台班	377.79	3.930	2.240	846							2.240	846

·232·

续上表

项目编号:410-3-a
项目名称:现浇箱梁C50混凝土　　单位:m³　　数量:6000.000　　单价:812.39　　摊销费:105774　　合计:　　　　　元　　　标表4-3

代号	工程项目 工料机名称	定额单位	工程数量 单价(元)	定额表号	混凝土运输 6m³ 搅拌运输车 运混凝土3km 4~11~11~20+21× 4.0,定额×1.040			混凝土搅拌站(楼)安拆 混凝土搅拌站(楼)安拆 (60m³/h以内) 1座 0.570 4~11~11~8			合计	
					定额	数量	金额(元)	定额	数量	金额(元)	数量	金额(元)
1272	250L以内强制式混凝土搅拌机	台班	150.87					2.870	1.636	247	1.636	247
1307	6m³以内混凝土搅拌运输车	台班	1471.39		1.726	103.560	152377				103.560	152377
1308	60m³/h以内混凝土输送泵车	台班	1505.48						54.000		54.000	81296
1327	60m³/h以内水泥混凝土搅拌站	台班	2652.96						20.580		20.580	54598
1395	40t以内平板拖车组	台班	1341.42					2.880	1.642	2202	1.642	2202
1449	5t以内汽车式起重机	台班	467.38						24.000		24.000	11217
1451	12t以内汽车式起重机	台班	899.15					2.090	1.191	1071	29.991	26967
1453	20t汽车式起重机	台班	1289.08						282.000		282.000	363521
1455	30t汽车式起重机	台班	1663.07					5.370	3.061	5090	3.061	5090
1663	100mm以内电动多级离心清水泵	台班	451.85						180.000		180.000	81333
1998	小型机具使用费	元	1.00					64.400	36.708	37	4236.708	4237
	直接工程费	元			0.790		152377	2.620		77160		3925777
其他工程费	其他工程费Ⅰ	元					1204			2022		130390
	其他工程费Ⅱ	元			40.000			40.000		15376		221816
间接费	规费	元			2.160		3317	5.450		4316		259792
	企业管理费	元			4.000		6276	4.000		3340		172638
利润		元			3.480		5678	3.480		3557		163922
税金		元					168853			105774		4874338
合计		元					2814			185569		199139
单位单价		元					28.14			17.63		812.39
每立方米单价		元										

合同段：A标段桥梁工程

工程量清单综合单价分析表

表 6-17

货币单位：人民币(元)

序号	编码	子目名称	人工费			材料费						机械使用费	其他	管理费	税费	利润	综合单价
			工日	单价	金额	主材耗量	单位	单价	主材费	辅材费	金额						
1	403-1-a	光圆钢筋(HPB235，HPB300)	0.005164	46.85	0.24						3.70	0.12	0.08	0.23	0.16	0.17	4.71
(1)	111	光圆钢筋直径10~14mm				0.001025	t	3600.00	3.69		3.69						
2	403-1-b	带肋钢筋(HRB335，HRB400)	0.005114	46.85	0.24						3.73	0.30	0.08	0.24	0.17	0.18	4.94
(1)	112	带肋钢筋直径15~24mm，25mm以上				0.001025	t	3600.00	3.72	0.01	3.69						
(2)	231	电焊条				0.005668	kg	4.90	0.03		0.03						
3	405-1-a	桥台桩基(直径φ1.30m)	2.500550	46.85	117.15				515.41	2.92	518.33	784.33	47.47	140.87	58.14	62.45	1728.74
(1)	111	光圆钢筋直径10~14mm				0.000018	t	3600.00	0.06		0.06						
(2)	182	型钢				0.000014	t	3700.00	0.05		0.05						
(3)	191	钢管				0.004020	t	5610.00	22.55		22.55						
(4)	231	电焊条				0.059438	kg	4.90	0.29		0.29						
(5)	263	钢护筒				0.001963	t	4800.00	9.42		9.42						
(6)	832	32.5级水泥				0.752762	t	355.54	267.64		267.64						
(7)	866	水				6.394635	m³	1.00	6.39		6.39						

续上表

合同段：A标段桥梁工程　　　　　　　　　　　　　　　　　　　　　　　　　　　货币单位：人民币(元)

序号	编码	子目名称	人工费			材料费						机械使用费	其他	管理费	税费	利润	综合单价
			工日	单价	金额	主材耗量	主材单位	单价	主材费	辅材费	金额						
(8)	877	青(红)砖				0.012826	千块	212.00	2.72		2.72						
(9)	899	中(粗)砂				0.840209	m³	104.80	88.05		88.05						
(10)	911	黏土				1.220758	m³	8.21	10.02		10.02						
(11)	952	碎石(4cm)				1.098822	m³	90.33	99.26		99.26						
(12)	996	其他材料费				0.501979	元	1.00	0.50		0.50						
(13)	997	设备摊销费				8.440663	元	1.00	8.44		8.44						
4	405-1-b	桥墩桩基(直径 φ1.50m)	2.991226	46.85	140.14				684.80	3.30	688.09	954.18	59.44	173.76	72.87	78.38	2166.87
(1)	111	光圆钢筋 直径10~14mm				0.000024	t	3600.00	0.08		0.08						
(2)	182	型钢				0.000019	t	3700.00	0.07		0.07						
(3)	191	钢管				0.006440	t	5610.00	36.13		36.13						
(4)	231	电焊条				0.076293	kg	4.90	0.37		0.37						
(5)	263	钢护筒				0.002030	t	4800.00	9.74		9.74						
(6)	832	32.5级水泥				1.002163	t	355.54	356.31		356.31						
(7)	866	水				6.899101	m³	1.00	6.90		6.90						
(8)	877	青(红)砖				0.017011	千块	212.00	3.61		3.61						
(9)	899	中(粗)砂				1.118552	m³	104.80	117.22		117.22						
(10)	911	黏土				1.295924	m³	8.21	10.64		10.64						
(11)	952	碎石(4cm)				1.462869	m³	90.33	132.14		132.14						
(12)	996	其他材料费				0.672598	元	1.00	0.67		0.67						

续上表

合同段：A标段桥梁工程　　　　　　　　　　　　　　　　　　　　　　　　　　　　　　　　　货币单位：人民币(元)

序号	编码	子目名称	人工费 工日	人工费 单价	人工费 金额	材料费 主材 主材耗量	主材 单位	主材 单价	主材费	辅材费	金额	机械使用费	其他	管理费	税费	利润	综合单价
(13)	997	设备摊销费				10.902625	元	1.00	10.90		10.90						
5	410-3-a	现浇箱梁 C50 混凝土	1.972753	46.85	92.42				406.47	20.51	426.98	134.90	21.73	80.27	27.32	28.77	812.39
(1)	111	光圆钢筋直径 10～14mm				0.000011	t	3600.00	0.04		0.04						
(2)	182	型钢				0.003229	t	3700.00	11.95		11.95						
(3)	191	钢管				0.000120	t	5610.00	0.67		0.67						
(4)	271	钢模板				0.006000	t	5970.00	35.82		35.82						
(5)	273	门式钢支架				0.000600	t	5000.00	3.00		3.00						
(6)	832	32.5级水泥				0.003492	t	355.54	1.24		1.24						
(7)	833	42.5级水泥				0.576200	t	389.52	224.44		224.44						
(8)	866	水				2.125555	m³	1.00	2.13		2.13						
(9)	877	青(红)砖				0.008176	千块	212.00	1.73		1.73						
(10)	899	中(粗)砂				0.558623	m³	104.80	58.54		58.54						
(11)	951	碎石(2cm)				0.686000	m³	90.33	61.97		61.97						
(12)	952	碎石(4cm)				0.006217	m³	90.33	0.56		0.56						
(13)	996	其他材料费				4.375555	元	1.00	4.38		4.38						

工程项目单价构成表

合同段：A标段桥梁工程　　　　　　　　　　　　　　　　　货币单位：人民币（元）

表6-18　标表4-5

项目编号	项目说明综合单价 $(1)+(2)+\cdots+(N)$	单位	工序1分项单价(1)	工序2分项单价(2)	工序3分项单价(3)	工序4分项单价(4)
403-1-a	光圆钢筋（HPB235，HPB300）4.71	kg	系梁钢筋 0.24	灌注桩钢筋焊接连接主筋 4.47		
403-1-b	带肋钢筋（HRB335，HRB400）4.94	kg	系梁钢筋 0.10	灌注桩钢筋焊接连接主筋 4.71	承台钢筋 0.13	
405-1-a	桥台桩基（直径φ1.30m）1728.74	m	钢护筒干处埋设 26.33	灌注桩混凝土回旋、潜水钻成孔（桩径150cm以内）输送泵 586.71	回旋钻机陆地钻孔，桩径150cm以内，孔深40m以内，黏土 184.06 混凝土搅拌站拌和（60m³/h以内）24.78	回旋钻机陆地钻孔，桩径150cm以内，孔深40m以内，软石 321.65 6m³搅拌运输车运混凝土3km 43.98
			灌注桩检测管 28.63			
			混凝土搅拌站（楼）安拆（60m³/h以内）27.66			
405-1-b	桥墩桩基（直径φ1.50m）2166.87	m	钢护筒干处埋设 27.22	灌注桩混凝土回旋、潜水钻成孔（桩径150cm以内）输送泵 178.60	回旋钻机陆地钻孔，桩径150cm以内，孔深40m以内，砂砾 470.70 混凝土搅拌站拌和（60m³/h以内）32.98	回旋钻机陆地钻孔，桩径150cm以内，孔深40m以内，软石 535.16 6m³搅拌运输车运混凝土3km 58.55
			灌注桩检测管 45.87			
			混凝土搅拌站（楼）安拆（60m³/h以内）36.68	满堂式轻型钢支架墩台高6m以内 781.11		
410-3-a	现浇箱梁C50混凝土 812.39	m³	支架现浇预应力箱梁混凝土泵送 712.56	混凝土搅拌车运混凝土3km以内 29.36	支架预压 8.86	混凝土搅拌站拌和（60m³/h以内）15.84
			6m³搅拌运输车运混凝土3km 28.14	混凝土搅拌站安拆 17.63		

工程细目单价构成分析表

表 6-19

合同段编号:A 标段桥梁工程

细目号	细目名称	定额表号	单位	工程数量	工序单价(元)
403-1	基础钢筋				
-a	光圆钢筋(HPB235、HPB300)		kg	9060.000	4.71
	系梁钢筋	4~6~4~12	1t	0.450	4869.73
	灌注桩钢筋焊接连接主筋	4~4~7~22	1t	8.610	4700.55
403-1	基础钢筋				
-b	带肋钢筋(HRB335、HRB400)		kg	130220.000	4.94
	系梁钢筋	4~6~4~12	1t	2.700	5024.00
	灌注桩钢筋焊接连接主筋	4~4~7~22	1t	124.000	4944.36
	承台钢筋	4~6~1~13	1t	3.520	4854.00
405-1	陆上钻孔灌注桩				
-a	桥台桩基(直径 ϕ1.30m)		m	624.000	1728.74
	钢护筒干处埋设	4~4~8~7	1t	12.251	1340.96
	回旋钻机陆地钻孔,桩径 150cm 以内,孔深 40m 以内,黏土	4~4~5~42	10m	21.600	5317.19
	回旋钻机陆地钻孔,桩径 150cm 以内,孔深 40m 以内,砂砾	4~4~5~43	10m	36.000	8406.03
	回旋钻机陆地钻孔,桩径 150cm 以内,孔深 40m 以内,软石	4~4~5~46	10m	8.400	23894.06
	灌注桩检测管	4~4~7~24	1t	2.349	7605.75
	灌注桩混凝土回旋、潜水钻成孔(桩径 150cm 以内)输送泵	4~4~7~15	10m³ 实体	82.825	4420.22
	混凝土搅拌站拌和(60m³/h 以内)	4~11~11~12	100m³	8.283	1866.55
	6m³ 搅拌运输车运混凝土 3km	4~11~11~20	100m³	8.283	3313.14

续上表

合同段编号:A 标段桥梁工程

细目号	细 目 名 称	定额表号	单 位	工程数量	工序单价(元)
	混凝土搅拌站(楼)安拆(60m³/h 以内)	4~11~11~8	1 座	0.093	185569.06
405-1	陆上钻孔灌注桩				
-b	桥墩桩基(直径 φ1.50m)		m	1710.000	2166.87
	钢护筒干处埋设	4~4~8~7	1t	34.716	1340.96
	回旋钻机陆地钻孔,桩径 150cm 以内,孔深 40m 以内,黏土	4~4~5~42	10m	54.000	5655.70
	回旋钻机陆地钻孔,桩径 150cm 以内,孔深 40m 以内,砂砾	4~4~5~43	10m	90.000	8943.26
	回旋钻机陆地钻孔,桩径 150cm 以内,孔深 40m 以内,软石	4~4~5~46	10m	36.000	25419.90
	灌注桩检测管	4~4~7~24	1t	10.312	7605.75
	灌注桩混凝土回旋、潜水钻成孔(桩径150cm 以内)输送泵	4~4~7~15	10m³ 实体	302.180	4420.22
	混凝土搅拌站拌和(60m³/h 以内)	4~11~11~12	100m³	30.218	1866.55
	6m³ 搅拌运输车运混凝土 3km	4~11~11~20	100m³	30.218	3313.14
	混凝土搅拌站(楼)安拆(60m³/h 以内)	4~11~11~8	1 座	0.338	185569.06
410-3	现浇混凝土上部构造				
-a	现浇箱梁 C50 混凝土		m³	6000.000	812.39
	支架现浇预应力箱梁混凝土泵送	4~6~10~2	10m³ 实体	600.000	7125.57
	满堂式轻型钢支架墩台高 6m 以内	4~9~3~8	10m² 立面积	90.000	1957.44
	支架预压	4~9~6~1	10m³ 混凝土实体	600.000	88.56
	混凝土搅拌站拌和(60m³/h 以内)	4~11~11~12	100m³	60.000	1584.36
	6m³ 搅拌运输车运混凝土 3km	4~11~11~20	100m³	60.000	2814.21
	混凝土搅拌站(楼)安拆(60m³/h 以内)	4~11~11~8	1 座	0.570	185569.06

总 预 算 表

建设项目名称:河北省××高速公路
编制范围:A标段桥梁工程

表6-20
01表

项	目	节	细目	工程或费用名称	单位	数量	预算金额(元)	技术经济指标	各项费用比例(%)	备注
				第100章至第700章合计			10693500		95.24	
				第100章 总则			349119		3.11	
101-1				保险费	总额		29667			
		-a		工程一切险	总额	1.00	26667	3000.00		
		-b		第三方责任险	总额	1.00	3000	20000.00		
102-2				施工环保费	总额		20000			
102-3				安全生产费	总额		158032			
103-1				临时道路、桥梁的修建和维护与拆除	总额		16420			
103-2				临时工程用地(租赁)	总额		60000			
103-3				供水与排污设施	总额		20000			
103-4				临时供电设施	总额		15000			
104-1				承包人驻地建设	总额		30000			
				第400章 桥梁、涵洞			10344381		92.13	
403-1				基础钢筋			685959			
		-a		光圆钢筋(HPB235、HPB300)	kg	9060.0	42673	4.71		
		-b		带肋钢筋(HRB335、HRB400)	kg	130220.0	643287	4.94		
405-1				陆上钻孔灌注桩			4784081			
		-a		桥台桩基(直径φ1.30m)	m	624.0	1078734	1728.74		分摊:拌和站安拆待摊项)×9.291%
		-b		桥墩桩基(直径φ1.50m)	m	1710.0	3705348	2166.87		分摊:拌和站安拆待摊项)×33.766%
410-3				现浇混凝土上部构造			4874340			

续上表

建设项目名称：河北省××高速公路
编制范围：A标段桥梁工程

01表

项目	节	细目	工程或费用名称	单位	数量	预算金额（元）	技术经济指标	各项费用比例(%)	备注
	一	a	现浇箱梁C50混凝土	m³	6000.0	4874340	812.39		分摊：[混凝土拌和站安拆待摊]×56.943%
			已包含在清单合计中的材料、工程设备、专业工程暂估价合计						
			清单合计减去材料、工程设备、专业工程暂估价合计			10693500		95.24	
			计日工合计						
			暂列金额（不含计日工总额）			534675		4.76	
			投标报价			11228175		100.00	

人工、材料、机械台班数量汇总表

建设项目名称：河北省××高速公路
编制范围：A标段桥梁工程

表6-21
02表

序号	规格名称	单位	总数量	分项统计		场外运输损耗		
				第100章 总则	第400章 桥梁、涵洞	辅助生产	其他	%	数量
1	人工	工日	20281	43	19225		1014		
2	机械工	工日	4181	27	4155				
3	锯材木中板 δ=19~35	m³	66		66				
4	光圆钢筋直径10~14mm	t	9		9				
5	带肋钢筋直径15~24mm,25mm以上	t	133		133				
6	型钢	t	19		19				

续上表

表02

建设项目名称:河北省×x高速公路
编制范围:A标段桥梁工程

序号	规格名称	单位	总数量	分项统计					场外运输损耗	
				第100章 总则	第400章 桥梁、涵洞		辅助生产	其他	%	数量
7	钢管	t	14		14					
8	电焊条	kg	906		906					
9	钢护筒	t	5		5					
10	钢模板	t	36		36					
11	门式钢支架	t	4		4					
12	铁件	kg	6476		6476					
13	8~12号铁丝	kg	17		17					
14	20~22号铁丝	kg	313		313					
15	32.5级水泥	t	2226		2204				1.00	22
16	42.5级水泥	t	3492		3457				1.00	35
17	汽油	t	810		810					
18	柴油	kg	38724	763	37961					
19	电	kW·h	706373		706373					
20	水	m³	28541		28541					
21	青(红)砖	千块	89		86				3.00	3
22	中(粗)砂	m³	5933		5789				2.50	145
23	砂砾	m³	389		385				1.00	4
24	黏土	m³	3067		2978				3.00	89
25	碎石(2cm)	m³	4157		4116				1.00	41
26	碎石(4cm)	m³	3257		3224				1.00	32
27	其他材料费	元	27717		27717					
28	设备摊销费	元	23910		23910					

续上表 02表

建设项目名称:河北省××高速公路
编制范围:A标段桥梁工程

序号	规格名称	单位	总数量	分项统计		辅助生产	其他	场外运输损耗	
				第100章 总则	第400章 桥梁、涵洞			%	数量
29	75kW 以内履带式推土机	台班	42	11	31				
30	1.0m³ 履带式单斗挖掘机	台班	7		7				
31	1.0m³ 轮胎式装载机	台班	31		31				
32	6~8t 光轮压路机	台班	1	1					
33	8~10t 光轮压路机	台班	5	1	4				
34	12~15t 光轮压路机	台班	3	3					
35	250L 以内强制式混凝土搅拌机	台班	3		3				
36	6m³ 以内混凝土搅拌运输车	台班	182		182				
37	60m³/h 以内混凝土输送泵车	台班	54		54				
38	60m³/h 以内混凝土输送泵	台班	39		39				
39	60m³/h 以内水泥混凝土搅拌站	台班	36		36				
40	15t 以内载货汽车	台班	17		17				
41	40t 以内平板拖车组	台班	3		3				
42	15t 以内履带式起重机	台班	17		17				
43	5t 以内汽车式起重机	台班	32		32				
44	12t 以内汽车式起重机	台班	47		47				
45	20t 汽车式起重机	台班	282		282				
46	30t 汽车式起重机	台班	5		5				
47	50kN 以内单筒慢动电动卷扬机	台班	1		1				
48	1500mm 以内回旋钻机	台班	1078		1078				
49	容量 100~150L 泥浆搅拌机	台班	145		145				
50	100mm 以内电动多级离心清水泵 DA1-100-6	台班	180		180				
51	32kV·A 交流电弧焊机	台班	149		149				
52	小型机具使用费	元	6536		6536				

表 6-22

建筑安装工程费计算表

建设项目名称:河北省××高速公路
编制范围:A标段桥梁工程

03 表

序号	工程名称	单位	工程量	直接费(元) 直接工程费 人工费	材料费	机械使用费	合计	其他工程费	合计	间接费(元)	利润(元) 费率 4.0%	税金(元) 综合税率 3.48%	建筑安装工程费 合计(元)	单价(元)
1	2	3	4	5	6	7	8	9	10	11	12	13	14	15
1	工程一切险	总额					26667		26667				26667	
2	第三方责任险	总额	1.0	3000			3000		3000				3000	3000.00
3	施工环保费	总额	1.0				20000		20000				20000	20000.00
4	安全生产费	总额					158032		158032				158032	
5	临时道路、桥梁的修建维护与拆除	总额		2024		11664	13688	226	13914	1374	579	552	16420	
6	临时工程用地(租赁)	总额			60000		60000		60000				60000	
7	临时供电设施	总额			20000		20000		20000				20000	
8	供水与排污设施	总额			15000		15000		15000				15000	
9	承包人驻地建设	总额			30000		30000		30000				30000	
10	光圆钢筋(HPB235、HPB300)	kg	9060.0	2192	33561	1085	36838	711	37549	2127	1552	1435	42663	4.71
11	带肋钢筋(HRB335、HRB400)	kg	130220.0	31202	486003	39338	556542	10741	567284	31371	23447	21649	643751	4.94
12	桥台桩基(直径φ1.30m)	m	624.0	73102	323440	489425	885966	29622	915588	87901	38970	36278	1078736	1728.74
13	桥墩桩基(直径φ1.50m)	m	1710.0	239638	1176641	1631650	3047929	101636	3149565	297138	134034	124610	3705346	2166.87
14	现浇箱梁C50混凝土	m³	6000.0	554541	2561868	809371	3925780	130390	4056169	481608	172638	163922	4874338	812.39
	各项费用合计	公路公里		905698	4706513	2982533	8799443	273325	9072768	901520	371220	348446	10693954	

· 244 ·

其他工程费及间接费综合费率计算表

建设项目名称：河北省××高速公路
编制范围：A标段桥梁工程

表6-23
表04

序号	工程类别	冬季施工增加费	雨季施工增加费	夜间施工增加费	高原地区施工增加费	风沙地区施工增加费	沿海地区施工增加费	行车干扰工程施工增加费	施工标准化与安全措施费	临时设施费	施工辅助费	工地转移费	综合费率 I	综合费率 II	养老保险费	失业保险费	医疗保险费	住房公积金	工伤保险费	综合费率	基本费用	主副食运费补贴	职工探亲路费	职工取暖补贴	财务费用	综合费率
1	2	3	4	5	6	7	8	9	10	11	12	13	14	15	16	17	18	19	20	21	22	23	24	25	26	27
01	人工土方	0.44	0.11								0.89	0.21	1.65		20.00	2.00	7.00	10.00	1.00	40.00	3.36	0.31	0.10	0.06	0.23	4.06
02	机械土方	0.67	0.11								0.49	0.67	1.94		20.00	2.00	7.00	10.00	1.00	40.00	3.26	0.24	0.22	0.13	0.21	4.06
03	汽车运输	0.12	0.11								0.16	0.40	0.79		20.00	2.00	7.00	10.00	1.00	40.00	1.44	0.25	0.14	0.12	0.21	2.16
04	人工石方	0.10	0.07								0.85	0.22	1.24		20.00	2.00	7.00	10.00	1.00	40.00	3.45	0.24	0.10	0.06	0.22	4.07
05	机械石方	0.13	0.10								0.46	0.43	1.12		20.00	2.00	7.00	10.00	1.00	40.00	3.28	0.22	0.22	0.11	0.20	4.03
06	高级路面	0.52	0.10								0.80	0.83	2.25		20.00	2.00	7.00	10.00	1.00	40.00	1.91	0.15	0.14	0.07	0.27	2.54
07	其他路面	0.20	0.09								0.74	0.75	1.78		20.00	2.00	7.00	10.00	1.00	40.00	3.28	0.15	0.16	0.07	0.30	3.96
08	构造物 I	0.49	0.08								1.30	0.75	2.620		20.00	2.00	7.00	10.00	1.00	40.00	4.44	0.23	0.29	0.12	0.37	5.45
09	构造物 II	0.60	0.08	0.35							1.56	0.89	3.48		20.00	2.00	7.00	10.00	1.00	40.00	5.53	0.25	0.34	0.13	0.40	6.65
10	构造物 III	1.18	0.17	0.70							3.03	1.77	6.85		20.00	2.00	7.00	10.00	1.00	40.00	9.79	0.45	0.55	0.23	0.82	11.84
11	技术复杂大桥	0.680	0.10	0.35							1.68	1.01	3.82		20.00	2.00	7.00	10.00	1.00	40.00	4.72	0.20	0.20	0.10	0.46	5.68
12	隧道	0.190									1.23	0.71	2.13		20.00	2.00	7.00	10.00	1.00	40.00	4.22	0.19	0.27	0.08	0.39	5.15
13	钢材及钢结构	0.050		0.350							0.56	0.97	1.93		20.00	2.00	7.00	10.00	1.00	40.00	2.42	0.20	0.16	0.07	0.48	3.33

人工、材料、机械台班单价汇总表

表6-24

建设项目名称：河北省××高速公路
编制范围：A标段桥梁工程

序号	名 称	单位	代号	预算单价(元)	备注
1	人工	工日	1	46.85	
2	机械工	工日	2	46.85	
3	原木	m³	101	1120.00	
4	锯材木中板δ=19～35	m³	102	1350.00	
5	光圆钢筋直径10～14mm	t	111	3600.00	
6	带肋钢筋直径15～24mm,25mm以上	t	112	3600.00	
7	型钢	t	182	3700.00	
8	钢板	t	183	4450.00	
9	钢管	t	191	5610.00	
10	电焊条	kg	231	4.90	
11	钢材筒	t	263	4800.00	
12	钢板板	t	271	5970.00	
13	组合钢模板	t	272	5710.00	
14	门式钢支架	t	273	5000.00	
15	铁件	kg	651	4.40	
16	8～12号铁丝	kg	655	6.10	
17	20～22号铁丝	kg	656	6.40	
18	32.5级水泥	t	832	355.54	
19	42.5级水泥	t	833	389.52	
20	汽油	kg	862	8.50	
21	柴油	kg	863	9.20	
22	电	kW·h	865	1.62	
23	水	m³	866	1.00	
24	青、红砖	千块	877	212.00	
25	中(粗)砂	m³	899	104.80	
26	砂砾	m³	902	31.00	
27	黏土	m³	911	8.21	
28	碎石(2cm)	m³	951	90.33	
29	碎石(4cm)	m³	952	90.33	
30	其他材料费	元	996	1.00	
31	设备摊销费	元	997	1.00	
32	75kW以内履带式推土机	台班	1003	844.56	
33	1.0m³履带式单斗挖掘机	台班	1035	1098.53	
34	1.0m³轮胎式装载机	台班	1048	612.50	
35	6～8t光轮压路机	台班	1075	332.26	
36	8～10t光轮压路机	台班	1076	377.79	
37	12～15t光轮压路机	台班	1078	583.40	
38	250L以内强制式混凝土搅拌机	台班	1272	150.87	
39	6m³以内混凝土搅拌运输车	台班	1307	1471.39	
40	60m³/h以内混凝土输送泵车	台班	1308	1505.48	
41	60m³/h以内混凝土输送泵	台班	1316	1488.28	
42	60m³/h以内水泥混凝土搅拌站	台班	1327	2652.96	
43	15t以内载货汽车	台班	1378	950.64	
44	40t以内平板拖车组	台班	1395	1341.42	
45	15t以内履带式汽车式起重机	台班	1432	731.95	
46	5t以内汽车式起重机	台班	1449	467.38	
47	12t以内汽车式起重机	台班	1451	899.15	
48	20t汽车式起重机	台班	1453	1289.08	
49	30t汽车式起重机	台班	1455	1663.07	
50	50kN以内单筒慢动电动卷扬机	台班	1500	156.21	
51	1500mm以内回旋钻机	台班	1600	1693.03	
52	容量100～150L泥浆搅拌机	台班	1624	70.29	
53	100mm以内电动多级离心清水泵DA1-100-6	台班	1663	451.85	
54	32kV·A交流电弧焊机	台班	1726	196.05	
55	小型机具使用费	元	1998	1.00	
56	定额基价	元	1999	1.00	07表

表 6-25

建筑安装工程费计算数据表

建设项目名称：河北省××高速公路
编制范围：A标段桥梁工程

本项目的代号	本项目数	目的代号	目数	节的代号	本节细目数	细目的代号	费率编号	定额个数	定额代号	项或目或子目或细目或定额的名称	单位	数量	定额调整情况
	8									第100章 总则			
		101-1	2							保险费			
				-a			00			工程一切险	总额	1.0	({|A|+|G2|})×0.25%
				-b						第三方责任险	总额	1.0	1×3000元
		102-2								施工环保费	总额	1.0	1×20000元
		102-3								安全生产费	总额		({|A|+|G1|})×1.5%
		103-1					01	1	7-1-1-3	临时道路、桥梁的修建和维护与拆除			
										汽车便道路基宽4.5m（平原微丘区）	1km	1.5	
		103-2					00	1		临时工程用地（租赁）	总额	2000.0	2000×30元
		103-3					00	1		临时供电设施	总额		
										临时供电设施	总额	1.0	1×20000元
		103-4					00	1		供水与排污设施	总额		
										供水与排污设施	元	1.0	1×15000元
		104-1					00	1		承包人驻地建设	总额		
										承包人驻地建设	元	1.0	1×30000元
	3									第400章 桥梁、涵洞			
		403-1	2							基础钢筋			
				-a						光圆钢筋（HPB235、HPB300）	kg	9060.0	

·247·

续上表

建设项目名称:河北省××高速公路
编制范围:A标段桥梁工程

项的代号	本项目数	目的代号	节数	节的代号	本节细目数	细目的代号	费率编号	定额个数	定额代号	项或子目或定额细目的名称	单位	数量	定额调整情况
							13		4-6-4-12	系梁钢筋	1t	0.45	钢筋抽换:[111]量1.025 删:[112]量[231]删:[1726]
							13		4-4-7-22	灌注桩钢筋焊接连接主筋	1t	8.61	钢筋抽换:[111]量1.025 删:[112]量[231]删:[1726]
				-b				3		带肋钢筋（HRB335、HRB400）	kg	130220.0	
							13		4-6-4-12	系梁钢筋	1t	2.7	钢筋抽换:[231]量4.41 [1726][111][112]量1.025 删:[112]量0.584
							13		4-4-7-22	灌注桩钢筋焊接连接主筋	1t	124.0	钢筋抽换:[231]量0.954 5.726[1726]量 删:[111][112]量1.025
							13		4-6-1-13	承台钢筋	1t	3.52	
		405-1	2	-a				9		陆上钻孔灌注桩			
							13		4-4-8-7	桥台桩基(直径φ1.30m)	m	624.0	
							13			钢护筒干处埋设	1t	12.251	
							09		4-4-5-42	回旋钻机陆地钻孔,桩径150cm以内,孔深40m以内,黏土	10m	21.6	实际桩径(cm):桩径130cm
							09		4-4-5-43	回旋钻机陆地钻孔,桩径150cm以内,孔深40m以内,砂砾	10m	36.0	实际桩径(cm):桩径130cm
							09		4-4-5-46	回旋钻机陆地钻孔,桩径150cm以内,孔深40m以内,软石	10m	8.4	实际桩径(cm):桩径130cm

建设项目名称：河北省××高速公路
编制范围：A标段桥梁工程

续上表

项目的代号	本项目数	目的代号	节的代号	本节细目数	细目的代号	费率编号	定额个数	定额代号	项或目或节或细目或定额的名称	单位	数 量	定额调整情况
						13		4-4-7-24	灌注桩检测管	1t	2.349	
						09		4-4-7-15	灌注桩混凝土回旋、潜水钻成孔(桩径150cm以内)输送泵	10m³ 实体	82.825	水C25-32.5-4 换水C30-32.5-4
						09		4-11-11-12	混凝土搅拌站拌和(60m³/h以内)	100m³	8.283	定额×1.224
						03		4-11-11-20	6m³ 搅拌运输车运混凝土3km	100m³	8.283	+21×4.0 定额×1.224
						08		4-11-11-8	混凝土搅拌站(楼)安拆(60m³/h以内)	1座	0.093	
			-b				9		桥墩桩基(直径φ1.50m)	m	1710.0	
						13		4-4-8-7	钢护筒干处埋设	1t	34.716	
						09		4-4-5-42	回旋钻机陆地钻孔,桩径150cm以内,孔深40m以内,黏土	10m	54.0	
						09		4-4-5-43	回旋钻机陆地钻孔,桩径150cm以内,孔深40m以内,砂砾	10m	90.0	
						09		4-4-5-46	回旋钻机陆地钻孔,桩径150cm以内,孔深40m以内,软石	10m	36.0	
						13		4-4-7-24	灌注桩检测管	1t	10.312	
						09		4-4-7-15	灌注桩混凝土回旋、潜水钻成孔(桩径150cm以内)输送泵	10m³ 实体	302.18	水C25-32.5-4换 水C30-32.5-4

续上表

建设项目名称：河北省××高速公路
编制范围：A标段桥梁工程

项目的代号	本项目数	目的代号	本目节数	节的代号	本节细目数	细目的代号	费率编号	定额个数	定额代号	项或目或节或细目或定额的名称	单位	数量	定额调整情况
		410-3		-a			09		4-11-11-12	混凝土搅拌站拌和（60m³/h以内）	100m³	30.218	定额×1.224
							03		4-11-11-20	6m³搅拌运输车运混凝土3km	100m³	30.218	+21×4.0 定额×1.224
							08		4-11-11-8	混凝土搅拌站（楼）安拆（60m³/h以内）	1座	0.338	
								6		现浇混凝土上部构造			
							09		4-6-10-2	现浇箱梁C50混凝土	m³	6000.0	
							08		4-9-3-8	支架现浇预应力箱梁混凝土泵送	10m³实体	600.0	
							08		4-9-6-1	满堂式轻型钢支架墩台高6m以内	10m²立面积	90.000	定额×2.000
							08			支架预压	10m³混凝土实体	600.0	
							09		4-11-11-12	混凝土搅拌站拌和（60m³/h以内）	100m³	60.0	定额×1.040
							03		4-11-11-20	6m³搅拌运输车运混凝土3km	100m³	60.0	+21×4.0 定额×1.040
							08		4-11-11-8	混凝土搅拌站（楼）安拆（60m³/h以内）	1座	0.57	

表 6-26(a)

分项工程预算表

编制范围：A标段桥梁工程
工程名称：光圆钢筋（HPB235、HPB300）

序号	工程项目 工程细目 定额单位 工程数量 定额表号 工料机名称	单位	单价（元）	钢筋 系梁钢筋 1t 0.450 4~6~4~12改			钢筋及检测钢管 灌注桩钢筋焊接连接主筋 1t 8.610 4~4~7~22改			合计	
				定额	数量	金额（元）	定额	数量	金额（元）	数量	金额（元）
1	人工	工日	46.85	8.300	3.735	175	5.000	43.050	2017	46.785	2192
2	光圆钢筋直径10~14mm	t	3600.00	1.025	0.461	1661	1.025	8.825	31771	9.286	33431
3	20~22号铁丝	kg	6.40	3.000	1.350	9	2.200	18.942	121	20.292	130
4	12t以内汽车式起重机	台班	899.15	0.220	0.099	15	0.120	1.033	929	1.033	929
5	50kN以内单筒慢动电动卷扬机	台班	156.21		0.099	15				0.099	15
6	小型机具使用费	元	1.00	21.800	9.810	10	15.200	130.872	131	140.682	141
	直接工程费	元				1869			34969		36838
	其他工程费	元		1.930		36	1.930		675		711
	规费 Ⅰ	元		40.000		70	40.000		1473		877
	间接费 Ⅱ	元		3.330		63	3.330		1361	1250	
	企业管理费	元									1250
	利润	元		4.00		79	4.00		1473		1552
	税金	元		3.48		74	3.48		1361		1435
	建筑安装工程费	元				2191			40472		42663

08-2 表

表 6-26(b)

编制范围：A标段桥梁工程
工程名称：带肋钢筋（HRB335，HRB400）

分项工程预算表

08-2 表

序号	工程项目 工料机名称	工程细目 单位	定额单号 单价（元）	钢梁钢筋 1t 系梁钢筋 2.700 4~6~4~12改 定额	数量	金额（元）	钢筋及检测钢管 灌注桩钢筋焊接连接主筋 1t 124.000 4~4~7~22改 定额	数量	金额（元）	基础、承台及支撑架 承台钢筋 1t 3.520 4~6~1~13 定额	数量	金额（元）	合计 数量	金额（元）
1	人工	工日	46.85	8.300	22.410	1050	5.000	620.000	29047	6.700	23.584	1105	665.994	31202
2	带肋钢筋直径15~24mm,25mm以上	t	3600.00	1.025	2.768	9963	1.025	127.100	457560	1.025	3.608	12989	133.476	480512
3	电焊条	kg	4.90	4.410	11.907	58	5.726	710.024	3479	4.600	16.192	79	738.123	3617
4	20~22号铁丝	kg	6.40	3.000	8.100	52	2.200	272.800	1746	3.400	11.968	77	292.868	1874
5	12t以内汽车式起重机	台班	899.15				0.120	14.880	13379				14.880	13379
6	50kN以内单筒慢动电动卷扬机	台班	156.21	0.220	0.594	93							0.594	93
7	32kV·A交流电弧焊机	台班	196.05	0.584	1.577	309	0.954	118.296	23192	0.500	1.760	345	121.633	23846
8	小型机具使用费	元	1.00	21.800	58.860	59	15.200	1884.800	1885	21.500	75.680	76	2019.340	2019
	直接工程费	元				11584			530288			14670		556542
	其他工程费	元		1.930		224	1.930		10235	1.930		283		10741
	规 费 I	元												
	规 费 II	元												
	间接费 企业管理费	元		40.000		420	40.000		11619	40.000		442		12481
	利 润	元		3.330		393	3.330		17999	3.330		498		18891
	税 金	元		4.000		488	4.000		22341	4.000		618		23447
	建筑安装工程费	元		3.480		456	3.480		20618	3.480		575		21649
						13565			613100			17086		643751

分项工程预算表

编制范围：A标段桥梁工程
工程名称：桥台桩基（直径 φ1.30m）

表 6-26(c)
08-2 表

序号	工料机名称	单位	单价(元)	钢护筒 钢护筒干处埋设 1t 12.251 4~4~8~7			陆地上钻孔 回旋钻机陆地钻孔，桩径150cm 以内，孔深40m以内，黏土 10m 21.600 4~4~5~42 改			陆地上钻孔 回旋钻机陆地钻孔，桩径150cm 以内，孔深40m以内，砂砾 10m 36.000 4~4~5~43 改			陆地上钻孔 回旋钻机陆地钻孔，桩径150cm 以内，孔深40m以内，软石 10m 8.400 4~4~5~46 改		
				定额	数量	金额(元)	定额	数量	金额(元)	定额	数量	金额(元)	定额	数量	金额(元)
1	人工	工日	46.85	9.000	110.258	5166	10.716	231.466	10844	16.074	578.664	27110	39.668	333.211	15611
2	锯材木中板 δ=19~35	m³	1350.00				0.015	0.324	437	0.015	0.540	729	0.015	0.126	170
3	电焊条	kg	4.90	0.100	1.225		0.282	6.091	30	0.376	13.536	66	1.128	9.475	46
4	钢护筒	t	4800.00			5880									
5	铁件	kg	4.40				0.188	4.061	18	0.188	6.768	30	0.188	1.579	7
6	水	m³	1.00	6.410	78.528	645	38.540	832.464	832	66.740	2402.640	2403	57.340	481.656	482
7	黏土	m³	8.21				6.307	136.231	1118	12.615	454.140	3728	11.054	92.854	762
8	其他材料费	元	1.00				1.222	26.395	26	1.222	43.992	44	1.222	10.265	10
9	设备摊销费	元	1.00				12.972	280.195	280	13.818	497.448	497	25.662	215.561	216
10	1.0m³ 履带式单斗挖掘机	台班	1098.53				0.028	0.605	664	0.028	1.008	1107	0.028	0.235	258
11	15t 以内载货汽车	台班	950.64				0.066	1.426	1355	0.066	2.376	2259	0.066	0.554	527
12	15t 以内履带式起重机	台班	731.95				0.066	1.426	1043	0.066	2.376	1739	0.066	0.554	406

续上表

编制范围：A标段桥梁工程
工程名称：桥台桩基（直径φ1.30m）

08-2表

序号	工程项目	定额单位	工程数量	定额表号	工料机名称	单位	单价(元)	钢护筒 钢护筒干处埋设 1t 12.251 4～4～8～7		陆地上钻孔 回旋钻机,陆地钻孔,桩径150cm 以内,孔深40m以内,黏土 10m 21.600 4～4～5～42改		陆地上钻孔 回旋钻机,陆地钻孔,桩径150cm 以内,孔深40m以内,砂砾 10m 36.000 4～4～5～43改		陆地上钻孔 回旋钻机,陆地钻孔,桩径150cm 以内,孔深40m以内,软石 10m 8.400 4～4～5～46改	
								定额	数量	金额(元)	定额	数量	金额(元)	定额	数量	金额(元)
13					5t以内汽车式起重机	台班	467.38	0.160	1.960	916	2.059	44.474	75296	3.346	120.456	203936	10.161	85.352	144504
14					1500mm以内回旋钻机	台班	1693.03				0.564	12.182	856	0.564	20.304	1427	0.564	4.738	333
15					容量100～150L泥浆搅拌机	台班	70.29				0.028	0.605	119	0.038	1.368	268	0.132	1.109	217
16					32kV·A交流电弧焊机	台班	196.05	1.930											
	直接工程费					元				12607			92921			245344			163550
	其他工程费					元		3.330		243	3.480		3234	3.480		8538	3.480		5692
		规费	Ⅰ			元		40.000		2066	40.000		4338	40.000		10844	40.000		6244
	间接费		Ⅱ			元		3.330		428	6.650		6394	6.650		16883	6.650		11255
		企业管理费				元		4.000		531	4.000		4102	4.000		10831	4.000		7220
	利润					元		3.480		552	3.480		3862	3.480		10177	3.480		6750
	税金					元													
	建筑安装工程费					元				16428			114851			302617			200710

续上表

编制范围:A 标段桥梁工程
工程名称:桥台桩基(直径 φ1.30m)

08-2 表

序号	工料机名称	单位	单价(元)	钢筋及检测钢管 灌注桩检测管 1t 2.349 4~4~7~24			混凝土 灌注桩混凝土回旋,潜水钻成孔(桩径150cm以内)输送泵 10m³ 实体 82.825 4~4~7~15 改			混凝土搅拌站拌和 混凝土搅拌站拌和(60m³/h以内) 100m³ 8.283 4~11~11~12,定额×1.224			混凝土运输 6m³ 搅拌运输车运混凝土 3km 100m³ 8.283 4~11~11~20+21×4.0,定额×1.224		
				定额	数量	金额(元)	定额	数量	金额(元)	定额	数量	金额(元)	定额	数量	金额(元)
1	人工	工日	46.85	6.600	15.503	726	1.900	157.368	7373						
2	钢板	t	4450.00	0.001	0.002	10									
3	钢管	t	5610.00	1.068	2.509	14074									
4	电焊条	kg	4.90	3.400	7.987	39									
5	8~12号铁丝	kg	6.10	1.300	3.054	19									
6	32.5级水泥	t	355.54				5.630	466.305	165790						
7	水	m³	1.00				3.000	248.475	248						
8	中(粗)砂	m³	104.80				6.240	516.828	54164						
9	碎石(4cm)	m³	90.33				8.205	679.579	61386						
10	其他材料费	元	1.00	39.000	91.611	92	1.400	115.955	116						
11	设备摊销费	元	1.00				51.600	4273.770	4274						
12	75kW以内履带式推土机	台班	844.56							0.343	2.841	2399			

续上表

08-2 表

编制范围：A 标段桥梁工程
工程名称：桥台桩基（直径 φ1.30m）

序号	工程项目 工程细目	单位	单价(元)	钢筋及检测钢管 灌注桩检测管 1t 2.349 4~4~7~24		混凝土 灌注桩混凝土回旋、潜水钻成孔（桩径150cm以内）输送泵 10m³实体 82.825 4~4~7~15改		混凝土搅拌站拌和 混凝土搅拌站拌和（60m³/h以内） 100m³ 8.283 4~11~11~12,定额×1.224		混凝土运输 6m³搅拌运输车 运混凝土3km 100m³ 8.283 4~11~11~20+21×4.0,定额×1.224	
	定额单位 定额数量 定额编号 工料机名称			定额	数量 金额(元)	定额	数量 金额(元)	定额	数量 金额(元)	定额	数量 金额(元)
13	1.0m³轮胎式装载机	台班	612.50	1.120	2.631 516			0.343	2.841 1740		
14	6m³以内混凝土搅拌运输车	台班	1471.39							2.032	16.830 24764
15	60m³/h以内混凝土输送泵	台班	1488.28			0.100	8.283 12327				
16	60m³/h以内水泥混凝土搅拌站	台班	2652.96					0.404	3.346 8877		
17	32kV·A交流电弧焊机	台班	196.05	8.800	20.671 21						
18	小型机具使用费	元	1.00								
	直接工程费	元			15497		305677		13017		24764
	其他工程费	元		1.930	299	3.480	10638	3.480	453	0.790	196
	规费 I	元		40.000		40.000	2949	40.000		40.000	
	规费 II	元			291						
	企业管理费	元		3.330	526	6.650	21035	6.650	896	2.160	539
	利润	元		4.000	653	4.000	13494	4.000	575	4.000	1020
	税金	元		3.480	601	3.480	12312	3.480	520	3.480	923
	建筑安装工程费	元			17866		366105		15460		27441

续上表

编制范围：A标段桥梁工程
工程名称：桥台桩基(直径 φ1.30m)

工程项目		混凝土搅拌站(楼)安拆								合计	
工程细目		混凝土搅拌站(楼)安拆(60m³/h以内)									
定额单位		1座									
工程数量		0.093									
定额表号		4~11~11~8									
序号	工料机名称	单位	单价(元)	定额	数量	金额(元)	定额	数量	金额(元)	数量	金额(元)
1	人工	工日	46.85	1439.500	133.874	6272				1560.343	73102
2	原木	m³	1120.00	0.100	0.009	10				0.009	10
3	锯材木中板 δ=19~35	m³	1350.00	0.024	0.002	3				0.992	1340
4	光圆钢筋直径10~14mm	t	3600.00	0.119	0.011	40				0.011	40
5	型钢	t	3700.00	0.096	0.009	33				0.009	33
6	钢板	t	4450.00							0.002	10
7	钢管	t	5610.00							2.509	14074
8	电焊条	kg	4.90							37.089	182
9	钢护筒	t	4800.00							1.225	5880
10	组合钢模板	t	5710.00	0.207	0.019	110				0.019	110
11	铁件	kg	4.40	79.300	7.375	32				19.783	87
12	8~12号铁丝	kg	6.10	0.600	0.056	0				3.110	19
13	32.5级水泥	t	355.54	36.759	3.419	1215				469.723	167005
14	水	m³	1.00	269.000	25.017	25				3990.252	3990
15	青(红)砖	千块	212.00	86.060	8.004	1697				8.004	1697
16	中(粗)砂	m³	104.80	80.240	7.462	782				524.290	54946

08-2表

续上表

08-2表

编制范围:A标段桥梁工程
工程名称:桥台桩基(直径 φ1.30m)

工程项目		混凝土搅拌站(楼)安拆								合计	
工程细目		混凝土搅拌站(楼)安拆(60m³/h以内)									
定额单位		1座									
工程数量		0.093									
定额表号		4~11~11~8									
序号	工料机名称	单位	单价(元)	定额	数量	金额(元)	定额	数量	金额(元)	数量	金额(元)
17	砂砾	m³	31.00	85.280	7.931	246				7.931	246
18	黏土	m³	8.21							761.753	6254
19	碎石(4cm)	m³	90.33	65.440	6.086	550				685.665	61936
20	其他材料费	元	1.00	269.000	25.017	25				313.235	313
21	设备摊销费	元	1.00							5266.974	5267
22	75kW以内履带式推土机	台班	844.56							2.841	2399
23	1.0m³履带式单斗挖掘机	台班	1098.53							1.848	2030
24	1.0m³轮胎式装载机	台班	612.50							2.841	1740
25	8~10t光轮压路机	台班	377.79	3.930	0.365	138				0.365	138
26	250L以内强制式混凝土搅拌机	台班	150.87	2.870	0.267	40				0.267	40
27	6m³以内混凝土搅拌运输车	台班	1471.39							16.830	24764
28	60m³/h以内混凝土输送泵	台班	1488.28							8.283	12327
29	60m³/h以内水泥混凝土搅拌站	台班	2652.96							3.346	8877
30	15t以内载货汽车	台班	950.64							4.356	4141
31	40t以内平板拖车组	台班	1341.42	2.880	0.268	359				0.268	359

续上表

编制范围：A标段桥梁工程
工程名称：桥台桩基（直径 φ1.30m）   08-2 表

序号	工程项目 工程细目 定额单位 工程数量 定额表号	工料机名称	单位	单价（元）	混凝土搅拌站(楼)安拆 混凝土搅拌站(楼)安拆 (60m³/h 以内) 1 座 0.093 4~11~11~8			合 计	
					定额	数量	金额（元）	数量	金额（元）
32		15t 以内履带式起重机	台班	731.95				4.356	3188
33		5t 以内汽车式起重机	台班	467.38	2.090	0.194	175	1.960	916
34		12t 以内汽车式起重机	台班	899.15				0.194	175
35		30t 汽车式起重机	台班	1663.07	5.370	0.499	831	0.499	831
36		1500mm 以内回旋钻机	台班	1693.03				250.283	423736
37		容量 100~150L 泥浆搅拌机	台班	70.29				37.224	2616
38		32kV·A 交流电弧焊机	台班	196.05				5.712	1120
39		小型机具使用费	元	1.00	64.400	5.989	6	26.660	27
	直接工程费		元				12590		885966
	其他工程费 Ⅰ		元		2.620		330		29622
	其他工程费 Ⅱ		元						
	间接费 规费		元		40.000		2509		29241
	间接费 企业管理费		元		5.450		704		58660
	利润		元		4.000		545		38970
	税金		元		3.480		580		36278
	建筑安装工程费		元				17258		1078736

分项工程预算表

编制范围:A标段桥梁工程
工程名称:桥墩桩基(直径 φ1.50m)

表 6-26(d)
08-2 表

序号	工程项目 工程细目 定额单位 工程数量 定额表号			钢护筒 钢护筒干处埋设 1t 34.716 4~4~8~7		陆地上钻孔 回旋钻机陆地钻孔,桩径150cm 以内,孔深40m以内,黏土 10m 54.000 4~4~5~42			陆地上钻孔 回旋钻机陆地钻孔,桩径150cm 以内,孔深40m以内,砂砾 10m 90.000 4~4~5~43			陆地上钻孔 回旋钻机陆地钻孔,桩径150cm 以内,孔深40m以内,软石 10m 36.000 4~4~5~46		
	工料机名称	单位	单价(元)	定额	数量	金额(元)	定额	数量	金额(元)	定额	数量	金额(元)	定额	数量	金额(元)
1	人工	工日	46.85	9.000	312.444	14638	11.400	615.600	28841	17.100	1539.000	72102	42.200	1519.200	71175
2	锯材木中板 δ=19~35	m³	1350.00				0.016	0.864	1166	0.016	1.440	1944	0.016	0.576	778
3	电焊条	kg	4.90	0.100	3.472		0.300	16.200	79	0.400	36.000	176	1.200	43.200	212
4	钢护筒	t	4800.00			16664									
5	铁件	kg	4.40				0.200	10.800	48	0.200	18.000	79	0.200	7.200	32
6	水	m³	1.00				41.000	2214.000	2214	71.000	6390.000	6390	61.000	2196.000	2196
7	黏土	m³	8.21	6.410	222.530	1827	6.710	362.340	2975	13.420	1207.800	9916	11.760	423.360	3476
8	其他材料费	元	1.00				1.300	70.200	70	1.300	117.000	117	1.300	46.800	47
9	设备摊销费	元	1.00				13.800	745.200	745	14.700	1323.000	1323	27.300	982.800	983
10	1.0m³ 履带式单斗挖掘机	台班	1098.53				0.030	1.620	1780	0.030	2.700	2966	0.030	1.080	1186
11	15t 以内载货汽车	台班	950.64				0.070	3.780	3593	0.070	6.300	5989	0.070	2.520	2396
12	15t 以内履带式起重机	台班	731.95				0.070	3.780	2767	0.070	6.300	4611	0.070	2.520	1845

续上表

编制范围：A标段桥梁工程
工程名称：桥墩桩基（直径 φ1.50m）

08-2 表

序号	工程项目				钢护筒			陆地上钻孔			陆地上钻孔			陆地上钻孔		
	工程细目				钢护筒干处埋设			回旋钻机陆地钻孔,桩径150cm以内,孔深40m以内,黏土			回旋钻机陆地钻孔,桩径150cm以内,孔深40m以内,砂砾			回旋钻机陆地钻孔,桩径150cm以内,孔深40m以内,软石		
	定额单位				1t			10m			10m			10m		
	工程数量				34.716			54.000			90.000			36.000		
	定额号				4~4~8~7			4~4~5~42			4~4~5~43			4~4~5~46		
	工料机名称	单位	单价(元)		定额	数量	金额(元)	定额	数量	金额(元)	定额	数量	金额(元)	定额	数量	金额(元)
13	5t以内汽车式起重机	台班	467.38		0.160	5.555	2596									
14	1500mm以内回旋钻机	台班	1693.03					2.190	118.260	200218	3.560	320.400	542447	10.810	389.160	658860
15	容量100~150L泥浆搅拌机	台班	70.29					0.600	32.400	2277	0.600	54.000	3796	0.600	21.600	1518
16	32kV·A交流电弧焊机	台班	196.05					0.030	1.620	318	0.040	3.600	706	0.140	5.040	988
直接工程费				元			35725			247091			652562			745689
其他工程费	规费	I		元	1.930		689	3.480		8599	3.480		22709	3.480		25950
		II		元	40.000		5855	40.000		11536	40.000		28841	40.000		28470
间接费	企业管理费			元	3.330		1213	6.650		17003	6.650		44906	6.650		51314
	利润			元	4.000		1505	4.000		10908	4.000		28807	4.000		32918
	税金			元	3.480		1566	3.480		10271	3.480		27068	3.480		30775
建筑安装工程费				元			46553			305408			804893			915116

· 261 ·

续上表

编制范围：A标段桥梁工程
工程名称：桥墩桩基（直径 φ1.50m）

08-2表

序号	工料机名称	单位	单价(元)	钢筋及检测钢管 灌注桩检测管 1t 10.312 4~4~7~24			混凝土 灌注桩混凝土回旋,潜水钻成孔 (桩径150cm 以内)输送泵 10m³ 实体 302.180 4~4~7~15 改			混凝土搅拌站拌和 混凝土搅拌站拌和 (60m³/h 以内) 100m³ 30.218 4~11~11~12,定额×1.224			混凝土运输 6m³ 搅拌运输车运 混凝土 3km 100m³ 30.218 4~11~11~2+21×4.0,定额		
				定额	数量	金额(元)	定额	数量	金额(元)	定额	数量	金额(元)	定额	数量	金额(元)
1	人工	工日	46.85	6.600	68.059	3189	1.900	574.142	26899						
2	钢板	t	4450.00	0.001	0.010	46									
3	钢管	t	5610.00	1.068	11.013	61784									
4	电焊条	kg	4.90	3.400	35.061	172									
5	8~12号铁丝	kg	6.10	1.300	13.406	82									
6	32.5级水泥	t	355.54				5.630	1701.273	604871						
7	水	m³	1.00				3.000	906.540	907						
8	中(粗)砂	m³	104.80				6.240	1885.603	197611						
9	碎石(4cm)	m³	90.33				8.205	2479.387	223963						
10	其他材料费	元	1.00	39.000	402.168	402	1.400	423.052	423						
11	设备摊销费	元	1.00				51.600	15592.488	15592						
12	75kW以内履带式推土机	台班	844.56							0.343	10.365	8754			

续上表

编制范围：A标段桥梁工程
工程名称：桥墩桩基（直径 φ1.50m）

表 08-2

序号	工程项目 工料机名称	定额单位	工程数量	定额表号	单价(元)	钢筋及检测钢管 灌注桩检测管 1t 10.312 4~4~7~24			混凝土 灌注桩混凝土回旋、潜水钻成孔（桩径150cm以内）输送泵 10m³实体 302.180 4~4~7~15 改			混凝土搅拌站拌和 混凝土搅拌站拌和（60m³/h以内） 100m³ 30.218 4~11~11~12,定额×1.224			混凝土运输 6m³搅拌运输车运混凝土 3km 100m³ 30.218 4~11~11~2+21×4.0,定额		
						定额	数量	金额(元)	定额	数量	金额(元)	定额	数量	金额(元)	定额	数量	金额(元)
13	1.0m³轮胎式装载机	台班			612.50							0.343	10.365	6348			
14	6m³以内混凝土搅拌运输车	台班			1471.39	1.120	11.549	2264	0.100	30.218	44973				2.032	61.403	90348
15	60m³/h以内混凝土输送泵	台班			1488.28												
16	60m³/h以内水泥混凝土搅拌站	台班			2652.96							0.404	12.208	32388			
17	32kV·A交流电弧焊机	台班			196.05	1.930	8.800	91									
18	小型机具使用费	元			1.00												
	直接工程费	元						68029			1115238			47490			90348
	其他工程费	Ⅰ 元				1.930		1313	3.480		38810	3.480		1653	0.790		714
		Ⅱ 元															
	间接费 规费	元				40.000		1275	40.000		10759	40.000			40.000		
	企业管理费	元				3.330		2309	6.650		76744	6.650		3268	2.160		1967
	利润	元				4.000		2866	4.000		49232	4.000		2096	4.000		3721
	税金	元				3.480		2638	3.480		44919	3.480		1897	3.480		3367
	建筑安装工程费	元						78431			1335703			56403			100116

·263·

续上表

编制范围：A标段桥梁工程
工程名称：桥墩桩基（直径 φ1.50m）

序号	工料机名称	单位	单价(元)	混凝土搅拌站(楼)安拆 混凝土搅拌站(楼)安拆 (60m³/h以内) 1座 0.338 4~11~11~8			定额	数量	金额(元)	合计		
				定额	数量	金额(元)				定额	数量	金额(元)
1	人工	工日	46.85	1439.500	486.551	22795					5114.996	239638
2	原木	m³	1120.00	0.100	0.034	38					0.034	38
3	锯材木中板 δ=19~35	m³	1350.00	0.024	0.008	11					2.888	3899
4	光圆钢筋直径10~14mm	t	3600.00	0.119	0.040	145					0.040	145
5	型钢	t	3700.00	0.096	0.032	120					0.032	120
6	钢板	t	4450.00								0.010	46
7	钢管	t	5610.00								11.013	61784
8	电焊条	kg	4.90								130.461	639
9	钢护筒	t	4800.00								3.472	16664
10	组合钢模板	t	5710.00	0.207	0.070	400					0.070	400
11	铁件	kg	4.40	79.300	26.803	118					62.803	276
12	8~12号铁丝	kg	6.10	0.600	0.203	1					13.608	83
13	32.5级水泥	t	355.54	36.759	12.425	4417					1713.698	609288
14	水	m³	1.00	269.000	90.922	91					11797.462	11797
15	青(红)砖	千块	212.00	86.060	29.088	6167					29.088	6167
16	中(粗)砂	m³	104.80	80.240	27.121	2842					1912.724	200454

08-2表

续上表

编制范围：A标段桥梁工程
工程名称：桥墩桩基（直径 φ1.50m）

08-2表

序号	工料机名称	单位	单价（元）	工程项目： 混凝土搅拌站（楼）安拆 工程细目： 混凝土搅拌站（楼）安拆（60m³/h以内） 定额单位： 1座 工程数量： 0.338 定额表号： 4~11~11~8							合计	
				定额	数量	金额（元）	定额	数量	金额（元）	定额	数量	金额（元）
17	砂砾	m³	31.00	85.280	28.825	894					28.825	894
18	黏土	m³	8.21	65.440	22.119	1998					2216.030	18194
19	碎石(4cm)	m³	90.33	269.000	90.922	91					2501.506	225961
20	其他材料费	元	1.00								1150.142	1150
21	设备摊销费	元	1.00								18643.488	18643
22	75kW以内履带式推土机	台班	844.56								10.365	8754
23	1.0m³履带式单斗挖掘机	台班	1098.53								5.400	5932
24	1.0m³轮胎式装载机	台班	612.50								10.365	6348
25	8~10t光轮压路机	台班	377.79	3.930	1.328	502					1.328	502
26	250L以内强制式混凝土搅拌机	台班	150.87	2.870	0.970	146					0.970	146
27	6m³以内混凝土搅拌运输车	台班	1471.39								61.403	90348
28	60m³/h以内混凝土输送泵	台班	1488.28								30.218	44973
29	60m³/h以内水泥混凝土搅拌站	台班	2652.96								12.208	32388
30	15t以内载货汽车	台班	950.64								12.600	11978
31	40t以内平板拖车组	台班	1341.42	2.880	0.973	1306					0.973	1306

续上表

编制范围：A标段桥梁工程
工程名称：桥墩桩基（直径 φ1.50m）

序号	工程项目 工程细目 定额单位 工程数量 定额表号				混凝土搅拌站（楼）安拆 混凝土搅拌站（楼）安拆 (60m³/h 以内) 1座 0.338 4～11～8						合 计	
	工料机 名称	单位	单价 (元)	定额	数量	金额 (元)	定额	数量	金额 (元)	定额	数量	金额 (元)
32	15t 以内履带式起重机	台班	731.95								12.600	9223
33	5t 以内汽车式起重机	台班	467.38								5.555	2596
34	12t 以内汽车式起重机	台班	899.15	2.090	0.706	635					0.706	635
35	30t 汽车式起重机	台班	1663.07	5.370	1.815	3019					1.815	3019
36	1500mm 以内回旋钻机	台班	1693.03								827.820	1401524
37	容量 100～150L 泥浆搅拌机	台班	70.29								108.000	7591
38	32kV·A 交流电弧焊机	台班	196.05								21.809	4276
39	小型机具使用费	元	1.00	64.400	21.767	22					112.513	113
	直接工程费	元				45757						3047929
	其他工程费	元				1199						101636
	间接费	规 费 Ⅰ	元				9118						95855
		Ⅱ										
		企业管理费	元				2559						201283
	利润	元				1981						134034
	税金	元				2109						124610
	建筑安装工程费	元				62722						3705346

08-2 表

表 6-26(e)

分 项 工 程 预 算 表

编制范围：A 标段桥梁工程
工程名称：现浇箱梁 C50 混凝土

序号	工程项目 工程细目 定额单位 工程数量 定额表号 工料机名称	单位	单价(元)	现浇预应力箱梁上部构造 支架现浇预应力箱梁 混凝土泵送 10m³ 实体 600.000 4~6~10~2			钢支架 满堂式轻型钢支架 墩台高 6m 以内 10m² 立面积 90.000 4~9~3~8,定额×2.000			支架预压 支架预压 10m³ 混凝土实体 600.000 4~9~6~1			混凝土搅拌站拌和 混凝土搅拌站拌和 (60m³/h 以内) 100m³ 60.000 4~11~11~12,定额×1.040		
				定额	数量	金额(元)	定额	数量	金额(元)	定额	数量	金额(元)	定额	数量	金额(元)
1	人工	工日	46.85	15.700	9420.000	441327	14.400	1296.000	60718						
2	锯材木中板 δ=19~35	m³	1350.00	0.090	54.000	72900	0.086	7.740	10449						
3	型钢	t	3700.00				0.028	2.520	9324						
4	钢管	t	5610.00	0.028	16.800	62160	0.008	0.720	4039						
5	钢模板	t	5970.00	0.060	36.000	214920									
6	门式钢支架	t	5000.00				0.040	3.600	18000						
7	铁件	kg	4.40	10.100	6060.000	26664	3.200	288.000	1267						
8	42.5 级水泥	t	389.52	5.762	3457.200	1346649									
9	水	m³	1.00	21.000	12600.000	12600									
10	中(粗)砂	m³	104.80	5.510	3306.000	346469									
11	砂砾	m³	31.00							0.500	300.000	9300			
12	碎石(2cm)	m³	90.33	6.860	4116.000	371798									
13	其他材料费	元	1.00	33.400	20040.000	20040							10.100	6060.000	6060
14	75kW 以内履带式推土机	台班	844.56							0.500	300.000	14055	0.291	17.460	14746
15	1.0m³ 轮胎式装载机	台班	612.50										0.291	17.460	10694

08-2 表

续上表

编制范围：A标段桥梁工程
工程名称：现浇箱梁C50混凝土

序号	工程细目	单位	数量	单价(元)	现浇预应力箱梁上部构造 支架现浇预应力箱梁混凝土泵送 10m³实体 600.000			钢支架 满堂式轻型钢支架墩台高6m以内 10m²立面积 90.000			支架预压 10m³混凝土实体 600.000			混凝土搅拌站拌和 (60m³/h以内) 100m³ 60.000		
			定额表号		4~6~10~2			4~9~3~8,定额×2.000			4~9~6~1			4~11~11~12,定额×1.040		
					定额	数量	金额(元)	定额	数量	金额(元)	定额	数量	金额(元)	定额	数量	金额(元)
16	60m³/h以内混凝土输送泵车	台班		1505.48	0.090	54.000	81296									
17	60m³/h以内水泥混凝土搅拌站	台班		2652.96										0.343	20.580	54598
18	5t以内汽车式起重机	台班		467.38				0.320	28.800	25896	0.040	24.000	11217			
19	12t以内汽车式起重机	台班		899.15	0.470	282.000	363521									
20	20t汽车式起重机	台班		1289.08	0.300	180.000	81333									
21	100mm以内电动多级离心清水泵DA1-100-6	台班		451.85	7.000	4200.000	4200									
22	小型机具使用费	元		1.00												
	直接工程费	元					3445876			129693			40632			80038
	其他工程费 Ⅰ	元			3.480		119916	2.620		3398	2.620		1065	3.480		2785
	其他工程费 Ⅱ	元														
	间接费 规费	元			40.000		176531	40.000		24287	40.000		5622	40.000		5508
	间接费 企业管理费	元			6.650		237125	5.450		7253	5.450		2272	6.650		3533
	利润	元			4.000		152117	4.000		5614	4.000		1759	4.000		
	税金	元			3.480		143778	3.480		5925	3.480		1787	3.480		3197
	建筑安装工程费	元					4275344			176169			53137			95061

表 08-2

续上表

编制范围：A 标段桥梁工程
工程名称：现浇箱梁 C50 混凝土

08-2 表

序号	工料机名称	单位	单价（元）	工程项目 工程细目 定额单位 工程数量 定额表号		混凝土运输 $6m^3$ 搅拌运输车 运混凝土 3km $100m^3$ 60.000 $4\sim11\sim11\sim20+21\times$ $4.0,定额\times1.040$		混凝土搅拌站（楼）安拆 混凝土搅拌站（楼）安拆 $(60m^3/h 以内)$ 1 座 0.570 $4\sim11\sim11\sim8$		合计	
						定额	数量	金额（元）	定额	数量	金额（元）	定额	数量	金额（元）
1	人工	工日	46.85			1439.500	820.515	38441					11836.515	554541
2	原木	m^3	1120.00			0.100	0.057	64					0.057	64
3	锯材木中板 $\delta=19\sim35$	m^3	1350.00			0.024	0.014	18					61.754	83367
4	光圆钢筋直径 $10\sim14mm$	t	3600.00			0.119	0.068	244					0.068	244
5	型钢	t	3700.00			0.096	0.055	202					19.375	71686
6	钢管	t	5610.00										0.720	4039
7	组合钢模板	t	5970.00										36.000	214920
8	门式钢支架	t	5710.00			0.207	0.118	674					0.118	674
9		t	5000.00										3.600	18000
10	铁件	kg	4.40			79.300	45.201	199					6393.201	28130
11	$8\sim12$ 号铁丝	kg	6.10			0.600	0.342	2					0.342	2
12	32.5 级水泥	t	355.54			36.759	20.953	7449					20.953	7449
13	42.5 级水泥	t	389.52										3457.200	1346649
14	水	m^3	1.00			269.000	153.330	153					12753.330	12753

· 269 ·

续上表

编制范围：A标段桥梁工程
工程名称：现浇箱梁C50混凝土

序号	工程项目			工 程 细 目	混凝土运输				混凝土搅拌站(楼)安拆				合 计	
					6m³搅拌运输车运混凝土3km				混凝土搅拌站(楼)安拆 (60m³/h 以内)					
		定额单位			100m³				1座					
		工程数量			60.000				0.570					
		定额表号			4～11～20+21× 4.0,定额×1.040				4～11～11～8					
	工料机名称	单位	单价(元)		定额	数量	金额(元)		定额	数量	金额(元)		数量	金额(元)
15	青(红)砖	千块	212.00						86.060	49.054	10399		49.054	10399
16	中(粗)砂	m³	104.80						80.240	45.737	4793		3351.737	351262
17	砂砾	m³	31.00						85.280	48.610	1507		348.610	10807
18	碎石(2cm)	m³	90.33										4116.000	371798
19	碎石(4cm)	m³	90.33						65.440	37.301	3369		37.301	3369
20	其他材料费	元	1.00						269.000	153.330	153		26253.330	26253
21	75kW以内履带式推土机	台班	844.56										17.460	14746
22	1.0m³以内轮胎式装载机	台班	612.50										17.460	10694
23	8～10t光轮压路机	台班	377.79						3.930	2.240	846		2.240	846
24	250L以内强制式混凝土搅拌机	台班	150.87						2.870	1.636	247		1.636	247
25	6m³以内混凝土搅拌运输车	台班	1471.39		1.726	103.560	152377						103.560	152377
26	60m³/h以内混凝土输送泵车	台班	1505.48										54.000	81296
27	60m³/h以内水泥混凝土搅拌站	台班	2652.96										20.580	54598
28	40t以内平板拖车组	台班	1341.42						2.880	1.642	2202		1.642	2202
29	5t以内汽车式起重机	台班	467.38										24.000	11217

表08-2

续上表 08-2表

编制范围：A标段桥梁工程
工程名称：现浇箱梁C50混凝土

序号	工程项目 工料机名称	单位	单价(元)	混凝土运输 6m³搅拌运输车 运混凝土3km 100m³ 60.000 4~11~11~20+21×4.0,定额×1.040			混凝土搅拌站(楼)安拆 混凝土搅拌站(楼)安拆 (60m³/h以内) 1座 0.570 4~11~11~8			合 计		
	工程细目 定额单位 工程数量 定额表号			定额	数量	金额(元)	定额	数量	金额(元)	定额	数量	金额(元)
30	12t以内汽车式起重机	台班	899.15				2.090	1.191	1071		29.991	26967
31	20t汽车式起重机	台班	1289.08								282.000	363521
32	30t汽车式起重机	台班	1663.07				5.370	3.061	5090		3.061	5090
33	100mm以内电动多级离心水泵 DA1-100-6	台班	451.85								180.000	81333
34	小型机具使用费	元	1.00	0.790			64.400	36.708	37		4236.708	4237
	直接工程费	元				152377			77163			3925780
	其他工程费	元		0.790		1204	2.620		2022			130390
	间接费 规费 I	元		40.000		3317	40.000		15376			221816
	间接费 规费 II	元		2.160			5.450		4316			259792
	间接费 企业管理费	元		4.000		6276	4.000		3340			172638
	利润	元		3.480		5678	3.480		3557			163922
	税金	元										
	建筑安装工程费	元				168853			105774			4874338

材料预算单价计算表

表6-27

建设项目名称:河北省××高速公路
编制范围:A标段桥梁工程

序号	规格名称	单位	原价(元)	供应地点	运输方式、比重及运距(km)	运杂费 毛重系数或单位毛重	运杂费构成说明或计算式	单位运费(元)	原价运费合计(元)	场外运输损耗 费率(%)	场外运输损耗 金额(元)	采购及保管费 费率(%)	采购及保管费 金额(元)	预算单价(元)
1	32.5级水泥	t	300.00	A水泥厂—工地	汽车,1.0,28.0	1.01	(1.0×28.0+10.0×1.0+5.0)×1×1.01	43.430	343.43	1.00	3.434	2.50	8.672	355.54
2	42.5级水泥	t	320.00	B水泥厂—工地 C水泥厂—工地	汽车,0.7,32.0 汽车,0.3,61.0	1.01	[((1.0×32.0+10.0×1.0+5.0)×0.7+(1.0×61.0+10.0×1.0+5.0)×0.3]×1.01	56.257	376.26	1.00	3.763	2.50	9.500	389.52
3	中(粗)砂	m³	30.00	沿线砂厂—工地	汽车,1.0,21.0	1.50	(1.5×21.0+10.0×1.0+5.0)×1×1.5	69.750	99.75	2.50	2.494	2.50	2.556	104.80
4	碎石(2cm)	m³	40.00	沿线石料厂—工地	汽车,1.0,11.0	1.50	(1.5×11.0+10.0×1.0+5.0)×1×1.5	47.250	87.25	1.00	0.873	2.50	2.203	90.33
5	碎石(4cm)	m³	40.00	沿线石料厂—工地	汽车,1.0,11.0	1.50	(1.5×11.0+10.0×1.0+5.0)×1×1.5	47.250	87.25	1.00	0.873	2.50	2.203	90.33

表09

机械台班单价计算表

建设项目名称:河北高速公路

编制范围:A标段桥梁工程

表 6-28

表 11

序号	定额号	机械规格名称	台班单价(元)	不变费用(元)			机械工 46.85 元/工日		可变费用(元)						车船使用税	合计
				定额	调整系数	调整值	定额	费用	汽油 8.5 元/kg		柴油 9.2 元/kg		电 1.62 元/kW·h		
									定额	费用	定额	费用	定额	费用		
1	1003	75kW 以内履带式推土机	844.56	245.14	1	245.14	2	93.7			54.97	505.72				599.42
2	1035	1.0m³ 履带式单斗挖掘机	1098.53	411.15		411.15	2	93.7			64.53	593.68				687.38
3	1048	1.0m³ 轮胎式装载机	612.5	112.92		112.92	1	46.85			49.03	451.08			1.65	499.58
4	1075	6~8t 光轮压路机	332.26	107.57		107.57	1	46.85			19.33	177.84				224.69
5	1076	8~10t 光轮压路机	377.79	117.5		117.5	1	46.85			23.2	213.44				260.29
6	1078	12~15t 光轮压路机	583.4	164.32		164.32	1	46.85			40.46	372.23				419.08
7	1272	250L 以内强制式混凝土搅拌机	150.87	18.58		18.58	1	46.85					52.74	85.44		132.29
8	1307	6m³ 以内混凝土搅拌运输车	1471.39	909.82		909.82	1	46.85			55.54	510.97			3.75	561.57
9	1308	60m³/h 以内混凝土输送泵车	1505.48	708.28		708.28	2	93.7			76.06	699.75			3.75	797.2
10	1316	60m³/h 以内混凝土输送泵	1488.28	849.95		849.95	1	46.85					365.11	591.48		638.33
11	1327	60m³/h 以内水泥混凝土搅拌站	2652.96	1121.64		1121.64	9	421.65					684.98	1109.67		1531.32
12	1378	15t 以内载货汽车	950.64	333.22		333.22	1	46.85			61.72	567.82			2.75	617.42
13	1395	40t 以内平板拖车组	1341.42	722.87		722.87	2	93.7			55.54	510.97			13.88	618.55
14	1432	15t 以内履带式起重机	731.95	329.87		329.87	2	93.7			33.52	308.38				402.08
15	1449	5t 以内汽车式起重机	467.38	199.62		199.62	1	46.85	25.71	218.54					2.37	267.76
16	1451	12t 以内汽车式起重机	899.15	387.11		387.11	2	93.7			44.95	413.54			4.8	512.04
17	1453	20t 汽车式起重机	1289.08	672.98		672.98	2	93.7			56	515.2			7.2	616.1
18	1455	30t 汽车式起重机	1663.07	982.66		982.66	2	93.7			62.86	578.31			8.4	680.41
19	1500	50kN 以内单筒慢动电动卷扬机	156.21	20.08		20.08	1	46.85					55.11	89.28		136.13
20	1600	1500mm 以内回旋钻机	1693.03	681.5		681.5	2	93.7					566.56	917.83		1011.53
21	1624	容量 100~150L 泥浆搅拌机	70.29	7.66		7.66	1	46.85					9.74	15.78		62.63
22	1726	32kV·A 交流电弧焊机	196.05	7.24		7.24	1	46.85					87.63	141.96		188.81

思考题

1. 在单价合同计价方式下,请分析清单工程量、预期计量工程量和预算工程量(或预计施工工程量)的相互关系。

2. 在单价合同计价方式下,请分析计价工程细目综合单价的含义。

3. 根据现行公路招投标有关规定,在招投标和合同实施中"基期价格(指数)"的含义是什么?与"定额基期价格"含义是否相同?

4. 从发包人和承包人的不同角度,请简要分析公路工程工程量清单计价的主要流程。

5. ××省拟修建一座预应力混凝土连续刚构大桥,桥跨组合为:$3\times30m+60m+2\times100m+60m+3\times30m$,桥梁全长505.50m,桥梁宽度为12.50m。其中:30m跨径为现浇预应力混凝土连续箱梁。基础为钻孔灌注桩,采用回旋钻机施工,连续刚构桥主墩(单墩)为每排3根共6根1.50m的桩、过渡墩(单墩)为每排2根共4根1.20m的桩,桥台及现浇箱梁段均为2根1.20m的桩,1.50m的桩平均设计桩长为63.00m、1.20m的桩平均设计桩长28.00m。主墩承台尺寸为7.50m×11.50m×3m。除连续刚构主墩为水中施工(水深5m内)外,其他均为干处施工。连续刚构上部构造采用悬臂浇筑法施工,最大块件的混凝土数量为50m³。混凝土均采用泵送施工,水上混凝土施工考虑搭便桥的方法,便桥费用不计入本工程造价中。连续刚构上部构造边跨现浇段长度均为10.00m,两岸桥台高度均为6m。本工程计划工期18个月。工程造价编制年工程所在地的各项预算价格按现行《公路工程预算定额》(JTG/T B06-02—2007)基价表为准,利润率7%,税率3.41%。

(1)其主要工程项目的工程量见下表:

部位	序号	工程项目名称	单位	数量
基础	1	φ1.50m 桩径钻孔		
	(1)	砂、黏土	m	69
	(2)	砂砾	m	871
	(3)	软石	m	176
	(4)	次坚石	m	27
	2	φ1.50m 桩径钻孔		
	(1)	砂、黏土	m	67
	(2)	砂砾	m	333
	(3)	软石	m	160
	3	灌注桩混凝土	m³	2637
	4	灌注桩钢筋(R235/HRB335)	t	118.4
	5	承台封底混凝土	m³	341
	6	承台混凝土	m³	1376
	7	承台钢筋(R235/HRB335)	t	34.5

续上表

部位	序号	工程项目名称	单位	数量
上部	1	悬浇100m连续刚构		
	(1)	墩顶0号块混凝土	m³	537
	(2)	0号块钢筋	t	66.2
	(3)	箱梁混凝土	m³	2621
	(4)	箱梁钢筋	t	310.9
	2	现浇30m箱梁		
	(1)	箱梁混凝土	m³	1177
	(2)	箱梁钢筋	t	207.2
	3	钢绞线		
	(1)	束长80m内19孔锚具束数	t/束	91.097/76
	(2)	束长40m内19孔锚具束数	t/束	39.46/68
	(3)	束长20m内19孔锚具束数	t/束	14.64/338
	4	预应力粗钢筋(660根)	t	25.8
	5	人行道混凝土预制块	m³	161
	6	人行道混凝土钢筋	t	12.4
	7	现浇搭板混凝土	m³	96
	8	现浇搭板钢筋(Ⅰ/Ⅱ)	t	5.2

(2)其他工程费、规费和间接费综合费率(%)见下表。

项目	其他工程费率	规费费率	间接费费率	项目	其他工程费率	规费费率	间接费费率
构造物Ⅰ	2.8	20	6.4	构造物Ⅱ	3.1	20	6.2
技术复杂大桥	3.2	20	4.8	钢桥上部	0.7	20	3.9

问题:分析计算该桥梁工程中主要项目的工程量清单价格,清单格式见下表。要求计算结果填入表格中。

第400章 桥梁工程   货币单位:人民币

编号	项目名称	单位	数量	单价
403	钢筋			
403-1	基础钢筋	t	152.9	
403-2	上部结构钢筋	t	601.9	
405	钻孔灌注桩			
405-1	桩径1.20m	m	560	
405-2	桩径1.50m	m	1134	
410	结构混凝土			
410-1	基础混凝土	m³	1717	
410-2	上部结构混凝土			

续上表

编号	项目名称	单位	数量	单价
410-2-a	箱梁混凝土	m^3	1177	
410-2-b	桥头搭板混凝土	m^3	96	
411	预应力混凝土结构			
411-1	预应力钢材			
411-1-a	钢绞线	t	145.197	
411-1-b	预应力粗钢筋	t	25.8	
411-2	预应力混凝土连续刚构	m^3	3158	
416	人行道	m	505.5	

第七章 公路工程施工阶段计量与支付

第一节 公路工程计量与支付概述

一、工程计量与支付的概念

工程计量与支付,又称项目结算。它是监理工程师依据合同双方约定的计量支付条款及有关规定,对承包商符合要求的已完工程数量,进行计量、计价并报业主审批由其办理支付的过程,也是承包商、监理工程师、业主共同参与完成的工作。

因此,工程项目计量与支付包括确定已完工程造价(计量、计价)和费用支付两大内容。以合同价格为基础,经过施工阶段"期中支付"对已完工程量或工作量逐期进行确定和调整,最终确定的实际造价反映在项目竣工后的"最终支付"中。计量与支付主要项目构成,如图7-1和图7-2所示。

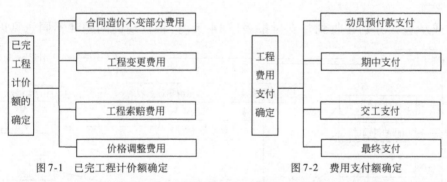

图7-1 已完工程计价额确定　　图7-2 费用支付额确定

以目前普遍采用的单价合同为例,进行计量与支付的内容既包括构成合同价格的工程量清单中的工程细目、计日工、暂定金额项目费用,也包括在工程实施过程中引起合同价格发生变化的工程变更、索赔、价格调整等项目费用。如何对这些项目进行计量、计价并进行支付,构成了公路工程计量与支付的内容。

二、计量支付工作流程

根据某公路工程项目合同规定,公路工程计量支付的程序如下:

1. 承包人填写"工程计量计算单"

承包人于每月26日前会同专业监理工程师对上月26日至本月25日完成并经检验合格的工程进行测量计算,填写"工程数量计量计算单"报专业监理工程师。

2. 专业监理工程师审核签认"工程计量计算单"

专业监理工程师于每月26日前审核并签认"工程计量计算单"一式三份:留存一份;退回承包人两份,其中一份由承包人留存,一份作为计量证书凭证。

3.承包人汇总并编制各类计量证,报高级驻地监理工程师

承包人每月 27 日前汇总经签认的"工程量计算单"并分类填写"工程计量证"、"变更工程计量证"、"计日工计量证"、"材料预付款计量证"一式三份,报高级驻地监理工程师。

4.高级驻地监理工程师审查、签认各类计量证

高级驻地监理工程师每月 28 日前审查并签认各类计量证一式三份:留存一份;退回承包人两份,其中一份由承包人留存,一份作为"月支付申请报表"的凭证。

5.承包人编制、报送驻地办"月支付申请报表"

承包人每月 30 日前汇总签认的计量证和上月 26 日至本月 25 日所批复的各类费用增减文件,编制并以文件报送"月支付申请报表"一式二份:一份留驻地办;一份计量证、费用增减批文复印件及其他证明材料和本月计量数据库文件各一份。

6.驻地办编制"月支付报表"报总监办或代表处

驻地办在 7 天内审查"月支付申请报表"并编制"月支付报表",经高级驻地监理工程师签字后,一式九份,用文件报送总监办或代表处。

7.总监办或代表处复核"月支付报表"并报送业主

总监办或甲方代表处 14 天内复核月支付报表,经总监代表或总监签字后,一式两份报送业主。

8.业主办理支付

业主收到月支付报表后,在 35 天内编制财务报表予以支付;收到最终支付报表后应在 42 天内予以支付。

业主或承包人分别在收到月支付报表后 14 天内,将发现的问题和不同意见以书面形

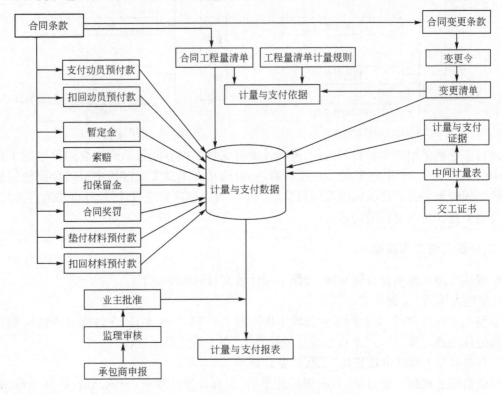

图 7-3 计量与支付的基本流程

式通知代表处或驻地办,以便监理工程师查实后在下期支付中予以改正而不影响本期支付的正常进行。如果有明显的较大错误,各级监理或业主可要求在本期支付中予以及时更正。

以上计量支付的程序,可根据不同项目管理文件或合同文件的要求调整执行。

三、计量支付主要数据流程

根据国内公路和国际公路工程招标文件的基本要求,以及多个公路工程项目计量与支付的实践,公路工程计量与支付的基本流程,如图7-3所示。

第二节　公路工程计量

一、工程计量的概念和内涵

(一)工程计量的含义

工程计量是按照公路工程招标文件技术规范所规定的方法对承包人符合要求的已完成工程的实际数量所进行的测量、计算、核查和确认的过程。计量是监理工程师的基本职责和基本权力,也是费用监理的基本环节。没有准确和合理的计量,就会破坏工程承包合同中的经济关系,影响承包合同的正常履行。

工程计量的任务是确定实际工程数量的多少。工程量有预估工程量和实际工程量之分,工程量清单的工程量仅是估算工程量,不能作为承包人应予完成的工程之实际和确切的工程量。这是因为工程量清单中的数量是在制定招标文件时,在图纸和规范的基础上估算出来的,与实际工程量相比存在或多或少的误差甚至计算错误,只能作为投标报价的基础,而不能作为结算的依据。实际工程量的多少只有通过计量才能确定。按实际完成的工程量付款可以减少工程量的估计误差给双方带来的风险,增强工程费用结算结果的公平性,这正是单价合同的优点之一。

工程的计量必须以净值为准,计量采用国家法定的计量单位。工程量清单中各个子目的具体计量方法按合同文件技术标准或技术规范中的规定执行。

计量必须准确、真实、合法和及时。准确指计量结果是正确地按照规定的计量方法和工程量计算原则而得出的,方法正确、结果准确无误,使已完工程的实际数量得到了正确的确定,没有漏计和错计。真实指被计量的工程内容真实可靠,没有虚假的部分,即被计量的工程中没有质量不符合要求的,也没有重复计量,隐蔽工程的数量没有弄虚作假,工程量中没有虚报成分。合法指计量是按规定的程序合法地进行。因为计量结果是支付的直接基础和依据,直接关系到业主和承包人双方的经济利益。监理组织机构会制定严格的计量管理程序和指定专人按分级管理的原则进行分工负责,明确谁负责现场计量、谁复核、谁审查、谁审定等各项工作。只有通过了程序严格审查产生的计量结果才是合法的。及时指计量必须按合同规定的时间进行,不得无故推延。

(二)工程计量的原则

工程计量不仅直接涉及业主与承包人双方的经济利益,而且是监理工程师的重要权力和监理手段,在工程计量中遵守有关基本原则,是做好监理工作的有效保障。

1. 合同原则

监理工程师在进行工程计量时,必须全面理解合同条件、技术规范、设计图纸和工程量清单等合同文件的各组成部分。如技术规范的每一章节都有计量的规定,详细说明了各工程细目的内容及要求,对哪些内容不单独计量和支付,其价值如何分摊,都具体做了规定。工程量清单中的单价是承包人按招标文件的要求和合同条件的规定填报的,是支付的单价依据。因此监理工程师必须严格遵守合同中的有关规定来进行计量,使每一项工程的计量都符合合同要求。

2. 公正性原则

监理工程师在工程计量环节中拥有广泛的权力,承包人与业主的货币收支是否合理,取决于监理工程师签认的工程量是否准确和真实。只有监理工程师保持公正的立场和恪守公正的原则,才能在计量与支付工作中正确地使用权力,准确地计量,实事求是地处理好业主与承包人之间的有关纠纷,合理地确定工程费用。如果监理工程师不公正,就无法正确地作出正确的判断。特别是当施工过程中发生工程变更、工程索赔和各种特殊风险时,就更要求监理工程师公正而独立地作出判断和估价。因此,监理工程师在工程计量中,必须认真负责,以实事求是的精神和客观公正的态度做好每一项工作,确保业主与承包人之间的交易公平。唯有公正,才能分清业主和承包人各自的权利和责任,才能准确地协调好双方之间的利益关系,才能保证工程计量的准确、真实和合法。

3. 时效性原则

工程计量具有严格的时间要求,时效性极强。计量不及时,会影响承包人的施工进度;支付不及时,直接产生合同纠纷。现行《公路工程标准施工招标文件》(2009年版)对计量与支付规定了严格的时间限制。因此,监理工程师一定要按时进行计量和支付。

4. 程序性原则

为了保证工程计量准确、真实和合法,合同条款和各项目的监理组织都规定了严格的程序。这些程序规定了各项工程细目和各项工程费用进行计量与支付的条件、办法以及计算、复核、审批的环节,从合同上、组织上和技术上对计量与支付加以严格管理,以确保准确和公正。如计量必须以质量合格为前提,支付必须以计量为基础等。因此,工程计量必须遵守严格的程序,通过按程序办事来提高数据的准确性、真实性和合法性,以保证工程计量的准确、合理。

(三)工程计量的条件

工程计量一方面是准确地测定和计算已完工程的数量;另一方面也是对已完工程进行综合评价。因此,对进行计量的工程,必须满足以下条件:

1. 计量的项目应符合合同要求

合同规定计量的项目,包括以下三个方面:

(1)清单中的工程细目。清单中的工程细目全部需要进行计量,合同文件规定,没有填写单价与金额的项目其费用已包括在清单的其他单价或款项中,因此对于清单中没有填写单价与金额的项目,仍需进行计量,以确认承包人是否按合同条件完成了该项工程。

(2)合同文件中规定的项目。除了清单中的工程细目外,在合同文件中通常还规定了一些包干项目,对于这些项目也必须根据合同文件规定进行计量。

(3)工程变更项目。工程变更中一般附有工程变更清单,工程变更清单同工程量清单具有相同的性质,因此对于工程变更清单项目亦必须按合同有关要求进行计量。

上述合同规定以外的项目,例如承包人为完成上述项目而进行的一些辅助工程,监理工程师没有进行计量的义务。因为这些辅助工程的费用已包括在上述项目的单价中。

2. 质量必须达到合同规范标准的要求

一项工程全过程的监理分为质量监理和工程费用监理两个阶段。承包人所完成的工程细目的质量必须经监理工程师检查并达到合同规范的标准后,才能由监理工程师签发中间交工证书,在此基础上进行计量。工程质量没有达到合同规范标准的任何工程或工序,一律不得进行计量。

3. 验收手续必须齐全

对一项工程或一道工序的验收应有以下资料和手续:

(1)监理工程师批准的开工申请单。

(2)承包人自检的各种资料和试验数据,同时各种试验的频率要符合合同规定。

(3)监理工程师检验的各种试验数据。

(4)中间交工证书。

总之,上述验收手续和资料齐全后才能进行计量。

二、工程计量的类型与计量依据

(一)工程计量的类型

1. 工程计量的组织类型

工程计量一般有三种组织类型,即监理工程师单独计量、承包人单独计量和监理工程师与承包人联合计量。这三种计量各有特点,但无论如何,计量必须符合合同的要求,其结果必须由监理工程师确认。

(1)监理工程师单独计量

计量工作由监理工程师单独承担,然后将计量的记录送承包人。此种计量方式可以由监理工程师完全控制被计量的部位,质量不合格的工程肯定不会被计量,也很少出现多计的情况,能够确保计量结果的准确性,但由于其程序复杂,占用了监理工程师大量的时间。这是因为,承包人如果对监理工程师的计量有异议,即可按合同条件的要求,在14天内以书面形式提出申请,这时监理工程师需对承包人提出的质疑进行复核,并将复议的结果通知承包人。因此,这种方式不仅加大了监理工程师的工作量,还容易产生争议而拖延时间。

(2)承包人单独计量

计量工作是由承包人对已完成的工程进行计量,然后将计量的记录及有关资料报监理工程师核实确认。此种方式可以减轻监理工程师的工作量,使其有时间进行计量分析和计量管理,但由于是承包人自行计量,往往会出现多计和冒计的问题,有时计量细节和计量方法及计算也有差错,并且一些质量不合格的工程也会被计量,在这种情况下,监理工程师要对计量结果的准确性和测量方法及计算规则进行严格审查。

(3)监理工程师与承包人联合计量

计量工作由监理工程师与承包人共同承担。在进行计量前,由监理工程师通知承包人计量时间与工程部位,然后由承包人派人同监理工程师共同计量,计量后双方签字认可。若承包人在收到监理工程师的联合计量通知后,不参加或未派人参加计量工作,根据通用条件第56条的规定,由监理工程师派出人员单方面进行工程计量后,经监理工程师批准的计量应认为是正确的工程计量,可以用做支付的依据,承包人不能对此种计量提出异议。这种联合计量的方式有利于消除双方的疑虑,可当场解决分歧,减少争议,又能较好地保证计量结果的公正性和准确性,大大简化了程序,节约了时间。因此,在我国的公路工程合同中主要采用由监理工程师和承包人联合计量的方式。

2. 不同清单子目的计量

公路工程的工程量清单100章至700章清单子目包括以物理计量单位标明的单价子目(含暂定工程量子目)和以"总额"为单位标明的总价子目(含暂估价子目)两类。计量方法和要求有所不同。

(1) 单价子目的计量

已标价工程量清单中的单价子目工程量为估算工程量。结算工程量是承包人实际完成的,并按合同约定的计量方法进行计量的工程量。

承包人对已完成的工程进行计量,向监理人提交进度付款申请单、已完成工程量报表和有关计量资料。

监理人对承包提交的工程量报表进行复核,以确定实际完成的工程量。对数量有异议的,可要求承包人按第8.2款"施工测量"约定进行共同复核和抽样复测。承包人应协助监理人进行复核并按监理人要求提供补充计量资料。承包人未按监理人要求参加复核,监理人复核或修正的工程量视为承包人实际完成的工程量。

监理人认为有必要时,可通过承包人共同进行联合测量、计量,承包人应遵照执行。

承包人完成工程量清单中每个子目的工程量后,监理人应要求承包人派员共同对每个子目的历次计量报表进行汇总,以核实最终结算工程量。监理人可要求承包人提供补充计量资料,以确定最后一次进度付款的准确工程量。承包人未按监理人要求派员参加的,监理人最终核实的工程量视为承包人完成该子目的准确工程量。

监理人应在收到承包人提交的工程量报表后的7天内进行复核,监理人未在约定时间内复核的,承包人提交的工程量报表中的工程量视为承包人实际完成的工程量,据此计算工程价款。

承包人未在已标价工程量清单中填入单价或总额价的工程子目,将被认为其已包含在本合同的其他子目的单价和总额价中,发包人将不另行支付。

(2) 总价子目的计量

除专用合同条款另有约定外,总价子目的分解和计量按照下述约定进行:

总价子目的计量和支付应以总价为基础,不因物价波动引起的价格调整因素而进行调整。承包人实际完成的工程量,是进行工程目标管理和控制进度支付的依据。

承包人在合同约定的每个计量周期内,对已完成的工程进行计量,并向监理人提交进度付款申请单、专用合同条款约定的合同总价支付分解表所表示的阶段性或分项计量的支持性资料,以及所达到工程形象目标或分阶段需完成的工程量和有关计量资料。

监理人对承包提交的上述资料进行复核,以确定分阶段实际完成的工程量和工程形象目标。对其有异议的,可要求承包人按"施工测量"有关条款约定进行共同复核和抽样复测。

除按照合同专用条款中约定的变更外,总价子目工程量是承包人用于结算的最终工程量。

(二) 工程计量的依据

计量的依据一般有质量合格证书,工程量清单前言,合同条件中的"计量支付"条款,技术规范中有关计量支付的内容(或独立的计量支付说明)和设计图纸及各种测量数据。也就是说,计量时必须以这些资料为依据。

1. 质量合格证书

计量的基本条件和前提是质量合格,质量不合格部分不予计量。因此,计量工程师进行计量时,一定要同质量工程师配合,只有通过了质量监理,由质量监理工程师签发了质量合格证书的工程内容,才能进行计量。

2. 清单前言和技术规范

因为清单前言和技术规范中的"计量支付"规定了清单中每一项工程的计量方法,同时还规定了按规定的计量方法确定的单价即包括的工作内容和范围。例如关于钻孔灌注桩计量范围和计价内容:

(1)钻孔灌注桩以实际完成并以监理工程师验收后的数量,按不同桩径的桩长以米(m)计量。计量应自图纸所示或监理工程师批准的桩底高程至承台底或系梁底;对于与桩连为一体的柱式墩台,如无承台或系梁时,则以桩位处地面线为分界线,地面线以下部分为灌注桩桩长,若图纸有标识的,按图纸标识计。未经监理工程师批准,由于超钻而深于所需的桩长部分,将不予计量。

(2)开挖、钻孔、清孔、钻孔泥浆、护筒、混凝土、破桩头,以及必要时在水中填土筑岛、搭设工作台架及浮箱平台、栈桥等其他为完成工程的细目,作为钻孔灌注桩的附属工作,不另行计量。混凝土桩无破损检测及所预埋的钢管等材料,均作为混凝土桩的附属工作,不另行计量。

3. 设计图纸

工程量清单的数量是该工程的估算工程量,但是被计量的工程数量,并不一定是承包人实际施工的数量,因为计量的几何尺寸应当以设计图纸为准。

4. 测量数据

与计算有关的测量数据有原始地面线高程的测量数据、土石分界线的测量数据、基础高程的测量数据、竣工测量数据等。测量数据的准确性严重影响计量结果的准确性。

三、计量程序

(一)计量的时间要求

工程计量由承包人向监理工程师提出并附有必要的中间交工验收资料或质量合格证明。监理工程师对工程的任何部分进行计量时,事先应通知承包人或承包人的代表,承包人或承包人的代表应立即委派合格人员前往协助监理工程师进行计量工作,还应提供必要的人员、设备和交通工具。计量工作可以由监理工程师和承包人双方委派合格人员在现场进行,也可以采用记录和图纸在室内按计量规则进行计算,其结果都必须经监理工程师和承包人双方同意,签字认可。

如果承包人在收到监理工程师的计量通知后,不参加或未派人参加计量工作,由监理工程师派出人员单方面进行的工程计量,经监理工程师批准的应认为是正确的工程计量,可以用作支付的依据。如果承包人对监理工程师计量核实结果不予同意,应在7天之内向监理工程师提出申辩,监理工程师收到此申辩后,应同承包人查对记录和图纸的计量审核,或予确认,或予修改。

如果对永久工程采用记录和图纸的方式计量,则监理工程师应准备该项工程项目的图纸和记录。当承包人被通知要求参加此项计量时,应在通知发出7天内同监理工程师一道查阅和确认记录与图纸,并在双方取得同意时,在上面签字;如果承包人不参加或不委派人员参加上述记录和图纸的审查与确认,则应认为这些记录和图纸是正确无误的。除非承包人在上述计量后7天内向监理工程师提出申辩,说明承包人认为上述记录和图纸有不正确之处,要求监理工程师予以决断。监理工程师在收到承包人的申辩后应进一步检查记录和图纸,或者维持原议或者进行修改,并将复议后的结果通知承包人。

(二)计量的程序和结果

计量根据时间、要求不同可分中间计量与完工计量。工程计量一般按实地测量与勘查、室内按图计算、依据现场"收方"记录等方式进行。

1. 中间计量

中间计量是为期中支付进度款而进行的计量,一般要求在月底进行,经过有关程序确认承包商截至本月所完成的合格工程量,计量按图 7-4 所示程序进行。结果汇总于"中间计量证书"(见表 7-1)中。其中,每一细目计量的计算在各相应"中间计量计算"单中。

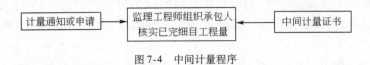

图 7-4 中间计量程序

中 间 计 量 证 书　　　　　　　　　　　　　　　　表 7-1

清单编号	细目名称	单位	合同数量	计量数量			中间计量计算单编号
				到本期末	到上期末	本期	
410-1-a	墩柱混凝土(C25)	m³	256.4	215.4	168.06	47.34	BI-034
403-2-b	墩柱带肋钢筋	kg	27010	21550	14650	6900	BI-034

2. 完工计量

完工计量是竣工决算的依据,由于中间计量要求时间仓促,有些细目计量精度不高,同时,在中间计量时因各方意见不统一,部分细目仅按暂定的数量进行计量。工程竣工后,为准确确定竣工造价,需要对中间计量进行最后审核与确定,作为竣工结算的依据。有时,完工计量在各分部工程完工后进行。完工计量按图 7-5 所示程序进行。结果汇总于"完工计量证书"(见表 7-2)中。其中,每一细目计量的计算在各相应"中间计量计算"单中。

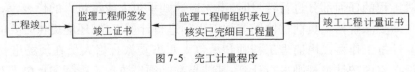

图 7-5 完工计量程序

完 工 计 量 证 书　　　　　　　　　　　　　　　　表 7-2

清单编号	细目名称	单位	工程数量	备注
410-1-a	墩柱混凝土(C25)	m³	256.4	
403-2-b	墩柱带肋钢筋	kg	27010	

四、计量方法

根据技术规范、工程量清单和合同条款的有关规定,公路工程施工中工程量的计量,一般采用以下方法进行计量。

(一)均摊法

所谓均摊法,就是对清单中合同价按合同工期每月平均计量。它适用于表 7-3 中的清单项目。其特点是在合同工期内每月都发生,因此可采用均摊法。

工程分项清单表　　　　　　　　　　　　　　　　　　　　　　表 7-3

项 目	说 明	单 位	数 量
106	办公室及住宅设施的保养和清理	项	1
109	为监理工程师、雇员提供宿舍和一日三餐	项	1
112	测量设备的保养	项	1
114	天气记录设备的保养	项	1
116	办公室的维修	项	1
124	维护工地清洁和整洁	项	1
125	提供合格的急救人员	项	1
131	养护（承包商）所有办公室、住宅、工场、仓库	项	1

（二）凭据法

所谓凭据法是根据合同中要求承包商提供的票据进行计量支付。例如表 7-4 中项目，根据合同条款规定，承包商提供银行保单或履约押金单后，且提供了金额不少于标书附录中规定的合同总价百分数的凭据，监理可依此进行计量支付；如果凭据是分期银行保单或履约押金，则此项分期计量支付；如果凭票是一次担保的，则此项一次计量支付。如果凭据金额过高（如高于合同中工程项目价格的材料票据）数量过大时，对此计量应进行必要的修正。

工程分项清单表　　　　　　　　　　　　　　　　　　　　　　表 7-4

项 目	说 明	单 位	数 量	单价（元）	金额（元）
101	提供履约保证金	项	1	50000	50000
102	提供工人意外事故或损伤保险	项	1	35000	35000

（三）估价法

估价法多用于清单第 100 章中购置仪器设备的项目。一项清单项目中往往要购置几种仪器设备，当承包商购置项目中的一种或几种仪器设备时，采用估价法计量的过程是：第一，可根据市场的物价情况对清单中购置的仪器设备进行估价；第二，可按估价公式进行计量支付，计算公式为：

$$F = A \cdot B/D \tag{7-1}$$

式中：F——计量支付的金额；
　　　A——清单中所列该项的单价金额；
　　　B——该项实际完成的金额；
　　　D——该项全部设备估算的总金额。

应该说明的是，上述公式仅是对该项支付的一种控制手段，如果承包商按合同要求完成了该项工作，则应将其清单中所报金额[即根据式(7-1)计算金额]全部支付给承包商。

【例 7-1】　清单中某项提供给监理工程师使用的测量设备为 T2 经纬仪 2 台、D15 电子测距仪 1 台、N2 水准仪 2 台，该项单价金额 115000 元。承包商已购进 T2 经纬仪 1 台、D15 电子测距仪 1 台、N2 水准仪 1 台，试对其进行计量。

解　计量过程如下：

（1）将该项各类设备估价列于表 7-5。

各类设备估价表 表 7-5

项 目	名 称	数 量	单价(元)	金额(元)
1	T2 经纬仪	2 台	35000	70000
2	D15 电子测距仪	1 台	50000	50000
3	N2 水准仪	2 台	30000	60000
	合 计		115000	180000

(2)检查承包商的购货凭据,购货凭据价格为:1 台 T2 经纬仪 30000 元,1 台 D15 电子测距仪 40000 元,1 台 N2 水准仪 50000 元,合计 120000 元。

(3)按公式计算支付金额:

$$F = A \cdot B/D = 115000 \times 120000/180000 = 76666 \text{ 元}$$

(四)综合法

在第 100 章的项目中,有的项目包括的工作内容既有每月发生的费用,又有购进设备的费用。还有些项目虽然没有购置设备的费用,只有每月发生的费用,但每月发生的费用并不平衡。对这类项目的费用应采用估价法和均摊法进行计量支付,这种方法称之为综合法。按综合法计量支付时,首先应当确定购置费用和每月发生维修费用的比例,将清单项目中的金额分成购置费用和维修费用两部分;然后将购置费用按估价法计量支付,每月发生的费用按均摊法计量支付。对于每月发生费用不平衡的项目,也需确定特殊月份发生费用的比例,除特殊月份按其比例计量外,其他月份按均摊法计量。

上述 4 种计量支付方法,主要用于清单中第 100 章的支付。

(五)断面法

断面法主要用于计算取土坑和路堤土方的计量。在土方施工前每 50m 测出一个地形断面;然后将路堤设计断面画在地形断面上,每次计量时测出完成的路堤顶高程。据此,在断面图上计算完成的工程数量。

(六)图纸法

对某些根据图纸进行计量的项目,如混凝土的体积、钢筋长度、钻孔桩的桩长等都应按图纸法计量。对于采用图纸法计量的项目,必须进行现场量测。量测的目的是检查结构物几何尺寸的偏差是否在规范允许的误差范围内,达到规范标准的项目或部位才予以计量。

(七)钻孔取样法

钻孔取样法主要用于道路面层结构的计量。工程量清单序言规定,路面结构层的计量按平方米(m^2)计,但应保证结构层的设计厚度,因此采用钻孔取样法确定结构层的厚度。隧道拱圈衬砌厚度也用钻孔法确定。

(八)分项计量法

所谓分项计量法,就是根据工序或部位将一个项目分成若干子项,对完成的各子项进行计量支付。子项计量支付的金额,根据估算的子项占总项的比例所定。各子项合计的支付金额应等于项目规定的总金额。

【例 7-2】 清单某项为一座通道桥,合同价为 350000 元,试对其分项计量支付。

解 (1)根据工程结构拟分成以下 4 个子项,并估算各部分子项占总项的比例。通道桥下部结构,占总价 30%;通道桥上部结构,占总价 35%;挡墙护坡,占总价 15%;通道桥引道,占总价 20%。

（2）每个子项完成后，按表7-6计量支付。如果分成的子项较大，还可以根据图纸估算子项工程量，按子项占总价比例推算出单价，然后按下面的表7-7计量支付。

某座通道桥各子项占总价比例　　　　　　　　　　表7-6

子项名称	占总价百分比(%)	计量支付金额(元)
下部结构	30	105000
上部结构	35	122500
挡墙护坡	15	52500
通道桥引道	20	70000
合　计	100	350000

某座通道桥各子项单价列表　　　　　　　　　　表7-7

子项名称	单位	数量	单价(元)	金额(元)
下部结构	m^3	20	5250	105000
上部结构	m^2	1225	1000	122500
挡墙护坡	m^3	1050	50	52500
通道桥引道	m^2	1000	70	70000
合　计				350000

第三节　工程费用支付

一、支付的原则

工程费用支付的目标是组织和协调好业主与承包人之间的收支行为，使双方发生的每一笔工程费用都符合合同的规定，并做到公平合理。通过工程费用支付，一方面客观、准确地评价承包人的施工活动，仔细地计算各项工程费用，并及时地签发付款证书，从而使承包人及时得到补偿；另一方面使已支出费用的业主能按时得到质量合格的工程实体。为此，必须遵循以下几个基本原则。

（一）支付必须以工程计量为基础

在第四章第一节讨论工程计量的必要性时就已提到，对于单价合同，计量是支付的基础，亦即没有准确的计量就不可能有准确的支付。由于工程计量必须以质量合格为前提，所以工程费用支付就必须在质量监理和准确计量的基础上进行。因此，在进行支付时，应当对这两个环节的工作进行严格检查和认真分析，以确保费用支付准确可靠。

（二）支付必须以技术规范和报价单为依据

1. 技术规范

在技术规范中对每一章的每一节都有支付的规定，详细说明了各工程细目的工作内容以及要求，对哪些内容不单独计量和支付，其价值摊入到哪一细目中，都具体做了规定。同时，在技术规范中还对每一工程细目的支付项目进行了划分。因此，技术规范既是承包人报价时的指导文件和依据，也是监理工程师支付工程费用的指导文件和依据，进行工程费用支付时，必须认真细致地阅读和理解。

2. 报价单(有标价的工程量清单)

工程量清单经承包人填报价格后就成为报价单,报价单是费用支付时的单价依据。对于报价单中没有单价的工程细目,其单价为零,但承包人必须完成技术规范和图纸所规定的全部工作内容并达到规定的要求。因为根据技术规范的规定,对于没有单价的工程细目,其费用已摊入到其他细目的单价之中。对于有单价的工程细目,则以此单价支付工程费用,但应该注意其单价的包容程度。同时,报价单中的单价是不能变动的,除非发生工程变更。

单价的包容程度,一方面是指单价的价值构成;另一方面是指单价所包含的工程或工作内容。

单价的价值构成,是指完成该细目所需的人工费、材料费、施工机械使用费、管理费、利润、税金等都已含于单价之中。这已在报价和工程费用的组成等有关内容中阐述过。

单价包含的工程或工作内容是指该细目的单价按规定应包含的内容。报价单中的单价一般是成品单价,也就是按成品计价,它包含了完成该产品所必需的生产条件和设施,如有关临时工程及必需的施工准备活动和其他必需的一些生产环节等。这在技术规范中会详细规定。因此,支付工程费用时,必须将报价单与技术规范联系在一起,确保支付准确。例如,路基挖方与填方的单价中包括了台阶挖土、边坡修整、路基整形和临时排水的内容,同时,路基的压实及成型等的一切费用也包括在里面,因而在支付路基挖方和填方的工程费用时,必须等路基达到设计规定的要求才能支付。又如浇筑河道中的灌注桩,需要搭设施工便桥或租用船只,但搭设便桥和租用船只的费用包括在灌注桩单价中,不能另外单独支付。

(三)支付必须及时

支付是资金运动中的关键环节,而资金的本质特征之一就是具有时间价值。因此,资金运动的内在规律和特征,要求监理工程师按时签认和支付工程费用。

同时,工程施工活动的特点决定了要进行月进度款的支付;支付月进度款的原因在于施工生产需要占用大量的资金,而承包人无法也不愿垫付如此巨大的资金。因此,监理工程师必须按时组织工程费用的支付。

除此之外,及时支付工程费用既是合同本身的要求,也是财务部门和银行结算的要求。工程费用结算必须由监理工程师出具其签认的支付证书,否则无法结算。

(四)支付必须以日常记录和合同条款为依据

就一个工程的整体支付来说,除了工程量清单内的常规支付外,还有很多工程量清单外的工作内容需要支付,而这些支付内容往往是招标时无法准确估计或者根本不能预计的,所以无法在工程量清单中予以列明。但是,这些方面的支付又是工程支付中极其重要的内容。例如,物价上涨和新的法规的颁布、工程变更、索赔和计日工等支付内容无法在工程量清单中予以明确,而只能在相关的合同条款中给出一些原则性规定。因此,必须将合同条款规定的原则与工程实施中的日常记录结合起来,才能搞好这方面内容的支付工作。

(五)支付必须遵循严格的程序

为了确保工程费用支付的合理性和准确性,每个工程项目的合同文件都将对支付程序作出严格的规定。这些程序规定了各项费用的支付条件、支付方法和申报、计算、复核、审批的具体要求,因而,从组织上和技术上确保支付的质量。例如,合同条件第51条规定,承包人在没有得到监理工程师的变更指令前,不得对工程进行任何变动。因此,未经监理工程师的批准,对任何施工项目的改变都是不允许的,不管这种改变是否必要,一律不予进行任何支付。总之,工程费用支付必须遵循严格的程序。

二、支付的种类

(一)按时间分类

按时间分类,工程费用支付可分为前期支付、中期支付以及最终支付三种。

1. 前期支付

前期支付有动员预付款、履约保函手续费和保险手续费三种。其中动员预付款是由业主提供给承包人的无息款项,按一定条件支付并扣回。

2. 中期支付

中期支付有工程款、暂列金额、计日工、材料设备预付款,工程变更费用、保留金,索赔、价格调整费用、迟付款利息,对指定分包人支付、合同中止后支付以及工程交工支付等项目。中期支付按月进行,由监理工程师开出中期支付证书来实施。

3. 最终支付

最终支付是业主与承包人之间的最后一次结算。监理工程师应确认承包人的遗留工程及缺陷工程已完成并达到规范标准后,签发最终支付证书。

(二)按支付内容分类

按支付内容可分为工程量清单内的付款和工程量清单外的付款,即所谓的清单支付和合同支付。工程量清单内的支付就是监理工程师首先按照合同条件、技术规范和工程量清单的有关规定进行计量;确认已完的实际工程量;然后根据已确认的工程数量和报价单中的单价,计算和支付工程量清单中各项工程费用,因此简称为清单支付。工程量清单外的支付就是监理工程师按照合同条件的规定,根据日常记录、现场实证资料和工程实际进展情况,计算和支付工程量清单以外的各项费用,故简称为合同支付。

现行《公路工程标准施工招标文件》(2009年版)中的费用支付主要有预付款(包括开工预付款和材料、设备预付款)、工程进度付款、质量保证金、竣工结算和最终结清五种情况。

(三)按工程内容分类

按工程内容可分为路基工程,路面工程,桥梁、涵洞工程,隧道工程等支付。

(四)按合同执行情况分类

根据合同执行情况可分为正常支付和合同中止支付两类。正常支付是指业主与承包人双方共同努力使整个合同得以顺利履行而产生的支付结果。合同中止支付是指由于工程遇到战争、骚乱等合同规定的特殊风险、承包人违约以及业主违约等三方面原因导致合同无法继续履行而出现的支付结果。无论何种原因导致合同中止,监理工程师都应按照合同条件、技术规范等有关文件的规定处理好各项费用的支付。

三、支付项目

按支付内容可分为清单支付和合同支付两类。这两类支付具体又可分为不同的支付项目,而各支付项目的支付条件和支付办法又都存在一定的差别。

根据我国现行《公路工程国际招标文件范本》和《公路工程标准施工招标文件》(2009年版)的规定,以及许多已经完成的高速公路工程承包合同的实际情况,工程费用支付项目如图7-6所示。

(一)清单支付项目

清单支付在工程费用支付中所占比重很大,包括以物理单位计量的项目、以自然单位计量的项目、暂列金额和计日工四类。清单支付的分项原则是,凡在工程费用预算时能比较准确地计算的工程细目和工作内容都应以物理单位和自然单位计量支付,而不太明确但却可能发生的工程内容则使用计日工和暂定金额来计量支付。

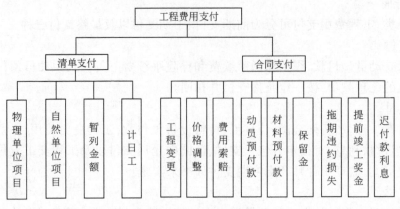

图 7-6　工程费用支付项目

1. 以物理单位计量支付的项目

工程量清单中的绝大部分工程内容是以物理单位计量支付的,其费用约占工程总费用的 85% 左右。现将以物理单位计量的支付项目的支付条件和费用计算方法简述如下:

(1)支付条件是完成了技术规范和设计图纸所规定的工作内容,且质量合格,计量结果准确无误,并使监理工程师满意。

(2)费用计算方法是以每月完成工程项目计量的数量与报价单中相应的单价相乘来求得支付金额的。如果某一项目是一次完成的,则十分简单,而如果分多次完成,则应在计量单上列出设计数量、上期累计完成数量和本期完成数量并附上计算公式和简图。

2. 以自然单位计量支付的项目

以自然单位计量支付的项目,分为按项支付和单纯按自然单位计价支付两种情形。例如,某一涵洞、通道、房屋和某一项试验等,都属于按项支付项目。根据合同通用条件第 57 条第 2 款的规定,承包人在接到中标通知书的 28 天之内,应向监理工程师提交包括在投标书内的每个总额(包干)支项项目的细目。该细目必须经过监理工程师的批准。又如,桥梁支座以块计价、照明灯柱以根计价以及砍伐树木以棵计价等,都属于单纯按自然单位计价支付项目,只需将实际数量与报价单中的单价相乘即可。

对于按项支付的结构物项目,首先应按结构形式和施工顺序将结构物分解成不同的工程部位;其次估算各部位的价值并计算在该项结构物总额中所占百分比;最终,待施工中某一部位完成并通过质量监理后,再支付该部位的费用。下面举例示之。

【例 7-3】　某合同清单中的某项目为一座通道桥,规定按项支付,合同价为 500000 元。试确定支付比例,并计算通道桥下部结构完成后,可支付多少费用给承包人?

解　根据施工顺序,可将该项目分为四个部分,估算每一部分占总额的比例为:

(1)通道桥下部结构,占总价 30%;
(2)通道桥上部结构,占总价 35%;
(3)挡墙护坡,占总价 15%;
(4)通道桥引道,占总价 20%。

因此,当通道桥下部结构完成后,可支付的费用为 500000×30% = 150000 元。

3. 暂列金额

（1）暂列金额的主要特征

现行《公路工程标准施工招标文件》（2009年版）规定，暂列金额是指包含在合同之内，并在工程量清单中以此名称标明的、为了实施本工程的任何部分或为了供应货物、材料、设备或提供服务，或供不可预见费用的一项金额。因此，广义的暂列金额有三种形式，即：计日工、专项暂估价项目金额以及一定百分率的不可预见因素的预备金（又称预备费或不可预见费）。狭义的暂定金额主要是指第三项。暂列金额下的项目具有如下特点：

①发生项目的不确定性。除暂估价项目所对应的支付项目相对确定外，计日工和不可预见费对应的项目并不确定。它们可能是某些新增的附属工程、零星工程等变更工程，也可能是提供货物、材料、设备或劳务等工作，还有可能是因不可预见因素引起的一些意外事件的费用（如索赔、价格调整等发生的费用）。

②发生金额的不确定性。暂列金额中的项目到底需要多少金额事先并不确定，即使暂估价下的项目也是如此。

③承担单位的不确定性。暂列金额中的项目具体由谁承担，事先并不确定。可能由承包人承担，也可能由特殊分包人或其他第三者承担，并且承担单位是谁事先并不完全知道。

（2）暂列金额的使用

暂列金额应由监理人报发包人批准后指令全部或部分地使用，或者根本不予动用。对于经发包人批准的每一笔暂列金额，监理人有权向承包人发出实施工程或提供材料、工程设备或服务的指令。这些指令应由承包人完成，监理人应根据变更估价原则和计日工的规定，对合同价格进行相应调整。当监理人提出要求时，承包人应提供有关暂列金额支出的所有报价单、发票、凭证和账单或收据，除非该工作是根据已标价工程量清单列明的单价或总额价进行的估价。

（3）暂列金额项目的执行

暂列金额项目可由承包人或指定的分包人完成。具体由谁承担，应根据合同条款（特殊分包人）、特殊分包人的招标情况或监理工程师指示来确定。

（4）暂列金额的计价与支付

属于特殊分包项目的专业工程暂估价项目，根据特殊分包合同的价格来计价[根据现行《公路工程标准施工招标文件》（2009年版），承包人可收取一定的手续费及利润提成]，在监理工程师签发支付证书后由业主支付给承包人，承包人再支付给特殊分包人。当承包人不履行向特殊分包人付款的义务时，业主有权根据监理工程师签发的支付证书，直接向特殊分包人支付分包合同内规定而承包人未支付的一切款项（扣除保留金），并从应付给承包人的款项中扣回。监理工程师在发给承包人下一期的支付证书时，应从该证书的款额中扣除已由业主支付的费用。

对于其他暂列金额项目，如属于新增项目、附加工程等变更工程的，按变更工程的有关规定办理；如属于价格调整的，按价格调整的有关规定办理；如属于施工索赔的，按施工索赔的有关规定办理。根据监理工程师的要求，承包人应提交有关暂定金额项目开支的全部报价、发票、凭单、账目和数据，经审核后才能进行暂列金额项目的费用支付。

4. 计日工

监理工程师可指令按计日工完成特殊的、较小的变更工程或附加工程。因此，计日工也具有暂定金额性质。

以计日工的形式进行的工程，必须有监理工程师的指令。没有监理工程师的批准，承包人不能以计日工的形式进行任何工作,当然也就不能支付任何款项。

监理工程师指令使用计日工时,承包人应每日填写有关该项工程的下列报表,一式两份送监理工程师审查。

(1)用工清单。它包括人数、工种和工作时间。用于计日工的劳力,未经监理工程师同意不得加班。

(2)材料清单。它包括材料名称、单位、单价和估算数量。未经监理工程师认可的材料不得使用。

(3)机械、设备清单。它包括机械、设备类型、实际使用工时和单价。用于计日工的施工机械应由承包人提供,因故障或闲置的施工机械不支付费用。

(4)费用清单。监理工程师应根据合同中规定的费率,列出计日工劳务、材料和施工机械的费用清单,并附上证明材料价值的收据和凭证。

①劳务费用由劳务基本单价加上一定百分比的附加费组成。劳务基本单价包括承包人劳务的全部直接费用,如工资、加班费、津贴、福利费及劳动保护费等;附加费包括承包人的利润、管理、质检、保险、税费、工具的使用与维修及其他有关费用。

②材料费用由材料基本单价加上一定的百分比的附加费组成。材料基本单价按供货价加运杂费(到达承包人现场仓库)、保险费、仓库管理费以及运输损耗等计算;附加费包括管理费、税费、利润等。

③施工机械费用按计日工施工机械单价表中的基本租价计算。该租价包括折旧、利息、保险、维修、保养、零(配)件、油燃料和其他消耗品的费用,以及全部有关使用这些机械的管理费、税费和利润等。

必须注意,除非监理工程师事先同意,否则计日工工作承包人无权任意分包。

(二)合同支付项目

虽然合同支付在工程费用支付中所占比重不大,但其灵活性比清单支付要大。合同支付项目包括动员预付款、材料预付款、保留金、工程变更费用、索赔费用、价格调整、拖期违约损失偿金、提前竣工奖金和迟付款利息等共9项。

1.动员预付款

动员预付款(国内称"开工预付款")是一项由业主提供给承包人用作开办费用的无息贷款。动员预付款的额度由承包人根据自己的财产提出不同的百分比,国际上规定的范围是0%~20%。我国的京津塘高速公路为8%,济青高速公路为10%。提供这项资金的目的在于减轻承包人资金周转的压力。

(1)动员预付款的支付规定

在承包人签订了合同协议书并提交了开工预付款保函后,监理工程师应当在当期进度付款证书中向承包人支付开工预付款的70%的价款;在承包人承诺的主要设备进场后,再支付预付款的30%。

承包人不得将该预付款用于与本工程无关的支出,监理工程师有权监督承包人对该项目费用的使用。

业主应在收到该付款证书后14天内核批,并采用中期付款证书的形式支付给承包人。

(2)动员预付款的担保

承包人应向业主提交由国内银行或外国银行通过其驻中国的银行或承包人指定的、为业主所接受的外国银行出具的不得撤销的、无条件的银行保函,银行保函的正本由业主保存。该保函在业主将动员预付款全部扣回之前一直有效,但其担保的金额将随动员预付款的逐次扣回而减少。执行上述要求所需费用由承包人承担。

(3)动员预付款的收回

动员预付款将以从中期支付证书中扣除的方式收回,扣回方法常见的有两种:

第一种方法,是按时间,即规定在一定的时间内予以扣回。

扣回时间开始于工程中期支付证书中工程量清单累计金额超过合同价值20%的当月,止于合同规定竣工日期前三个月的当月。在此期间,从中期支付证书中逐月按等值扣回。扣回的货币种类和比例与付款的货币种类和比例相一致。

计算公式为:

$$G = \frac{F}{E-(D-1)-3} \tag{7-2}$$

式中:G——月扣除动员预付款数额(元);

F——已付动员预付款(元);

D——中期支付证书中工程量清单累计支付达到合同金额20%的时间(月);

E——合同工期(月)。

【例7-4】 某项工程合同价为1500万元,合同工期为36个月,动员预付款在标书附录中规定的额度为10%,到第4个月时累计支付工程款金额为320万元。试计算扣回动员预付款的金额。

解 已知:$F = 1500 \times 10\% = 150$ 万元,$D = 4$,$E = 36$

$$G = \frac{150}{36-(4-1)-3} = 5 \text{ 万元}/\text{月}$$

因此,第4个月起每月扣回的动员预付款为5万元。

第二种方法,是按金额,即在一定的工程支付金额范围内予以扣回。

扣回时间同样开始于工程中期支付证书中工程量清单累计支付金额超过合同价值20%的当月,但止于支付金额达合同价值80%的当月。在此期间,按中期支付证书当期完成的工程款占合同价值60%的比例,予以扣回。扣回的货币种类和比例与付款时的货币种类和比例相一致。

计算公式为:

$$G = M \times B/(\text{合同价} \times 60\%) \tag{7-3}$$

式中:G——中期支付证书扣回预付款数额(元);

M——中期支付证书当期完成的工程量清单金额(元);

B——已付动员预付款占合同价的比例(%)。

第一种方法每月的扣回额是不变的,与每期支付的工程款多少没有关系,因而简单易掌握。但当工程进度缓慢或因其他原因工程款支付不多的情况下,会出现扣回额大于或接近工程款支付额,而使中期支付证书出现负值或接近为零。第二种方法是按金额予以扣回,即规定在一定的工程支付金额范围内予以扣回,这种方法与每期支付的工程款有直接关系,因此,每次扣回额均随每次的工程支付额不同而改变,每次均需要计算,比较麻烦,但相对按月等值扣除的方法要合理些,即工程完成额多则多扣,反之亦然。

2. 材料预付款

根据合同条件的规定,业主应给承包人支付材料、设备预付款,以供购进将用于和安装在永久工程中的各种材料、设备之用,并且不计利息。此项金额应按投标书附件中写明的材料、设备单据所列费用(进口的材料、设备为到岸价,国内采购的为出厂价或销售价,地方材料为堆场价)的百分比支付。

(1)材料预付款的支付条件

监理工程师必须在下列要求满足后,签发支付材料设备的预付款证明。

①材料设备将被用于永久性工程;

②材料设备已运抵工地现场或监理工程师认可的承包人的生产场地;

③材料设备的质量和存放方法均满足合同要求;

④承包人向监理工程师提交材料设备的费用凭证或支付单据。

监理工程师应按预付款货币的种类和比例,将此金额作为材料预付款计入下次的中期支付证书中。材料预付款一般按所购材料设备支付单据开列费用的75%支付,但监理工程师签发的支付证书不应被视为是对上述材料设备的质量批准。

(2)材料预付款的扣回

当材料设备已用于永久工程后,材料预付款应从中期支付证书中逐次扣回。已经支付材料预付款的材料、设备的所有权应属业主。当工程竣工后,所有剩余材料、设备的所有权应属承包人,承包人应将剩余材料迅速从现场运走。

(3)材料预付款支付计算方法

对材料预付款的支付与扣回,采取逐月同时进行的方法。这种方法就是在对本月的现场材料、设备支付款额的同时,扣回上月已支付的预付款,其计算方法为:

本月付款金额 = 本月末现场材料设备价值的75% − 上月末现场材料设备价值的75%

(7-4)

【例7-5】 某工程施工期为5个月,经监理工程师每月对现场材料的盘点,每月现场材料价值如表7-8所示。试计算每月材料预付款的支付金额。

解 现将计算出每月材料预付款的支付金额列于表7-9中。

材料盘点统计表　　表7-8

月份	材料价值	材料价值的75%（元）	备注
1	5000000	3750000	开工第一月
2	4000000	3000000	
3	3000000	3750000	
4	2000000	1500000	
5			工程结束

材料支付款统计表(一次扣回) 表7-9

月份	本月末现场材料价值的75%	上月末现场材料价值的75%	本月支付金额
1	3750000		3750000
2	3000000	3750000	−750000
3	3750000	3000000	750000
4	1500000	3750000	−2250000
5		1500000	−1500000

表7-9中本月支付金额为负数时为扣回金额,例如,第2个月扣回材料预付款750000元,这是因为上月已支付3750000元,而本月现场材料价值的75%只有3000000元,因此,扣回750000元实际是将上月的材料预付款全部扣回后又支付本月现场材料价值75%的付款。这样逐月进行支付与扣回,当工程结束时,可将材料预付款全部扣回。

3.保留金

保留金在我国一般称"质量保证金",就是监理工程师根据合同条件的规定,从支付给承包人的付款中替业主暂时扣留的一种款项。设置保留金的目的在于使承包人能完全履行合同,如果承包人未能履行合同中规定应承担的责任,则扣除额就成为业主的财产,显然,这是对业主的一种保护措施。

(1) 保留金的扣除

按照合同条件的规定,从第一次付款开始,业主每次从付给承包人的款额中,按其中永久性工程的付款金额的10%扣留,直到累计扣留的金额达到合同总价的5%为止。

所谓永久性工程的付款包括工程量清单、工程变更、价格调整和费用索赔等4项费用。

如果承包人在提交第一次付款申请,或者在这个时间以前提交一份由业主认可的银行保函,其担保金额为合同总价的5%,则监理工程师不再替业主从《中期支付证书》中扣留保留金。

(2) 保留金的使用

保留金主要使用于在施工和缺陷责任期内,应当由承包人支付的各种费用。例如,在施工阶段,承包人未能遵照监理工程师的指示进行对缺陷工程的修补或其他事项,则业主可以雇佣他人完成有关工作,其费用由承包人承担,业主可从保留金中支付。在缺陷责任期内对任何缺陷工程,如果承包人未能合理地进行修补,则也可以采取上述办法,从保留金中支付应当由承包人承担的费用。

(3) 保留金的退还

①当颁发整个工程的交接证书时,监理工程师应当把一半保留金退还给承包人并开具证明书,在退回的保留金中应当扣除已经使用的保留金金额。如果颁发永久性工程的一区段或部分的交接证书时,监理工程师应把由他决定的与永久工程这一区段或部分的价值相应的保留金退还给承包人并开具证明。业主根据监理工程师开具的证书,向承包人退还保留金。

②当工程的缺陷责任期满时,另一半保留金将由监理工程师开具证书退还给承包人。此时也应当扣除已使用的保留金的金额。但是,如果此时尚有应由承包人完成的与工程有关的任何工作时,监理工程师有权在剩余工程完成之前,扣发他认为与需要完成的工程费用相应的保留金余额。

4. 工程变更费用

工程变更是工程费用支付中的一个重要项目。由于多种不可预见的因素,任何工程项目在施工过程中都会遇到变更问题,并且不同情况下发生的变更具有不同的支付特点,要求监理工程师根据合同文件和工程实际情况,妥善办理,否则,可能导致承包人因变更提出索赔。

工程变更费用的支付依据是工程变更令和工程变更清单,支付方式采用列入《中期支付证书》的形式进行,支付货币与其他支付项目相同,即按承包人投标时所提出的货币种类和比例进行付款。

鉴于变更项目的复杂性和特殊性,监理工程师应对变更项目的审批制定严格的管理程序,并且应特别注意的是,变更的权力在总监理工程师,一般不得进行委托。有些合同还在专用条件中对监理工程师进行工程变更的权力作了某种限制,要求变更超过一定限度后,必须由业主授权。

工程变更以及下面将要介绍的索赔费用和价格调整等3项费用的支付将在第六章中重点讨论,本节只作简要论述。

5. 索赔费用

就监理工程师处理的所有支付项目而言,索赔费用是最复杂和最具技巧性与灵活性的一个项目。因此,在进行索赔费用支付时,监理工程师必须谨慎处理,否则,会因为对索赔费用的支付管理不善而导致对整个工程费用的失控。

因为导致索赔的原因多种多样,所以其费用的计算和确定原则就各不相同。因此,为了客观、公正地处理好索赔费用支付,监理工程师不仅要对合同条件和技术规范十分熟悉,而且还要有深刻的理解,并能结合实际情况正确运用。

索赔费用的处理程序是:首先,承包人应送给监理工程师一份说明索赔款额的具体细节账目,并说明索赔所依据的理由;若承包人未能在规定的时间内将上述证实资料送交监理工程师,则不予受理。其次,监理工程师应对承包人提供的索赔证据和细节账目等有关资料进行审查核实,在与业主和承包人协商后,确定承包人有权得到的全部或部分的索赔款额。最后,以《中期付款证书》的形式进行支付,支付货币与其他支付项目相同。

6. 价格调整

由于公路工程项目施工所跨越的时间较长,施工成本容易受市场物价波动的影响,所以合同通用条件规定:在合同执行期间,随着劳务和材料或影响工程施工成本的任何其他事项的价格涨落而引起费用增减时,应根据规定的价格调整公式给予调价,将此费用加到合同价格或从合同价格中扣除。

这个规定是国际竞争性招标项目中的一则惯例,采用它的目的是使招、投标工作处在一个公平的水准线上,以使业主单位在工程决算时能在一个合理的价格水平上承受工程费用,同时也免除承包人在施工中因为发生劳力或原材料价格上涨带来的风险。

价格调整涉及两个方面:①工程施工中所需要耗用的主要和大宗材料,对这一部分的价格要按合同条件给定的公式准确计算调价费用;②后继的法规及其他有关政策改变而产生的费用。将上述两方面费用计算出来后,在《中期支付证书》中支付即可。

7. 拖期违约损失偿金

在京津塘高速公路和济青高速公路等早期项目中,使用的名称是"违约罚金",指对承包人拖延工期的违约处罚。根据现行《公路工程国际招标文件范本》规定,由于承包人原因未能在合同约定竣工时间(含业主批准的工期延长时间)内未能完成工程的,承包人必须向业主支付拖期违约损失偿金。根据国内现行《公路工程标准施工招标文件》(2009年版)规定,由于承包人原因造成工期延误,承包人应支付逾期竣工违约金。这都明确了违约是拖期造成的,这就说明是承包人使业主造成误期损失而给予的一种赔偿,不是罚款。

(1)关于拖期违约损失偿金的规定

根据通用条件的规定,如果承包人未能在规定的工期(包括按通用条件规定的允许延长工期)内完成合同工程或未能在相应的工期内完成某区段或某单项工程,则承包人应向业主支付按投标书附件中约定的金额,作为拖期违约损失金,而不作为罚款。时间自有关的竣工日期起到合同工程或某区段或某单项工程的交接证书中写明的竣工日期止(即:实际工期 - 合同工期 - 批准的延长工期),按天计算,不足1天按比例计。

如果在合同工程竣工之前,已对合同工程内的某区段或某单项工程签发了交接证书,且上述交接证书中写明的竣工日期并未延误,而是合同工程中的其他部分产生了工期延误,则合同工程的拖期违约损失偿金应予减少。减少的幅度按已签发交接证书的某区段或某单项工程的价值占合同工程价值的比例计算,但这一规定不应影响该偿金的限额。

(2)拖期违约损失偿金的限额

通常规定,每拖期1天,赔偿合同价的0.01% ~ 0.05%,京津塘高速公路和济青高速公路都采用了0.05%的额度,但赔偿总额不应超过合同价的10%,这些都由投标书附件作出明确规定。

(3)费用支付

拖期违约损失偿金可从承包人的履约保证金或中期支付证书中扣除。公路工程项目一般采用从中期支付证书中扣除的方式,但此项扣除不应解除承包人对完成该项工程的义务或合同规定的其他义务和责任。

8. 提前竣工奖金

为了调动承包人的积极性,使其合理地加快工程进度,从而提前完成工程施工,使业主提早受益,因此在合同条件中设立了与拖期违约损失偿金相对应的一个支付项目,即提前竣工奖金。

如果承包人按照通用条件规定的工期提前完成了合同工程或某区段或某单项工程,则业主应按投标书附件中写明的金额,发给承包人提前竣工奖金。时间自合同工程或某区段或某单项工程的交接证书中写明的竣工日期算起,到按通用条件相关规定的该有关竣工日期止(即:合同工期=实际工期+批准的延长工期),按天计算。提前竣工奖金应不超过投标书附件中写明的限额。监理工程师应对承包人提交的竣工结账单核证,并将提前竣工奖金支付给承包人。

9. 迟付款利息

(1)关于迟付款利息的有关规定

为了督促业主按合同规定的时间付款给承包人,合同条件中设立了迟付款利息支付项目。合同条件规定:如果业主在合同规定的时间内没有向承包人付款,则业主应向承包人支付迟付款利息。其费用按照投标书附录中规定的利率,从规定的付款截止日期起至恢复付款日止,按复利计算利息。

(2)计算公式

迟付款利息按式(7-5)计算:

$$迟付款利息 = P[(1+r)^n - 1] \tag{7-5}$$

式中:P——迟付的人民币或外币数额;

　　r——日利率;

　　n——迟付款天数。

关于日利率 r,世行推荐值为 0.033%~0.04%,京津塘高速公路项目采用的是 0.022%;济青高速公路项目则采用的是 0.033%。具体多少应以所在项目的合同文件规定为准。迟付款天数指业主的实际付款时间超过规定的中期支付或最终支付的截止日期的天数。

(3)计算示例

【例7-6】 某工程第6期中期支付证书,支付金额为5600000元,监理工程师提交支付证书的日期为5月10日,而业主到8月5日才支付该证书的付款。如果合同条件规定中期付款证书应在45天内支付,且 $r=0.033\%$,那么这笔款项的迟付款利息额为多少?

解 迟付款天数:$n = 86 - 45 = 41$ 天

迟付款利息额 $= 5600000 \times [(1+0.00033)^{41} - 1] = 76272$ 元

总之,监理工程师在工程费用监理中需要处理的支付项目就是本节所述的两大类共计13项。为了搞好整个工程项目的费用支付工作,监理工程师应对每一个支付项目认真审查,精确计算,并按规定的程序进行支付。

(三)费用支付项目计算程序

费用支付项目计算程序,如表7-10所示。

费用支付项目计算程序　　　　　　　　　表7-10

序号	项　目	计　算　方　法
01	清单各章项目	截止本月完成累计金额
02	工程变更费用	算逐月累计额
03	计日工	算逐月累计额
04	费用索赔	算逐月累计额
05	截止本月已完成的工程总价值	(01)+(02)+(03)+(04)=(05)
06	动员预付款	加已拨付金额
07	扣回动员预付款	①已扣还金额；②剩余金额
08	材料预付款	算逐月累计额
09	扣回材料预付款	①已扣还金额；②剩余金额
10	本期支付总值	(05)+(07②)+(09②)=(10)
11	减：保留金	(05)×10%=(11)
12	减：违约罚金	算延误罚金数额=　　%×合同价×逾期天数
13	截止本期总支付	(10)-(11)-(12)=(13)
14	减：上期支付证书第13项	
15	本期净支付总额	(13)-(14)=(15)
	其中：__%人民币，__%外汇；汇率：按合同汇率	
16	加：迟付款利息	算本期发生额
17	加：本期价格调整	应分人民币和外汇部分
18	本期实际支付额	人民币：__外汇：__

四、支付的程序

(一)有关支付的几项基本规定

1. 支付时间

总的原则是按合同规定的时间支付。FIDIC合同通用条件规定，业主收到监理工程师提交的中期付款证书的28天内或最终支付证书的56天内应向承包人付款，否则将要支付延期付款利息。如果某一项工程的合同条件对这两个规定时间作了修改，则以修改的时间为准。例如，现行《公路工程国际招标文件范本》就采用了FIDIC合同通用条件规定的时间，而现行国内《公路工程标准施工招标文件》(2009年版)规定：发包人应在监理人收到承包人进度付款申请单后的28天内，将进度应付款支付给承包人；发包人应在监理人出具竣工付款证书后的14天内(之前还应包含监理人核查承包人提交的竣工付款申请单的期限14天内和发包人审核期限14天内)，将应付的竣工结算应支付款支付给承包人；"最终结清"要求监理人收到承包人提交的最终结清申请单14天内提出发包人应支付给承包人的价款送发包人审核，发包人在14天内审核完毕，由监理人向承包人出具经发包人签认的最终结算证书；发包人应在监理人出具最终结清证书后的14天内，将应支付款支付给承包人。

2. 支付的最低限额

在合同通用条件关于月支付中规定，如果每月支付的净金额少于投标书附件中列明的中期支付证书的最低金额，则该月监理工程师可不核证支付，上述款额将按月结转，直至累计应支付的款额达到投标书附件中列明的中期支付证书的最低金额为止。公路招投标项目中一般规定每月支付金额不低于合同总价的2%。

3. 支付范围

对所有到期并符合合同要求的工作内容都应计价支付。

4. 支付方法

根据清单支付、合同支付的特点和支付要求分项、分类计算,汇总后再扣减承包人对业主的支付。首先将工程量清单中的内容,按各工程细目的支付项目分项计算,将合同支付项目按类计算,然后汇总各分项和各类金额。按规定比例扣减承包人对业主的支付主要有三种情况,即扣回动员预付款、材料预付款及扣留保留金。

5. 支付货币

如果属于国际招标项目,工程费用中外币种类以及人民币与外币的比例应按补充资料表(即投标书附表)所列的种类和比例确定。值得指出的是,补充资料表对工程费用的支付具有重要的参考价值,它既规定了外汇需求估算量和明细项目,又有合同支付计划表和价格调整指数表。因此,监理工程师进行工程费用支付时,应认真阅读补充资料表中的内容。

(二)期中支付程序

期中支付是合同在履行过程中每月所发生的付款申请、审查和支付工作。它包括承包人的进度付款申请单、监理工程师的审查与签证、业主付款等工作环节。

1. 承包人提交的进度付款申请单

承包人应在每个付款周期末,按监理工程师批准的格式和专用合同条款约定的份数,向监理工程师提交进度付款申请单,并附相应的支持性证明文件。除专用合同条款另有约定外,进度付款申请单应包括下列内容:

(1)截至本次付款周期末已实施工程的价款;
(2)根据合同"变更"条款约定应增加和扣减的变更金额;
(3)根据合同"索赔"条款约定应增加和扣减的索赔金额;
(4)根据合同"预付款"条款约定应支付的预付款和扣减的返还预付款;
(5)根据合同"质量保证金"条款约定应扣减的质量保证金;
(6)根据合同应增加和扣减的其他金额。

2. 监理工程师对进度付款申请单的审查与签证

根据现行《公路工程标准施工招标文件》(2009年版)的有关规定,监理工程师应在合同规定的时间内(收到进度付款申请单后14天内),分级审核并签发期中支付证书。签证时写明:应该到期结算的价款及需要扣留和扣回的款额。

(1)审查的主要工作

①对承包人所完成的工程价款,应审查各工程细目所完成的工程量是否质量合格(有质量验收单或中间交工证书),是否有相应的计量证书;所采用的单价是否与清单中的单价相符;计算结果是否准确无误。

②对计日工付款申请,应审查计日工是否有监理工程师的书面指示;计日工数量是否有监理工程师的签字和认可;计日工单价是否与合同清单中的单价相符;计日工金额是否计算无误。

③对材料设备预付款付款申请,应审查是否是合同规定应给予预付款的主要材料和设备;到场材料和设备是否有监理工程师的现场计量和确认;是否提交了材料和设备的付款发票或费用凭证;支付百分率是否与投标书附录的规定相符;金额是否计算无误。

④对变更工程付款申请,应审查是否有监理工程师的书面变更指令;所完成的变更工程量是否已通过质量验收;所采用的单价是否符合合同条件工程变更有关规定;是否有相应的计量证书;计算结果是否准确无误。

⑤对价格调整付款申请,应审查调价方法是否符合合同规定;所调查的人工与材料价格指数是否正确;调整金额的计算结果是否准确无误。

⑥在审查其他款项的付款申请过程中,对延迟付款利息,应审查其计算方法和计算结果是否正确;对费用索赔,应审查是否有相应的索赔审批证书。

(2)《进度付款证书》的签发

①监理工程师审核并修正承包人的支付申请后,计算付款净金额。计算付款净金额时,将需扣留的保留金和扣回的预付款从承包人月报表中应得的金额中扣除。

②将付款净金额与合同中规定的临时支付的最小限额比较。若净金额小于最小限额,不签发支付证书;若净金额大于最小限额,监理工程师应向业主签发支付证书,副本抄送承包人。

③除了特殊项目外(如计日工、暂定金额、费用索赔等),监理工程师签发的《期中支付证书》中的支付数量应基本正确。对工程变更、费用索赔等支付项目,如一时难以确定,监理工程师可先确定一笔临时付款金额。

④监理工程师可通过任何一期《进度付款证书》,对已支付工程发现的问题或已颁发的支付证书的错误进行纠正。

(3)业主付款

根据现行《公路工程标准施工招标文件》(2009年版)的有关规定,业主在收到《进度付款证书》后28天内或在投标书附录规定的时间内将应付款项支付给承包人,如果业主未能在规定期限内付款,则业主应按投标书附录规定的利率支付逾期支付违约金。违约金计算基数为发包人的全部未付款额,时间从应付而未付该款额之日算起(不计复利)。

(三)竣工结算

1.承包人的竣工付款申请单

根据现行《公路工程标准施工招标文件》(2009年版)的有关规定,在合同工程交工验收证书签发42天内,承包人应以监理工程师批准的格式向监理工程师提交一份交工结账单,并附上用详细资料说明的证明文件,表明:

(1)合同规定,直到交工证书中写明的交工日期为止按合同完成的全部工程的最终价值。

(2)承包人认为应得到的其他款项。

(3)承包人认为合同项下(整个合同期)到期,应得到的各项款项的估算值。

通常情况下,交工支付的付款内容和范围比期中支付更广泛。一方面,在所完成的工程价款中,合同中的全部工程细目都已发生,都需办理结算;另一方面,有些工程变更、费用索赔等支付项目在期中支付中并未完全解决,需要全面清理;再者,有些交工支付中独有的支付项目需要专门处理,如拖期损失违约金的扣留、提前竣工奖金的支付。

2.竣工付款申请单的审查与支付

竣工付款申请单的审查要求与期中支付的审查要求相同,但其难度更大,也更复杂。例如,要确定拖期损失违约金的扣留或提前竣工奖金,首先要根据合同规定工期及合理延期,运用网络计划技术确定项目是提前完工还是推迟完工;如果涉及"变更超过15%"的合同价格调整,则需要监理工程师对整个项目合同的合理造价重新进行估算,之后才能作出是否调整及调整多少的结论。

(四)最终结清的支付程序

1. 承包人的最终结清申请单

根据现行《公路工程标准施工招标文件》(2009 年版)的有关规定,在合同缺陷责任终止证书签发 28 天内,承包人应以监理工程师批准的格式向其提交一份最终结清申请单,并附上用详细资料说明的证明文件,表明:

(1)根据合同规定已完成的全部工程的最终价值。
(2)承包人根据合同规定认为应得到的其他款项。

最终结清涉及的主要款项有:承包人在缺陷责任期内完成的合同剩余工程;在缺陷责任期内承担的监理工程师指示的附加工作或变更工程;应退回给承包人的保留金。最终结清申请单中的总金额应认为是代表了根据合同约定应付给承包人全部款项的最后结算。

2. 监理工程师对最终结清申请单的审核和出具最终结清证书

监理人收到承包人提交的最终结清申请单后的 14 天内,完成对最终结清申请单的审核和签证,提出发包人应支付给承包人的价款送发包人审核并抄送承包人。

发包人对最终结清申请单内容有异议的,有权要求承包人进行修正和提供补充资料,由承包人向监理人提交修正后的最终结清申请单。

发包人应在收到后 14 天内审核完毕,由监理人向承包人出具经发包人签认的最终结清证书。监理人未在约定时间内核查,又未提出具体意见的,视为承包人提交的最终结清申请已经监理人核查同意;发包人未在约定时间内审核又未提出具体意见的,监理人提出应支付给承包人的价款视为已经发包人同意。

3. 业主付款

业主在收到监理工程师出具最终结清证书后 14 天内,将应付款项支付给承包人,如果业主未能在规定期限内付款,则业主应按投标书附录规定的利率支付全部未付款额的利息。

第四节 合同支付与合同支付管理

由于合同支付是监理工作中的重点和难点,也是搞好工程费用监理的关键,所以以下将对合同支付中技巧性最强和灵活性最大的工程变更、索赔费用和价格调整等 3 种支付项目的费用计算与支付再作详细介绍。

一、工程变更费用的估价与支付

(一)工程变更的类型

FIDIC 合同通用条件规定:"监理工程师如认为有必要时,可以对本工程或其他任何部分的形式、质量或数量作出任何变更,并为此目的或根据他认为适当的任何其他理由有权指令承包人,而承包人应根据监理工程师的指令进行下述任何工作"。根据该规定,通过监理工程师的指令而进行的任何形式上、质量上、数量上的变动,既包括工程具体项目的某种形式上、质量上、数量上的变动,也包括合同文件的形式上、质量上、数量上的变动。

由此可见,与我国以往仅视设计变更为工程变更有很大区别的是,FIDIC 合同条件下的变更分为两类:一类是工程上的变更,并且对变更金额超过一定的限度后就对费用予以调整;另一类是合同上的变更,即通过工程变更令对合同文件进行修改。

虽然工程变更涉及多方面的内容,但有一个共同点就是都发生在项目的实施过程中,而且是项目执行前没有考虑到或无法预测到的,因此对工程变更的控制也就相当困难。就工程承包合同的双方来说,业主总是力图,让变更规模在保证设计标准和工程质量的前提下尽可能缩小,以利于控制投资规模;作为承包人,由于变更工程总会或多或少地打乱其原来的进度计划,给工程的管理和实施带来程度不同的困难,所以总是希望以此为由向业主索要比变更工程实际费用大得多的金额,以获取较高利润。这是一对矛盾,监理工程师应该站在公正、独立的立场上协调和解决好这一对矛盾,既要使发生的工程变更有利于工程施工的顺利进行,又要使由此产生的费用在合理的范围之内。

(二)合同条件关于工程变更的若干规定

1. 变更指令

FIDIC合同通用条件规定:没有监理工程师的指令,承包人不能进行任何变更。但是,任何工程量的增加或减少如果不是本条规定发出的指令的结果,而是由于其工程量超过或少于工程量清单中开列的数量,则该项增加或减少不需要任何指令。也就是说,计量的实际工程量比工程量清单开列的工程量有增加或减少则不应列入工程变更的范围。

2. 工程变更不改变合同的效力

任何工程的变更,均不应以任何方式使合同作废或无效,从而导致承包人责任的解除。所有这类变更发生的费用应根据通用条件规定进行估价。但是,如果发出本工程的变更指令是因承包人过错、承包人违反合同或承包人责任造成的,则这种违约引起的任何额外费用应由承包人承担。

3. 工程变更的估价

对于合同通用条件所指的变更和根据合同通用条件要求确定的合同价格的增加额,如果监理工程师认为适当,应以合同中规定的单价或总额价予以估价;如果合同并未包含任何适用于变更后,工程的单价或总额价,则合同内的单价或总额价只要合理,也可作为估价的基础。如果不适用,则在监理工程师与业主和承包人适当协商后,由监理工程师和承包人协议一个合适的单价,总额价。如果不能达成协议,则监理工程师应根据自己的意见,定出他认为合理的单价或总额价,并通知承包人,抄送业主。

为了便于中期进度款支付,在单价或总额价未达成协议或确定之前,监理工程师应确定暂时的单价或总额价,从而使暂付账款能够列入根据通用条件规定签发的证书中。但是,对由监理工程师根据合同通用条件规定指令的变更工程,只有在这种指令发出之后的14天内和变更工程开始之前,已经收到承包人要求的额外支付或变更单价或总额价意图的通知,或者由监理工程师将其变更单价或总额价的意图通知承包人,否则监理工程师将不按照通用条件的规定对变更后工程进行估价。

4. 工程变更后价格调整的条件

(1) 工程变更总费用超过15%

监理工程师在签发整个工程的交接证书时,如果发现由于执行了合同通用条件的全部变更后工程,以及根据对工程量清单中开列的估算工程量的计量所做的各种调整(但不包括暂定金额、计日工费用和根据合同通用条件规定所作的价格调整)的费用增加或减少总共超过"有效合同价格"的15%(这里的"有效合同价"是指扣除暂定金额和计日工费用后的合同价格),则在监理工程师与业主和承包人协商后,按照其协商结果,在合同价格中加上或扣除一笔调整金额;如果协商不成,则由监理工程师考虑了承包人用于本合同的现场管理费和上级管理费后,确定此调整金额。监理工程师应将此款项下作出的任何决定通知承包人,并抄送业主。这笔调整金额仅限于增加或减少超过有效合同价15%的那一部分数额。

(2) 单项工程

单项工程变更后的价格调整,应按合同专用条件规定确定,即如果合同中任何一个工程细目变更后的金额超过合同价格的2%,而且该细目的实际数量大于或小于工程量清单所列数量的25%时才考虑价格调整。

我国不少高速公路项目的实践证明,单项工程变更后的价格调整采用双控指标是十分必要的,因为变更后的实际数量大于或小于工程量清单所列数量的25%,只是个必要条件,充分条件是该变更的发生确实给承包人的施工成本带来了影响。在实际工作中,单个工程项目的变更往往很容易被突破±25%,在这种情况下,不仅合理处理变更很困难,还常常因这突破的部分(有时可能仅为几元或几十元)而花费大量的时间和人力进行费用调整计算。因此,采用两项指标进行控制,既能简化监理工程师的工作,又能保证工程变更费用支付的合理性。

现以一个简化的问题为例进行说明。某桥梁工程原设计为100根钻孔灌注桩,变更设计增加30根钻孔灌注桩;假定变更后的金额超过合同价格的2%,那么所增加桩数中的25根桩使用原单价,而超过100根桩25%的5根桩可使用新的单价。

(三) 工程变更的工程量核算和单价分析

工程变更费用支付的两个关键工作,是对变更项目的工程量进行测算和确定价格与费率。

1. 核算工程量

毫无疑问,变更将引起工程量的变化,如果对原工程量清单已有的项目进行变更,则应将变更后的数量与变更前的数量进行对比,从而确定工程量的增加量或减少量并计算出相应的百分比;如果原工程量清单中无此项目,则此变更属于新增加项目,也需要准确计算工程量。总之,不论是哪一种情况,都必须通过准确计算工程量形成工程变更清单(即修改的工程量清单),以此作为工程变更费用支付的基础。准确的工程量可以从如下三个方面获取:

(1) 设计图纸和合同文件及技术规范

设计图纸和合同文件及技术规范是计算变更工程量的基本依据,因为变更前的工程量就是按设计图纸和合同文件及技术规范计算出来的。

(2) 监理工程师的记录

在讨论支付原则时就已经强调了日常记录的重要性,驻地监理工程师和旁站人员的现场记录是核算变更项目实际工程量的重要依据,因此,监理工程师应高度重视现场记录和原始证明材料的积累。

(3) 承包人提供的工程数量

承包人提供的工程数量如果经过监理工程师审核,也可以作为核算工程量的依据,所以,承包人单方提供而没有经监理工程师证明和签认的工程量仅能作为参考,不能作为依据。

2. 单价分析

由于工程变更的单价涉及业主和承包人的切身利益,所以双方对此都十分关心。为了公正地对每一个变更项目进行估价,使业主和承包人对变更项目的造价都满意,监理工程师就必须完成大量而又详细的测算工作。

根据合同条件,变更工程的单价按下述原则确定:①如果工程量清单的单价或价格适宜,就应用于变更工程项目。②如果工程量清单没有适合于变更工程的单价或价格,则由业主和承包人一起协商单价或价格,意见不一致时,由监理工程师进行最终确定。③当工程变更规模超过合同规定的某个范围时,则单价或合同价格应予以调整。④如果监理工程师认为有必要并可取,对变更工程也可以采取计日工的方法进行。

上述第①条和第②条在处理工程变更费用中经常用到,并且在我国许多高速公路项目中都取得了成功。第③条在实际使用中要慎重处理,因为合同条件中并未就超出范围后如何调整价格给出具体模式,稍不注意就会产生十分严重的后果,甚至有可能使工程造价失控。第④条应该尽量避免使用或不使用,因为种类单一而价格普遍较高的计日工,是不适合用于种类繁杂而难易程度不定的变更工程的。

(1)采用工程量清单内的单价

工程量清单的价格是承包人投标时填报的,用于变更工程,容易为业主、承包人及监理工程师所接受,而且从合同意义上来说也比较公平合理。

采用工程量清单的价格分三种情形:一是直接套用,即直接采用工程量清单上的价格(见例7-7);二是间接套用,即依据工程量清单,经换算后采用(见例7-8);三是部分套用,即依据工程量清单,取用其价格中的某一部分(见例7-9)。

【例7-7】 某高速公路项目的原设计中虽然考虑了沿线乡村交通的需要,设置了一些人行通道,但由于间距较大,沿线村民抱怨会带来生活不便。应地方政府的要求,业主决定在适当的地方增设几条人行通道。在处理这个工程变更时考虑到承包人原报价中有几十条类似的通道,现只增加几座,故可采用工程量清单上的报价。监理工程师综合分析通道长度、断面尺寸、地理位置以及施工条件等各种情况后,在清单上几十条通道的价格中,选择了最接近新增工程情况的通道价格,作为确定此项变更工程的价格依据。

【例7-8】 在某合同新增加的附属工程项目中,需要浇筑C25混凝土。在工程量清单中,虽然可以找到施工C25混凝土的价格,但在不同的构造物中,由于几何尺寸、地理位置和施工条件不尽相同,尽管混凝土强度等级相同,单价却不一样,并且没有一个明显可与新增的附属工程情况靠近的单价。监理工程师在处理这项变更的定价问题时,首先将工程量清单中所有C25混凝土价格取出,然后计算其平均值,并以此平均值作为新增工程中C25混凝土的单价。

【例7-9】 某合同工程中要使用的钻孔桩有如下3种:直径为1.0m的共计长1501m;直径为1.2m的共计长8178m;直径为1.3m的共计长2017m。原合同规定选择直径为1.0m的钻孔桩做静载破坏试验。显而易见,如果选择直径为1.2m的钻孔桩做静载破坏试验,对工程更具有代表性和指导意义。因此,监理工程师决定进行变更。但在原工程量清单中仅有1.0m静载破坏试验的价格,没有可以直接套用的价格。经过认真分析,监理工程师认为钻孔桩静载破坏试验的费用主要由两部分组成,其一为试验费用,其二为桩的费用,而试验方法及设备并未因试验桩直径的改变而发生变化。因此,费用增减主要是由钻孔桩直径的变化引起的,而试验费用可认为没有变化。由于普通钻孔桩的单价在工程量清单中可以找到,故估算直径为1.2m的钻孔桩做静载破坏试验费用可采用如下方法:

直径为1.2m的钻孔桩做静载破坏试验费用(元/根) = 直径1.0m桩静载破坏试验费(元/根) + 直径1.2m钻孔桩的清单价格(元/m)×静载破坏试验每根桩桩长(m/根)。

(2)通过协商确定单价

通过协商确定单价是基于工程量清单中没有或者虽有但不合适的情况所采取的一种方法。在这种情况下,业主与承包人都参与价格及费率的协商,但如果其双方的意见不一致,监理工程师将决定变更工程的单价。特别要注意的是,一旦监理工程师决定的价格不太合理,或缺乏说服承包人的依据,那么承包人有权就此向业主提出费用索赔。因此,监理工程师在协商和决定变更价格时,要充分熟悉和掌握工地情况和基础技术资料,并通过综合分析,合理判断,做到心中有数。

对于报价单中没有参考单价的变更项目,为了加快进程、减少矛盾、避免纠纷和索赔,应尽量采用既有真实性和代表性,又有权威性的价格参考资料。

下面再介绍一个原报价单中价格明显不合理时如何确定单价的实例。某项目的路堤土方工程完工后,发现原设计在排水方面考虑不周,为此,业主同意在适当位置增设排水管。虽然在工程量清单中有100多道类似的管涵,但承包人却拒绝直接从中选择合适的作为参考依据。理由是变更设计提出的时间较晚,其土方已经完成并准备开始路面施工,新增工程不但打乱了其进度计划,而且二次开挖土方难度较大,特别是重新开挖用石灰土处理过的路堤,与开挖天然地表土不能等同。监理工程师认为承包人的意见可以接受,不宜直接套用清单中的管涵价格。经与业主和承包人协商,决定采用工程量清单中在几何尺寸、地理位置等条件相近管涵价格作为新增工程的基本单价,但对其中的"土方开挖"一项在原报价基础上,按某个系数予以适当提高,提高的费用叠加在基本单价上,由此计算出新增工程的价格。

最后要说明的一点是,在极其特殊的情况下,如果无论用哪种办法都找不到某种材料的合理参考价格,则监理工程师也可用实际发货票据作为定价依据之一。但是,由于市场价格变化太大,再加上地区差价和部门差价,因此监理工程师必须进行一定的市场调查,以验证发货票据的真实性和与实际发生费用的客观性。

(四)工程变更示例

【例7-10】 某项目第一合同中于中心桩号K××处有一座下穿铁路的顶进桥,由于原设计考虑不周,不能满足工程施工以及铁路部门的需要,因此业主提出对原设计进行变更。变更的内容涉及几何尺寸、顶力方向、顶力设备和其他工程等4个方面的变化。该顶进桥变更前后的主要工程数量和分项工程单价如表7-11所示。A_1的单价是取自清单有关项平均后得出;$B_1 \sim E_1$的单价均取自清单对应项;F_1代表除$A_1 \sim E_1$以外的因素,包括临时工程、施工方法、铁路特殊需要和设计单位要求以及其他的不可预见因素等的综合影响。鉴于原铁路顶进桥在工程量清单中仅为一个工程细目,为估算变更后的费用,采用商定的加权系数法。根据该项目合同条件第52条规定,若某工程细目变更后超过本细目原金额25%且超过总合同金额的2%,则应调整该单价或总额价。该项目总合同金额16194500元。根据招标文件合同条件和投标书规定,结合铁路顶进桥工程实际情况,如出现变更超过规定幅度需重新估价,对于超出25%以内的,执行原单价,超出25%的部分,乘系数0.95,并将二部分费用相加,作为变更后的费用。试计算该桥变更后的费用。

顶进桥变更前后主要工程数量和分项工程单价表 表7-11

原 设 计		新 设 计		分项单价
A_1 混凝土	1383m³	A_2 混凝土	1632m³	220.0 元/m³
B_1 钢筋	124.2t	B_2 钢筋	202.3t	2304.6 元/t
C_1 钢板	6.132t	C_2 钢板	4.486t	2304.0 元/t
D_1 开挖	6459m³	D_2 开挖	7520m³	6.17 元/m³
E_1 填方	2880m³	E_2 填方	2880m³	3.32 元/m³
F_1 顶力	3600t	F_2 顶力	6300t	90.305 元/t

解 (1) 计算原设计各项目金额和所占权重及总价

$A_1 = 1383\text{m}^3 \times 220.0 \text{ 元/m}^3 = 304260 \text{ 元}$ 32.00%

$B_1 = 124.2\text{t} \times 2304.6 \text{ 元/t} = 286230 \text{ 元}$ 29.23%

$C_1 = 6.132\text{t} \times 2304.0 \text{ 元/t} = 14128 \text{ 元}$ 1.44%

$D_1 = 6459\text{m}^3 \times 6.17 \text{ 元/m}^3 = 39852 \text{ 元}$ 4.07%

$E_1 = 2880\text{m}^3 \times 3.32 \text{ 元/m}^3 = 9561 \text{ 元}$ 1.00%

$F_1 = 3600\text{t} \times 90.305 \text{ 元/t} = 325097 \text{ 元}$ 33.20%

该工程细目原清单总价：$C_\text{原} = A_1 + B_1 + C_1 + D_1 + E_1 + F_1 = 979128 \text{ 元}$

(2) 计算新设计的总价

①与原设计项目工程数量相对应的新设计费用。

$$C_{\text{新}1} = C_\text{原} \times \left(0.32 \times \frac{A_2}{A_1} + 0.2923 \times \frac{B_2}{B_1} + 0.0144 \times \frac{C_2}{C_1} + 0.0407 \times \frac{D_2}{D_1} + 0.01 \times \frac{E_2}{E_1} + 0.332 \times \frac{F_2}{F_1}\right) =$$

$$979128 \times \left(0.32 \times \frac{1632}{1383} + 0.2923 \times \frac{202.3}{124.2} + 0.0144 \times \frac{4.486}{6.132} + 0.0407 \times \frac{7520}{6459} + 0.01 \times \frac{2880}{2880} + 0.332 \times \frac{6300}{3600}\right) = 1470552 \text{ 元}$$

②变更后的设计增加以下新内容的费用。

a. 直径 0.8m 桩共计 168m。

参考原清单单价，按直径 1.2m 桩价格 566 元/m 换算：

新单价：$\dfrac{566 \times (0.4^2 \times \pi)}{0.6^2 \times \pi} = 251 \text{ 元/m}$

另一个比较接近的是直径为 1.0m 的桩单价为 214 元/m。

考虑完全是新增项目，需要组织新设备、人力等，监理工程师认为采用单价 251 元/m 比较合理，故：

$C_{\text{新}2} = 168\text{m} \times 251 \text{ 元/m} = 42168 \text{ 元}$

b. 沥青路面新增的费用。

$C_{\text{新}3} = 114188 \text{ 元}$

c. 求新设计总价。

$C_\text{新} = C_{\text{新}1} + C_{\text{新}2} + C_{\text{新}3} = 1470552 + 42168 + 114188 = 1626908 \text{ 元}$

(3) 计算工程变更费用

该项目净增：

$C_\text{新} - C_\text{原} = 1626908 - 979128 = 647780 \text{ 元}$

$\dfrac{C_\text{新} - C_\text{原}}{C_\text{原}} = \dfrac{647780}{979128} = 0.662 = 66.2\% > 25\%$

$\dfrac{647780}{16194500} = 0.04 = 4\% > 2\%$

该项目变更后的金额已超过合同价格的 2%，并且超出该工程细目原金额的 25%，需重新估价。

变更后该工程细目费用：

$$979128\times(1+25\%)+(1626908-979128\times1.25)\times0.95=1606758 元$$

(五)控制好变更总额

在一个项目的实施过程中,各种工程细目的变更会经常发生。监理工程师必须认真分析和计算每一个工程细目的变更费用,才能控制好变更总额。

如前所述,合同条件规定:当整个合同完成后,如果变更总费用超过或低于有效合同价的15%时,应对超过或低于15%以外的那部分费用予以调整。客观地讲,15%是一个经验数值,可理解为承包人在投标时考虑了各种风险并留有一定余地的临界值。因此,当变更小于15%时,承包人有责任也有能力分担。但如果突破这一界限,承包人将难以承受,应由业主和承包人共同分担,若强制由承包人一方承担,合同条件不列变更条款,无疑将会给业主招标和承包人投标带来很大的困难。

鉴于上述理由,监理工程师必须力争把变更规模控制在有效合同价格的15%以内,不然的话,调整工作难度极大,即使FIDIC合同通用条件也没有对超出15%范围以外的费用调整给出可操作的模式。

二、索赔费用支付

(一)概述

在普通意义上,"索赔"一词是指一方向另一方索取赔偿的行为。一般说来,在承包合同中都有索赔方面的条款,这是签订合同的双方各自享有的权利。但是,对于建筑工程施工合同来说,由于建筑施工生产和工程承包市场的特殊性,施工索赔包括两个方面:其一是对额外所消耗资源的索赔,因常以资金来表示资源的价值,故表现为费用索赔;其二是工期索赔,对建筑工程施工生产而言,就体现为延期。本节主要讨论费用索赔,并且只涉及索赔费用的计算和支付方式。"费用索赔"的定义是:承包人根据合同的有关规定,通过监理工程师,向业主索要合同价以外的费用,作为对自身经济利益的损失和影响的补偿。例如,由于业主的原因,承包人不得不暂停部分工程的施工,在这种条件下,承包人便可以根据合同条件的有关规定,提出暂停工程期间人力、机械设备的闲置和管理费以及其他相关的费用索赔。从这个定义看,似乎只有承包人可以提出索赔,而业主不能索赔。其实不然,一方面,业主对承包人的索赔已经具体地体现在合同条件中,例如,承包人完成的工程实体质量不合格,合同条件中就要求承包人自费纠正,这实质上就是承包人对业主的一种赔偿;另一方面,业主也直接向承包人进行资金形态的索赔,如履约保证金和保留金等,只是合同条件已作出明确的规定,因而省去了业主向承包人提出索赔要求这一环节,一旦承包人违约,监理工程师就为业主直接扣留保证金和保留金等。也就是说,无论什么原因,承包人都必须提供合格产品,即使在施工过程中业主没有履行自己的责任和义务,承包人也无权提供次品,而只能向业主提出索赔要求。由此可见,建筑施工索赔主要表现为承包人向业主的索赔。

由于费用索赔直接涉及到业主和承包人双方的经济利益,所以双方对此都十分重视。尽管合同通用条件中的费用索赔条款保护了承包人合理的经济利益,然而一些有经验的承包人也会利用费用索赔条款,提出一些投机性的、不符合合同规定的费用索赔项目或大幅度提高费用索赔额。甚至一些承包人采用低标价、高索赔的投标策略,以获得中标资格。例如,日本承包商在马来西亚承包的某一项工程,共提出19项费用索赔,其中的4项索赔费用就高达总工程费用的43%。从业主角度来说,虽然费用索赔条款在一定程度上保证了他获得比较合理的标价,但他总是不愿意接受各种索赔,甚至是合理的费用索赔。

(二)索赔费用的计算

索赔成立的基本条件一是,承包人按 FIDIC 合同通用条件提交了索赔意向报告和索赔报告。二是,报告引用的合同条款正确,所报事件符合索赔条件;所报事实真实,资料齐全。三是,索赔费用在合同中未被包含(合同中明示或暗示的不予支付,包含在其他支付项目中的不予索赔)。四是,承包人准备工作已经完成,具备开工条件,组织安排合理,待工人员、停滞设备确已进场,并在此期间无法另行安排。

根据 FIDIC 合同通用条件的规定,如果承包人的费用索赔申请事实成立,承包人应在合同规定的时间内送交监理工程师一份说明索赔款额的具体细节账目,并说明索赔所依据的理由。在绝大部分的费用索赔申请中,承包人常将索赔费用算得很高,以期获得更多的额外费用;有些承包人甚至将由于自身管理不善所造成的损失也计算到索赔费用中来。因此,监理工程师必须重新计算索赔费用,这对监理工程师来说是一项繁重的工作。费用索赔的计算包括两个方面:一是索赔细目与相应工程量的审核;二是单价和费率分析与确定。

1. 索赔细目与相应工程量的审核

监理工程师应对承包人所申报的各个细目进行逐项分析和审核,以确认哪些细目确实与有效的索赔有关,哪些无关;对有关的细目应分析其内容和数量是否准确。其主要步骤如下:

(1)仔细分析和阅读监理工程师的原始记录。例如,工地日志,监理工程师日记,计量与支付报表及有关记录等。凡是没有事实依据,与有效的费用索赔无关以及承包人自身管理不善所造成损失的工程量均不予考虑。

(2)仔细分析承包人的记录。合同通用条件要求承包人在提出索赔意向书后,对事件的发生进一步做好当时记录,因为这样的当时记录对承包人发出的索赔意向来说可能是合理的,且可能是相当重要的补充资料。因此,监理工程师应该对此进行全面分析。

(3)现场核查。根据上述两个方面的记录,监理工程师应指派合格人员到施工现场对重点内容进行核查,以便进一步作出判断。

(4)综合分析。根据两方面的记录和现场核查结果,按合同文件有关规定进行综合分析。应当注意的是,对那些已根据监理工程师指令采取过措施的工程细目,其索赔费用应作必要的折减,特别是如果监理工程师曾经采取过正确合理的措施,而承包人没有执行,则该措施所涉及的索赔数量也不予考虑。

2. 单价和费率分析与确定

FIDIC 合同通用条件原版中经常出现"Contract price"和"Cost"这两个词,它们的含义是:"Contract price"(中文译为"合同价格"),是指为工程的实施、完成及缺陷修补等的所有费用;"Cost"(中文译为"费用"),是指工地现场内外正在发生或将要发生的全部费用,包括管理费和应合理分摊的其他费用,但不包括任何利润。这两个词的最大区别在于,前者是包括利润在内的一切费用,而后者则不包括任何利润。而绝大部分的费用索赔不包括利润,有时甚至不包括管理费。

通过第三章投标报价内容的学习可知,报价单中的价格已经包含了管理费和利润,即利润和各种间接费在报价时已按一定的方式摊入了单价。因此,在计算索赔费用时,不能照搬报价单中的单价和费率,而必须对其进行认真分析。另外,在施工过程中,由于现场的实际情况可能不同于报价时的情况,所以必须在全面了解承包人在投标报价时各种费用的计算依据和所考虑的因素的基础上,分析承包人在计算索赔费用时所用费率的种类和大小与其在报价时所用费率的种类和大小的差别,从而做到心中有数。

根据我国许多高速公路项目的工程实践,一般采用如下四种方法确定单价与费率和计算索赔费用。

(1)采用工程量清单中的单价

对应索赔费用中包括利润且费用索赔项目与工程量清单中某项目的性质一致或基本一致的情形来说,可采用工程量清单中的单价或从工程量清单中有关单价推算出的价格来计算索赔费用。

(2)采用协商费率

协商费率,即业主、监理工程师、承包人三方共同协商,采用一个三方均认可的费率来计算索赔费用。这是较为常用的方法,但三方意见往往较难统一。

(3)采用正式规定和公布的标准确定费率

在索赔费用的计算中,如果工程量清单中的单价不适应,协商费率各方意见又不统一,这时就需要监理工程师来确定一个公平、合理的费率。实践证明,采用由省(部)级以上政府正式颁布的有一定法律效力的有关定额和标准来确定费率,是各方都基本能够接受的。例如,监理工程师经常采用原交通部颁布的《公路工程预算定额》(JTG/T B06-02—2007)、《公路工程基本建设项目概算预算编制办法》(JTG B06—2007)等。

(4)按有关票据计算

对于一些在费用索赔事件发生期间,承包人实际直接发生的且不需要采用费率来计算的费用,可按承包人出示的正式票据中的金额进行计算,如水电费、设备的租用费等。

上述四种确定单价与费率的方法,除第一种外,其余三种方法在计算索赔费用时往往共同使用。即可以通过协商确定的,应通过协商来确定;协商不能确定的,监理工程师应按正式规定和公布标准来确定;还有一部分费用应按承包人提供的正式票据等来确定。

3. 计算审查

在审核了索赔细目和相应的工程量以及确定了索赔费用计算的单价和费率后,确定金额的第三项工作就是对费用的计算进行审查。计算审查主要包括两个方面:一是分析和审查承包人的计算原则、计算方法;二是检查有无算术错误。

4. 确定金额

监理工程师审核了工程量和确定了单价与费率后,就可按照合同文件规定的原则和方法计算索赔金额并予以汇总。

(三)索赔费用的支付

一旦确定了索赔金额,就应当及时支付给承包人,一般在期中支付证书中将其作为一个支付项目来处理。

然而,由于索赔的争议较大,所以许多索赔项目往往需要经历很长一段时间才能处理完毕。因此,如果出现整项索赔没有结案的情况,通常将监理工程师已经认可的那一部分在期中支付证书中进行暂定支付,这种支付就是一项持续索赔的临时付款。

由此可见,索赔的处理过程虽然繁杂,但是索赔费用的支付却十分简单。

总之,索赔在施工合同中是经常出现的,并且费用可观,监理工程师应针对各种索赔原因采取切实有效的措施,从而达到有效地控制索赔费用、降低工程造价的目的。其中最关键的一条就是按合同文件要求认真做好各项工作,全面熟悉有关工地及其环境、工程计划、合同条件、技术规范以及投标等方面的业务,使自己在索赔费用支付中处于有利地位。

（四）几个示例

如前所述，索赔项目酌情处理花费的时间长，涉及的内容复杂，因此，下面举出的几个实例都作了适当简化，以省节篇幅。

【例 7-11】 某一项目由于通行权地区内的电线杆、房屋和树木没有及时拆除，妨碍土方工程的进行，承包人根据合同通用条件第 42 条，提出如下索赔：①要求延长时间：26 天；②要求赔偿闲置（窝工）费用：62220 元。

针对该项索赔，监理工程师决定：

(1) 尽管通行权地区的问题没有完全解决好，但实际上仍可通行，因此工程无需停工。

(2) 由于没有及时拆除，确实给运土造成不便，引起了一定的阻延和额外开支。

(3) 结论：此项索赔有一部分是合理的，对合理部分计算索赔费用。

【例 7-12】 某合同由于没有解决土地使用者的补偿问题，农民阻挠小桥和涵洞工程进行。

承包人提出时间延长：19 天；要求赔偿闲置费用：39869 元。

监理工程师决定：闲置费用太高，因为所用的是包括利润在内的日工资率，因此承包人必须提交实际费用文件，才能确定这笔索赔金额。

【例 7-13】 某工程在招标时所编的招标文件表明，部分工地所需施工设备及材料可以由沿河的河堤上运送。但投标结束后，新的法律允许省航运局向堤上的交通收费。并且，由于不知道这一新的法律，承包人已经利用河堤作为通道开始桥梁的打桩工程。航运部门封闭了河堤，不向承包人开放交通，并且要求承包人在为过去的交通付款的同时，交 4 万元人民币作押金以保证将来的付款。由此，打桩工程只得停止，直到两个月后，业主同意付款，承包人才重新开始打桩。

承包人由于索赔意识不强，没有提出索赔要求。但是，若他提出要求，他将有权获得如下款项：

(1) 设备和人员的闲置费。

(2) 遣散员工和重新动员，以及停工期间对工地的监视和保护等费用。

(3) 按原计划完成工程所需的赶工费。

此例讲的是无法预见的障碍和后继法规的采用，分析了风险应由谁承担，以及由此而造成的各种费用细目。

三、价格调整费用支付

（一）价格调整的必要性

实行价格调整是国际竞争性招标项目中的一则惯例，因为合同中列明的有关价格调整的条款，体现了由业主和承包人公平、合理地分担价格意外风险，从而既使投标人报价时能够合理地计算标价并免除其中标后因为发生劳力或原材料上涨而带来的风险，又保证业主能够获得较真实和可靠的报价以及在工程决算时能在一个合理的价格水平上承受工程费用。由此可见，试行招标投标的项目合同价并非一经签订合同便不能再改变，只要符合合同条件的规定就可进行价格调整。一般来说，对于一年或更短时间内可以竣工的短期合同无须进行价格调整，但是，对于工期较长的合同则应随劳务、设备、原材料、燃料和运输价格等影响工程成本的因素变化进行调整。总之，价格调整在保证履约双方顺利执行合同方面起着重要作用，是一条公平、合理的规定。

(二)合同条件中关于价格调整的规定和方法

1. 价格调整的规定

关于价格的调整,合同通用条件规定:在合同执行期间,随着劳务、材料或影响工程施工成本的任何其他事项的价格涨落而引起施工成本增减时,应根据合同专用条件规定的价格调整公式给予调价,将相应的金额加到合同价格上或从合同价格中扣除。

不同的项目可能有不同的具体规定,例如,京津塘高速公路项目刚开始时,合同中规定只对进口材料进行调价,而地方材料不予调价,随着物价大幅度上涨,承包人一致强烈要求对专用条件进行修改,否则将严重影响合同的执行。经调查,监理方面认为承包人的申述是合理的。为了确保双方顺利履约,总监理工程师写出了书面报告,提出了调价方法和支付方法,经批准后全线价格调整费用的计算,应按投标截止日期前28天,当日政府公布的物价指数与现行物价指数计算出的金额差值加到合同价格如果出具支付证书时,得不到相应月份的价格或价格指数,监理工程师可以使用他认为合适的价格或价格指数进行暂时调整。但是,一旦获得相应的价格或价格指数后,监理工程师应立即修正上述暂时调整的价格,对暂时价格调整的修正,应在下一次支付证书中增减。对于暂时调价与采用相应的价格或价格指数计算出的调价之间的差额,承包人无权得到也无须支付利息。

如果承包人未能在原定竣工日期内完成本工程,则在原定竣工日期以后施工的工程,其价格调整应采用原定竣工日期所在年份的价格或价格指数。但是,如果某种延期是符合合同条件规定者,则在该延长的竣工日期到期以后施工的工程,其价格调整计算应采用该延长的竣工日期所在年份的价格或价格指数。

2. 价格调整的方法

世界银行采购指南对合同价格的调整,一般采用以下两种方法。

(1)票证法

这一种方法是根据地方劳动力和规定的材料等基本价格与现行价格之差来进行调整,通常称为票证法。这里的基本价格意指投标截止日前28天的材料价格;现行价格是指在提交标书后,工程实施中采购材料的价格。

这种方法与国内基本建设内部管理施工法的材料价差补差方法类似。一般做法是在投标时业主应给出明确条件,注明补差材料名称及材料最终数量的限定,并随投标文件提交指定材料合法的基本价格证明文件。同时,业主还将注明在项目实施过程中与基本价格的组成相应的现行价格的组成内容,以及对承包人提交的现行价格文件的合法性提出明确条文。

由于现行价格随市场升、降的不稳定性,将会给监理工程师处理价格调整带来不少的麻烦。因此,某一种材料可能在多次中期支付中都出现调整,有的可能往返出现多退少补的情况,甚至要到最终支付时才能最后解决调价费用计算。特别是证明价格的合法性文件,在遇到票据管理混乱时,会给监理工程师的审查工作带来极大的困难。

(2)公式法

此种方法是规定一种或几种固定的公式,把全部合同价格分成若干组成部分,然后按各部分的价格指数进行综合调整,通常称之为公式法。所谓指数,是指某一个时期的数值对该数的基数之比。价格指数是用来表达某种价格上涨或下降的一种统计指标,一般由代表官方的权威机构发布。

公式法的基本思路如下:

①首先,将合同总价格定为1。

②其次,确定其价格不变部分所占有的比例(称为总价不变系数,也称为固定价),这部分比例指合同价中一部分不受物价上涨、下调影响的费用,例如利润、税金等,而且管理费内也有一部分费用不受物价影响;世界银行在推荐公式时固定价的此例一般为15%~20%。

③然后,找出几种在市场上受物价上涨、下调影响较大,占合同费用比重也比较大的材料,分别计算出其占有总价的比例(各自占有比例之和加上固定价必须等于"1"),再乘以指数基值和现值之比,求出一个用于计算调价支付费用的系数。

公式法比票证法具有更好的操作性,因为公式法的数字均可从现有的合同中获得,而影响调价的基本数据——物价指数一般又来自官方材料,公布指数的时间相对固定,比如我国目前由国家统计局每年公布一次,因而调价时间也就比较固定。这种方法易于被业主和承包人接受,而且监理工程师在处理价格调整费用时证据充分、方便可靠。

3. 价格调整计算的通式

纵观我国利用世界银行贷款公路项目及国内招标高速公路项目的合同专用条件关于调价公式的规定,大都采用如下通式:

$$ADJ = LCP(\text{或 } FCP) \times [(C_0 + \sum C_i D_i) - 1] \tag{7-6}$$

式中: ADJ——合同价格调整的净值;

LCP 或 FCP——参与调价的阶段完成工作量金额的当地货币或外国货币部分,例如我国获得的世行贷款项目中 LCP 为人民币元、FCP 为外汇美元;

C_0——非调价因数,即支付中不进行调整的金额的权重系数,不进行调整的金额指固定的间接费用和利润、保险费和各类税收,以及业主以固定价格提供的材料和按现行价格支付的项目等,国际上一般取5%~15%,少数合同低限取0%、高限取25%、甚至55%,取值越大对业主越有利,对承包人而言则要承担大部分物价风险;

C_i——参与调价的第 i 个工、料、机指标(如水泥)的费用占合同价的百分比(权重系数);

D_i——第 i 个工、料、机指标的现价指数与基价指数的比值,其值大于1说明物价上涨,反之说明物价下跌。

4. 国内建设工程标准施工招标文件价格调整公式

现行《标准施工招标文件》(2007年版)"16.1 物价波动引起的价格调整"规定,因人工材料和设备等价格波动影响合同价格时,根据投标函附录中的价格指数和权重表约定的数据,按式(7-7)计算差额并调整合同价格。

$$\Delta P = P_0 \left[A + \left(B_1 \times \frac{F_{t1}}{F_{01}} + B_2 \times \frac{F_{t2}}{F_{02}} + B_3 \times \frac{F_{t3}}{F_{03}} + \cdots + B_n \times \frac{F_{tn}}{F_{0n}} \right) - 1 \right] \tag{7-7}$$

式中: ΔP——需调整的价格差额;

P_0——第17.3.3项(进度付款证书和支付时间)、第17.5.2项(竣工付款证书及支付时间)和第17.6.2项(最终结清证书和支付时间)约定的付款证书中承包人应得到的已完成工程量的金额。此项金额应不包括价格调整、不计质量保证金的扣留和支付、预付款的支付和扣回。第15条(变更)约定的变更及其他金额已按现行价格计价的,也不计在内;

A——定值权重(即不调部分的权重),$A = 1 - (B_1 + B_2 + B_3 + \cdots + B_n)$;

B_1、B_2、B_3、$\cdots$、B_n——各可调因子的变值权重(即可调部分的权重)为各可调因子在投标函投标总报价中所占的比例;

F_{t1}、F_{t2}、F_{t3}、$\cdots$、F_{tn}——各可调因子的现行价格指数,指第 17.3.3 项、第 17.5.2 项和第 17.6.2 项约定的付款证书相关周期最后一天的前 42 天的各可调因子的价格指数;

F_{01}、F_{02}、F_{03}、$\cdots$、F_{0n}——各可调因子的基本价格指数,指基准日期(即送交投标书截止期前 28 天的所在年份)的各可调因子的价格指数,计算时采用 100。

《公路工程标准施工招标文件》(2009 年版)要求在采用价格调整公式进行调价时,还应遵守以下规定:

(1)以上价格调整公式中的各可调因子、定值权重,以及基本价格指数及其来源,由发包人在投标函附录价格指数和权重表中约定。价格指数应首先采用国家或省、自治区、直辖市价格部门或统计部门提供的价格指数,缺乏上述价格指数时,可采用上述部门提供的价格代替。

(2)价格调整公式中的变值权重,由发包人根据项目实际情况测算确定范围,并在投标函附录价格指数和权重表中约定范围;承包人在投标时在此范围内填写各可调因子的权重,合同实施期间将按此权重进行调价。

需要注意的是:合同价格在投标所在年份不作调整,此后每年调整一次。使用"各可调因子的现行价格指数"计算投标年份次年的价格调整时,即为公布的投标年份次年当年的价格指数;计算投标年份第三年的价格调整时,则为投标年份次年的价格指数/100)×(公布的投标年份第三年当年的价格指数);计算投标年份第四年的价格调整时,则为(投标年份次年的价格指数/100)×(投标年份第三年的价格指数/100)×(公布的投标年份第四年当年的价格指数),以此类推。

(三)价格调整的计算

1. 确定价格指标 i

世行贷款公路项目或涉外公路项目的投资风险与市场物资产品的价格波动有关,而物价波动的指标在土木工程项目施工中包括工程所在国当地的和外国的劳动力、工程材料、机械设备及其运输等。就工程材料而言,建设一条高速公路需要投入水泥、木材、钢材、钢绞线、沥青、普通碎石、中砂、粗砂、石灰、粉煤灰、汽油、砖、料石、片石以及各种预制件等。为了平稳物价风险,必须选择对工程投资、工程成本影响较大且投入数量较多的主要材料作为代表。一般来说,参与调价的指标取 5~10 个为宜。

世行贷款公路项目京津塘、西山、成渝、济青线的招标文件中都规定取 8 个,即劳力(包括当地劳力 LL 和外籍劳力 FL)、设备供应与维修(PL)、沥青(BI)、水泥(GE)、木材(TI)、钢材(ST)、碎石等地材(LM)以及运输(包括陆上运输 LT 和海上运输 AT)。如果以上 8 个指标中的某几种材料由业主以固定的价格提供给承包人,因为其不参与调价,则 $i < 8$。

2. 测算权重系数 C_i

权重系数一般取至两位小数,其测算方法有指标费用计算法和百分比计算法两种,下面只介绍第一种。所谓指标费用计算法,即由业主根据标底资料或投标人根据投标资料中的有效合同价 CP 中所包含的劳力、材料、设备、运输费用进行初步计算,确定权重系数。其计算公式为:

$$C_i = W_i/CP$$
$$C_0 = 1 - \sum C_i \tag{7-8}$$

【例 7-14】 某高速公路 E 标段有效合同价为 24187 万元,参与调价的指标有 8 个,以劳力、钢材为例测算权重系数。经分析合同价格构成中劳力费用占 1208.4 万元,钢材费用占 3036.2 万元,因而有:

$$C_1 = W_1/CP = 1208.4/24187 = 0.05$$
$$C_2 = W_2/CP = 3036.2/24187 = 0.13$$

经全面测算,包括其他 6 个指标在内的汇总权重系数为 0.84,则固定不调价系数为:

$$C_0 = 1 - \sum C_i = 1 - 0.84 = 0.16$$

我国第一个世行贷款土建项目——云南鲁布革水电站的工程标书即对外币支付项目各费用指标权重系数范围做了规定,如外籍劳动力取 0.1~0.2、钢材取 0.09~0.13、海运取 0.04~0.08 等。又如我国第一个世行贷款高速公路项目——京津塘高速公路不但给出了系数范围;而且给出了中值,如外籍劳力取 0.11、沥青取 0.115、钢材取 0.08 等。

3. 确定物价比值系数

D_i 表示第 i 个指标的现价指数与基价指数之比值。合同条件规定,投标截止日期前 28 天原产地国家统计局公布流通使用的基础物价指数为参与调价指标的基价指数(E_{i0}),工程开工后原产地国家统计局公布流通使用的现行物价指数为参与调价指标的现价指数(E_{i1})。

现价指数按指数选择基期的不同,分为定基物价指数和环比物价指数。定基物价指数以某一固定期为基期所计算的相对价格指数;而环比物价指数是以计算期的前一时期为基期所计算的相对价格指数,并规定以一个年度期限编制的环比指数为年度环比指数。

国际上习惯使用定基物价指数,并且以香港统计局公布的为准,如其每月公布的钢材价格指数都是以 1975 年 12 月为基期,1989 年 12 月钢材现价指数为 573,是指相对于 1975 年 12 月钢材价格指数为 100 而推测的。我国每年公布一次本年度相对于上年度的各种物价指数,即环比物价指数,公布时间一般为次年 3 月。如 2005 年 3 月公布的钢材现价指数为 110,是指 2004 年度钢材价格以 2003 年度为 100 推算为 110。

如果设第 i 个调价指标投标截止日期前 28 天所在年份的基价指数为 E_{i0} 次($E_{i0}=100$),次 j 年国家公布的相对于次($j-1$)年的现价环比指数为 E_{ij},则次年第 i 个指标相对于招标当年的定基物价指数 D_{ij} 为:

$$D_{ij} = \prod (E_{ij}/E_{i0}) = \prod E_{ij} \times 100^{-j} \tag{7-9}$$

根据现行《公路工程标准施工招标文件》和我国获得世行贷款的公路项目招标文件关于价格调整的规定,如果合同专用条件约定允许调价,均以投标截止日期前 28 天所在年度的价格指数为基价指数,将有关部门公布的各年度环比物价指数调整为各年相对于基期指数年的(定基)当期物价指数,并规定招标当年完成的工作量不参与调价。

【例 7-15】 某省一世行贷款高速公路项目 2003 年 6 月 30 日为投标截止日期,钢材为其第 4 个调价指数。该省统计局每年 3 月以上年度现价指数为 100 推算并公布的钢材现价环比指数,如表 7-12 所示。试计算各年度定基指数。

某省钢材现价环比指数　　　　　　　　表 7-12

年 度	2004	2005	2006	2007
序号 j	1	2	3	4
环比指数 E_{4j}	112.4	117.3	125.6	129.8

解 投标截止日期前 28 天所在年份为 2003 年,因此应以 2003 年为基期计算 2004 年后的定基指数。

2004 年相对于 2003 年的定基指数为:

$$D_{4j} = E_{41}/E_{40} = 112.4/100 = 1.124$$

2005 年相对于 2003 年的定基指数为:

$$D_{42} = (E_{41}/E_{40}) \times (E_{42}/E_{40}) = 112.4 \times 117.3 \times 100^{-2} = 1.318$$

同理可计算 2006 年、2007 年相对于 2003 年的定基指数:

$$D_{43} = 1.656$$
$$D_{44} = 2.149$$

第五节　计量与支付表格

一、计量与支付常用表格的类别

对于计量与支付工作来说需使用大量报表,以使计量、支付工作标准化和规范化。计量支付工作中表格有许多种,并且内容广泛,各项目、各合同均应结合自身的特点设计各种表格。按使用主体,可分为承包人用表(丙表)、监理工程师用表(乙表)和业主用表(甲表)。甲表来源于乙表,而乙表来源于丙表。它们实际是对同一工作内容从不同角度的反映。各种表格间的关系如图 7-7 所示。

承包人的计量与支付报表应由监理工程师或业主指定,并且,这些报表是计量与支付最基本的表格,在整个支付流程中称为丙表,应按要求填写后,及时申报监理工程师审核。同时,这些表格也是监理工程师编制支付证书的直接基础。

承包人用表一般包括:计量与支付申请表(01 表);进度完成情况汇总表(02 表);进度完成情况明细表(03 表);中间计量单(04 表);计日工支付申报表(05 表);材料到达现场报表(06 表);材料供应情况报表(07 表);材料预付款申报表(08 表);承包人的人员设备报表(09 表);外币价格调整表(10 表);人民币价格调整表(11 表);价格调整汇总表(12 表);索赔申请书(13 表);工程变更一览表(14 表)。

根据原交通部有关规定,常用支付表(计量支付台账)有:

支表 1　工程进度表;

支表 2　期中支付证书;

支表 3　清单支付报表;

支表 4　计日工支付报表;

支表 5　工程变更一览表;

支表 6　价格调整汇总表;

支表 7　价格调整表;

支表8 单价变更一览表；
支表9 永久性材料价差金额一览表；
支表10 永久性材料到达现场计量表；
支表11 扣回材料设备预付款一览表；
支表12 扣回开工预付款一览表；
支表13 中间计量表；
支表14 中间计量与支付汇总表。

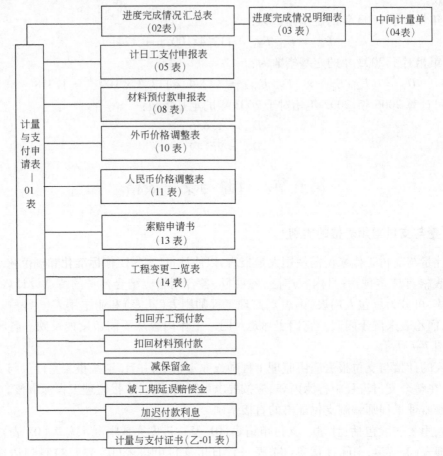

图 7-7 计量与支付基本表格间的关系

二、计量台账的编制及使用

为了有效地管理工程计量，防止重计、漏计、错计等问题发生，并为计量的审批工作提供可靠基础，承包人与监理工程师应分别对监理已审批的确定数量的工程编制计量台账，作为计量支付的工作依据。实践中可采用 Excel 建立计量台账，也可运用当前主流的计量支付软件编制相应的计量台账。从承包人的角度，需编制的计量台账主要有工程量清单计量台账和分项工程计量台账，其中，分项工程计量台账是明细台账，工程量清单计量台账是汇总台账。所编制的工程量清单计量台账可作为编制清单支付月报表的基础数据。

1. 计量台账的编制

新建一个 Excel 文件，并利用 Excel 文件中的多工作簿功能，将每个工作簿按合同文件的

"工程量清单"分别命名为"100~700章合计"、"100章总则"、"200章路基工程"等依此类推。现以具体表格形式加以说明。可运用Excel,编制计量台账。

(1)工程量清单台账

工程量清单台账,也可称为"××工程计量台账汇总表"。此工作簿表格形式,如表7-13所示。该表中编制单元口径和工程量清单计价工程细目完全对应。表7-13中A、B、C、D、E、G数量引用其他相应分表,其数据由各个分表(也叫基础资料表)汇总而来,得到的本合同内××工程合同工程量、变更工程量累计、变更后总工程量、实际计量数量、未完工程量。

××项目路基工程计量台账汇总表　　　　表7-13

清单编号	项目名称	单位	合同工程量	变更工程量累计	变更后总工程量	实际计量		未完工程量
						工程量累计	计量占总工程量(%)	
A	B	C	D	E	F=D+E	G	H=G/F(%)	I=F-G
例:								
203-1-a	路基挖土方	m³	1000	110	1110	130	12	980
203-1-b	路基挖石方	m³	1700	100	1800	900	50	900

在施工过程中每计量一次,对台账中"实际计量数量"要调增一次,对"未完数量"要削减一次;每变更一次,对台账数量修订一次;每新开工一个合同中未有的经过变更后的计价工程细目的工程,对台账要追加一次。

(2)分项工程计量台账

由于计量要以实际完成的每个工点的每个分项工程逐个进行,因此,要编制针对不同桩号、不同承包商、不同结构物的每个分项工程计量台账明细表,明细表中数据是基础数据,由明细表汇总传递到工程量清单台账中(见表7-14)。分项工程计量台账是中间计量的重要基础表格。

在该表中可反映的基本信息有"工程部位、起止点桩号、合同工程量、变更累计工程量、变更后合同工程量、累计计量、未完工程量、各次变更数量、各期计量数量"等信息。

编制时应先进行表7-14的数据输入和公式的定义。C、D两列可将计量支付的数量控制到每一个桩号之间,可以一目了然地看到每个桩号之间的计量过程。E按施工图纸输入数量,该项为计量支付台账基本数据。F是由$X_1、X_2\cdots X_n$共n次变更累计而来,此项可以对逐桩的变更数量进行控制。G是施工单位最终计量的控制数量;H是由$Y_1、Y_2\cdots Y_n$共n期计中间计量累计而来,查看H和Y两项就对已报工程量和每期计量工程量一目了然。I为每个桩号完成百分比;J为每个桩号剩余工程量,是控制中间计量的关键数据。

在施工过程中每计量或变更一次,对台账的修改程序同上。

2.清单支付月报表的编制

根据每月度各专业工程计量台账汇总表,结合计价工程细目合同单价或变更后单价,即可得到已完成费用。具体如表7-15所示。

表 7-14

××项目路基工程计量台账明细表

清单编号	项目名称	单位	工程部位	起点桩号	止点桩号	合同工程量	变更累计工程量	变更后合同工程量	累计计量 工程量累计	累计计量 计量占变更后(%)	未完工程量	各次变更数量 X_1	各次变更数量 X_2	各次变更数量 X_3	各期计量 Y_1	各期计量 Y_2	各期计量 Y_3
A	B	C	D	E	F	G	H	I	J	K	L	M	N	O	P	Q	R
203-1-a	土方	m³			K0+020	100	30	130	20	15	110	20	10		20		
203-1-a	土方	m³		K0+020	K0+040	800	30	830	60	7	770	10	20		20	40	
203-1-a	土方	m³		K0+040	K0+060	100	50	150	50	33	100	20	30		20	30	
203-1-a 分类汇总						1000	110	1110	130	12	980	50	60		60	70	
203-1-b	石方	m³		K0+000	K0+020	700	−100	600	100	17	500	−100		0	50	50	0
203-1-b	石方	m³		K0+020	K0+040	400	130	530	300	57	230	100	30		150	150	
203-1-b	石方	m³		K0+040	K0+060	600	70	670	500	75	170	50	20		200	300	
203-1-b 分类汇总		m³				1700	100	1800	900	50	900	50	50	0	400	500	0
……																	

表 7-15

××项目 K 合同段清单支付月报表

清单编号	项目名称	单位	合同工程量及变更增减 原合同 工程量(m³)	合同工程量及变更增减 原合同 单价(元)	合同工程量及变更增减 原合同 金额(元)	合同工程量及变更增减 工程变更增减 工程量(m³)	合同工程量及变更增减 工程变更增减 单价(元)	合同工程量及变更增减 工程变更增减 金额(元)	合同工程量及变更增减 变更后合同 工程量(m³)	合同工程量及变更增减 变更后合同 金额(元)	到本期末完成 工程量(m³)	到本期末完成 金额(元)	到上期末完成 工程量(m³)	到上期末完成 金额(元)	本期完成 工程量(m³)	本期完成 金额(元)
A	B	C	D	E	F	G	H	I	J	K	L	M	N	O	P	Q
203-1-a	路基挖土方	m³	1000	12.5	12500	110	12.5	1375	1110	13875	130	1625	60	750	75	875
203-1-b	路基挖石方	m³	1700	42	71400	100	42	4200	1800	75600	900	37800	400	16800	500	21000
……																
本页小计																

思考题

1. 公路工程计量的含义是什么？结合国内公路工程管理特点，承包商对"上"计量的程序是怎样的？承包商对"下"计量的程序是怎样的？

2. 工程费用支付按时间分类和按支付内容分类各包括哪些内容？

3. 根据我国现行《公路工程国际招标文件范本》和《公路工程标准施工招标文件》的规定，以及许多已经完成的高速公路工程承包合同的实际情况，工程费用支付项目包括哪些内容？

4. 根据现行《公路工程标准施工招标文件》规定，针对工程变更合同条件是如何规定的？与FIDIC合同条件的工程变更有何区别？

5. 请写出国内公路工程价格调整指数公式，并描述其含义。

6. 在公路工程计量支付表格中，承包人用表主要包括哪些？各表之间的基本关系是怎样的？最后形成的正式支付表格都有哪些？

7. ××公路工程工作量计600万元，计划当年上半年内完工，主要材料金额占施工总产量的62.5%，预付备料款占工程款25%，当年上半年各月实际完成施工产值如表所示。

单位：万元

1月	2月	3月	4月	5月	6月	合同调整额
60	80	100	120	120	120	80

问题：(1) 工程价款结算的方式有哪些？

(2) 计算本工程的预付备料款和起扣点。

(3) 计算按月结算的工程进度款。

(4) 计算本工程竣工结算工程款。

8. ××公路工程项目采用调值公式结算，其合同价款为18000万元。该工程的人工费和材料费占85%，不调值费用占15%，经测算，具体的调值公式为：

$$P = P_0 \times \left(0.15 + 0.45 \times \frac{A}{A_0} + 0.13 \times \frac{B}{B_0} + 0.13 \times \frac{C}{C_0} + 0.05 \times \frac{D}{D_0} + 0.05 \times \frac{E}{E_0} + 0.04 \times \frac{F}{F_0}\right)$$

该合同的报价截止期前28天的日期为2006年6月1日。2007年6月完成的预算进度数为工程合同总价的6%。结算月份的工资、材料物价指数如下表所示。

代 号	A_0	B_0	C_0	D_0	E_0	F_0
2006年6月指数	100	153.4	154.8	132.6	178.3	160.1
代 号	A	B	C	D	E	F
2007年6月指数	116	187.6	175.0	169.3	192.8	159.5

问题：分析2007年6月工程款经过调整后为多少？

附 录

附录1 全国冬季施工气温区分表

省、自治区、直辖市	地区、市、自治州、盟（县）	气 温 区	
北京	全境	冬二	Ⅰ
天津	全境	冬二	Ⅰ
河北	石家庄、邢台、邯郸、衡水市（冀州市、枣强县、故城县）	冬一	Ⅱ
	廊坊、保定（涞源县及以北除外）、衡水（冀州市、枣强县、故城县除外）、沧州市	冬二	Ⅰ
	唐山、秦皇岛市		Ⅱ
	承德（围场除外）、张家口（沽源县、张北县、尚义县、康保县除外）、保定市（涞源县及以北）	冬三	
	承德（围场县）、张家口市（沽源县、张北县、尚义县、康保县）	冬四	
山西	运城市（万荣县、夏县、绛县、新绛县、稷山县、闻喜县除外）	冬一	Ⅱ
	运城（万荣县、夏县、绛县、新绛县、稷山县、闻喜县）、临汾（尧都区、侯马市、曲沃县、翼城县、襄汾县、洪洞县）、阳泉（孟县除外）、长治（黎城县）、晋城市（城区、泽州县、沁水县、阳城县）	冬二	Ⅰ
	太原（娄烦县除外）、阳泉（孟县）、长治（黎城县除外）、晋城（城区、泽州县、沁水县、阳城县除外）、晋中（寿阳县、和顺县、左权县除外）、临汾（尧都区、侯马市、曲沃县、翼城县、襄汾县、洪洞县除外）、吕梁市（孝义市、汾阳市、文水县、交城县、柳林县、石楼县、交口县、中阳县）		Ⅱ
	太原（娄烦县）、大同（左云县除外）、朔州（右玉县除外）、晋中（寿阳县、和顺县、左权县）、忻州、吕梁市（离石区、临县、岚县、方山县、兴县）	冬三	
	大同（左云县）、朔州市（右玉县）	冬四	
内蒙古	乌海市、阿拉善盟（阿拉善左旗、阿拉善右旗）	冬二	Ⅰ
	呼和浩特（武川县除外）、包头（固阳县除外）、赤峰、鄂尔多斯、巴彦淖尔、乌兰察布市（察哈尔右翼中旗除外）、阿拉善盟（额济纳旗）	冬三	
	呼和浩特（武川县）、包头（固阳县）、通辽、乌兰察布市（察哈尔右翼中旗）、锡林郭勒（苏尼特右旗、多伦县）、兴安盟（阿尔山市除外）	冬四	
	呼伦贝尔市（海拉尔区、新巴尔虎右旗、阿荣旗）、兴安（阿尔山市）、锡林郭勒盟（冬四区以外各地）	冬五	
	呼伦贝尔市（冬五区以外各地）	冬六	
辽宁	大连（瓦房店市、普兰店市、庄河市除外）、葫芦岛市（绥中县）	冬二	Ⅰ
	沈阳（康平县、法库县除外）、大连（瓦房店市、普兰店市、庄河市）、鞍山、本溪（桓仁县除外）、丹东、锦州、阜新、营口、辽阳、朝阳（建平县除外）、葫芦岛（绥中县除外）、盘锦市	冬三	
	沈阳（康平县、法库县）、抚顺、本溪（桓仁县）、朝阳（建平县）、铁岭市	冬四	

续上表

省、自治区、直辖市	地区、市、自治州、盟(县)	气 温 区	
吉林	长春(榆树市除外)、四平、通化(辉南县除外)、辽源、白山(靖宇县、抚松县、长白县除外)、松原(长岭县)、白城市(通榆县)、延边自治州(汪清县、敦化县、安图县除外)	冬四	
	长春(榆树市)、吉林、通化(辉南县)、白山(靖宇县、抚松县、长白县)、白城(通榆县除外)、松原(长岭县除外)、延边自治州(汪清县、敦化县、安图县)	冬五	
黑龙江	牡丹江市(绥芬河市、东宁县)	冬四	
	哈尔滨(依兰县除外)、齐齐哈尔(讷河市、依安市、富裕县、克山县、克东县、拜泉县除外)、绥化(安达市、肇东市、兰西县)、牡丹江(绥芬河、东宁县除外)、双鸭山(宝清县)、佳木斯(桦南县)、鸡西、七台河、大庆市	冬五	
	哈尔滨(依兰县)、佳木斯(桦南县除外)、双鸭山(宝清县除外)、绥化(安达市、肇东市、兰西县除外)、齐齐哈尔(讷河市、依安市、富裕县、克山县、克东县、拜泉县)、黑河、鹤岗、伊春市,大兴安岭地区	冬六	
上海	全境	准二	
江苏	徐州、连云港市	冬一	Ⅰ
	南京、无锡、常州、淮安、盐城、宿迁、扬州、泰州、南通、镇江、苏州市	准二	
浙江	杭州、嘉兴、绍兴、宁波、湖州、衢州、舟山、金华、温州、台州、丽水市	准一	
安徽	亳州市	冬一	Ⅰ
	阜阳、蚌埠、淮南、滁州、合肥、六安、马鞍山、巢湖、芜湖、铜陵、池州、宣城、黄山市	准一	
	淮北、宿州市	准二	
福建	宁德(寿宁县、周宁、屏南县)、三明市	准一	
江西	南昌、萍乡、景德镇、九江、新余、上饶、抚州、宜春市	准一	
山东	全境	冬一	Ⅰ
河南	安阳、商丘、周口(西华县、淮阳县、鹿邑县、扶沟县、太康县)、新乡、三门峡、洛阳、郑州、开封、鹤壁、焦作、濮阳、许昌市	冬一	Ⅰ
	驻马店、信阳、南阳、周口(西华县、淮阳县、鹿邑县、扶沟县、太康县除外)、平顶山、漯河市	准二	
湖北	武汉、黄石、荆州、荆门、鄂州、宜昌、咸宁、黄岗、天门、潜江、仙桃市、恩施自治州	准一	
	孝感、十堰、襄樊、随州市、神农架林区	准二	
湖南	全境	准一	
四川	阿坝(黑水县)、甘孜自治州(新龙县、道浮县、泸定县)	冬一	Ⅱ
	甘孜自治州(甘孜县、康定县、白玉县、炉霍)	冬二	Ⅰ
	阿坝(壤塘县、红原县、松潘县)、甘孜自治州(德格县)		Ⅱ
	阿坝(阿坝县、若尔盖县、九寨沟县)、甘孜自治州(石渠县、色达县)	冬三	
	广元市(青川县)、阿坝(汶川县、小金县、茂县、理县)、甘孜(巴塘县、雅江县、得荣县、九江县、理塘县、乡城县、稻城县)、凉山自治区(盐源县、木里县)	准一	
	阿坝(马尔康县、金川县)、甘孜自治州(丹巴县)	准二	

续上表

省、自治区、直辖市	地区、市、自治州、盟（县）	气温区	
贵州	贵阳、遵义（赤水市除外）、安顺市、黔东南、黔南、黔西南自治区	准一	
	六盘水市，毕节地区	准二	
云南	迪庆自治州（德钦县、香格里拉县）	冬一	Ⅱ
	曲靖（宣威市、会泽县）、丽江（玉龙县、宁蒗县）、昭通市（昭阳区、大关县、威信县、彝良县、镇雄县、鲁甸县）、迪庆（维西县）、怒江（兰坪县）、大理自治州（剑川县）	准一	
西藏	拉萨市（当雄县除外），日喀则（拉孜县）、山南（浪卡子县、措那县、隆子县除外）、昌都（芒康县、左贡县、类乌齐县、丁青县、洛隆县除外）、林芝地区	冬一	Ⅰ
	山南（隆子县）、日喀则地区（定日县、聂拉木县、亚东县、拉孜县除外）		Ⅱ
	昌都地区（洛隆县）	冬二	Ⅰ
	昌都（芒康县、左贡县、类乌齐县、丁青县）、山南（浪卡子县）、日喀则（定日县、聂拉木县）、阿里地区（普兰县）		Ⅱ
	拉萨市（当雄县），那曲（安多县除外）、山南（错那县）、日喀则（亚东县）、阿里地区（普兰县除外）	冬三	
	那曲（安多县）	冬四	
陕西	西安、宝鸡、渭南、咸阳（彬县、旬邑县、长武县除外）、汉中（留坝县、佛坪县）、铜川市（耀州区）	冬一	Ⅰ
	铜川（印台区、王益区）、咸阳市（彬县、旬邑县、长武县）	冬一	Ⅱ
	延安（吴起县除外）、榆林（清涧县）、铜川市（宜君县）	冬二	Ⅱ
	延安（吴起县）、榆林（清涧县除外）	冬三	
	商洛、安康、汉中市（留坝县、佛坪县除外）	准二	
甘肃	陇南地区（两当县、徽县）	冬一	Ⅱ
	兰州、天水、白银（会宁县、靖远县）、定西、平凉、庆阳、陇南市（西和县、礼县、宕昌县）、临夏、甘南自治州（舟曲县）	冬二	Ⅱ
	嘉峪关、金昌、白银（白银区、平川区、景泰县）、酒泉、张掖、武威市、甘南自治州（舟曲县除外）	冬三	
	陇南市（武都区、文县）	准一	
	陇南市（成县、康县）	准二	
青海	海东地区（民和县）	冬二	Ⅱ
	西宁市，海东地区（民和县除外），黄南（泽库县除外）、海南、果洛（班玛县、达日县、久治县）、玉树（囊谦县、杂多县、称多县、玉树县）、海西自治州（德令哈市、格尔木日、都兰县、乌兰县）	冬三	
	海北（野牛沟、托勒除外）、黄南（泽库县）、果洛（玛沁县、甘德县、玛多县）、玉树（曲麻莱县、治多县）、海西自治州（冷湖、茫崖、大柴旦、天峻县）	冬四	
	海北（野牛沟、托勒）、玉树（清水河）、海西自治州（唐古拉山区）	冬五	
宁夏	全境	冬二	Ⅱ

· 322 ·

续上表

省、自治区、直辖市	地区、市、自治州、盟(县)	气温区	
新疆	阿拉尔市,喀什(喀什市、伽师县、巴楚县、英吉沙县、麦盖提县、莎车县、叶城县、泽普县)、哈密(哈密市泌城镇)、阿克苏(沙雅县、阿瓦提县)、和田地区,伊犁(伊宁市、新源县、瞿城县霍尔果斯镇)、巴音郭楞(库尔勒市、若羌市、且末县、尉犁县铁干里可)、克孜勒苏自治州(阿图什市、阿克陶县)	冬二	I
	喀什地区(岳普湖县)		II
	乌鲁木齐市(牧业气象试验站、达坂城区、乌鲁木齐县小渠子乡),塔城(乌苏市、沙湾县、额敏县除外)、阿克苏(沙雅、阿瓦提县除外)、哈密(哈密市十三间房、哈密市红柳河、伊吾县淖毛湖)、喀什(塔什库尔干县)、吐鲁番地区,克孜勒苏(乌恰县、阿合奇县)、巴音郭楞(和静县、焉耆县、和硕县、轮台县、尉犁县、且末县塔中)、伊犁自治州(伊宁市、霍城县、察布查尔县、尼勒克县、巩留县、昭苏县、特克斯县)	冬三	
	乌鲁木齐市(冬三区以外各地),塔城(额敏县、乌苏县)、阿勒泰(阿勒泰市、哈巴河县、吉木乃县)、哈密地区(巴里坤县),昌吉(昌吉市、米泉市、木垒县、奇台县被他山镇、埠康市天池)、博尔塔拉(温泉县、精河县、阿拉山口口岸)、克孜勒苏自治州(乌恰县尕特口岸)	冬四	
	克拉玛依、石河子市,塔城(沙湾县)、阿勒泰地区(布尔津县、福海县、富蕴、清河县),博尔塔拉(博乐市)、昌吉(阜康市、玛纳斯县、呼图壁县、吉木萨尔县、奇台县、米泉市蔡家湖)、巴音郭楞自治区(和静县巴音布鲁克乡)	冬五	

注:上表中行政区划以2006年地图出版社出版的《中华人民共和国行政区简册》为准。为避免繁冗,各民族自治州名称予以简化,如青海省的"海西蒙古族藏族自治州"简化"海西自治州"。

附录2 全国雨季施工雨量区及雨季区的划分表

省、自治区、直辖市	地区、市、自治州、盟(县)	雨量区	雨季期(月数)
北京	全境	Ⅱ	2
天津	全境	Ⅰ	2
河北	张家口、承德市(围场县)	Ⅰ	1.5
河北	承德(围场县除外)、保定、沧州、石家庄、廊坊、邢台、衡水、邯郸、唐山、秦皇岛市	Ⅱ	2
山西	全境	Ⅰ	1.5
内蒙古	呼和浩特、通辽、呼伦贝尔(海拉尔、满洲里区、陈巴尔虎旗、鄂温克旗)、鄂尔多斯(东胜区、准格尔旗、伊金霍洛旗、达拉特旗、乌审旗)、赤峰、包头、乌兰察布市(集宁区、化德县、商都县、兴和县、四子王旗、察哈尔右翼中旗、察哈尔右翼后旗、卓资县及以南)、锡林郭勒盟(锡林浩特市、多伦县、太仆寺旗、西乌珠穆沁旗、正蓝旗、正镶白旗)	Ⅰ	1
内蒙古	呼伦贝尔市(牙克石市、额尔古纳市、鄂伦春旗、扎兰屯市及以东)、兴安盟		2
辽宁	大连(长海县、瓦房店市、普兰店市、庄河市除外)、朝阳市(建平县)	Ⅰ	2
辽宁	沈阳(康平县)、大连(长海县)、锦州(北宁市除外)、营口(盖州市)、朝阳市(凌源市、建平县除外)	Ⅰ	2.5
辽宁	沈阳(康平县、辽中县除外)、大连(瓦房店市)、鞍山(海城市、台安县、岫岩县除外)、锦州(北宁市)、阜新、朝阳(凌原市)、盘锦、葫芦岛(建昌市)、铁岭市	Ⅰ	3
辽宁	抚顺(新宾县)、辽阳市	Ⅰ	3.5
辽宁	沈阳(辽中县)、鞍山(海城市、台安县)、营口(盖州市除外)、葫芦岛市(兴城市)	Ⅱ	2.5
辽宁	大连(普兰店市)、葫芦岛市(兴城市、建昌县除外)	Ⅱ	3
辽宁	大连(庄河市)、鞍山(岫岩县)、抚顺(新宾县除外)、丹东(凤城市、宽甸县除外)、本溪市	Ⅱ	3.5
辽宁	丹东市(凤城市、宽甸县)		4
吉林	辽源、四平市(双辽)、白城、松原市	1	2
吉林	吉林、长春、四平(双辽市除外)、白山市、延边自治州	Ⅱ	2
吉林	通化市		3
黑龙江	哈尔滨(市区、呼兰区、五常市、阿城市、双城市)、佳木斯(抚远县)、双鸭山(市区、集贤县除外)、齐齐哈尔(拜泉县、克东县除外)、黑河(五大连池市、嫩江县)、绥化(北林区、海伦市、望奎县、绥棱县、庆安县除外)、牡丹江、大庆、鸡西、七台河市,大兴安岭地区(呼玛县除外)	Ⅰ	2
黑龙江	哈尔滨(市区、呼兰区、五常市、阿城市、双城市除外)、佳木斯(抚远县除外)、双鸭山(市区、集贤县)、齐齐哈尔(拜泉县、克东县)、黑河(五大连池市、嫩江县除外)、绥化(北林区、海伦市、望奎县、绥棱县、庆安县)、鹤岗、伊春市,大兴安岭地区(呼玛县)	Ⅱ	2
上海	全境	Ⅱ	4

续上表

省、自治区、直辖市	地区、市、自治州、盟(县)	雨量区	雨季期(月数)
江苏	徐州、连云港市	II	2
	盐城市		3
	南京、镇江、淮安、南通、宿迁、扬州、常州、泰州市		4
	无锡、苏州市		4.5
浙江	舟山市	II	4
	嘉兴、湖州市		4.5
	宁波、绍兴市		6
	杭州、金华、温州、衢州市、台州、丽水市		7
安徽	亳州、淮北、宿州、蚌埠、淮南、六安、合肥市	II	7
	阜阳市、县、地区(霍山除外)		2
	滁州、巢湖、马鞍山、芜湖、铜陵、宣城市		3
	池州市		4
	安庆、黄山市		5
福建	泉州市(惠安县崇武)	I	4
	福州(平潭县)、泉州(晋江市)、厦门(同安区除外)、漳州市(东山县)	II	5
	三明(永安市)、福州(市区、长乐市)、莆田市(仙游县除外)		6
	南平(顺昌县除外)、宁德(福鼎市、霞浦县)、三明(永安市、尤溪县、大田县除外)、福州(市区、长乐市、平潭县除外)、龙岩(长汀县、连城县)、泉州(晋江市、惠安县崇武、德化县除外)、莆田(仙游县)、厦门(同安区)、漳州市(东山县除外)		7
	南平(顺昌县)、宁德(福鼎市、霞浦县除外)、三明(尤溪县、大田县)、龙岩(长汀县、连城县除外)、泉州市(德化县)		8
江西	南昌、九江市、吉安市	II	6
	萍乡、景德镇、新余、鹰潭、上饶、宜春、抚州、赣州市	II	7
山东	济南、潍坊、聊城市	I	3
	淄博、东营、烟台、济宁、威海、德州、滨州市		4
	枣庄、泰安、莱芜、临沂、菏泽市		5
	青岛市	II	3
	日照市		4
河南	郑州、许昌、洛阳、济源、新乡、焦作、三门峡、开封、濮阳、鹤壁市	I	2
	周口、驻马店、漯河、平顶山、安阳、商丘		3
	南阳市		4
	信阳市	II	2
湖北	十堰、襄樊、随州市、神农架林区	I	3
	宜昌(秭归县、远安县、兴山县)、荆门市(钟祥市、京山县)	II	2
	武汉、黄石、荆州、孝感、黄岗、咸宁、荆门(钟祥市、京山县除外)、天门、潜江、仙桃、鄂州、宜昌市(秭归县、远安县、兴山县除外)、恩施自治州		6

续上表

省、自治区、直辖市	地区、市、自治州、盟（县）	雨量区	雨季期（月数）
湖南	全境	Ⅱ	6
广东	茂名、中山、汕头、潮州市	Ⅰ	5
	广州、江门、肇庆、顺德、湛江、东莞市		6
	珠海市	Ⅱ	5
	深圳、阳江、汕尾、佛山、河源、梅州、揭阳、惠州、云浮、韶关市		6
	清远市		7
广西	百色、河池、南宁、崇左市	Ⅱ	5
	桂林、玉林、梧州、北海、贵港、钦州、防城港、贺州、柳州、来宾市		6
海南	全境	Ⅱ	6
重庆	全境	Ⅱ	4
四川	甘孜自治州（巴塘县）	Ⅰ	1
	阿坝（若尔盖县）、甘孜自治州（石渠县）		2
	乐山（峨边县）、雅安市（汉源县），甘孜自治州（甘孜、色达县）		3
	雅安（石棉县）、绵阳（干武县）、泸州（古蔺县）、遂宁市、阿坝（若尔盖县、汶川县除外）、甘孜自治州（巴塘县、石渠县、甘孜县、色达县、九龙县、得荣县除外）		4
	南充（高坪区）、资阳市（安岳县）		5
	宜宾市（高县）、凉山自治州（雷波县）	Ⅱ	3
	成都、乐山（峨边县、马边县除外）、德阳、南充（南部县）、绵阳（平武县除外）、资阳（安岳县除外）、广元、自贡、攀枝花、眉山市，凉山（雷波县除外）、甘孜自治州（九龙县）		4
	乐山（马边县）、南充（高坪区、南部县除外）、雅安（汉源县、石棉县除外）、广安（邻水县除外）、巴中、宜宾（高县除外）、泸州（古蔺县除外）、内江市		5
	广安（邻水县）、达州市		6
贵州	贵阳、遵义市、毕节地区	Ⅱ	4
	安顺市、铜仁地区、黔东南自治州		5
	黔西南自治州		6
	黔南自治州		7
云南	昆明（市区、嵩明县除外）、玉溪、曲靖（富源县、师宗县、罗平县除外）、丽江（宁蒗县、永胜县）、思茅（墨江县）、昭通市、怒江（兰坪县、泸水县六库镇）、大理（大理市、漾濞县除外）、红河（个旧市、开远市、蒙自县、红河县、石屏县、建水县、米勒县、泸西县）、迪庆、楚雄自治州	Ⅰ	5
	保山（腾冲县、龙陵县除外）、临沧市（凤庆县、云县、永德县、镇康县）、怒江（福贡县、泸水县）、红河自治州（元阳县）		6
	昆明（市区、嵩明县）、曲靖（富源县、师宗县、罗平县）、丽江（古城区、华坪县）、思茅市（翠云区、景东县、镇沅县、普洱县、景谷县），大理（大理市、漾濞县）、文山自治州	Ⅱ	5
	保山（腾冲县、龙陵县）、临沧（林祥区、双江区、耿马县、沧源县）、思茅市（西盟县、澜沧县、孟连县、江城县），怒江（贡山县）、德宏、红河（绿春县、金平县、屏边县、河口县）、西双版纳自治州		6

326

续上表

省、自治区、直辖市	地区、市、自治州、盟(县)	雨量区	雨季期(月数)
西藏	那曲(索县除外)、山南(加查县除外)、日喀则(定日县)、阿里地区	I	1
	拉萨市、那曲(索县)、昌都(类乌齐县、丁青县、芒康县除外)、日喀则(拉孜县)、林芝地区(察隅县)		2
	昌都(类乌齐县)、林芝地区(米林县)		3
	昌都(丁青县)、林芝地区(米林县、波密县、察隅县除外)		4
	林芝地区(波密县)		5
	山南(加查县)、日喀则地区(定日县、拉孜县除外)	II	1
	昌都地区(芒康县)		2
陕西	榆林、延安市	I	1.5
	铜川、西安、宝鸡、咸阳、渭南市,杨凌区		2
	商洛、安康、汉中市		3
甘肃	天水(甘谷县、武山县)、陇南市(武都区、文县、礼县),临夏(康乐县、广河县、永靖县)、甘南自治州(夏河县)	I	1
	天水(北道区、秦城区)、定西(渭源县)、庆阳(西峰区)、陇南市(西和县)、临夏(临夏市)、甘南自治州(临潭县、卓尼县)		1.5
	天水(秦安县)、定西(临洮县、岷县)、平凉(崆峒区)、庆阳(华池县、宁县、环县)、陇南市(宕昌县)、临夏(临夏县、东乡县、积石山县)、甘南自治州(合作市)		2
	天水(张家川县)、平凉(景宁县、庄浪县)、庆阳(镇原县)、陇南市(两当县)、临夏(和政县)、甘南自治州(玛曲县)		2.5
	天水(清水县)、平凉(泾川县、灵台县、华亭县、崇信县)、庆阳(西峰区、合水县、正宁县)、陇南市(徽县、成县、康县),甘南自治州(碌曲县、迭部县)		3
青海	西宁市(湟源县)、海东地区(平安县、乐都县、民和县、化隆县)、海北(海晏县、祁连县、刚察县、托勒)、海南(同德县、贵南县)、黄南(泽库县、同仁县)、海西自治州(天峻县)	I	1
	西宁市(湟源县除外)、海东地区(互助县)、海北(门源县)、果洛(达日县、久治县、班玛县)、玉树自治州(称多县、杂多县、囊谦县、玉树县),河南自治县		1.5
宁夏	固原地区(隆德县、泾源县)	I	2
新疆	乌鲁木齐市(小渠子乡、牧业气象试验站、大西沟乡),昌吉地区(阜康市天池),克孜勒苏(吐尔尕特、托云、巴音库鲁提)、伊犁自治州(昭苏县、霍城县二台、松树头)	I	1
台湾	(资料暂缺)		

注:①表中未列的地区除西藏林芝地区墨脱县因无资料未划外,其余地区均因降雨天数或平均日降雨量未达到计算雨季施工增加费的标准,故未划雨量区及雨季期;
②行政区划依据资料及自治州、市的名称列法同冬季施工气温区划分说明。

参考文献

[1] 全国造价工程师执业资格考试培训教材编审委员会.建设工程计价[M].北京:中国计划出版社,2013.
[2] 交通公路工程定额站.JTG B06—2007 公路工程基本建设项目概算预算编制办法[S].北京:人民交通出版社,2007.
[3] 交通公路工程定额站.JTG/T B06-02—2007 公路工程预算定额[S].北京:人民交通出版社,2007.
[4] 交通公路工程定额站.JTG/T B06-03—2007 公路工程机械台班费用定额[S].北京:人民交通出版社,2007.
[5] 交通公路工程定额站.公路工程施工定额[S].北京:人民交通出版社,2009.
[6] 赵晞伟.公路工程定额应用释义[M].北京:人民交通出版社,2007.
[7] 中华人民共和国交通运输部.公路工程标准施工招标文件(2009年版)[M].北京:人民交通出版社,2009.
[8] 湖南省交通运输厅.公路工程工程量清单计量规则[M].北京:人民交通出版社,2010.
[9] 杨子敏.公路工程造价指南——估算、概算、预算及决算[M].北京:人民交通出版社,1999.
[10] 交通部公路工程定额站,湖南省交通厅交通建设造价管理站.公路工程造价管理相关知识[M].北京:人民交通出版社,2007.
[11] 交通部公路工程定额站,湖南省交通厅交通建设造价管理站.公路工程造价编制与项目经济评价[M].北京:人民交通出版社,2007.
[12] 交通部公路工程定额站,湖南省交通厅交通建设造价管理站.复习题库与案例分析[M].北京:人民交通出版社,2007.
[13] 刘维庆,雷书华.土木工程施工招标与投标[M].北京:人民交通出版社,2007.
[14] 张铁成,温晓军,李春华,等.新版公路工程定额及编制办法解读与应用案例[M].北京:人民交通出版社,2008.
[15] 袁剑波.工程费用监理[M].第2版.北京:人民交通出版社,2007.
[16] 舒翔,王维多.卓有成效的公路工程计量与支付管理[M].北京:人民交通出版社,2006.
[17] 蔡克华,杨荣尚.公路工程施工监理实务与资料汇编[M].北京:人民交通出版社,2007.
[18] 雷书华,高伟.公路投标报价三种工程量的关系及计算规则探析[J].交通标准化,2004(5).
[19] 韩同银,雷书华.解读施工项目利润之谜[J].交通标准化,2005(11).